のすべてを価値あるものにしてくれたクリス、クリステン、ローレン、エリンに。
―そして、執拗にソックスを狙ってみんなを戦々兢々とさせたモリーに。

目次

物語を始める前に　9
プロローグ　オリンピック号の船上で　１９１２年　13
第一部　凍れる音楽
シカゴ　１８９０―９１年　25
第二部　激しい闘い
シカゴ　１８９１―９３年　193
第三部　ホワイトシティ
１８９３年５月―10月　403

第四部　露見する犯罪　1895年　577

エピローグ　最後の交差　631

謝　辞　664

引用と資料について　667

訳者あとがき　673

解　説／巽 孝之　677

図版クレジット　685

万博と殺人鬼

物語を始める前に

一九世紀末のシカゴ、工場の煙と汽車の喧騒のさなかに二人の男が住んでいた。二人ともブルーの目をしたハンサムな男で、ともにみずから選んだ職業に並みはずれた腕前をもっていた。二人とも、激しい勢いで二〇世紀になだれこもうとしていたアメリカならではのダイナミズムを象徴していた。一人は建築家で、ニューヨークのフラットアイアン・ビル、ワシントンのユニオン・ステーションなど、アメリカの有名な建築を数多く手がけた。もう一人は殺人犯だった。その後の歴史において何度も登場することになるアメリカの原型（アーケタイプ）の先駆ともいえる存在、すなわち都会の連続大量殺人犯（シリアルキラー）である。この二人が顔を合わせたことは——少なくとも公式には——一度もなかったが、彼らの運命は一つの魅惑的なイベントによってつながっていた。現代の記憶からはすでにほとんど忘れられているが、その当時、南北戦争に匹敵するほどの変化をアメリカ社会にもたらしたといわれたイベントである。

本書は、二人の男とこのイベントをめぐる物語である。ただし、物語を始める前に一つだけいっておきたい。この本で語られる出来事はじつに風変わりで、ときには身の毛がよだつほど恐ろしいかもしれない。だが、これはフィクションではない。「」で引用した文章はすべて、手紙や回想録など実在する文献からのものである。事件のほとんどはシカゴで起こった。とはいえ、ときには州境を越えてさまよいでることを許してほしい。ベテラン刑事のガイアが悲しみを胸に、最後の恐ろしい地下室へと足を踏み入れたときがその一例である。また、物語の進行にしたがってときたま寄り道することもあるだろうが、どうか大目に見ていただきたい。たとえば医学界で死体がどれほど求められていたか、あるいはオームステッドの景観設計におけるブラック・プリンス種のゼラニウムの正しい使い方などである。

流血と煙と土埃（つちぼこり）のなかで語られるのは、生命のはかなさについてである。なぜ、人は与えられたごく短い生涯をかけて不可能なことを可能にしようと挑戦し、またある人は哀しみを生みだそうとするのか。つまるところ、それは二つの力――善と悪、光と闇、純白（ホワイト）の都会（シティ）と暗黒世界――のあいだに起こる避けがたい衝突なのだろう。

シアトルにて　エリック・ラーソン

「けちくさい設計図を描くな。小さなプランには人の血を沸きたたせる魔法がない」

ダニエル・H・バーナム　一八九三年シカゴ博覧会建設総監督

「私のなかには生まれつき悪魔(デビル)がいた。どうしても人を殺さずにはいられない。詩人が霊感を得て歌わずにはいられないように」

H・H・ホームズ医師　一八九六年の告白

プロローグ
オリンピック号の船上で
1912年

建築家たち。（左から右へ）ダニエル・H・バーナム、ジョージ・ポスト、M・B・ピケット、ヘンリー・ヴァン・ブラント、フランシス・ミレー、メイトランド・アームストロング、エドマンド・ライス大佐、オーガスタス・セント・ゴーデンス、ヘンリー・サージェント・コッドマン、ジョージ・W・メイナード、チャールズ・マッキム、アーネスト・グレアム、ディオン・ジェラルディン。

オリンピック号の船上で

一九一二年四月一四日——この日は海運史上最も不幸な一日となるが、シェルターデッキC特別室六三‐六五号室の男はもちろん、まだそのことを知らなかった。わかっていたのは、ふだんにも増して足がひどく痛むことだった。六五歳の男はがっしりした大柄な体つきで、髪はごま塩、髭（ひげ）もほとんど白くなりかけていたが、ブルーの目は若いころと変わっていなかった。いま周囲の大海原を映して、その目はいっそう青さを増しているようだ。

この足のせいで出発も遅らせ、また船の上でもファーストクラスのほかの乗客——妻もその一人だ——が船内の未知の領域を探検し、もの珍しげに見物して歩いているというのに、彼は船室にじっとしていなければならなかった。かつては彼もよく船内を見てまわったものだった。プルマンカーの豪華な客車や巨大な暖炉を好んだ男は、この船の贅沢（ぜいたく）さが気に入っていた。だが、足の痛みがその喜びに水をさした。しつこい痛みの原因がこれまでの暮らしぶりにあることは承知していた。上等なワインと美食と葉巻を少し控えたほうがいいという忠告を長年無視してきたのである。つきまとう痛みのせいで、この世に残された日々もあとわずかだと思わざるをえなかった。旅に出る前、彼は友人にこんなことをいった。「自分の仕事をきちんと果たし、それもかなり立派にやりとげたなら、それ以上の延命を望むことがあろうか」

この男、ダニエル・ハドソン・バーナムの名前はいまや世界中に知られていた。建築家で、その作品はシカゴ、ニューヨーク、ワシントン、サンフランシスコ、マニラなど多くの都市にあった。いまは妻のマーガレットや娘夫妻とヨーロッパへ向かっているところだった。夏いっぱいヨーロッパをあちこち旅してまわる予定である。ホワイト・スター汽船会社の豪華客船オリンピック号を選んだのは完成したばかりの新しい船だったからだ。予約した時点では定期運航中の客船のなかで最大の規模を誇っていた。しかし、出航の三日前に、ほとんど同じ造りだが、船体がほんの少し長い姉妹船がイギリスから処女航海に船出しており、それがいまでは世界一の座を奪っていた。バーナムは、この姉妹船がたったいま、彼の親友、画家のフランシス（フランク）・ミレーを乗せて同じ大西洋上にいることを知っていた。ただしその船は逆の方角をめざしていた。

西日が特別室の窓から射しこむころ、バーナムと妻のマーガレットはすぐ下のデッキにあるファーストクラスの食堂に出かけた。痛む足で大階段を降りるのは辛いだろうと、二人はエレベーターを使った。だがバーナムにしてみれば不本意なことではあった。というのも、大階段の手すりを飾る鉄製の渦巻き模様や、船の中心部にまで自然光をあふれさせる鉄とガラスでできた巨大なドームの芸術性を心から称賛していたからだ。痛む足のせいで彼の行動は制約されるようになっていた。ほんの一週間前にもワシントンのユニオン・ステーションでは車椅子で運ばれるという屈辱を味わわされた。この駅を設計したのは彼自身だというのに。

バーナム夫妻はオリンピック号のファーストクラス・サロンへ行って二人きりで食事をとると、また船室に戻った。なぜか脳裏にはまたフランク・ミレーのことが浮かんだ。ふと思いついて、オリンピック号に備えられた無線電信で海の上のミレーに挨拶を送ることにした。

ベルを鳴らしてスチュワードを呼んだ。真っ白な制服を着た中年の男は電文を手にして、上級船員用のプロムナード・デッキに隣接する電信室へと上がっていった。数分後に戻ってきたスチュワードはまだ電文を手にもっていて、オペレーターが受けとらなかったという。

足の痛みで怒りっぽくなっていたバーナムは、理由を聞いてこいといってスチュワードをもう一度電信室に戻らせた。

⁂

ミレーのことはつねに頭にあったし、二人が出会うきっかけになった出来事もけっして忘れられなかった。一八九三年のシカゴ大博覧会。ミレーはその博覧会の会場建設という大変な仕事で長いあいだ苦楽をともにした仲間だった。正式な名称は世界コロンビア博覧会といい、コロンブスのアメリカ発見四〇〇年を記念するものだった。しかし、建設監督だったバーナムのもとでこの博覧会はじつに魅惑的なイベントとなり、一般にホワイトシティという愛称で呼ばれた。

会期はわずか六か月だったが、その間にゲートを通りぬけた訪問者は二七五〇万を数えた。アメリカの人口が六五〇〇万だった時代である。最高の人出があった日には、七〇万人以上の入場を記録した。しかし、そもそもこの博覧会を開催にこぎつけたことこそが、ある意味で奇跡だったのだ。バーナムの前には山のような障害が積み重なり、オープニングの日までにその一つ一つをつぶしていかなければならなかった——そして、なんとかやりとげた。彼が率いた建築家グループは夢の都市を出現させた。その壮大さと美しさは単独の建物ではとても表現しきれないものだった。見にきた人びとは大聖堂に足を踏み入れるときのように晴れ着に身を包み、まじめな顔でゲートをくぐった。感激して泣きだす人もいた。人びとはクラッカー・ジャックという新しいスナックの味見をし、シュレッデッド・フィートという新製品の朝食用シリアルを食べた。エジプト、アルジェリア、ダホメー王国などはるか遠くの国々から村が丸ごと住民ぐるみで運ばれ、移設された。カイロの大通りを再現した展示には、それだけで二〇〇人近いエジプト人が雇われ、二五棟の個性的な建物が建てられたが、そのなかには一五〇〇席をもつ劇場もあり、舞台ではアメリカ人が見たこともないスキャンダラスなショーが上演された。この博覧会にまつわるすべてはエキゾチックで、なによりスケールが大きかった。広さ一平方マイル［二・六平方キロ］以上の敷地に二〇〇を越える建物がひしめきあっていた。パビリオンの一つは、アメリカ議会、大ピラミッド、ウィンチェスター大聖堂、マディソン・スクエア・ガーデン、セント・ポール大聖堂をいっぺんに納められるほど大きかった。博覧会のシンボルとなった新発明のマシン――最初は「常軌を逸する怪物」として拒否された――は巨大さとスリルによって、その数年前にアメリカのプライドをひどく傷つけたエッフェル塔さえ影の薄いものにした。かつて歴史上の有名人がこれほど大勢結集したことはなかった。バッファロー・ビル［開拓者・興行師］、セオドア・ドライサー［小説『アメリカの悲劇』の作者］、スーザン

・B・アンソニー〔婦人参政権運動に尽力した社会改革家〕、ジェーン・アダムズ〔社会改革家・フェミニスト〕、クラレンス・ダロー〔弁護士〕、ジョージ・ウェスティングハウス〔エンジニア・実業家〕、トマス・エディソン〔発明家〕、ヘンリー・アダムズ〔歴史学者〕、フランツ・フェルディナント大公〔オーストリア皇太子〕、ニコラ・テスラ〔電気工学者・発明家〕、イグナツィ・パデレフスキ〔ピアニスト・作曲家・政治家〕、フィリップ・アーマー〔肉の冷蔵加工を開発した精肉加工業者〕、マーシャル・フィールド〔デパート王〕といった人びとが同時期に、同じ場所に集まった。リチャード・ハーディング・デーヴィスはこの博覧会を「南北戦争以後のアメリカの歴史における最大のイベント」と呼んだ。

その夏、世界博覧会ですばらしい奇跡が起こったことはまちがいない。だが同時に、暗黒の力も触手を伸ばした。夢を現実にする建設工事では大勢の死傷者が出て、残された家族は貧困に陥った。火事で一五人が命を落とし、一九世紀最大のお祝いになるはずだった閉会式は暗殺事件のせいで盛大な葬儀に変わってしまった。さらにもっと悪いことが起こったが、その真相が明かされるのはだいぶあとになってからだった。バーナムが創りあげた美しい世界のただなかを一人の殺人者が歩きまわっていたのだ。博覧会を見物しがてら自活の道を探したいと望みを抱いてシカゴにやってきた若い女性たちが行方不明になった。彼女たちの姿が最後に目撃されたのは、この殺人者が所有する、街路のワンブロックを占める——建築家たちが抱く理想をパロディにしたような——大きな館だった。シカゴへ出てきたあとぷっつり連絡を絶った娘たちを捜し求める苦悩にあふれた手紙のことをバーナムや同僚たちが知るのはずっとのちのことだった。報道陣は、この館で大勢の娘たちが姿を消したにちがいないと推測した。ジャック・ザ・リッパーが徘徊したロンドンの下町から名前をとったシカゴのホワイトチャペル・クラブ［猟奇趣味の会員制クラブ］のメンバーでさえ、刑事たちがついにこの館のなかで発見したものには背筋を寒くし、そんな恐ろしい行為が長いあいだ露見せずにいたのは信じがたいと思った。理性的に考えれば、当時のシカゴを揺り動かした大きな変化が一因ともいえた。激しい混乱のなかで、若いハンサムな医師の行為が見過ごされたのも無理からぬことだった。だが、やがて時がたつにつれ、良識があるはずの人びとまでこの殺人者について突拍子もない考えを受け入れるようになった。彼自身、自分を悪魔と称し、姿かたちまで変わりはじめていると主張したのである。彼を裁きの場に引きだした人びとの身の上に奇妙な事件が起こったことも、その主張をもっともらしいものと感じさせた。

迷信深い人びとにとっては陪審長の死だけで十分だった。

バーナムの足は痛んだ。デッキは低い唸り声をあげていた。船の上にいるかぎり、オリンピック号の船底にある二九基のボイラーから舷側を伝わって上昇してくるパワーを一瞬たりとも忘れることはできなかった。特別室にいても、食堂にいても、あるいはスモーキング・ラウンジにいても——内装だけ見ればヴェルサイユ宮殿やジャコビアン様式の大邸宅から運んできたように見えるかもしれないが——低くとどろく音を聞けば、いままさに大海原を進んでいく船の上にいるということを思いださずにいられない。

博覧会にかかわった建築家のなかで生き残っているのはバーナムとミレーを含めてごくわずかだった。多くの人びとがすでに世を去っていた。オームステッドとコッドマン。マッキム。ハント。アトウッドは謎めいた死だった。それにあの、最初の死。バーナムにとってその死はまだ納得できなかった。いずれ誰も残らなくなる。そして、あの博覧会を覚えている人もこの世にいなくなる。

ミレー以外に重要人物でいまも生きている者は？　ルイス・サリヴァンだけだ。世をすね、酒の臭いをぷんぷんさせて、昔のことを恨みに思いながらも、ときたまバーナムのオフィスへ借金を頼みにきたり、絵やスケッチを売りにきたりする。

少なくともフランク・ミレーはいまも現役で、健康で、気取らないユーモアのセンスにあふれている。博覧会の建設現場でも彼のユーモアには元気づけられたものだった。

スチュワードが戻ってきた。顔つきがさっきとは違っていた。電報はやはり打てなかったと彼は謝ったが、今度は少なくともその理由がわかった。ミレーの乗った船が事故に遭ったというのだ。それどころか、オリンピック号はいまこの瞬間、速力を最大にして北へ向かい、救援に駆けつけているところだった。遭難した船の乗客を預かり、負傷者の世話をするために。それ以上のことはわからなかった。

バーナムは足の位置を変え、痛みに顔をしかめ、その後の情報を待つことにした。オリンピック号が事故現場に着けばきっとミレーに会えるだろう。そして、さんざんな船旅だったという話が聞けるだろう。特別室の平和のなかで彼は日記帳を開いた。

この夜、彼の脳裏に博覧会の記憶が生き生きとよみがえった。

第一部　凍れる音楽

シカゴ　1890—91年

1889年頃のシカゴ

ブラックシティ

姿をくらますのはとても簡単だった。

おびただしい数の汽車がシカゴに到着し、また出ていった。それらの汽車には若い独身女性が大勢乗っていた。これまで都会を見たこともなかった娘たちがこのタフな大都会を第二の故郷にするつもりで続々とやってきた。シカゴのハルハウス〔福祉施設〕を設立した社会改革家のジェーン・アダムズはこう書いている。「どんな文明においても、これほど多くの若い女性が突然、家の保護から解放され、付き添いなしで都会の路上を歩きまわり、他人の屋根のもとで働くようになったことはかつて前例がなかった」。娘たちは職を求め、タイピスト、速記者、お針子、織工になった。雇主のほとんどは効率性と利潤を求めるまじめな男たちだったが、なかには例外もあった。一八九〇年三月三〇日、ファースト・ナショナル・バンクの重役は『シカゴ・トリビューン』の求人欄に女性速記者へのこんな警告を載せた。「このところ憂慮しているのは、女性速記者の求人にあたって金髪、容姿端麗、一人暮らしといった条件をつけたり、あるいは写真を送れと要求したりする事業主のなかに高潔ならざる者もいるということだ。そのような広告には卑しい下心がすけて見える。淑女たるもの、そんな求人に応募するのは危険だということをぜひ承知しておいていただきたい」

女性たちが職場へと歩く通りにはバーや賭博場、売春宿が建ち並んでいた。悪徳がはびこり、警官もそれを見逃していた。小説家のベン・ヘクトは晩年になってから、かつてのシカゴの雰囲気を説明しようとして、「まっとうな庶民が住んでいた客間や寝室は（いまや）退屈な場所になりさがった」と書いた。「ある意味で、窓の外の世界を知ることは楽しかった。そこでは、硫黄の炎を身にまとった悪魔がまだ飛びまわっていた」。同じように的確な比喩を用いたマックス・ウェーバーによれば、この街は「皮を剝がれた人間」だった。

人知れぬ死はすばやく襲いかかり、しかもいたるところにあった。この街に到着し、出発していく数多くの汽車でさえ、あっけない死の原因になった。縁石から一歩ふみだして、シカゴ特急にはねられることもあった。シカゴの鉄道交差点では毎日平均して二人がけがをしていた。その傷はグロテスクだった。切り離された首を通行人が回収することもあった。危険はそれだけではなかった。路面電車が跳ね橋から落ちたこともあった。馬車を引いた馬が暴走して群衆に突っこんだこともあった。火事はたった一日で大勢の命を奪った。火災の被害について報じる新聞は「蒸し焼き（ロースト）」という言葉を平気で使った。ジフテリア、チフス、コレラ、インフルエンザ。そして、殺人。博覧会の前後、殺害される男女の数はアメリカ全体で急増したが、とくにシカゴでは殺人事件が増えた。だが、警察は人手が足りず経験もないため手をこまねいていた。一八九二年は六月までに殺人事件が八〇〇件近くもあった。一日に四件の割合だ。ほとんどはありきたりの事件で、窃盗、喧嘩（けんか）、痴情のもつれなどが原因だった。男が女を撃ち、女が男を撃ち、子供たちは誤っておたがいを撃った。だが、それらはみな理解できる出来事だった。ホワイトチャペルの殺人事件――ジャック・ザ・リッパーの五件の連続殺人――のようなものは一つもなかった。一八八八年に起こったこの事件はまったく理解しがたく、アメリカ中がこの噂でもちきりだった。アメリカ国民は自分たちの故郷の町でこんなことが起こるはずはないと信じていた。

だが、状況は変わりつつあった。どこを見ても、正義と不正を隔てる壁は低くなるばかりだった。婦人参政権運動家のエリザベス・ケイディ・スタントンは離婚を奨励するような言辞を弄（ろう）していた。弁護士のクラレンス・ダローはフリーラブを提唱した。リジー・ボーデンという若い娘は両親を斧で惨殺した。

シカゴでは、若いハンサムな医師が外科用の鞄を片手に提げて汽車から降りたった。そこは騒音と煙と蒸気ときらめきにあふれ、そのなかに食肉加工場からただよう牛や豚の臭いがかすかに混じっていた。彼はこの街が気に入った。

やがて、次々と手紙が舞いこむようになった。差出人はシグランド夫妻、ウィリアムズ夫妻、スマイス夫妻のほか大勢、宛先は六三丁目とウォレス・ストリートの角に建つ風変わりで陰鬱な館、内容は娘や孫の居場所を問いあわせるものだった。

消えるのも簡単なら、知らないというのも簡単だった。そして煙と騒音のなか、どす黒い何かが根をおろすのを覆い隠すのもごく簡単だった。

歴史に残る大博覧会を前にしたシカゴはそんな街だった。

「トラブルは始まったばかり」

一八九〇年二月二四日月曜日の午後、『シカゴ・トリビューン』前の街路には二〇〇〇人の群衆が集まっていた。シカゴの他の新聞社――二八紙あった――やホテルのロビー、バー、ウェスタン・ユニオンやポスタル・テレグラフ社のオフィスにも同じように人だかりができていた。『シカゴ・トリビューン』前に集まった人びとのなかには、ビジネスマン、事務員、セールスマン、速記者、警官、そして少なくとも一人の理容師がいた。メッセンジャーボーイは重要なニュースが届いたらいつでも駆けだせるように待ちかまえていた。空気は冷んやりしていた。ビルの谷間には煙がたちこめ、数ブロック先は霞んで見えなかった。ときたま警官が群衆を整理して、鮮やかな黄色の路面電車が通れるだけの道を空けさせた。この電車は街路の下に敷設されたケーブルをつかんで走ることからグリップカーと呼ばれていた。安物の商品を満載した荷車が敷石の上をよろよろと危なっかしく進み、ずんぐりした馬の吐く息が暗い空に蒸気となって立ち昇った。

待っているあいだ、ぴりぴりした緊張があたりを包んだ。シカゴはプライドの高さで有名だった。通りのあちこちで人びとは店の主人や運転手、ウェイターやベルボーイの表情をうかがって、ニュースが届いたかどうか、結果がどう出たかを知ろうとした。この年はまずまずの出足だった。シカゴの人口は初めて一〇〇万を超え、アメリカでニューヨークに次ぐ第二の都市になっていた。しかし、第二位から陥落したフィラデルフィアの住民はむっとして、シカゴが一八九〇年に実施される一〇年ごとの国勢調査に向けて大急ぎで周囲の広い地域を合併したのはインチキだと文句をつけた。だが、シカゴはそんな難癖をあっさり無視した。大きいものは大きいのだ。これまで東部の人びとから食肉加工と金儲けだけが得意な野暮ったい都市と見下されてきたシカゴだが、今日の成功はそんな偏見をついに払拭するだろう。だが万が一失敗したら、その屈辱からは当分立ち直れない。シカゴのお偉方はすでに勝利は決まったようなものだと吹聴していたからだ。ニューヨークの編集者チャールズ・アンダーソン・デイナがシカゴに「ウィンディ・シティ」というあだ名をつけたのは、南西から吹きつける風よりも、むしろそんな大言壮語癖のせいだった。

ルッカリーの最上階にあるオフィスで、四三歳のダニエル・バーナムと、彼の共同経営者で四〇歳になったばかりのジョン・ルートは、そんな緊張感を誰よりも鋭敏に察知していた。すでに内密の連絡を受けて確証も得ており、シカゴ郊外の土地の下検分まで進めていたのだ。二人はシカゴを代表する第一級の建築家だった。アメリカで初めての超高層ビルを設計・建設した先駆者であり、それらはスカイスクレーパー〔空を削るもの〕と呼ばれて人気を博した。毎年、彼らの作る新しいビルが次々と世界一高い建物の記録を更新していくように見えた。ラサールとアダムズ・ストリートの角に建つルッカリーはルートの設計による光にあふれたゴージャスな建物だったが、この最上階のオフィスからはこれまで足場の上に立った建設作業員しか見たことがなかった街と湖の全貌を眼下に見ることができた。しかし今日のニュースはこれまでの成功を取るに足りないものに変えてしまうほどのものだと二人は承知していた。

ニュースはワシントンから電信で伝えられることになっていた。『シカゴ・トリビューン』には自社の記者から報告が入るはずだった。シカゴの編集長、各デスク、植字工たちは「号外」の準備をととのえ、缶焚(かまた)きは蒸気式の印刷機のボイラーにいつでも石炭をくべられるよう待ちかまえていた。連絡が来るたび、事務員は外の通行人に見えるよう速報を窓ガラスに貼りつけた。

シカゴ鉄道標準時の四時ちょっと過ぎ、『シカゴ・トリビューン』には電信による第一報が入った。

そのアイデアを誰が最初にいいだしたのかは、バーナムにもはっきりとはわからなかった。それは大勢の心に同時に浮かんだように見えた。そもそものきっかけはただ、コロンブスのアメリカ発見から四〇〇年目を記念する博覧会を開いたらどうかということだった。最初のうち、この思いつきはあまり歓迎されなかった。南北戦争が終わって以来ずっと、金とパワーを求めて突っ走ってきたアメリカは疲れ果て、はるか過去の歴史を大々的に祝おうという気分になれなかったのだ。ところが、一八八九年、フランスでのある出来事がアメリカ人を仰天させた。

パリ万博である。パリのシャン・ド・マルスで開かれた大規模な万博は華やかなうえにエキゾチックで、訪れた人びとは誰もがこんなにすばらしい博覧会は見たことがないといった。この博覧会の目玉は、空に向かって高々とそびえる鉄製の塔で、三〇〇メートルを越える高さは人間の作った建造物としては他に並ぶものがなかった。この塔は設計者アレクサンドル・ギュスターヴ・エッフェルの名を歴史に残しただけでなく、鉄と鋼鉄の分野における第一人者を誇っていたアメリカ——ブルックリン・ブリッジやホースシュー・カーブ［アレゲニー山中のペンシルヴェニア鉄道の大きくカーブした線路］など、アメリカのエンジニアはこれまですぐれた建造物をたくさん作っていた——を僅差で破って、フランスが世界一の座についたことを示す目に見える証拠となった。

アメリカ合衆国はこの結果を前にして自分を責めるしかなかった。パリ万博では芸術や工学技術、それに科学の才能を披瀝するチャンスがあったのに、アメリカはおざなりの展示しか用意しなかったのだ。『シカゴ・トリビューン』のパリ通信員は一八八九年五月一三日、「わが国はぞんざいな展示ですませた国々のなかに位置づけられるだろう」と書いた。その他の国々は充実した立派な展示品を並べているというのに、アメリカの展示は寄せ集めのパビリオンやキオスクを建てただけで、芸術的なガイダンスもなければ、統一のとれたプランもなかった。「結果は、みすぼらしいショップやブースやバザールのごたまぜ状態となり、一つずつを見ても嘆かわしいが、それがいくつも集まると、まさに不調和もいいところ」だった。それにくらべてフランスはすべてにおいてぬかりがなく、他の国々を圧倒するほどの豪華さだった。「他の国々はとても相手にならない」と通信員は書いた。「ただフランスの引き立て役になるばかりだ。よその国の粗末な展示は、かえってフランスの完全さをめだたせ、その富と栄光を強調することになった」

アメリカ人はやっかみ半分で、エッフェル塔が奇怪な姿でパリのうるわしい景観を損ねるにちがいないと予測していたのに、実際にできてみると根元の優雅なカーブとロケット花火を思わせる先細りの柱は予想以上の生気にあふれていた。こんな屈辱は耐えがたかった。急速に成長し、国際的な地位にも自信をもつようになっていたアメリカはプライドを傷つけられ、かつてない愛国心の炎が燃えあがった。フランスを打ち負かす機会、とくに「エッフェル塔をしのぐエッフェル塔」が必要になった。コロンブスのアメリカ発見を記念する大博覧会を開くという思いつきが、突然なにがなんでも実施すべきものへと変わったのだ。

最初、ほとんどのアメリカ人は、国家のルーツを記念した博覧会が開かれるとしたら、その開催地は当然、首都ワシントンがふさわしいと思っていた。当時はシカゴの編集長たちもその意見に同調していた。だが、博覧会の計画が形をなしてくると、ほかの都市も次々と名乗りをあげはじめた。開催地になれば大きな威信を得ることができる。人びとが家柄の次に出身地を誇りにしていたような時代だから、その威信には魅力があった。急にニューヨークとセントルイスが名乗りでた。ニューヨークの言い分はあらゆる面でのアメリカの中心地ということだった。セントルイスの意見は誰も聞こうとしなかったが、それでもこの都市は候補として居残った。

シカゴは市民のプライドの高さではどこにもひけをとらなかった。男たちは「シカゴ魂」が実在の力ででもあるかのように口にし、一八七一年のシカゴ大火のあと、たちまち街を復興した速さを自慢していた。ただもとどおりにするのではなく、彼らはシカゴをアメリカの商業と産業と建築の分野における最先端の都市へと変貌させたのである。だが、そんな豊かな富をもってしても、シカゴがベートーヴェンよりも豚肉のほうが好きな二級の都市だという見方はなかなか払拭できなかった。ニューヨークはアメリカの文化的な中心地であり、洗練された社交の町だった。そこの住人たちは、たえずシカゴにそのことを思いださせた。この博覧会をきちんとやりとげれば——パリをしのげば——そんな先入観を吹き飛ばすチャンスになるかもしれなかった。シカゴの各日刊紙の編集長は、ニューヨークが名乗りでたのを見て自問した。「シカゴではなぜだめなんだ？」『シカゴ・トリビューン』はこんな警告を発した。「ニューヨークのハゲタカ、コンドル、ハゲワシの群れ、貪欲で卑しいけだものたちが這いまわり、つきまとい、空を舞いながら、博覧会という餌を狙っている」

一八八九年六月二九日、シカゴ市長デウィット・C・クレギアーは市の識者二五〇名からなる市民委員会の招集を発表した。この委員会が採択した決議文の最後にはこう書かれていた。「シカゴ建設に協力してきた市民一同はこの博覧会の招致を望んでおり、また当地が開催地にふさわしいと主張する公正かつ確実な根拠があると見なす」

とはいえ決めるのは議会である。そしていまがその投票のときだった。

『シカゴ・トリビューン』の職員は窓に近づいて第一報を糊で貼りつけた。第一回目の投票でシカゴは一一五票をとり、七二票で第二位のニューヨークに大差をつけてトップだった。セントルイスが三位、ワシントンは四位だった。議員の一人は博覧会自体に反対しており、依怙地になってカンバーランド・ギャップ［三つの州境にまたがった辺鄙な山道］に投票した。『シカゴ・トリビューン』前の群衆はシカゴがニューヨークに四三票の差をつけたことを知って歓声をあげ、口笛を吹き、拍手喝采した。だが博覧会開催の権利を得るには過半数が必要で、シカゴがまだ三八票不足していることはみんなが知っていた。

　投票がくりかえされた。日の光は薄れて薄いもやがたちこめた。歩道には勤めを終えた男女があふれてきた。ルッカリーやモントークといった超高層ビルからぞろぞろと出てくるタイピスト――最新のビジネス機器をあやつる女性たち――のコートの下はみな同じような白いブラウスと長い黒のスカートという服装で、その色彩はレミントン・タイプライターのキーを連想させた。辻馬車の御者は馬に毒づいたり、なだめたりしていた。ガス灯の点灯夫は小走りに人ごみのあいだを縫って、鋳鉄の柱のてっぺんにあるガスのノズルに火をつけた。あたりにぱっと色彩があふれた。路面電車の鮮やかな黄色、悲喜こもごもの知らせが詰まった鞄を腰のところで揺らしながら走ってゆく郵便配達の制服の青。辻馬車の御者はハンサム［一頭立て二輪馬車］の後尾の赤い夜間ランプを点けた。通りの向こうの帽子屋の前には金色のライオンがうずくまっている。高層ビルを見上げると、ガスと電気のまばゆい光が夕闇のなかの夕顔のように浮かびあがっていた。

『シカゴ・トリビューン』の職員がまた窓のところにあらわれた。五度目の投票結果である。

「群衆の上にただよう暗いムードはどんよりと重たかった」とある記者はいう。ニューヨークが一五票を獲得したのに、シカゴはたった六票で、ニューヨークがぐんぐん追いあげていた。人ごみのなかにいた理髪師は近くの人びとに向かって、前の投票でセントルイスを支持していた議員がニューヨークに票を入れたにちがいないといった。これに応えて、陸軍中尉のアレクサンダー・ロスも声をあげた。「諸君、私にいわせれば、セントルイス出身の人間は教会さえ盗むようなやからですからな」。すると別の男が大声でつけくわえた。「女房の飼い犬に毒を盛るような連中さ」。これに群衆がどっと賛成の意をあらわした。

ワシントンでは、ニューヨーク・セントラル鉄道の社長で当代きっての雄弁家といわれたチョーンシー・デピューもメンバーの一員だったニューヨークの代表団が流れの変化を見てとり、いったん休会にして投票は翌日に繰り越してはどうかと提案した。このことを知ると『シカゴ・トリビューン』前の群衆はブーイングの声をあげて不満をあらわした。時間稼ぎをして、その間に議員たちへの切り崩し工作をするつもりだと見抜いていたのだ。

この提案は却下されたが、議会は短い休憩をとることになった。群衆はその場を動かなかった。

七度目の投票のあと、シカゴはあと一票で過半数というところまできた。ニューヨークに勝ち目はなかった。通りはしんと静まった。辻馬車も停まった。警官は路面電車のケーブルが伸びきってカドミウムの屑が飛び散るのも無視していた。乗客は電車から降りて『シカゴ・トリビューン』の窓をじっと見つめ、次の発表を待ちかまえた。敷石の下のケーブルは張りつめて、いつまでもがたごとと不協和音を奏でていた。

やがて『シカゴ・トリビューン』の窓にまた別の男があらわれた。背の高い痩せた若者で、黒い口髭を生やしていた。男は表情を変えずに群衆を見た。片手に糊の瓶、片手にブラシと速報の紙をもっている。彼は急がなかった。速報を外から見えないようテーブルの上に置いたが、何をしようとしているかはその動きから明らかだった。ゆっくりと糊のねじ蓋を開けた。その表情には柩(ひつぎ)を前にしたような厳粛さがあった。彼は速報の紙にていねいに糊を塗った。それから時間をかけて窓のところにもってきた。表情を変えないまま、彼は速報をガラスに押しつけた。

バーナムは待った。彼のオフィスはルートのオフィスと同様、南に面していて自然光がたっぷり入った。シカゴの住民はみな自然光を求めていた。この当時、煤煙(ばいえん)でいつもどんより曇っていた街では、ガスの光——人工照明はまだほとんどガス灯に頼っていた——など無力なものだった。電球——当時はガスと兼用の器具も多かった——はまだ最新のビルにしか使われていなかった。しかも電球を使うとなるとまた別の厄介な問題があった。ビルの地下に石炭式のボイラーで動く発電機を据えつけなければならなかったのだ。太陽光がかげると街路のガス灯や眼下に並ぶビルのあちこちから煙が立ち昇り、鈍い黄色の輝きが放たれた。バーナムの耳に聞こえるのは自分のオフィスのガス灯がたてるシューッという音だけだった。

いまの自分——シカゴを見おろす超高層ビルの最上階のオフィスにいて、声望を集めた建築家になっていること——を知ったら亡き父はどんなに驚き、喜び、感激したことだろう。

ダニエル・ハドソン・バーナムは一八四六年九月四日、ニューヨーク州ヘンダーソンに生まれた。両親は従順、自己抑制、公共の福祉を尊ぶスウェーデンボルグ神学の熱心な信奉者だった。一八五五年、彼が九歳のとき一家はシカゴに引っ越し、ここで父親は薬の卸売り商として成功した。バーナムの成績はぱっとしなかった。ある記者の調査によると「オールド・セントラルの記録ではテストの平均点が一〇〇点満点の五五点で、最高点は八一点だった」という。しかし絵を描くのは得意で、つねに何かをスケッチしていた。一八歳になると父親は息子を東部へやり、個人教授をつけてハーヴァード大学とイェール大学の受験に備えさせた。だが彼はひどいあがり性で試験が苦手だった。「ハーヴァードには、私とくらべてそれほど受験勉強をしなかった友達二人と試験を受けにいった。二人ともあっさり合格したのに私は落ちた。二科目か三科目の試験のあいだずっとひと文字も書けずに坐っていたからだ」。イェールの試験でも同じだった。どちらの大学も彼を拒絶した。このことを彼はけっして忘れなかった。

一八六七年の秋、二一歳のバーナムはシカゴに戻ると自分に向きそうな分野で仕事を探し、ローリング・アンド・ジェニーという設計事務所の製図工になった。天職を見つけたと彼は一八六八年に書いた。そして両親に「シカゴ一、またはアメリカ一の建築家」になりたいと話した。ところが翌年には突然、金を掘りあてるといって友達とネヴァダへ行ってしまった。これは失敗だった。ネヴァダで選挙に立候補したが落選した。一文なしになり、家畜車でシカゴへ戻ると、L・G・ローリーンという建築家の事務所に勤めた。やがて一八七一年一〇月が来た。一頭の牛、ランタンの火、ちょっとした手違い、そして強風。シカゴ大火ではおよそ一万八〇〇〇の建物が焼け、一〇万人以上が住む家を失った。この災害でシカゴの建築家には仕事がじゃんじゃん舞いこむはずだった。それなのに彼は設計事務所を辞めた。板ガラスの販売に手を出したが、これも失敗した。薬屋に勤め、ここも辞めた。「同じことのくりかえしに飽きやすいのはわが家の遺伝だ」と彼はいう。

父親はいらだちと心配から一八七二年に息子をピーター・ワイトという建築家に紹介した。ワイトはこの若者の素描の腕を買って製図工として雇った。バーナムは二五歳だった。ワイトとは気が合い、製図の仕事も好きだった。とくに同僚の製図工、南部出身で四歳年下のジョン・ウェルボーン・ルートとは親友になった。一八五〇年一月一〇日、ジョージア州ラムキンで生まれたルートは音楽の才に恵まれた神童で、話すより先に歌をうたったという。南北戦争のさなか、アトランタが戦火にくすぶっていたとき、ルートの父は封鎖をかいくぐる密航船に息子を乗せ、イギリスのリヴァプールへ脱出させた。ルートはオックスフォードの入学試験に合格したが、入学前に南北戦争が終結したため、父に呼び戻されてアメリカへ帰った。そのころ、一家はニューヨークへ引っ越している。ルートはニューヨーク大学で土木工学を学び、のちにセント・パトリック聖堂の設計をする建築家のもとで製図工になった。

バーナムはルートのことが一目で気に入った。白い肌とがっしりした腕、製図台に向かう姿勢に感心した。二人は友達になり、やがて共同で設計事務所を開いた。この事務所に初めての収入があった三か月後に一八七三年の大恐慌が起こった。だが、このときのバーナムは簡単にはあきらめなかった。共同経営者のルートがいたからこそ、もちこたえたのだろう。協力することでこれまで欠けていた部分が満たされ、二人はともに強くなった。二人は注文を取ろうとがんばり、仕事がないときは他の設計事務所でアルバイトをした。

一八七四年のある日、二人のオフィスを訪れた一人の男が一瞬のうちに運命を変えてしまった。一見すると黒い服を着たごくふつうの男だったが、じつは食肉加工の仕事で莫大な財産を築きあげた人物だった。彼はルートを訪ねてきたのだが、ルートはそのときシカゴにいなかった。そこで男はかわりにバーナムに自己紹介し、ジョン・B・シャーマンと名乗った。

説明の必要もなかった。ユニオン・ストックヤードの最高責任者として、シャーマンは男女と子供からなる二万五〇〇〇人の従業員を支配し、毎年一四〇〇万頭の牛や豚を食肉に加工していた。シカゴの全人口の五人に一人は——直接または間接的に——この食肉加工場に依存して生計を立てていたのである。

シャーマンはバーナムが気に入った。この若者の強さ、揺るぎのない青い目、会話のはしばしにあらわれる自信は好ましかった。シャーマンがここを訪れたのはプレーリー・アベニューの二一丁目に建てる屋敷の設計を依頼するためだった。この一帯にはシカゴの大実業家が大邸宅をかまえており、ときにはマーシャル・フィールドとジョージ・プルマンとフィリップ・アーマーの大立者三人組がそろって――黒い服を着て――仕事に出かける姿も見かけた。ルートは、破風の上に尖った屋根のある三階建の家のスケッチを描いた。赤レンガと淡い黄褐色の砂岩、ブルーの花崗岩、黒いスレートを使う。バーナムがそのスケッチに手を入れ、建設工事の指揮をとった。たまたまバーナムがその家の玄関に立って作業のことを考えていたとき、いくらか高慢そうな態度で、妙な歩き方――これは気取りではなく、先天的な障害だった――をする若者が近づいてきてルイス・サリヴァンと自己紹介した。その名前は――いまのところ――バーナムにとって何の意味もなかった。二人は立ち話をした。サリヴァンは一八歳で、バーナムは二八歳だった。バーナムはサリヴァンに向かって自信たっぷりに、ふつうの住宅を建てるだけで満足するつもりはないと話した。「目標は大々的に商売をすること、大きなプロジェクトを手がけること、大実業家を顧客にすること、そして大規模な組織を築きあげることだ。組織がなければ、大きなプロジェクトは扱えないから」

ジョン・シャーマンの娘のマーガレットも建設現場を訪れた。若く、かわいらしく、金髪のマーガレットは、友達のデラ・オーティスが通りの向かいに住んでいるという口実でしょっちゅう顔を出した。マーガレットはこの家がとてもよくできていると思ったが、もっと気に入ったのは砂岩や木材の山に囲まれてきぱき指図する建築家だった。しばらくしてバーナムも彼女の気持を察した。そして結婚を申しこんだ。イエスという返事だった。求婚はとてもスムーズにいった。そこへスキャンダルが襲った。バーナムの兄が小切手を偽造したため、父親の薬の卸売り業が手ひどい損害をこうむったのだ。バーナムはすぐにマーガレットの父を訪ね、こんなスキャンダルのもとで結婚するわけにはいかないと婚約破棄を申し入れた。シャーマンは、名誉を重んじるところは尊敬に値するが婚約破棄には応じられないと答え、こうつけくわえた。「どんな家族にもはみだし者はいるものだ」

のちにシャーマンは妻を捨て、友人の娘とヨーロッパへ駆け落ちした。

バーナムとマーガレットは一八七六年一月二〇日に結婚した。シャーマンは娘夫妻に四丁目とミシガン・アベニューの角にある家を買ってやった。湖のそばだったが、もっと重要なのはストックヤードに近いことだった。この近さが大事だった。彼は娘婿が気に入っていて、結婚にも賛成だったが、この若い建築家を完全には信用していなかった。酒を飲みすぎると思っていたのだ。

性癖に多少の疑いをもっていたにせよ、それでバーナムの建築家としての腕前を評価しそこなうことはなかった。シャーマンは別の建物の設計も依頼した。絶大な信頼の証として、彼はユニオン・ストックヤードの発展のシンボルともいうべき正門の建築をバーナム・アンド・ルート設計事務所に依頼した。こうしてできたのがレモント石灰岩の三つのアーチに銅の屋根をかぶせたストーン・ゲートだった。中央のアーチの上にはジョン・シャーマンのお気に入りだった雄牛のシャーマンの半身像——まちがいなくルートの趣味である——が飾られていた。シカゴのランドマークとなったこの門は、最後の豚が大きな木製の傾斜路——通称「溜息(ためいき)の橋」——を通って永遠へと旅立ったあともずっと壊されずに残り、二一世紀を迎えた。

ルートもストックヤードの重役の娘と結婚したが、そちらは悲しい結果になった。彼はストックヤードの社長ジョン・ウォーカーの家を設計し、ウォーカーの娘メアリーと知りあった。婚約中に彼女は結核になった。症状は急速に悪化したが、ルートは婚約を解消しようとせず、そのうち誰の目にも彼の結婚相手はすでに死んだも同然と思えるようになった。結婚式はルートが設計したウォーカー家でとりおこなわれた。友人の一人、詩人のハリエット・モンローは他の客に混じって、花嫁が階段の上に出てくるのを待っていた。ハリエットの姉のドーラがたった一人のブライズメイドになった。ハリエット・モンローはこう語っている。「ずいぶんと長いあいだ待たされて不安になってきた。ようやく父の腕にすがった花嫁が真っ白な幽霊のように階段の踊り場に姿をあらわした。そしてゆっくりと、サテンの裳裾(もすそ)を重そうに引きずりながら広い階段を降り、フロアを横切って、花や蔓(つる)で華やかに飾られた出窓のそばを通りすぎた。そのコントラストがひどく哀れだった」。花嫁は痩せて血の気がなく、ささやくような声で誓いの言葉をつぶやいた。「あでやかな飾りも骸骨に宝石をつけたようにしか見えなかった」

六週間もしないうちにメアリー・ウォーカー・ルートは死んだ。二年後、ルートはブライズメイドを務めたドーラ・モンローと結婚した。この結婚にドーラの妹のハリエットはひどく傷ついた。詩人のハリエットも明らかにルートに恋心を抱いていたからだ。ハリエットは近所に住み、アスター・プレースの姉夫妻の家をよく訪ねた。一八九六年、彼女はルートの伝記を刊行したが、そこには天使も赤面するほどのきれいごとばかり並んでいた。後年の回想録『ある詩人の生涯』では、ルートと姉の結婚について「非の打ちどころのない幸福、私の思い描く幸せのイメージを実例にしたようなもので、幸運と充足にあふれ、欠けたところは一つとしてない」と書いた。だが、ハリエット自身はそんな幸せな結婚とは縁がなく、そのかわり生涯を詩に捧げて、やがて詩誌『ポエトリー』を創刊した。詩人のエズラ・パウンドはこの雑誌を足がかりにして世界的な名声をかちえた。
ルートとバーナムは成功した。事務所には次々と注文が舞いこんだが、その理由は、シカゴが建設されて以来ずっと建設業者を悩ませてきた難問にルートが新しい解決策を見つけたからだった。ルートの新機軸によって、その役割にふさわしい土壌ではなかったにもかかわらず、シカゴはスカイスクレーパー誕生の地となったのである。

一八八〇年代、シカゴの人口は爆発的に増え、その結果、土地の価格は想像もつかないほど高騰した。とくに「ループ」と呼ばれる——路面電車の方向転換用ループにちなむ——中心地はひどかった。土地の値段が上がるにつれて、地主は投資に見あうだけの利潤をあげたいと思うようになった。その目の前には誘うかのように広々とした空があった。

高層化にさいしての最も基本的な障害は、人が階段を歩いて昇るには限りがあるということだった。とくに一九世紀の男たちはたっぷりした昼食をとるのがふつうだったから、食後にはなおさらである。しかし、この障害はエレベーターの出現で解消された。とりわけイライシャ・グレーヴス・オーティスによる、エレベーターの落下を防ぐ安全装置の発明が大きかった。そのほかにも難問が残っていた。なかでも厄介だったのはシカゴの土壌の扱いにくさである。シカゴで建設の基礎工事をするのは「おそらく世界一の難事業だろう」とあるエンジニアはこぼした。岩盤は地下およそ四〇メートルという深い場所にあったので、そこまで掘り進むには大きな労力とコストがかかり、一八八〇年代の技術では危険でもあった。地下の岩盤と地表までのあいだには水をたっぷり含んだ砂と粘土の混じった層があり、エンジニアはそれをガンボ〔シチューの意〕と呼んだ。これはふつうのビルの重量でも簡単に圧縮された。そこで建築家は建物を設計するとき、一階部分に一〇センチほどの段差のある歩道を設けるのが習慣になった。建物ができたあとはこの歩道がいっしょに沈下して道路と同じ高さになるよう期待してのことだった。

この土壌の問題を解決するには二つの方法しかなかった。建物の高さを低くして問題を避けるか、または基礎岩盤までケーソンを沈めるかである。この二番目の技法は、建設現場に深い縦坑を掘り、壁に支柱をかうという作業が必要で、沁みでる水を食い止めるために大量の空気をポンプで送りこまなければならなかった。しかも、深刻な潜水病を引き起こす危険もあり、おもに橋の建設などでほかに方法がないときに採用されるものだった。ブルックリン・ブリッジの建設でジョン・オーガスタス・ローブリングがケーソンを用いたことはよく知られている。だが、この技法がアメリカで初めて用いられたのは、それ以前の一八六九年から一八七四年にかけて、ジェームズ・B・イーズがセントルイスのミシシッピ川に架けた橋だった。イーズの記録によれば、建設労働者は水面下一八メートルで潜水病を発症したが、シカゴでケーソンを沈めるとしたらその倍の深さまで潜らなければならなかった。この橋の悪名高いイースト・ケーソンで作業にあたった三五二人のうち一二人が潜水病で命を落とし、二人が生涯にわたって体が不自由になり、負傷者は六六人を数え、犠牲者は全体の二割以上になった。

それでもシカゴの地主たちは利潤をあきらめなかった。そしてシカゴの中心地において、利潤はすなわち高層を意味した。一八八一年、マサチューセッツの投機家ピーター・チャードン・ブルックス三世はバーナム・アンド・ルートにシカゴ一高層のオフィス・ビルの設計を依頼した。彼はそのビルをモントークと名づけるつもりだった。それ以前にも、七階建のグラニス・ブロックを発注しており、これが二人の設計事務所にとってシカゴ中心部での最初の仕事となった。バーナムによれば、このグラニス・ブロックで「われわれの独創性が発揮された……まさに驚異だった。誰もがこのビルを見に訪れ、シカゴはこれを誇りとした」のである。二人はこの最上階にオフィスを移した（これは致命的な引っ越しとなったが、このときはまだ知るよしもなかった）。ブルックスは新しいビルをさらに五割増しの高さにしたいといった。

「もしも地面が支えられるならば」

二人の建築家はたちまちブルックスに悩まされることになった。彼は口やかましい倹約家で、機能さえ優れていれば建物の見かけにはまるで頓着しなかったのだ。彼の指示はルイス・サリヴァンの有名な言葉「形態は機能に従う」を先取りしたようなものだった。ブルックスはこう書いている。「このビルは用途を第一に考え、装飾は二の次にしてもらいたい。用途を満たしていれば、美しさはおのずと生まれる」。表面の飾りはいっさい省かれた。ガーゴイルもペディメントも不要。凸凹には埃が溜まりやすい。配管パイプはすべてオープンにしておくこと。「パイプを隠すのは完全な誤りだ。すべてむきだしにしておき、体裁が気になるようなら、きれいにペンキを塗ればいい」。その倹約精神はトイレまで見逃さなかった。ルートの設計ではシンクの下に戸棚があったが、ブルックスはこれにも反対した。戸棚は「ゴミが溜まるだけだし、ネズミの巣にもなる」からだった。

モントークの工夫は建物の土台にあった。最初、ルートは一八七三年以来シカゴの建築家がふつうの高さのビルを作るときに用いてきたテクニックを使うつもりだった。地中の岩盤の上にビルの支えとなるピラミッドをいくつも置くというやり方である。ピラミッドの広い底面が荷重を分散させるので沈下が最小限に抑えられ、てっぺんには荷重を支える円柱が立てられる。だが、石とレンガでできた一〇階建のビルを支えるためには、ピラミッドは巨大なものでなければならない。地中にギザのピラミッドを建てるようなものだ。ブルックスは反対した。地下にはボイラーと発電機を置くスペースが必要だ。

ルートが思いついた解決策はあまりにもシンプルで拍子抜けしそうなものだった。彼が考えたのはこうだった。地中で最初にぶつかるしっかりした粘土層——硬盤（ハードパン）と呼ばれる——まで掘り、そこに厚さ六〇センチ近いコンクリートのパッドを敷きつめる。作業員をそこまで下ろして、そのパッドの端から端までスチールのレールを敷く。その上に直角にスチールのレールを立てて第二層を置く。同じようにして、だんだん層を重ねていく。鋼鉄の格子枠（グリリッジ）が完成したら、そのあいだにポートランド・セメントを埋めこんで、しっかりしたラフト［建物を支える基盤］を作りあげるのだ。この基盤をルートは浮き台と呼んだ。要するにルートが提案したのは、人工的な岩盤の層を築きあげ、それと同時に地下フロアを利用可能にするというアイデアだった。ブルックスはこれが気に入った。

いざ完成すると、斬新なアイデアにあふれ、空高くそびえるモントークは、これまでの常識を根底からくつがえすものとなった。その言葉を誰が考えだしたのかはわからないが、まさにこのビルにふさわしかった。モントークはスカイスクレーパーと呼ばれる超高層ビルの第一号になったのである。シカゴの建築家・評論家のトマス・タルマッジはこう書いた。「ゴシック聖堂の分野におけるシャルトル、それに匹敵するのが高層商業ビルにおけるモントーク・ブロックである」

この時期、建築関連の新工夫が続々と生まれていた。エレベーターはより速く、安全になっていた。ガラス製造会社も技術を磨いて、ますます大きな板ガラスを作れるようになった。バーナムが建築の仕事の第一歩を踏みだしたローリング・アンド・ジェニー設計事務所のウィリアム・ジェニーは、荷重を支えるメタルフレームを使った最初のビルを設計した。この工夫で、これまで外壁にかかっていた建物の荷重は鉄とスチールでできた骨格へとシフトされたのだった。バーナムとルートは、このジェニーの新機軸によって、高層をめざす建築家の最後の障害もついにとりのぞかれたことを知った。この技術で建物はどんどん高くなり、そこにできた空中都市には新種のビジネスマンが住みついた。彼らは「断崖絶壁の住人」と呼ばれることもあった。リンカン・ステフェンズ［暴露記者、ジャーナリスト］はこう書いている。彼らが「望むオフィスは上空にあって、冷たい新鮮な空気が得られ、眺望は広々として美しく、ビジネスの中心地であると同時に静寂でなければならない」。

バーナムとルートは金持になった。大富豪のプルマンにはおよばず、ポッターやパーマーやフィリップ・アーマーと並んで社会の最高ランクに数えられるまではいかず、妻の着るドレスが地元新聞の記事に書きたてられるようなこともなかったが、当人たちが期待した以上に大きな成功をかちえた。どれほどかといえば、バーナムの場合、毎年上等なマデイラ酒を樽で買い、遅い貨物船で地球を二周するあいだに熟成させるといったことができる程度には裕福だった。

設計事務所が繁盛するにつれて、二人の個性の違いがはっきり出てくるようになった。バーナムはアーティストとしても建築家としてもそれなりの才能に恵まれてはいたが、なにより大きな強みは顧客を引きつける魅力、そしてルートの優雅な設計を現実のものにする実行力だった。バーナムはハンサムで背が高く、力強く表情に富んだブルーの目をもち、顧客や友人たちはおのずと彼の周りに集まった。それはまるでレンズが日光を集めるかのようだった。「ダニエル・ハドソン・バーナムは私が見たなかでもとびきりのハンサムだった」と、のちにエンパイア・ステート・ビルの建設を指揮することになるポール・スターレットは語っている。彼は一八八八年にバーナム・アンド・ルートに雑用係の助手として入社した。「やすやすと仕事をとってくるように見えた。身のこなしと容姿だけで、もう勝ったも同然。ごく当たり前のことを力説しているだけなのに、じつに重大な話に聞こえ、説得力があった」。スターレットはバーナムの言葉に感銘を受けた。「けちくさい設計図を描くな。小さなプランには人の血を沸きたたせる魔法がない」

バーナムは設計事務所の芸術面での推進力がルートであることを理解していた。ルートにはまだ見ぬ建物の全体像をたちまち目の前に浮かびあがらせる才能があると信じていたのだ。「この点に関して、彼のような人間をほかに見たことがない」とバーナムはいった。「ぼんやりして黙りこむ。そして、その目に遠くを見るような表情が浮かぶ。そんなとき、彼の目の前には建物があるのだ――石の一つ一つまで完全に」。同時に彼はルートが建築のビジネス面にはまるで興味がなく、仕事の注文につながるシカゴ・クラブやユニオン・リーグでの社交にも熱心ではないことを知っていた。

ルートは毎週日曜の朝、第一長老派教会でオルガンを弾いた。『シカゴ・トリビューン』にはオペラ評を寄稿していた。読書好きで、興味の範囲は哲学、科学、芸術、宗教と幅広く、シカゴの上流階級では、どんな話題でも対応でき、しかもウィットに富んだ会話ができる人として知られていた。「会話の能力はすばらしかった」と友人の一人はいう。「彼が興味を寄せないジャンルは一つとしてなく、しかもかなり突っこんだ研究をしていた」。いたずらっぽいユーモアのセンスもあった。ある日曜日の朝、彼はつねにもまして重厚にオルガンを弾いていた。だが、いつのまにかメロディが流行歌の「シュー、フライ」に変わっているのだった。バーナムとルートがいっしょにいるとき、ある女性がこんなことをいった。「いつも思うのだけれど、太い大木のまわりで稲光がピカピカ光っているようだわね」

二人はおたがいの技術を認め、高く買っていた。結果として生じるハーモニーはオフィスの動きにも反映した。ある歴史家によれば、彼らの設計事務所には「食肉加工場」と同じ機械的な正確さがあったという。バーナムが仕事上でも個人的にもストックヤードとかかわりが深かったことからして、これは適切な比喩かもしれない。しかし一方で、バーナムは二〇世紀のビジネスを先取りするような新機軸をオフィスにとりいれていた。ジムを設置したのである。昼休みには従業員がハンドボールを楽しみ、バーナムみずからフェンシングを教授した。ルートは借りてきたピアノで即席のリサイタルを開いた。「事務所には仕事が殺到して大忙しだったが、職場の雰囲気はとても明るく自由で、私が働いたことのある他の会社とくらべてずっと気取りがなく、人間的だった」とスターレットはいう。

ルートと二人だったからこそ、一人ずつでは達成できなかったレベルの成功をかちえたのだということをバーナムはよく知っていた。二人で働いたから、より斬新なアイデアを試すことができ、大胆なプロジェクトにとりくめたのだ。この時代、建築家は何よりも新しさを望み、ビルの高さや重量は急激に増していたため、悲惨な失敗というリスクもどんどん大きくなっていた。ハリエット・モンローはこう書いている。「二人にとって、おたがいの存在はつねに必要不可欠なものとなった」

会社が成長するにつれ、都市も成長した。シカゴはどんどん大きく、高く、豊かになっていった。だが同時に、シカゴはより汚く、暗く、ますます危険になっていった。煤煙のせいで通りは薄暗く、ときにはワンブロック先さえ見えないことがあった。とくに石炭の炉がごうごうと燃えさかる冬場はひどかった。汽車、路面電車、手押し車、馬車のたてるやかましい騒音は深夜まで収まらず——サリー、ランドー、ヴィクトリア、ブルーム、フェートンといったさまざまなタイプの馬車、それに霊柩車の車輪はすべて鉄が被せられ、回転するハンマーのように敷石を叩いていた——夏の夜にはとても窓を開けていられなかった。貧民街では生ゴミが路地に山をなし、巨大なゴミ箱からもあふれでて、ネズミやアオバエの格好の餌場になっていた。おびただしい数の蠅（はえ）だった。犬や猫、馬の死体が放置されることも多かった。一月、死体は哀れな姿態のまま凍りつく。それが八月になると膨らんで破裂する。そのほとんどは、この街の商業上の大動脈であるシカゴ川へ放りこまれた。大雨が降ると川の水かさは増え、やがて脂っぽい水しぶきとなってミシガン湖へと流れこむ。そして、シカゴへ送る飲料水とりいれパイプがある塔のところまであふれた。雨のとき、マカダム舗装されていない通りには馬糞と泥と生ゴミの混じったぬかるみが、まるで傷口から出る膿のように御影石の敷石のあいだからじくじくとにじみでた。シカゴを訪れる人びとはその惨状に震えあがった。フランス人の編集者オクターヴ・ウザンヌはシカゴを「ゴルディオス［ゴルディオスの解けない結び目から難事や難題の意］の都会、あまりにも過剰で、あまりにも極悪」と評した。作家で出版人でもあったポール・リンドーは「本物の恐怖を見せる巨大な覗きからくり。だが、なんにしても、並外れていることはたしかだ」といった。

バーナムは仕事のチャンスの多いシカゴが気に入っていたが、やがて街そのものに不安を募らせるようになった。一八八六年には、妻のマーガレットとのあいだに五人の子供がいた――女の子が二人、男の子が三人で、ダニエルと名づけられた末の息子は二月に生まれたばかりだった。その年、バーナムはミシガン湖畔の静かなエヴァンストン村――「郊外のアテネ」と呼ぶ人もいた――にある古い農家を買った。二階建で寝室が一六あるこの家は「堂々たる古木」に囲まれ、細長い四角形の敷地は湖まで続いていた。最初のうち妻とその父親は反対していたが、それでも彼はあえてこの土地を買った。実の母親にさえ、土地の売買が全部すむまで、引っ越しのことは話さなかった。のちに彼は詫びの手紙を書き、「これを買ったのは、もはやシカゴの街路ではとても子供たちを育てられないと思ったからです……」と説明した。

バーナムとルートはたやすく成功を手にしたように見えたが、その間、二人ともそれなりの試練に見舞われた。一八八五年、オフィスのあったグラニス・ブロックが火事で焼け落ちた。このとき、少なくとも二人のどちらかはオフィスにおり、燃えあがる階段を降りて命からがら脱出した。次のオフィスはルッカリーの最上階にかまえた。三年後、二人が設計したカンザスシティのホテルが建設工事中に崩壊して数人が負傷し、死者も一人出た。バーナムにとっては大きなショックだった。カンザスシティは検視官を派遣し、おもに建物の設計についての調査をおこなった。建築家になって初めて、バーナムは世間の批判を浴びた。彼は妻にこんな手紙を書いている。「この件に関して、新聞がなんといおうと、きみは心配しなくていい。まちがいなく咎められるだろうし、これから多くの厄介ごとにぶつかるだろう。だが、そのすべてをただまっすぐに雄々しく受けとめるつもりだ。その重荷がどれほど大きくても」

この経験によって彼は深く傷ついた。とくに、影響力をおよぼせない役人の目の前に自分の能力がさらけだされたことは屈辱的だった。崩壊から三日後、彼は妻のマーガレットにこう書き送った。「この検視官は感じの悪い小柄な医師で金権主義者のうえに知性のかけらもなく、私のストレスの元凶になっている」。バーナムは憂鬱になり、心細くて家が恋しかった。「ここには長居しすぎた。きみのもとへ戻ってまた平和に暮らしたい」

同じころ三つ目の打撃があったが、これはまた別種のものだった。シカゴは産業と商業の中心地として活気にあふれ、名声はすばやく広まりつつあったが、その一方で文化的な財産はほとんどないではないかというニューヨークからの悪口も聞こえてきて、街のリーダーたちは神経をぴりぴりさせていた。この欠陥を埋めるため、シカゴの名士の一人ファーディナンド・W・ペックは、完璧な音響装置をそなえた大きなオーディトリアムを建てようと提案した。そうすれば東部の中傷の声を封じられるし、うまくいけば儲けにもなる。

ペックの考えでは、この巨大なオーディトリアムをさらに大きなシェルで覆って、そこにホテルや宴会場、オフィスなどを入れる予定だった。キンズリーズ――ニューヨークのデル・モナコに匹敵するシカゴの高級レストラン――へ食事をしにくる大勢の建築家のあいだでは、これこそ単体の建築物としてはシカゴの歴史上で最も重要なものになるはずだと意見が一致し、委嘱されるのはバーナム・アンド・ルートにちがいないとささやかれていた。バーナムもそう信じていた。

ペックが選んだのはシカゴの建築家ダンクマー・アドラーだった。ペックは、完成した建物がいかに壮麗でも音響に欠陥があったらこの計画は失敗だと承知していた。これまで音響デザインの原則がはっきり理解できていることを証明してみせた建築家は、アドラーだけだったのだ。このころアドラーのパートナーになっていたルイス・サリヴァンはこう書いている。「バーナムはこれを歓迎せず、ジョン・ルートも有頂天とはいいがたかった」。オーディトリアムの初期のスケッチを見たルートは、サリヴァンが「またしても装飾でファサードをだいなしに」するつもりらしいといった。

最初から二つの設計事務所のあいだには緊張があった。とはいえ、何年ものちにサリヴァンがバーナムの代表作に痛烈な攻撃を浴びせることになるとは、まだ誰も知らなかった。それはサリヴァンの建築家生命がアルコールと失意の霧のなかで失墜したあとのことである。いまのところ緊張は微妙な震えにすぎず、金属疲労のスチールが発する、人間の耳には聞こえない叫びのようなものだった。両者の対立は自然観と建築の目的に対する考え方の相違に原因があった。サリヴァンはなによりもまず自分は芸術家であり、理想主義者だといっていた。自伝――つねに自分を三人称で書いている――によれば、彼は自分自身を「無垢な存在」と見なし、「心は芸術と哲学と宗教に夢中で、自然の美しさに至福を感じ、人間の真実を追求し、慈愛にあふれた力に対する深い信仰を抱いて」いるという。彼によれば、バーナムは「根っからの商売人」であり、建物をより大きく、高く、高価なものにすることだけに執着していた。「彼は象のように鈍重で、無駄口ばかり叩いていた」

一八八七年六月一日、オーディトリアムの建設作業が始まった。やがて贅を凝らした建物ができあがり、その当時の民間ビルとしては、アメリカ最大のものとなった。劇場には四〇〇〇人以上を収容できる座席があり、ニューヨークのメトロポリタン歌劇場より二〇〇席分多かった。氷の上に空気を通すという形でエアコンも装備されていた。同じビル内には、商用オフィス、巨大な宴会場、四〇〇室の豪華な客室を備えたホテルもあった。ドイツから来た宿泊客の回想によれば、ベッドの横の壁につけた電気のダイヤルを回すだけでタオル、文房具、冷たい水、新聞、ウィスキー、靴磨きなど、どんな注文も聞き届けられたという。これはシカゴで最も有名なビルとなった。グランド・オープニングには、アメリカ合衆国大統領ベンジャミン・ハリソンが出席した。

長い目で見れば、バーナムとルートにとってこれらの敗北は小さなものだった。もっと悪いことがその直後に待ちかまえているのだが、博覧会の開催地が投票で決まった一八九〇年二月二四日、誰の目にも二人の将来は成功まちがいなしと思えた。

『シカゴ・トリビューン』のビルの前はしんと静まっていた。群衆がそのニュースの中身を理解するのに数秒かかった。最初に行動を起こしたのは髭をもじゃもじゃに生やした男だった。彼はシカゴが博覧会を手にするまで髭を剃らないと誓っていたのだ。いま彼は隣のユニオン・トラスト・カンパニー銀行の階段を駆けあがった。一番上に立つと甲高い声をあげた。その場にいた人の話によれば、それは応援団の叫びのようだった。群衆の何人かがそれに応じた。やがて二〇〇〇人の男女と数人の少年たち——ほとんどは電報配達かメッセンジャーボーイだった——は散りはじめ、彼らのあげる歓声がレンガと石とガラスでできた峡谷のあいだを鉄砲水のように駆け抜けていった。メッセンジャーボーイがこのニュースをもって駆けだすと同時に、街のいたるところでポスタル・テレグラフ・カンパニーとウェスタン・ユニオンのオフィスから飛びだした配達人が全力疾走し、あるいはポープの「セーフティ」バイクに飛び乗って走りだし、一人はグランド・パシフィック・ホテルへ、また一人はパーマー・ハウスへ、あるいはリシュリューへ、オーディトリアムへ、ウェリントンへ、ミシガン・アベニューやプレーリー・アベニューに建ち並ぶ豪邸へ、各クラブ――シカゴ、センチュリー、ユニオン・リーグ――へ、高級娼館へ、そのなかでも若い美女と湯水のようなシャンパンが消費されることで有名なキャリー・ワトソンの娼館へと急いだ。

薄闇のなか、電報配達の一人は腐った果物の臭いがただよう暗い路地に入っていった。あとにしてきた街路のガス灯がたてるシューッという音が遠くに聞こえるだけで、あたりは静寂に包まれていた。彼はドアを見つけ、ノックしてなかに入った。部屋には若いのから老人まで男ばかりがひしめきあい、全員が同時にしゃべって、かなり酔っているようだった。部屋の中央に置かれた柩がバーの役目を果たしていた。照明はほの暗く、壁に打ちつけたしゃれこうべのなかのガス灯から明かりがもれていた。しゃれこうべは部屋のあちこちに転がっていた。絞首刑に使われたロープが壁からぶらさがり、さまざまな武器や血のこびりついた毛布もあった。

これらの品物から推測できるように、この部屋はホワイトチャペル・クラブの本部だった。このクラブの名前は二年前にジャック・ザ・リッパーが殺人を犯したロンドンのスラム街からとった。クラブの会長は正式に「ザ・リッパー」という肩書で呼ばれた。メンバーの主体はジャーナリストで、彼らはクラブの会合のたびにシカゴの路上で起きた最新の殺人事件を紹介した。壁に掛かった武器は実際の殺人に使われたもので、シカゴの警官からの寄付だった。しゃれこうべは近所の精神病院に勤める精神科医が提供した。血まみれの毛布は軍隊とスー族の戦いを取材したメンバーの一人がもち帰ったものだった。

博覧会の開催地がシカゴに決まったというニュースを聞いて、ホワイトチャペル・クラブのメンバーはニューヨークの博覧会招致運動における事実上のリーダーと見なされていたチョーンシー・デピュー宛てに電報を打つことにした。以前、デピューはホワイトチャペル・クラブのメンバーにこんな約束をしていた。シカゴが開催地に決まったらクラブの次の会合に出席し、ザ・リッパーの手にかかってめった斬りにされてもかまわない、と。彼は比喩のつもりだったが、ホワイトチャペル・クラブでは比喩ですむかどうか怪しいところである。たとえば、このクラブの柩はかつて自殺したメンバーの遺体を運ぶのに使ったものだった。遺体を奪ったあと、クラブのメンバーはそれをミシガン湖畔のインディアナ砂丘に運び、大きな薪の山を築いた。その上に遺体を置くと火をつけた。黒いフードつきのマントに身を包んだメンバーはたいまつを手にし、焚き火を囲んでウィスキーをすすりながら、死を称(たた)える賛美歌をうたった。また、このクラブはシカゴを来訪した知名人のもとにマントを着たメンバーを送りこみ、ひと言もしゃべらないまま窓に目隠しをした黒塗りの馬車に乗せて拉致するのを習慣にしていた。

クラブからの電報がデピューのもとに届いたのは最終投票の二〇分後だった。ちょうどシカゴからの代表団がホワイトハウスのそばのウィラード・ホテルで祝杯をあげようとしていた。電報にはこう書かれていた。「わがクラブの解剖台でいつお目にかかれるや？」デピューはすぐに返信した。「おおせのとおりにいつなりと。今日の結果を見て、シカゴの科学界にわが体を献呈する心の準備はできています」

いさぎよく敗北を認めたものの、デピューはこの先の試練に対してシカゴは本当に覚悟ができているのだろうかと危ぶんだ。「つい先ごろ、近代および古代を通じて最もすばらしい博覧会がパリで大好評のうちに幕を閉じたばかりだ」とデピューは『トリビューン』に語った。「今度の博覧会がどんなものになろうと、かならずパリと比較される。同じものができれば成功だろう。もっとすごいものができれば大勝利だ。しかし、これが下回ったりしたら、同じことができなかったのはなぜかとアメリカの全国民から責任を問われるはずだ」

彼は警告した。「くれぐれもご用心！」

シカゴはさっそく、博覧会の資金集めと建設を請け負う正規の法人、世界コロンビア博覧会協会を設立した。協会は主任設計者をバーナムとルートに決定したと事務的に公表した。パリ万博で傷つけられたアメリカのプライドを回復し、優秀性を証明する責任はシカゴに委ねられた。そしてシカゴはその責任をしっかりと――いまのところ礼儀正しく――ルッカリーの最上階に預けた。

絶対に失敗はできなかった。バーナムにはよくわかっていた。この博覧会が失敗したら、アメリカの栄誉は損なわれ、シカゴは大恥をかき、彼の設計事務所は致命的な打撃を受ける。バーナムは行く先々で顔を合わせる人びと――友人、編集者、同じクラブのメンバー――から、この博覧会には何かすごいものを期待していると声をかけられた。そのうえ時間的な記録の達成にも期待がかけられていた。オーディトリアム一つを建てるだけでも約三年かかり、ルイス・サリヴァンは危うく体を壊すところだった。いまやバーナムとルートは、ほとんど同じくらいの時間で一つの都市に等しいものを建てることになった。それもただの都市ではなく、あの輝かしいパリ万博の上を行くものである。おまけに儲けもあげなければいけない。シカゴを代表する人びとにとって、利益の追求は個人および市民としての栄誉にかかわる問題なのだった。

伝統的な建築基準からすればこんな条件は最初から無理な話だった。一人ではとてもできないとバーナムは考えた。だが彼とルートには意志があり、相互に連動する力で組織を動かし、すぐれた設計を実現することができる。これまでも二人で協力して重力を打ち負かし、シカゴの土壌の欠点だった軟弱なガンボを克服し、都会の暮らし方を大きく変えてきたではないか。いま二人の力を合わせて博覧会を築き、歴史を変えよう。成功するに決まっている。なぜなら成功させなければならないからだ。とはいえ目の前に立ちはだかる壁は巨大だった。博覧会について語るデピューの雄弁はやがてうるさがられるようになったが、ある意味で、彼はこの状況の実態をウィットをもって簡潔にいいあらわしていた。「シカゴはちゃっかり者の家族を一二人も抱えた女を妻にした男のようなものだ。トラブルは始まったばかり」

だが、デピューでさえ、バーナムとルートの上にどれほど大きな力がのしかかることになるかは予見できなかった。この瞬間、彼らが気にかけていた難関のおもなものは二つ——時間と金だった。どちらもあなどりがたい敵である。

やがて来る試練はエドガー・アラン・ポーの悪夢に匹敵するようなものだった。

必要な材料

一八八六年八月のある朝、子供の発熱のような速さで街路の温度が上がっていくなか、H・H・ホームズと称する一人の男がシカゴ市内の鉄道駅に降りたった。空気はじっとり淀んで動かず、腐った桃や馬の排泄物の臭いがただよい、イリノイの無煙炭で日ざしはいくらか翳(かげ)っていた。操車場には数台の機関車がいて、すでに黄色くなった空に蒸気を吐き出していた。

ホームズは湖畔にあるイングルウッド村まで切符を買った。シカゴの南端に接する人口二〇万の地方自治体である。中心にはユニオン・ストックヤードと二つの大きな公園があった。芝生と花壇と人気の高い競馬場のあるワシントン・パークと、湖岸に接して荒れ果てたまま放置されたジャクソン・パークである。

暑さにもかかわらず、ホームズは颯爽(さっそう)として元気に見えた。駅舎のなかを歩いていくと、若い娘たちの視線が風に舞う花びらのように彼の周囲に注がれた。

態度は自信にあふれ、服装も立派で、いかにも裕福で地位の高い人物という雰囲気をかもしだしていた。年齢は二六歳。身長一七〇センチ、体重は七〇キロ。髪は黒く、目は驚くほど澄んだブルーで、催眠術師の目のようだといわれたこともあった。のちに医師のジョン・L・カペンはこう記した。「目はとても大きく、ぱっちりしていて、色は青。他の活動分野で偉大な業績を果たした人びとと同様、大がかりな殺人事件を起こした犯人には青い目の者が多い」。カペンは薄い唇とその上に生やした黒い口髭のことも記録している。だが、なかでも医師の目をとらえたのはホームズの耳だった。「驚くほど小さくて、てっぺんが尖っており、昔の彫刻家がサテュロス像を作るときに悪行や悪徳の象徴として表現した耳を連想させた」。全体として「きわめて繊細な体つきである」とカペンは報告している。

内面に秘められた妄想に気づかない女性たちにとって、その繊細さは好ましかった。彼はわざとマナーを無視し、やたらと親しげだった。すぐ近くに立ってじっと相手を見つめ、べたべた触り、触れている時間も長かった。だからこそ女性たちは夢中になった。

汽車を降りてイングルウッドの中心部に立つと、彼はしばらく周囲を見まわした。そこは六三丁目とウォレス・ストリートの交差点だった。角の電信柱には二四七五という番号の火災報知器が取りつけられていた。通りの先では、三階建の家の枠組みができかけていて、ハンマーの重い響きが聞こえた。植えられたばかりの並木は兵隊のように整然と並んでいたが、熱気ともやのなかでぐったりしたようすは水なしで砂漠を進軍する軍隊を連想させた。空気はじっと淀んで湿気を含み、工事がすんだばかりのマカダム舗装が発する焼けたカンゾウの臭いがただよっていた。交差点に面した店にはE・S・ホルトン薬局という看板があった。

彼は歩きだし、町を南北に貫くウェントワース・ストリートに入った。これがイングルウッドの目抜き通りらしく、舗装された道路には馬や荷馬車やフェートンなどがひしめきあっていた。ウェントワース・ストリートと六三丁目の交差点の近くで第五一消防分隊が駐留する消防署の前を通りすぎた。その隣は警察署だった。後年、陰惨な事件に気づかなかった住民の一人はこう書いた。「ストックヤード地区ではときとして警察署の存在が欠かせないものとなったが、イングルウッドではほとんど必要とされずにもっぱら風景の彩りでしかなく、牛たちが平和に草を食(は)んでいられるかどうかを見守るだけの役目しかなかった」

ホームズはウォレス・ストリートへ戻り、ホルトン薬局の看板に目をとめた。交差点には鉄道線路が走っていた。踏み切りの番人は太陽に目を細めながら汽車を監視し、数分ごとに踏み切りのバーを下げて、蒸気を吐きだす機関車を通すのだった。薬局はウォレス・

ストリートと六三丁目が交差する北西の角にあった。ウォレス・ストリートをはさんだ向かい側は広い空き地になっている。

ホームズが薬局に入ると、店には中年の女性がいてホルトン夫人と名乗った。彼はその女性の弱さを感じとった。ふつうの男が女性のかすかな香水を嗅ぎとるようにはっきりとらえた。彼は医師で、薬剤師の資格もあると自己紹介し、店で雇ってくれないかと訊ねた。話しぶりはものやわらかで、笑顔をふりまき、ぶしつけなほどじっと相手を見つめた。

話を引きだすのがうまく、いつのまにか彼女は心のうちの深い悩みまで打ち明けていた。二階の部屋にいる夫はがんで死にかけているのだった。夫の看病をしながら店を見るのはとても大変だと彼女はこぼした。

ホームズは目に涙をためて話を聞いた。そして彼女の腕にそっと手をおいた。その悩みを軽くしてあげられると彼はいった。そればかりか、薬局を繁盛させて、この近所でいちばん人気の店にできる。

じっと見つめる目は澄みきったきれいなブルーだった。彼女は夫に相談してみるといった。

彼女は二階へ上がった。その日は暑かった。蠅が窓枠にびっしりたかっていた。外ではまた別の汽車ががたごとと踏み切りを走り抜けていった。煤煙が汚れたガーゼのように窓を覆っていた。彼女は夫に話すといった。しかし夫は死にかけているのだ。いまや店を経営し、責任を負うのは彼女である。彼女は決定を下した。

この若い医師が与えてくれた安らぎ、それだけでも彼女には得がたいものだった。

ホームズは前にもシカゴへ来たことがあったが、そのときはごく短い滞在だった。シカゴから強い印象を受けたと彼はのちにいっているが、これは意外である。というのも彼はふだんなにを見ても強い印象を受けず、まったく感動しなかったからだ。出来事や人びとが彼の注意を引くのは、動いているものが両生類の目にとまるようなものだった。最初はなにかが近づいてくるのを機械のように記録する。次にその価値を計算する。それから、最後に行動に出るか、それともじっとしているかを決める。彼がついに行動を起こしてシカゴへ出てきたときはまだ本名のハーマン・ウェブスター・マジェットを名乗っていた。

ほとんどの人と同じように、シカゴに来て最初に肌で感じたのはユニオン・ストックヤード周辺にたえず停滞する臭い――かすかな腐臭と焼けた毛の臭い――だった。アプトン

・シンクレアによれば「生々しく動物的な臭い。それはほとんど胸が悪くなるほど濃密で、官能的で、強烈だった」。たいていの人は不快に思った。それを活気あるものと感じるのは、シンクレアのいう「死の川」をかきわけて進み、そこから大きな財産をすくいとった人びとだった。そんな死と血のイメージがマジェットを引き寄せたと考えたくなるのも無理はないが、実際のところは彼の生まれ故郷ニューハンプシャー州ギルマントン・アカデミーにくらべてこの大都会のほうが人の行動に対する許容範囲が広かったことが魅力だったのだろう。子供時代の彼は小柄で風変わりな、とびぬけて頭のいい少年だった。その結果、ほかの子供たちからは妙なやつと思われ、しょっちゅういじめられた。

なかでもある出来事はいつまでも記憶に残った。両親は五歳になった彼に初めて男の子らしいスーツを着せ、教育を受けさせるために村の学校へ送りだした。「毎日、村の診療所の前を通った。そのドアはふだんは開けっぱなしだった」と彼は後年の回想録に書いた。「私の心のなかで、そこはありとあらゆる不快な気持を起こさせる場所だった。子供っぽい恐怖(まだ小児科などなかった時代だった)に加え、一つには聞きかじった漠然とした噂のせいで、そこは私にとって嫌悪すべき場所になっていた」

当時、診療所はたしかに恐ろしい場所だった。ある意味で、当時の医師は全員アマチュアだった。なかでも優秀な医師は研究のために死体を買った。現金で支払い、とくに質問もされず、興味深い患部は大きなガラス瓶に入れて保存した。骨格は解剖標本として診療所に吊り下げられた。骨格標本はたんに機能的なだけでなく、細部まで正確に再現されたものは芸術作品の域にまで達していた。漂泊した骨の一つ一つを真鍮（しんちゅう）でつなげ、頭蓋骨の下の顎は愛想よくにやっと笑っていた――いまにもカタカタと音をたてて通りを走りだし、次の電車に飛び乗ろうとするかのようだった。

年上の二人の子供はマジェットが診療所を怖がっていると知り、ある日彼をつかまえて「暴れたり、叫んだりする」のをむりやり引きずって診療所のなかへ押しこんだ。「二人はけっして力をゆるめず、にやっと笑っている骸骨の前に私を立たせた。それはいまにも私をつかまえに両手を伸ばして走ってきそうだった」

「いとけない子供にやってはならないことであり、健康にも悪いことだった」と彼は続ける。「だがこれはむしろ乱暴な逆療法になった。これがきっかけで私は恐怖を克服できたのだ。そして初めて強い好奇心を起こす結果となり、やがてもっと知りたいという欲求が芽生え、のちに医学を職業として選ぶことにつながった」

この出来事は実際に起こったのだとしても、実状はかなり違っていたはずだ。二人の年長の子供は、いじめようとした五歳の子供がこの遠足をちっともいやがっていないのを見ただろう。暴れたり叫んだりするどころか、少年は顔色ひとつ変えずに骨格標本をうっとりと眺めていた。
少年が二人のいたずらっ子に視線を移したとき、逃げだしたのは彼らのほうだった。

ギルマントンはニューハンプシャー州の湖水地方にある小さな農村で、辺鄙なために住民は日刊新聞さえなかなか読めず、汽車の汽笛を聞くこともめったになかった。マジェットには二人のきょうだい——男女一人ずつ——がいた。父親のリーヴァイは農民で、その父も同じく農民だった。マジェットの両親は熱烈なメソジストで、子供たちの行儀が少しでも悪いと鞭で打ち、お祈りを唱えさせたあと罰として屋根裏部屋へ押しこめ、一日中沈黙を守らせ、食事を抜くという躾ぶりだった。母親はよく息子を部屋に呼んでいっしょにお祈りをさせた。当時、少年の周囲には手でさわれそうな敬虔さがあふれていた。
本人の言葉によれば、彼は「母親っ子」だった。自分の部屋にこもってジュール・ヴェルヌやエドガー・アラン・ポーの小説に読みふけり、発明に熱中した。家の畑に来る鳥を追い払うため、風力で動く大きな音をたてるマシンを作ったこともあり、また無限運動の器械を発明しようとしたこともあった。小さな箱には宝物をしまっていた。そのなかには最初に抜けた歯や「一二歳の恋人」の写真などもあったが、後世の人びとはこのコレクションにもっと不気味なものもあったにちがいないと推測した。たとえばギルマントン周辺の林で少年がつかまえ、生きたまま解剖した小動物の頭蓋骨などである。こうした推測は、二〇世紀になって同じようなタイプの子供たちを扱った研究の結果から引きだされた。マジェットの親しい友達はトムという年上の男の子だけだったが、この少年は二人で空家を探検している最中に墜落して命を落とした。

マジェットは祖父の農場にあった楡(にれ)の古木に自分のイニシャルを彫った。その家の柱には少年の背の高さを記録した刻み目があった。最初のものは高さ九〇センチにも達していない。子供のころのお気に入りの遊びは丸い岩山の上で大声を出し、返ってくるこだまを聞くことだった。ときたまギルマントンへやってくる「巡回写真師」の使い走りもした。この男は足を引きずっていて、手伝いを必要としていた。ある朝、この写真師はマジェットに割れた木のブロックを手渡し、町の馬車職人のところへ行ってこれの代わりをもらってきてくれといった。新しいブロックをもって戻ってくると、写真師は下着姿で戸口に坐っていた。そして、なんの前触れもなく片足を取り外した。

マジェットはぎょっとした。それまで義肢というものを見たことがなかった少年は、写真師が新しいブロックを義肢の一部にはめこむのをじっと見つめた。「その次に同じく不可思議な手段で彼が頭を取り外したとしても、これほどは驚かなかっただろう」とマジェットは書いている。

少年の表情の何かが写真師の目をとらえた。片足のまま彼はカメラに手を伸ばし、写真を撮る準備を始めた。シャッターを切る寸前、彼は義肢を手にとって少年に向かって振りまわした。数日後、彼はマジェットにできあがった写真を与えた。

「その写真は何年もとっておいた」とマジェットは書いている。「ぼろをまとった裸足の少年が痩せこけた顔を恐怖に震わせている姿がいまでも目の前に浮かぶ」

監獄の独房で回想録のこのシーンを書いたとき、彼は世間の同情を買いたいと願っていた。その場面を想像するのは楽しいが、本当のところ彼の少年時代に存在したカメラが事実を写すのはほとんど不可能だっただろう。とくに被写体が子供であればなおさらだ。彼が少年の目に何かを見たとしたら、それは薄いブルーの空虚でしかなく、写真師はそれを記録できるフィルムが——悲しいかな——この世に存在しないことを知っていた。

マジェットは一六歳で学校を卒業し、その若さにもかかわらず最初はギルマントンで、つづいてニューハンプシャー州オールトンで教師の職を得た。オールトンで彼はクララ・A・ラヴァリングという若い娘と知りあった。クララはそれまでこんな人間を見たことが

なかった。若いくせに落ち着きがあり、彼女の気分が晴れないときでも機嫌をとるのがうまかった。言葉が巧みなうえに親しみのある態度で、人目もはばからずに愛情をこめて肌に触れるのが癖だった。大きな欠点といえばセックスをしつこくせがむところで、それもふつうの恋人同士のいちゃつきというより、何年も連れ添った夫婦のような要求だった。彼女は拒んだが、マジェットによって内心の欲望を刺激され、想像をたくましくするようになったのは事実だった。一八歳になったマジェットから駆け落ちしようと誘われ、クラは同意した。一八七八年七月四日、二人は治安判事の前で結婚した。

最初のうちは情熱にかられていたため、年かさのご婦人たちがひそひそと噂するのも気にならなかったが、そんな二人の関係はすぐに冷えた。マジェットは留守がちになり、やがて何日も家を空けるようになってそのまま戻らなかった。ニューハンプシャー州オールトンの記録では二人はいぜんとして夫婦だった。実質的には無に等しいとはいえ、法的にはまだ結婚は有効だったのだ。

一九歳のマジェットはカレッジに入学した。もともとダートマス大学に行くつもりだったが気が変わって医学専門学校へ進むことに決めた。そしてバーリントンにあるヴァーモント大学付属医学校に入学したが、いざ通ってみると規模が小さすぎることがわかり、わずか一年後にはアン・アーバーのミシガン大学に転校した。ここはアメリカ西部の医科系の大学でも一、二を争う名門校で、とくに解剖学を重視することで知られていた。入学の日付は一八八二年九月二一日である。回想録によると、一年目の夏、彼は「人生で初めて本格的な不正行為」を働いた。夏休みのあいだ彼は出版社のセールスマンとして雇われ、イリノイ州北西部で本を売り歩くことになった。だがその儲けを会社に届けず、自分の懐に入れてしまったのだ。夏の終わりに彼はミシガンへ戻った。「西への旅はむだではなかった。なぜならシカゴを見たからだ」

一八八四年六月にぱっとしない成績のまま卒業すると、診療所を開くのに「ふさわしい土地」を探しはじめた。そのためまたセールスマンの職についたが、こんどの雇い主はメイン州ポートランドに本拠をもつ保育会社だった。巡回の道筋にはそんな仕事でなければ訪れる機会もない町がいくつもあった。やがてニューヨーク州ムーアズ・フォークスに行きついた。『シカゴ・トリビューン』によると、この町の小学校の理事たちは「マジェットの紳士的な態度にいたく感銘を受け」、小学校の校長として雇ったという。彼はこのポストにしばらく留まり、その後、職を辞して開業医となった。「ここにいた一年のあいだ私は善行を施し、まじめに仕事に励んで大勢の人から感謝されたが、金の面ではほとんど、あるいはまったく儲けがなかった」

行く先々でトラブルが起こるようだった。ミシガン大学で彼を教えた教授によれば、学業の面ではほとんど記憶に残らなかったが、別のことでめだっていたという。「わが校の教授たちのなかには、彼をごろつきだという人もいた。ミシガン州セントルイスからアン・アーバーへ来ていた未亡人の美容師とのあいだにごたごたを起こしたこともあった」と大学当局は語っている。

ムーアズ・フォークスでは、彼とよくいっしょにいた少年が失踪したという噂が流れた。少年は生まれ故郷のマサチューセッツへ帰ったのだとマジェットはいった。捜索はなされなかった。チャーミングなドクター・マジェットが人に害をなすとは考えられず、とくに相手が子供となれば論外だったのだ。

真夜中、下宿の前の通りを行ったり来たりする彼の姿があった。

金が必要だった。学校教師の報酬はわずかだったし、開業医で得られる儲けもそれよりほんの少し多いだけだった。「一八八五年の秋、飢えが目の前に迫ってきた」

医学専門学校にいたころ、彼はカナダ生まれの同級生と、どちらか一人を受取人にして保険に入り、解剖用の死体を替え玉にして保険金を騙しとるのは簡単だと話したことがあった。ムーアズ・フォークスでそのアイデアが脳裏によみがえった。元クラスメートを訪ねてみると、その男も同じく金に困っていた。二人は共謀して複雑な生命保険詐欺の計画を練ったが、このことも彼の回想録には書かれている。これはきわめて複雑かつ陰惨な計画で、ふつうの人間にはとてもできそうにないものだった。だが、この記録は彼の常軌を逸した人間性をおのずと露呈したものとして興味深い。

大雑把にいって、この計画はマジェットと友人に加えてあと二人の共犯者が必要だった。三人家族を装うため、それぞれの替え玉死体も用意しなければならなかった。遺体はかなり腐敗の進んだ状態で使われ、共謀者は死亡保険金の四万ドル（二一世紀の金額にして一〇〇万ドル以上）を山分けすることになる。

「この計画にはかなりの量の材料が必要だった――三人分の死体はいうまでもなく」とマジェットは書いた。つまり彼とその友人は、夫婦とその子供に見える三体分の遺体をなんとかして手に入れなければならなかったのだ。

死体を確保するのは簡単だろうと思っていたが、そうでもなかった。当時は医学部で使う解剖用の死体さえ不足していて、医師たちが埋葬されたばかりの墓を掘りかえすことさえあったのだ。たとえ医師でも疑惑をもたれずに死体を確保するのはむずかしいと知ったマジェットと共犯者はおたがいに最大限の努力をして「必要な材料」を集めようと約束した。

回想録によると一八八五年一一月にシカゴへ行き、そこで自分の「割り当て」の死体を手に入れたという。だが職は見つからなかったので、その割り当てを倉庫に預けてミネアポリスへ移動した。ここではドラッグストアに働き口が見つかった。一八八六年五月までミネアポリスに滞在したあと彼はニューヨークに向かった。計画では「そこでさらに材料」を入手し、余分なものはシカゴに置いておく予定だった。「このため例のものを梱包しなおさなければならなかった」

切断した死体を入れた包みはシカゴのフィデルティ保管倉庫に預けたという。その他の包みはニューヨークまで運び、そこで「安全な場所」に収めた。だがニューヨークに向かう汽車のなかで保険詐欺をとりあげた二つの新聞記事を読み、「一流保険会社がこの手の犯罪に十分な対策を講じて詐欺を看破し、告発していることに初めて気づいた」。この記事のせいで彼は保険金詐欺をあきらめ、これ以上計画してもむだだと悟ったのだという。

だが、それは嘘だった。むしろマジェットはこの計画――他人の死をでっちあげて保険会社から金を騙しとること――が原則としてはうまくいくと確信していた。医学教育を受けた彼は火傷や事故などで損傷した死体の身元を確かめる手段がないことを知っており、死体を扱うことにも抵抗がなかった。死体は「材料」にすぎず、薪と変わりはない。ただ少し扱いが面倒なだけである。

彼はどれほど金に困っていたかも隠していた。ムーアズ・フォークスの下宿の家主D・S・ヘイズはマジェットが大金をわざと見せびらかすのに気づいていた。ヘイズは不審に思い、マジェットを見張るようになった――だが、その警戒は十分とはいえなかった。

マジェットはヘイズの家賃を踏み倒し、ムーアズ・フォークスの下宿から夜逃げした。フィラデルフィアのドラッグストアに就職して、ゆくゆくは共同経営者かオーナーになりたいと思ったが適当な店が見つからず、かわりにノリスタウン精神病院の「番人」になった。「正気を失った人びとに接したのはこれが初めてだった。あまりにも恐ろしかったので、そこでの情景はその後何年もつきまとい、いまでもときどき夢に彼らの顔が出てくることがある」と彼は書いている。ほんの数日でその仕事は辞めた。

ようやくフィラデルフィアのあるドラッグストアで働き口を見つけた。その直後、この店で買った薬をのんだ子供が死んだ。マジェットはあわててこの都市を離れた。

シカゴ行きの汽車に乗ったはいいが、イリノイ州では州都スプリングフィールドで実施される薬剤師の免許取得試験にパスしなければドラッグストアでは働けないことがわかった。一八八六年七月、サー・アーサー・コナン・ドイルが生みだした有名な探偵の名前を借りてマジェットはスプリングフィールドで資格試験を受けるにあたり、ホームズという偽名を使った。

シカゴではいままさに新しいパワーが渦巻き、奇跡的な発展が進んでいるさなかであることをホームズはよく知っていた。この都会はありとあらゆる方向へと膨張し、とくに湖に接した地域では高層ビルが空に向かってぐんぐん伸び、ループの内側の土地は価格が急騰していた。彼にとって目に入るすべてがこの都市の繁栄の証に見えた。煤煙さえも豊かさの証拠だった。シカゴの新聞は、この都市の産業界、とくにユニオン・ストックヤードで働く労働者の数が急増していることを自慢した。ホームズは――そして誰もが――知っていた。スカイスクレーパーが空に向かって伸び、ストックヤードが工場を拡張するにつれて、ますます大勢の労働者が必要とされていること、労働者とその監督が郊外に住む場所を求めていることを。そして、その住宅地は道路がきれいに舗装され、上水道完備で、ちゃんとした学校があり、なによりストックヤードの動物臭がただよってこない場所でなければならなかった。

シカゴの人口が膨れあがるにつれ、アパートが不足して「住宅難」が起こった。アパートが見つからず、あるいは高い家賃が払えない人びとは個人の家や下宿屋で部屋を借りた。そういう場所はたいてい賄いつきだった。不動産業が大繁盛した結果、不気味な情景が生まれた。カルメットでは沼地に一〇〇〇本もの装飾的な街灯が立ち並んだが、照らしだすのは霧ばかりで、雲霞のような蚊の群れを呼びよせるだけだった。ホームズと同じころにシカゴへやってきたセオドア・ドライサーは、投機めあてで生まれたこんな風景に強い印象を受けた。『シスター・キャリー』にはこんな記述がある。「この都市には何マイルにもわたって街路ができ下水が通っているが、そこには一軒の家がぽつんと立っているだけだ。別の場所では風と雨が吹きすさんでいたが、それでも強風に揺れる何千というガス灯の列が一晩中そこを照らしだしていた」

とりわけ急速に発展した郊外住宅地がイングルウッドだった。ホームズのような新参者にとってもイングルウッドが好景気にわいていることは一目瞭然だった。不動産広告を見ればこの場所の人気の高さがよくわかった。イングルウッドは一八七一年のシカゴ大火以来、急速に成長していた。住人の一人は大火のあとの復興がいかに早かったかを回想している。「イングルウッドでは住宅の需要が高まり、人口が急激に増えたため、建築がまにあわないほどだった」。かつての鉄道関係者はあいかわらずここをシカゴ・ジャンクションとかジャンクション・グローヴ、あるいはただジャンクションと呼んでいた。この区域に八本の鉄道が集中していたからである。しかし南北戦争のあと、住民は産業と直結したその呼び名を嫌うようになった。一八六八年、ミセス・H・B・ルイスという女性が新しい名前――イングルウッド――を提案した。彼女がかつて住んでいたニュージャージーの町の名前であり、もとはといえばイギリスのカーライルにあった森にちなんだものだった。伝説によれば、この森はロビン・フッドに似た義賊の隠れ家だったという。会社の重役たちがループ内のスカイスクレーパーに住む一方で、ストックヤードの監督たちはシカゴっ子に「路面電車（ストリートカー）」タウンと呼ばれたこの一帯に住みついた。彼らはハーヴァードやイェールという名前のついた通りに建ち並ぶ大きな家を買った。通りには楡、トネリコ、スズカケ、シナノキといった並木が植えられ、公共バス以外進入禁止の標識が立っていた。住民たちは子供たちを学校へ送り、教会に通い、この村に本部や支部をもつフリーメーソンなど四五の秘密結社の集会に参加した。日曜日にはワシントン・パークの瑞々（みずみず）しい芝生を散策し、孤独にひたりたい気分のときは、六三丁目の外れの湖岸にある、風のふきすさぶジャクソン・パークまで遠出をしてもよかった。

　彼らは列車や路面電車で職場に通い、ストックヤードの風上に住めることを喜んだ。イングルウッドの広い区画を扱う不動産業者はこの住宅地の美点をカタログに並べたて、ベイツ分譲地と呼ばれる二〇〇軒の住宅を売りさばこうと一所懸命だった。「ユニオン・ストックヤード勤務の皆さんにとってとても暮らしやすく、交通の便もよく、そのうえシカゴの高級住宅地の大半では風に乗って運ばれる臭いに悩まされているのに、ここではそんな悩みも無縁です」

ホルトン医師は死んだ。夫を亡くした夫人にホームズはある提案をした。彼がこの店を買いとるが、彼女はそのまま二階に住んでいてかまわない。淡々とした口ぶりは、自分の儲けなど念頭になく、ただ悲しみに沈むホルトン夫人を仕事から解放してあげたいのだといっているようだった。話しながら、彼は夫人の腕に触れていた。彼女が証書にサインすると彼は立ちあがり、目に涙を浮かべてお礼をいった。

店を買いとるための頭金は備品や在庫品を担保にして借り、月に一〇〇ドル（二一世紀の価値にしておよそ三〇〇〇ドル）ずつローンを返すことで手が打たれた。「売買はうまくいった。こうして私は生まれて初めて自分でも満足のゆく商売に手を染めることになった」

店には新しい看板を掲げた——H・H・ホームズ薬局。若くてハンサムで、どうやら独身らしい新進の医師が店を引き継いだという話が広まって、二十代の独身女性が大勢この店に通ってくるようになった。みんなおしゃれをして、必要がないものまで買っていった。昔からの顧客も新しい店主が気に入った。とはいえ、彼らはやさしいホルトン夫人のことも忘れなかった。子供たちが病気のときには、ホルトン夫妻の世話になったものだった。病気が重態のときは慰めてもらった。ホルトン夫人が店を売ったことは知っていた。だが、なぜ最近は町で夫人の姿を見かけないのだろう？

ホームズは笑みを浮かべて説明した。夫人はカリフォルニアの親戚を訪ねている。ずっと前から訪ねたいと思っていたが、そんな暇もお金もなく、しかも夫が病床にあってはそうもいかなかったのだ。

時間がたち、夫人の近況を尋ねる声も減ってくると、ホームズは話を少しずつ変えていった。ホルトン夫人はカリフォルニアがとても気に入ってずっとあっちで暮らすことにしたのだ、と。

「ふさわしい場所」

まだ何もなかった。ありあまるエネルギーと壮大な空威張りはあったものの、いまのところ——まだ何も形になっていなかった。一八九〇年の七月、議会が世界コロンビア博覧会の会場をシカゴにすると決定してから半年近くが過ぎていた。だが、各部門の四五人の監督で構成される理事会はシカゴのどこを会場にするかさえまだ決めていなかった。プライドがかかっていた投票のときはシカゴ市民が一丸となって団結した。議会に乗りこんだ代表団は、ニューヨークやワシントンをはじめとする候補地にもましてシカゴがふさわしい開催地であり、目の覚めるような博覧会にしてみせると豪語した。しかし、いまのシカゴは各地区が会場に名乗りをあげて内輪もめが起こり、理事会は足踏みしていた。

会場・建設委員会は内々で、シカゴの会場候補地を値踏みするようバーナムに頼んだ。博覧会の設計と建設の指揮はいずれバーナムとルートにまかせるという確約も得ていた。バーナムにとって博覧会の建設はただでさえ時間不足だったから、一瞬たりともむだにはできなかった。ベンジャミン・ハリソン大統領が四月に署名した最終的な博覧会計画によると、落成式はコロンブスの新大陸発見から四〇〇周年にあたる一八九二年一〇月一二日に予定されていた。だが、それでは準備期間が短すぎるので、正式なオープニングは翌一八九三年五月一日とされた。しかしバーナムは落成式までにほとんど仕上げておかなければならないと思っていた。あと二六か月しかない。

バーナムの友人ジェームズ・エルズワースも理事の一人だった。彼もこの停滞に焦りを感じ、七月半ばに仕事でメイン州を訪ねたついでに自分の一存でマサチューセッツ州ブルックラインにあるフレデリック・ロー・オームステッドのオフィスを訪ねた。シカゴへ来て会場候補地を検分し、できたら会場の景観設計を引き受けてくれないかと頼んだのだった。エルズワースは、セントラル・パークの魔術師と呼ばれるオームステッドの名声をもってすれば会場を決めやすいだろうと考えたのだ。

関係者のなかで、よりによってエルズワースが動かざるをえなかったことこそ重要だった。もともと彼は博覧会の誘致には懐疑的だった。責任者を引き受けたのも、東部の熱意のなさを反映して、この博覧会が「ただの地方のお祭り程度のもの」に終わるのではないかという懸念からだった。シカゴ市民の誇りを傷つけないためにはなんとしても世界の歴史に残る偉大な祭典にしなければならないと彼は信じていた。時計の針が刻々と動くにつれて、その目標はシカゴの手からすり抜けてゆくようだった。

彼はオームステッドに顧問料として一〇〇〇ドルを提示した（現在の金額にしておよそ三万ドル）。その金が彼のポケットマネーであること、そして彼にはオームステッドを雇う正式な資格がないこと――この二つの事実をエルズワースはいいそびれた。

オームステッドは断わった。博覧会は専門ではないと彼はいった。それに誰が手がけるにしても、これから博覧会を築きあげるだけの時間があるとは思えなかった。オームステッドが理想とする景観（ランドスケープ）を作りあげるには数か月では足りず、何年も、ときによっては何十年もの歳月が必要だったのだ。「私はこれまでつねに長期的な効果だけを考え、てっとり早い成功は捨ててきた。目先の喝采よりも将来の評価をとってきたのだ。セントラル・パークの設計では四〇年先にどうなるかだけを考えた」

エルズワースは簡単にはあきらめず、シカゴの博覧会はパリ万博をしのぐ壮大なものにするつもりだと話した。そしてオームステッドに夢の都市のビジョンを話して聞かせた。アメリカを代表する建築家が総結集し、パリ万博より三分の一ほど広い会場を大建築物で埋めつくす。もし協力してくれれば今世紀最大の芸術的な事業に参加した人として名前が残るとエルズワースは口説いた。

それを聞いて気を引かれたオームステッドは考えてみるといい、二日後にエルズワースがメイン州から戻ったときに会うことを約束した。

オームステッドはじっくり考え、長年苦労して訴えながらなかなか受け入れられなかった考えを世に知らしめるのにこの博覧会はうってつけのチャンスだと思った。彼はこれまでずっと、景観設計とはガーデニングの大規模なものにすぎないという世間の思いこみをくつがえそうとしてきたが理解してもらえなかった。彼にいわせれば、景観設計とは純粋（ファイン）芸術（アーツ）の一分野であり、絵画、彫刻、建築などと並びたつべきものだった。オームステッドは樹木や草花を個々の特質ゆえに評価するのではなく、むしろパレットの色や形のようにとらえていた。伝統的な花壇などつまらない。バラはただのバラではなく「緑の塊を飾る白や赤の斑点」だった。せっかく時間と労力を費やして創造した作品が人に理解してもらえないのが彼の悩みのたねだった。「私が設計するときの手順は、まず穏やかに安定した構図を考え、ソフトに抑えた内省的な個性を添え、敷地をととのえ、不調和な要素を取りのぞき、それからふさわしい植生を育てる」。しかし往々にして「一年後に戻ってみると破壊を目にすることになる。なぜか？　『妻はバラが大好きなんです』『ドイツトウヒの大木を何本かプレゼントされたから』『白樺には目がないんだ――子供のころ、育った家

の庭に生えていたもので』」

大都市がクライアントの場合にも同じことがいえた。オームステッドとカルヴァート・ヴォークスは一八五八年から一八七六年にかけてセントラル・パークの建設と改修を手がけたが、その後ずっと蛮行にも等しい不手際な修復の試みを阻止するべく戦わねばならなかった。だが、それはセントラル・パークだけに限らなかった。どの公園もそんな虐待にさらされているように見えた。

「考えてもみてくれ」と彼は建築家のヘンリー・ヴァン・ブラントに書いている。「堂々たるオペラハウスを建ててくれという注文を受けたとする。建設がほぼ完成して内装のプランもほとんど固まったところへ、日曜日にはバプテストの礼拝所として使えるようにしてくれといわれ、大きなオルガンと説教壇と洗礼盤を置く場所が必要になる。しばらくすると、こんどは一部を改装して家具調度も変えてくれといわれる。用途はといえば、法廷、刑務所、コンサートホール、ホテル、スケートリンク、外科病棟、サーカス、ドッグショー、練兵場、舞踏場、鉄道の駅、散弾製造塔だ」。こういうことが「公園の場合、ほとんどつねに行なわれている。きみをうんざりさせたら申しわけないが、これが私にとって積年の恨みのたねなのだ」。

景観設計に必要なのはもっと大きな視覚的効果であり、それがあればこそ堂々たる存在感が得られるのだとオームステッドは信じていた。シカゴの博覧会がエルズワースの描いたようなものになるなら、景観設計の効果を最大に発揮できるだろう。だが、その利点に対して、短い時間しかないというリスクがあった。会社はすでに仕事を山のように抱えていた。「全員がそれぞれプレッシャーを負わされ、重苦しい雰囲気が垂れこめていた」のだ。しかもオームステッド自身は健康に不安があった。六八歳の彼はだいぶ前の馬車の事故で片足が三センチほど短くなっていたため足を引きずって歩いた。気分がひどく落ちこむこともしょっちゅうだった。歯痛もあった。しつこい不眠症に悩まされ、顔面痙攣（けいれん）も抱えていた。原因不明の耳鳴りがして会話ができなくなることもあった。いまだ創造力にあふれ、たえず動きまわっていたとはいえ、夜行列車の旅ではどっと疲れが出るようになっていた。自分のベッドで過ごす夜でさえ、歯痛や不眠で苦しむことが多くなった。

だが、エルズワースのビジョンには抗しがたい魅力があった。オームステッドは息子たちや会社の新入メンバーであるヘンリー・サージェント・コッドマン――ハリー――と相談した。才能にあふれた若い景観設計家（ランドスケープ・アーキテクト）のコッドマンは入社早々オームステッドの信頼をかちえ、よい相談相手になっていた。

メイン州から戻ってきたエルズワースにオームステッドはいった。先の返事は撤回する。その冒険に一役買おうじゃないか。

シカゴに戻ったエルズワースは正式にオームステッド起用の許可をとり、オームステッドには、じかにバーナムのもとへ出向くよう伝えた。

オームステッドへの手紙にエルズワースはこう書いた。「私の意見はこうです。アメリカの評判はいまや地に落ちんばかりですし、シカゴの評判も同様です。同じアメリカ人として、あなたもこの壮大な企てを成功させることに関心がおありでしょう。これまでのお話から察するところ、あなたはこのような機会にあたって全体の状況をしっかり把握でき、大きな視野で見ることができるはずです」

たしかにそのとおりだった。その後の交渉で、オームステッドは——コッドマンの主張を入れて——二万二五〇〇ドル（現在の額にして六七万五〇〇〇ドル）の報酬を求め、その要求を通した。

一八九〇年八月六日水曜日、エルズワースのブルックライン訪問から三週間後、博覧会協会はオームステッドにこんな電報を打った。「いつ当地に来られるや？」

オームステッドとコッドマンは三日後、土曜の朝に到着した。ちょうど最終的な国勢調査の結果が出たところで、先の予備調査のとおりシカゴがアメリカ第二の都市であることが判明し、町はわきたっていた。とはいえ、次点のフィラデルフィアとはわずか五万二三二四人という僅差だった。この朗報は災難続きだった夏のせめてもの慰めになった。その夏、シカゴは暑さのために一七人の死者を出しており（犠牲者のなかにはキリストという名の男もいた）、議会の投票のときにシカゴの夏の気候はすばらしい――『シカゴ・トリビューン』によれば「涼しく、快適」で、休暇を過ごすリゾートにはうってつけだ――と自慢したのが形無しになりそうだった。しかも、熱波が到来する直前には、イギリスの新進作家ラドヤード・キプリングが「一度見ただけでもう二度と見たくない。あそこは未開人の住む場所だ」と、シカゴについての辛口のエッセイを書いていたのである。

バーナムにすれば、コッドマンは驚くほど若く、せいぜい二十代後半にしか見えなかった。こんなに若いのにアメリカを代表する景観設計家の信頼をかちえているのだから、コッドマンはまちがいなく優秀にちがいなかった。目は黒曜石のようで、その視線は鋼鉄さえ貫きそうだった。オームステッドについては華奢（きゃしゃ）な体つきに驚かされた。これほど貧弱な体で、人並み外れた大きな頭を支えられるのだろうかとバーナムは心配になった。その頭はほとんど禿げていて、刈りこんだ白い顎髭のために象牙でできたクリスマス・ツリーのオーナメント・ボールをおが屑の上に載せたような感じだった。オームステッドは長旅で疲れているようだったが、大きな目は暖かくきらきら輝いていた。そしてすぐ仕事にとりかかりたいといった。バーナムはついに一分たりともむだにはできないと理解してくれる人を見つけた。

　もちろんバーナムはオームステッドの業績を知っていた。マンハッタンのセントラル・パーク、ブルックリンのプロスペクト・パーク、コーネル大学とイェール大学のキャンパスなどさまざまなプロジェクトがあった。さらに景観設計のジャンルに転じる前、作家で編集者だったオームステッドは南北戦争前の南部を探索してその文化と奴隷制度についての研究もしていた。彼は有能なうえに精魂こめて仕事をすることで知られていた——その一方で、耳の痛い率直な意見でも知られ、とくに彼の意図するものがたんなる花壇や装飾的な庭園ではなく、神秘と陰影と日光の点描にあふれた風景の広がりだということを理解できない人びとには辛辣だった。

　オームステッドのほうでも、バーナムがシカゴのビルを雲に届くまで高くしてきた張本人であることをよく知っていた。バーナムが設計事務所のビジネスをとりしきり、芸術面はルートの受けもちだと世間ではいわれていた。だがオームステッドが共感したのはバーナムのほうだった。バーナムは決断力があり、ぶっきらぼうで率直だった。何事にも動じないブルーの目に安心感を覚えた。オームステッドとコッドマンは二人だけの会話で、バーナムとならいっしょに仕事ができそうだといいかわした。

すぐ候補地の検分にかかったが、客観的なものとはいいがたかった。バーナムとルートには特別に気に入った場所があったのだ。シカゴの南側にあり、イングルウッドの真東の湖に接したジャクソン・パークである。たまたまオームステッドはこの土地をよく知っていた。二〇年前、シカゴのサウスパーク理事会の委嘱で、ジャクソン・パークとその西にあるワシントン・パーク、そしてその二つを結ぶミッドウェイと呼ばれる道幅の広い通りを調べたことがあったのだ。このとき理事会に殺風景な砂地と淀んだ水溜まりしかなかったジャクソン・パークの改造計画を提出した。水と船を主役にして運河やラグーン、奥まった入江などを築けばアメリカのどこにもないユニークな公園に変えられるといったのだ。設計図も描いたが、その直後の一八七一年にシカゴ大火が起こった。再建に大わらわとなったシカゴはその設計を実現させるだけの余裕がなかった。ジャクソン・パークは一八八九年の合併でシカゴの一部になったが、どうやらそれ以外は昔とほとんど変わっていないようだった。彼はここの難点、それも少なからぬ欠点をよく承知していたが、うまく浚渫して作りなおせば博覧会の会場として前例のない風景を出現させられると信じていた。

ジャクソン・パークには世界のどこにもない、ここだけの美点があった――はるかに広がる青い水面、ミシガン湖である。これは博覧会にうってつけの背景になるはずだった。

八月一二日火曜日、オームステッドとコッドマンがシカゴに到着したわずか四日後、報告書が博覧会理事会に提出されたが、予想外のことに理事会はその報告書をすぐ一般公開した。オームステッドとしては、ジャクソン・パークが基本的に理にかなった選択であることを理解し、またこの報告書が周囲の雑音を退けるに十分な価値があると認めてくれる専門家のグループだけに見せるつもりだったのだ。ところが、反対派がジャクソン・パークは不適だと主張するのにこの報告書を使う事態になって、オームステッドはびっくりした。

理事会は再度の報告書を要求した。最初のものから六日後の八月一八日にオームステッドは二度目の報告書を出した。バーナムにとってはうれしいことに、今度の報告書は理事会が期待した以上の内容だった。

オームステッドは名文家ではなかった。報告書の文章は垣根につたう朝顔の蔓のように

まわりくどい。だがこの文章は、心に訴える印象的な景観を創造するにはどうすべきかという彼の考えの本質をよくあらわしていた。

冒頭でいくつかの基本原則を示しつつ、彼は少々の苦言を呈した。

候補地をめぐって内輪もめをしている場合ではなく、博覧会を成功させるにはもっと別のことに目を向けなければいけない。理事会がどの場所を選ぼうと、全員が一致団結して働くこと。「いわせてもらえば、今回の博覧会はただのシカゴ博覧会ではないということをみなさんの肝に銘じていただきたい。これは世界博覧会であり、シカゴはこのたびアメリカ合衆国の代表として選ばれたのです。シカゴはあたうかぎり博覧会にふさわしい場所を用意しなければなりません。特定の地域の利害などにこだわっている場合ではないのです」

さらに報告書は続いた。博覧会を構成する景観的要素のそれぞれにはある「特定の目的」が必要だ。それは「すなわち、その土地らしさです。各部分に見られる土地らしさが微妙に関連しあって全体像が形成されます。全体像を決めるおもな要素は、主体となる展示用の建築物になるでしょう。いいかえれば、会場となる敷地は建物の正面も裏もすべて、たとえ芝生を敷こうと、花や植えこみや木々、噴水や彫刻やその他の装飾品や芸術品で飾られていようと、それらの建築物と一体感をもっていなければならないのです」。

たしかにほかの場所にくらべてずっと恵まれた土地もある。博覧会の会場としては自然の美しさを生かせればそれにこしたことはない。それにくらべたら「金と手間をかけて作りあげた花壇や見世物やテラスや噴水や彫像といった人工の装飾品は小さく、人の頭脳や人の手によって作られたものははるかにおよびません」。博覧会をめぐって争う各派が見過ごしているように思えるのは、シカゴには「この土地ならではの自然の要素が存在すること、そして美的にも利益の上でもそれがきわめて大きいということです。それはほかでもない、湖です」

ミシガン湖は美しく、つねに水面の色とようすを変化させていた。そればかりか、湖は客を博覧会へ引き寄せる新たな目玉になるはずだった。内陸部からやってくる大勢の人びとは「ここへ来るまで、はるか水平線まで続く広大な湖など見たこともないはずです。風をはらんで走る帆船を見たこともなく、いわんやシカゴ港をひんぴんと往還する巨大な蒸気船には目を奪われるでしょう。湖面に反射する光や水平線にもくもくと育つ雲の峰のすばらしさ、夏のシカゴで毎日のように楽しめる湖岸の娯楽も大きな魅力になります」

オームステッドは続いて四つの候補地を一つずつ分析した。ループより北側の湖岸、内陸の二か所（その一つは市の西のはずれにあったガーフィールド・パーク）、そして残る一つがジャクソン・パークである。

オームステッド自身は北側の候補地が気に入っていたが、それでもジャクソン・パークが「この土地らしい魅力をもっており、これまでの世界博覧会に前例のない景観になるでしょう」と力説した。

内陸の候補地は平坦で単調なうえに湖から遠すぎるという理由であっさり退けられた。ガーフィールド・パークの分析ではシカゴの候補地選びの拙さにまたもや文句をつけ、博覧会誘致の代表団が議会で演説したときの大言壮語はいったいなんだったのかといった。

「シカゴにはすばらしい開催地がいくつもあるといって国中の関心を集めたことを忘れたのですか？　この博覧会をさほど遠からぬフィラデルフィアで開催するとしたら、どんなところを活かすでしょう。ワシントンの美しいロック・クリーク峡谷——つい最近、国立公園に制定されたばかり——で開催するとしたら？　あるいは、ニューヨークが開催地になっていたらパリセーズ峡谷やハドソン川上流の目の覚めるような景色やロングアイランド・サウンドの海や岸辺の景観が効果を発揮したでしょう。こうしたことを思えば、シカゴの内陸側の土地を選ぶのは失敗でしかありません。これといった自然美をもたない土地では国中を失望させるでしょう。そんなことになったら、去年の冬、議会で無限の広さをもつ完璧な土地があると自慢したことが嘲笑されてしまいます」（文中の傍点はオームステッドによる）

バーナムはこの二度目の報告書でやっと結論が出るだろうと期待した。これ以上の遅れは耐えがたく、無意味だった。砂時計はすでに砂を落としはじめていた。シカゴがこのままではアメリカ中に、さらにいえば世界中に恥をさらしかねないというのに、理事会はまだ気づかないようだった。

さらに数週間が過ぎた。

一八九〇年一〇月末になっても会場問題は決着がついていなかった。バーナムとルートは忙しい日常に追われがちだった。建設業者はバーナム設計事務所の最新の作品で、シカゴで最も高い二つのスカイスクレーパーを建てはじめていた。ウィメンズ・クリスチャン・テンペランス・ユニオン・テンプルとメーソニック・フラタニティ・テンプルである。二一階建という高さは当時世界一だった。二つのビルの基礎工事はほぼ完了し、定礎式を待つばかりだった。シカゴでは建築物や建設への注目が高かったので、定礎式は派手な式典になるのがふつうだった。

テンペランスの定礎式はラサール・ストリートとモンロー・ストリートが交差する場所でとりおこなわれ、そこには二メートル四方で厚さ一メートル、重さ一〇トンにもなる二ューハンプシャー産の大きな御影石の塊が置かれていた。ここでバーナムとルートは、ユニオンの会長であるミセス・フランシス・E・ウィラード、シカゴ市長を四期務め、いままた選挙に打って出ようとしている元市長のカーター・ヘンリー・ハリソンなど、お偉方とおちあった。例によって縁の広い黒のソフト帽をかぶり、ポケットに何本も葉巻をさしこんで登場したハリソンに、集まった群衆は歓迎の声を浴びせた。とくにアイルランド系の男たちと組合のメンバーはハリソンをシカゴの労働者階級の味方だと思って肩入れしていた。禁酒を提唱するテンペランスの礎石のそばにバーナムとルートとハリソンが並んで立っているところはちょっとした皮肉だった。市長時代のハリソンはいつも市庁舎の執務室に上等なバーボンを二ケース置いていたのである。シカゴの上流階級を形成する厳格なプロテスタントは市長のことを歓楽主義者とみなし、彼が売春や賭博や飲酒に甘いためにシカゴの歓楽街、とりわけ有名な売春地区（レヴィー）――悪名高い盗人バーテンダーのミッキー・フィンの縄張り――がますます悪徳の巣として栄えるのだと考えていた。ルートはとびきりの美食家で、ルイス・サリヴァンにいわせると「世俗の人、肉欲の人、そしてきわめて貪欲な人」だった。バーナムはというと、世界一周させて寝かせるマデイラ酒のほかに、友人に頼んで毎年四〇〇リットル分のワインを送らせ、ユニオン・リーグ・クラブのワインセラーには自分の好きなワインを常備させておくような男だった。

盛大な儀式の途中、バーナムは銀メッキした金ごてをテンプル建設理事会の会長ミセス・T・B・カースに手渡した。その顔に浮かんだ微笑から推測するに、ミセス・カースは式典の大がかりな手順についてほとんど何も知らないか、あるいはこのときだけ慣習を無視したかったらしい。儀式のために前もって用意されていたモルタルの山から少量をこてですくいあげると、またもとの位置に置いて軽く叩いた。見ていた一人によれば「男が小さな少年の巻き毛の頭をなでるような調子でぱたぱたとモルタルをなでつけた」という。続いてこてを手渡されたいかついミセス・ウィラードは「むきになって塗りつけようとしたため、服のところどころにモルタルがついてしまった」。

ある目撃者によれば、ルートは友人たちのほうに身を寄せて、さっさとカクテルにありつこうと耳打ちした。

そこからほど近く、よく読まれ、定評もある新聞『シカゴ・インター・オーシャン』の配達倉庫では一人のアイルランド移民の若者が――カーター・ハリソンの熱烈な支持者でもあった――その日の仕事を終えようとしていた。名前はパトリック・ユージン・ジョゼフ・プレンダーガスト。騒々しい新聞配達少年のグループを監督するのが仕事だったが、彼は少年たちを嫌い、ひどい悪口や悪ふざけからもわかるように、少年たちのほうでも彼を嫌っていた。プレンダーガストがいつか世界コロンビア博覧会の運命を左右するかもしれないなどといったら、少年たちは大笑いしただろう。彼らにとってプレンダーガストはどこの誰よりもみじめな憐れむべき男だったからだ。

二二歳の彼は一八六八年にアイルランドで生まれた。一八七一年に家族はアメリカに移民し、その年の八月シカゴへ引っ越してすぐ大火にあった。母親によると彼はつねに「内気で引っこみ思案な子供」だった。小学校はシカゴのデ・ラサール学院へ通った。そこの教師だった助修士によれば「学校ではおとなしいがゆえにかえってめだっていた。とても無口で、昼休みも他の子供に混じって遊ぶことはなかった。たいてい一人でぽつんとしていた。そのようすから体の具合が悪いのかと思った。病気じゃないかと」。父がウェスタン・ユニオンの電報配達の仕事を見つけてきたので、プレンダーガストは一年半それを続けた。彼が一三歳のとき、たった一人の友達だった父を亡くした。その後しばらく、彼は世間に背を向けて完全に自分の殻に閉じこもった。気をとりなおすには時間がかかった。彼は法律と政治の本を読むようになり、単一税(シングルタックス)クラブの集会に参加した。このクラブはヘンリー・ジョージの説を信奉し、土地は本来万人のものだという真理にもとづいて、賃貸料にかけられる不動産税は個人の土地所有者が払うべきだと主張していた。集会に出るとプレンダーガストはあらゆる問題に口をはさみたがり、一度など部屋から追いだされもした。母親の目には息子は別人のように映った。本をよく読み、活発になり、政治参加しはじめた。「突然、切れ者になったんです」と母はいう。

実際のところ、精神の不調はさらに深刻なものになっていたのだ。仕事がないとき、彼は大量の葉書を書いた。おそらく何百通にもなっただろう。シカゴの有力者たちに宛てて、社会的に同等の人間のような調子で、次々と葉書を出した。敬愛するハリソンやイリノイ州知事など大勢の政治家にも送った。当時名をあげつつあったバーナムも葉書を受けとっていた可能性は大きい。

この若者が精神のバランスを崩していることは一目瞭然だった。かといって危険な存在には見えなかった。会った人は誰でも、シカゴの騒音と不潔さに打ちのめされたごくふつうの貧乏人にすぎないと思った。だがプレンダーガストは自分の将来に大きな期待を抱いており、それはたった一人の男の肩にかかっていた。カーター・ヘンリー・ハリソンである。

プレンダーガストはハリソンの市長選を熱心に応援して――ハリソンの知るところではなかったが――何十枚も推薦の葉書を送り、アイルランド人と労働者の味方であるハリソンこそ市長にふさわしいと相手かまわず熱弁をふるった。

ハリソンが二年の任期である市長職の五期目にめでたく当選――きたる一八九一年四月の選挙が望ましいが、おそらく当選するのは次の一八九三年の選挙だろう――したあかつきには、この労力に報いて働き口を世話してくれるとプレンダーガストは信じていた。いまの暮らしを耐えがたいものにしている凍える朝と新聞配達の少年たちからきっと救いだしてくれるにちがいない。

進歩的な精神科医のあいだでは、この種の根拠のない自信は新しく同定されたパラノイアという症状に関連する妄想として知られていた。幸い、ほとんどの妄想は実害のないものだった。

一八九〇年一〇月二五日、博覧会の会場がまだ決まらないというのに、ヨーロッパから気がかりなニュースが届いた。これは協会の手詰まり状態以上に博覧会を妨害しそうな動きの最初の兆しだった。『シカゴ・トリビューン』の記事によると、ロンドンでは世界的な市場の荒れ模様を案じる気分が高まっており、近いうちに不況か、悪くすれば完全な「恐慌」に陥る恐れもあるという。その懸念はたちまちウォール・ストリートを揺るがした。鉄道株は急落した。ウェスタン・ユニオンの株価は五パーセント安になった。

次の土曜日、イギリスとアメリカをつなぐ海底ケーブルを通じてたどたどしく伝わってきたニュースはもっと深刻だった。

シカゴではそのニュースが届く前、株式仲買人のあいだでその朝の奇妙な天気がもっぱら話題になっていた。めったにない「どんよりした空気」が街を覆っていた。仲買人たちは、この陰鬱な天気は「最後の審判」の前触れではないかとジョークを飛ばした。

ロンドンから最初の電信が届いたとたん笑いは引っこんだ。ロンドンの大手投資会社ベアリング・ブラザーズが倒産の瀬戸際にあるというのだ。『トリビューン』によると「このニュースはまさに信じがたかった」。英国銀行と系列の金融業者がベアリングの債務をカバーするための資金を集めようと奔走した。「続いてどっと株が売りに出され、ひどい状態になった。一時間ほどは正真正銘のパニックだった」

バーナムや理事たちにとって、財政難になりそうななりゆきは不安のたねだった。これが本格的な経済恐慌の幕開きだとしたらタイミングは最悪だった。規模でも内容でもパリ万博をしのぐと豪語した約束を果たすには、フランスが費やした以上の多額の出費を覚悟し、より多くの観客を集めなければいけない——パリ万博は平和的なイベントとして歴史上最大の人数が集まったという記録を残していたのである。順調にいってもそんなスケールの観客を集めるのは大変なことだが、悪い目が出ればとても不可能だった。とくにシカゴは内陸にあったので、観客のほとんどは一泊旅行の覚悟で汽車の切符を買わなければならない。早くから鉄道会社は、博覧会用にシカゴまでの運賃を割り引くつもりはないとはっきり言明していた。

ヨーロッパとアメリカでは他の企業の倒産も起こったが、その本当の意味はまだわからなかった——あとから考えればそれはよいことだった。

経済界で激しい動乱が起こっていたさなかの一〇月三〇日、博覧会の理事会はバーナムを建設部門の監督に任命した。報酬はおよそ三六万ドルだった。バーナムはすぐにルートを博覧会の建築主任、オームステッドを景観設計主任にした。

バーナムはようやく博覧会を建設する公式の責任者となった。しかし、いったいどこに作ればいいのだろう。

「怖がらないで」

　イングルウッドの人口が増えるにつれ、ホームズの店のヘアトニックやローションの売上も増した。一八八六年末までにドラッグストアの商売は波に乗り、儲けが出るようになっていた。そうなると、ホームズはその年ミネアポリスにしばらく滞在したあいだに知りあった娘のことが気になりはじめた。そのマータ・Z・ベルナップはまだ若く、金髪で青い目、豊満な体つきの娘だった。だが、ふつうの美人と違っていたのはどことなく頼りなげで、もの欲しげな雰囲気をかもしだしているところだった。ホームズは彼女のことが忘れられず、脳裏にはその姿と頼りなさがしっかり刻まれた。彼は仕事を口実にしてミネアポリスへ出かけた。彼女を落とすのは簡単に思えた。おもしろいことに、あるタイプの女性たちは驚くほど世間知らずで、生まれ故郷の狭い安全な社会、たとえばアルヴァ、クリントン、パーシーといった町でなじんできた行動規範が絶対だと思いこみ、いざ埃っぽく灯油臭い応接間を出て一人暮らしをするようになってもそれが通用すると信じていた。

だが、そんな彼女たちも都会で暮らすようになるとすぐに世間ずれした。いちばんいいのは、小さな町から出てきて自由を手にしたばかりのとき、まだ無名で土地勘もなく、その存在がどこにも記録されていないうちに摑まえることだった。ホームズは毎日のように汽車やグリップカーや馬車から降りてくる娘たちを見ていた。シカゴに降りたった娘たちは誰もが眉根を寄せて、行き先を書いた紙切れを眺めるのだった。売春宿の女将はこのことを承知していて、のぼりの汽車が着くと、暖かい言葉と親しげな態度で——大事なことには口を閉ざしたまま——そんな娘たちに近づくのだった。ホームズはシカゴが大好きだった。とくに煤煙と騒音が若い女性を簡単に隠してしまい、存在した痕跡さえ残さないところが気に入っていた。あとに残るのは糞尿や無煙炭や腐敗物の臭いに混じったかすかな香水の香りだけだった。

マータの目に、ホームズは興奮と刺激に満ちた世界から来た人に見えた。彼女は両親の家に住み、楽器店の店員をしていた。ミネアポリスは眠ったような小さな町で、スウェーデンとノルウェイ系の色白で背の高い農民が大勢住みついていた。ホームズはハンサムで親切なうえにどうやら金持ちらしく、しかも危険な魅力のある大都会シカゴに住んでいた。彼は初対面から体に触れてきた。明るいブルーの目には希望があふれていた。その最初の出会いの日、彼がかすかな埃を舞いあげて店から出ていったあと、マータは自分の人生が耐えがたいほど味気なく感じられた。時計の針の単調な音だけが響いた。なんとかしなければ。

彼から最初の手紙が届いて交際を申しこまれると、彼女は自分の人生に覆いかぶさっていたざらざらした毛布がとりのぞかれたように感じた。二、三週間ごとに彼はミネアポリスにやってきてシカゴの話をした。スカイスクレーパーが毎年どんどん高くなっていくようす、食肉加工場の情景も嬉々として語った。「溜息の橋」を渡って一段高いプラットホームに導かれた豚は後肢を鎖で縛られ、鳴き声をあげながら天井にとりつけられたレールで加工場の中心部へと運ばれてゆく。もっとロマンチックな物語もあった。ポッター・パーマーは妻のバーサを熱愛するあまり、結婚プレゼントとして高級ホテルのパーマー・ハウスを贈ったという。

求婚にはそれなりの約束ごとがあった。明文化されたものではないが、若い娘ならおのずとわかっていて、それを踏み外せばすぐに察知する。ホームズはそんな約束を片っ端から無視した——だが、あつかましい態度をまったく恥じていないようすから、マータはシカゴでは事情が違うのだろうと臆測した。最初は怖気づいたマータだが、やがてその情熱と危険をなかなか悪くないと思うようになった。ホームズから結婚を申しこまれると、彼女は即座に受け入れた。二人は一八八七年一月二八日に結婚した。

ホームズはすでに妻がいること、クララ・ラヴァリングが本物のハーマン・ウェブスター・マジェット夫人であることをマータには隠していた。マータと結婚してから二週間後、彼はイリノイ州クック・カウンティの裁判所にラヴァリングとの離婚申請を提出した。これは記録を正そうという誠意から出た行為ではなく、妻の不貞――女性にしてみれば世間体が悪いこと――を告発したものだった。しかし、彼はこの申し立てを失効するまで放置しておき、やがて裁判所は「書類不備」として却下した。

シカゴへ行ったマータはすぐに、ホームズから聞かされた話がこの都会の華やかさと危険なエネルギーのごく一部を伝えていただけだと知った。まるで溶鉱炉の大鍋みたいなもので、列車は縦横無尽に走りまわっていた――きしみ音は耳障りだったが、同時に彼女にとっては、ついに人生の扉が開いたことを思い起こさせるものでもあった。ミネアポリスにあるのは静寂だけで、求婚者といえば日々の苦悩を分けあう相手――誰でもよかった――を求めるごつい手をした不器用な男たちしかいなかった。ホームズの住まいがシカゴの中心部ではなくイングルウッドだったことに最初はがっかりしたが、ここでも故郷の町にくらべればはるかに活気があった。二人は以前ミセス・ホルトンが住んでいた二階の部屋に落ち着いた。一八八八年の春、マータの妊娠がわかった。

最初のうち、彼女はドラッグストアを手伝った。夫といっしょに働けるのがうれしく、接客する夫をしげしげと眺めることも多かった。彼の容姿と落ち着きはらった態度が好ましく、ふとした拍子に体の触れあう瞬間が待ち遠しくてたまらなかった。さらに彼がどんな客にも愛想よく応対し、いまは不在のミセス・ホルトンのお得意様だった年輩の客の心さえつかんでいるのを見て感心した。そして次から次へと店を訪れる若い女性客のみながみなドクター・ホームズにじかに相談したいというのも、少なくとも最初のうちは笑ってすませていた。

マータはやがて、夫のチャーミングで人当たりのいい外見の下に大きな野心が潜んでいることに気づいた。薬剤師とは名ばかりで、むしろ世間でよくいわれる「叩きあげ」――勤勉さと工夫で一歩一歩出世の階段を上っていく――に近かった。「野心が夫の災いのもとでした」とマータはある手紙に書いた。「重んじられ尊敬される地位を得たいと願っていました。財産も欲しがっていました」

とはいえ、その野心はけっして彼の性格を損なわず、夫や父親という役割も妨げなかった、心はやさしかったとマータは断言している。子供や動物も大好きだった。「ペットが大好きで、家ではいつも犬か猫を飼い、たいていは馬もいました。長いあいだペットをかまって簡単な芸当を教えたり、じゃれあったりしていました」。酒も煙草もやらず、賭け事にも縁がなかった。いつも穏やかで、怒ったところは見たことがなかった。「家庭生活に関するかぎりあんなに立派な夫はいないと思います。私や幼い娘、または私の母にきつい言葉を浴びせたことは一度もありません。いらだったり、癇癪(かんしゃく)を起こしたりすることもなく、いつも機嫌よく、のんきでした」

それでも結婚生活には最初から緊張があった。ホームズが冷淡だったわけではなく、ぴりぴりしたのはマータのほうだった。若い女性客がひきもきらずに訪れ、ホームズが彼女たちの一人一人にやさしくほほえみかけて青い目でじっと見つめるのにうんざりしたのだ。最初はそれも魅力だと思った。だがやがて気に障りだした。ついに嫉妬にかられたマータは夫を監視するようになった。

妻が独占欲を募らせてもホームズは怒らなかった。ただ邪魔物とみなすだけ――氷山を発見したときの船長と同じだった。動きを見逃さず、衝突を避けなければいけない。彼はマータにこういった。商売は順調だから店の帳簿つけに専念してほしい。そこでマータは二階の事務所で過ごす時間が多くなり、取引用の手紙を書くことや送り状の準備で忙しくなった。そのころ両親に宛てて悲しみを綴った手紙も送っている。一八八八年の夏、両親はイリノイ州ウィルメットに引っ越し、教会に面したジョン・ストリートにあったきれいな二階建の家に落ち着いた。孤独と寂しさから、妊娠中のマータは里帰りし、そこで娘のルーシーが産まれた。

とたんにホームズはよい夫らしくふるまいはじめた。マータの両親は初めはそっけなかったが、目に涙をためて悪かったと謝り、妻と娘への愛を切々と語る姿を見てほだされた。そして受け入れた。「母がよくいっていましたが、彼はまるで潤滑油を流したようにものごとを丸くおさめてしまうんです。とても親切でやさしくて思いやりがあるので、私たちは不安や懸念をすっかり忘れてしまいました」

彼はウィルメットの家に長くいられないのが残念だといって許しを求めた。シカゴにはなすべき仕事がたくさんある。着ている服やマータに渡す金から状況が昇り坂であることがうかがえた。そう思えばマータの両親も納得できた。マータと両親はしだいにそんな暮らしに慣れ、ドクター・ホームズの訪問はしだいにまれになっていった。たまにやってくるホームズは愛想よくお土産を手渡し、ルーシーを抱きしめて離さなかった。

「幼児は大人よりも人間を見抜くといいます」とマータはいう。「赤ん坊はミスター・ホームズをいやがったことがなく、おとなしく抱かれていました。私のところに来なくても夫のそばへは近づくのです。彼は子供が大好きでした。旅行のあいだも列車のなかに赤ん坊がいると、夫はいつも『赤ちゃんをしばらく貸してくれないかと頼んでおいで』というんです。私が赤ちゃんをつれていくと彼は他のことをすっかり忘れて赤ちゃんと遊び、お母さんが呼び戻すか、返してほしそうなようすに私が気づくまで、夢中になっていました。

母親に抱かれて泣いている赤ん坊を抱きあげてあっというまに眠らせたり、たちまち機嫌をなおして遊ばせたりすることもよくありました」

イングルウッドの好景気を見て、ホームズはチャンスだと思った。ホルトンのドラッグストアを買って以来、彼は通りの向かいにある空き地が気になっていた。調べてみるとその土地はニューヨークに住むある女性が地主だとわかった。一八八八年の夏、彼はその土地を買い、先を見越して偽名のH・S・キャンベルで登記した。それからすぐ、彼はその土地に建てる建物のアイデアや見取り図をメモするようになった。ホルトンの店が入っていた建物にはA・A・フレージャーという有能な建築家の設計事務所もあったのだが、彼はあえて相談しなかった。建築家を雇えば、ホームズが突然思いついたこの建物の本当の姿が見抜かれてしまうからだ。

大まかな構造とその機能は、まるで引き出しから設計図を引っぱりだしたかのようにぱっと頭に浮かんだ。一階には商店を入れ、収益を得ると同時になるべく大勢の女性を雇えるようにする。二階と三階はアパートにする。自分の住まいと広々とした仕事場は六三丁目とウォレス・ストリートの交差点を見下ろす二階の角に置く。それはほんの基本だった。

それよりずっと楽しいのは細部をあれこれ考えることだった。スケッチには二階から地下まで通じる秘密の木製シュートもあった。それには油を塗って滑りやすくするつもりだった。オフィスに隣りあった部屋には人がゆっくり入れるくらいの大きな収納庫を据えつけ、アスベストを貼った鉄の壁で気密性を高める。一方の壁にはガスの噴出口を埋めこみ、自室のクローゼットから操作できるようにしておく。ここ以外にも、ガスの噴出口は建物の部屋のあちこちに設置する。大きな地下室には隠し部屋をいくつも作り、半地下には永久保存や機密扱いの資材を置く倉庫を設ける。

想像をめぐらせスケッチをしていくうちに建物の特徴はますます微細になり、充実してきた。だが、あくまでこれは夢にすぎなかった。本当にこんな建物が完成し、さまざまな装置のなかで血と肉をもった女性たちが動きまわる——そんな快楽が実現できるとはとても思えなかった。だが例によって、空想するだけで彼は昂ぶった。

この建物を建設するのは大変な厄介ごとだった。彼が考えだした作戦は疑惑をもたせないようにするだけでなく、経費削減にも役立った。

まず新聞に大工募集の広告を出した。やがて大勢の男たちが土地を掘りかえしはじめた。ぽっかりあいた穴は巨大な墓を思わせ、かび臭い冷気をただよわせた。だがこれはむしろ歓迎だった。強烈な夏の暑さにまいっていた男たちはほっと一息ついた。土には苦労させせられた。地表から一メートルばかりは扱いやすかったが、深く掘るにつれて湿気を含んだ砂地へと変わっていった。穴の側面は木材で補強しなければならない。土の壁からは水が沁みだした。のちにシカゴの建築物監査官が作成した報告書によると「基礎工事は不均一が残っており、ところによって六メートルの距離で一〇センチもの差があった」。レンガ工が基礎を築き、外壁を建てた。大工は内側の枠を組んだ。街路には手引き鋸の音が響いた。

ホームズは口うるさい現場監督の役を演じた。男たちが給料を受けとりにくると、たとえ完璧な仕上がりでも仕事が雑だと文句をつけて金を出し渋るのだ。男たちは次々と仕事を辞め、あるいは彼のほうからくびにした。辞めた者のかわりに新たな人間を雇い、また同じように扱った。工事の進捗は遅かったが経費は節約できた。交代が激しいため、結果的にこの建物の秘密を知る人間が最小限に抑えられるという利点も生じた。仕事の一部分――たとえばウォークイン倉庫の壁にガスの噴出口を埋めこむなど――を請け負っても、そこだけ見ている労働者にはその作業になんらかの意味があると思いこませることができ、最悪の場合でもたんなる気まぐれと思われるだけだった。

それでも、ジョージ・ボウマンというレンガ工にはその仕事がなんとなく恐ろしいものに感じられた。「ホームズが何を作っているのか理解できなかった。それまで彼のもとで働いたことはなかったが、二日ほど前、彼が近づいてきて、レンガ積みというのは大変な仕事じゃないかと声をかけてきた。もっと楽に金儲けができたらいいと思わないかというので、そりゃそうだと答えた。その二、三日後、彼が近寄ってきて、地下室を指差していった。『あそこに男がいるだろう？　あれは私の義兄弟なんだが、奴は私を嫌っているし、こっちも同様なんだ。そこで、だ。仕事中にあんたが奴の頭の上に石を一つ落とすなんてのはごく簡単なことじゃないか。それができたら五〇ドルやるがね』

この一件でとくに恐ろしかったのは、話をもちかける彼の態度だった——「ちょっとしたことを友達に頼むような口ぶりだった」とボウマンはいう。

ホームズが本当にその男をボウマンの手で殺させるつもりだったかどうかはわからない。前もって自分を受取人にした生命保険をこの「義兄弟」にかけさせておくのはホームズのやりそうなことだ。あるいはただ、ボウマンが将来役に立ちそうな男かどうかをテストしてみただけかもしれない。だとしたらボウマンは落第だった。「ぞっとして、なんといったらいいのかわからなかった。もちろん石を落としたりはせず、そのすぐあとにそこを辞めた」

眼鏡にかなった男は三人いた。三人ともこの建設工事のあいだにホームズと知りあい、建物が完成したあともかかわりが続いた。一人はクック・カウンティ病院のそばに住んでいた機械工のチャールズ・チャッペルである。最初はふつうの機械工として働いていたが、やがてホームズはこの男が備えている貴重な才能に気づいた。もう一人のパトリック・クィンランはイングルウッドのモーガン・ストリートの四七丁目付近に住んでいたが、やがて管理人としてホームズのビルに住みこんだ。小柄で落ち着きのない三十代後半の彼は、明るい色の巻き毛で、薄茶色の口髭を生やしていた。

三人目の最も重要な男はベンジャミン・ピツェルといい、大工として一八八九年一一月からホームズの工事現場で働くようになった。彼はロバート・ラティマーという男の代わりに雇われた。ラティマーが辞めたのはホームズのドラッグストアのすぐ前にある踏み切りの番人になることが決まったからだった。このラティマーによれば、ピツェルは最初ホームズの工事現場で使う馬の世話をしていたが、やがて雑用をすべて引き受ける助手になったという。二人はとても親しいように見え、少なくともホームズがピツェルのためにかなりの金額を出してやるくらいの間柄ではあった。ピツェルがインディアナ州で偽造小切手を使おうとして逮捕されたときのことである。ホームズは保釈金を送ってやったが、ピツェルが裁判所へ――意図して――出頭しなかったため、その金は没収されたのだった。

ピツェルは穏やかな顔つきで尖った顎に特徴があった。がりがりに痩せていて、まぶたが目の半分近くまで垂れ下がっていることをのぞけばハンサムといってもよかった。ホームズはこう形容している。「大まかにいえば身長一八〇センチ（少なくとも一七五センチはあった）で、つねに痩せていて、体重は六五キロから七〇キロ、真っ黒のごわごわした髪はとても量が多く、禿げそうな兆しはぜんぜんなかった。口髭はもっと明るい色で、やや赤みがかっていた。だが、ときにはそれを黒く染めることもあり、そうすると印象がまったく違って見えた」

ピッェルの体はさまざまな不調を抱えていた。フロアの一つを設置しているときに膝を傷め、首にできたいぼのせいで硬いカラーはつけられなかった。歯の痛みがあまりにもひどくて仕事を一時中断しなければならないこともあった。だが、ある医師の見立てによれば、酒浸りだったにもかかわらず「体格は立派」だった。

ピッェルはイリノイ州ガルヴァのキャリー・キャニングと結婚し、二人のあいだには大勢の子供が生まれた。写真を見ると、まじめくさった顔をしたかわいい子供たちはいまにも箒や布巾を手にしてきびきびと働きだしそうだ。長女のディジーは結婚前に生まれていた。ピッェルの両親にとって息子のそんな行状は予想のつくことだった。息子にどうかもっとまっとうな道を歩んでくれと懇願した手紙で父親はこう書いている。「私のところへ来ればなんとかしてやる。それが神の思し召しだろう。その気はないのか？　おまえの悪い性根を取り去って汚れをすっかり洗い流そう。そうすれば私は父親らしくふるまい、おまえも跡取り息子にふさわしくなるだろう」。父の言葉にこめられた苦悩は胸に迫る。

「道をひどく踏み外した息子ではあるが、それでもおまえを愛している」

次女のアリスは結婚した直後に生まれた。さらに娘が一人と息子が三人生まれたが、男の子の一人は生まれてすぐジフテリアで死んだ。子供たちのうち、三人――アリス、ネリー、ハワード――の名前はやがてアメリカ中に知れわたり、新聞の見出しにはファーストネームだけで書かれるようになった。新聞記者は、どんなに辺鄙な土地の読者でもこの子たちの素性を知らないはずがないと思っていたのだ。

ピツェルも有名になったが、それもすべてホームズのせいだった。「ピツェルは彼の道具だった」とある検事はいった。「彼の手で作られたのだ」


ホームズの館の建設工事は雑に進められ、冬になって労働者のいう「建設シーズン」が終わるといったん中断された。とはいえ、ループの建築家が通年で工事を続けられる技術を導入していることをホームズは何かで読んで知ってはいた。いろいろな点から判断して、この館の建設工事は何千キロも離れたロンドンでジャック・ザ・リッパーが殺人をくりひろげた時期と重なっていたようだ。

ジャックの最初の殺人は一八八八年八月三一日、最後は一八八八年一一月九日の夜だった。この夜、彼はメアリー・ケリーという娼婦を拾い、彼女の部屋へ行った。彼はゴッホが耳を切り落としたときのように、メアリーの喉をざっくりと裂いた。頭はかろうじてつながっているだけだった。それから数時間、人目に触れない部屋のなかをいいことに、彼は二つの乳房を切りとってすぐそばのテーブルの上に置いた。喉から恥骨まで切り裂き、太ももの皮膚を剝ぎ、内臓をとりだし、それらを彼女の脚のあいだに積みあげた。片手を手首から切りとり、それを裂いた腹のなかに突っこんだ。そのとき彼女は妊娠三か月だった。

殺人はそれを最後にぷっつりとやんだ。まるでメアリー・ケリーとのこの最後の逢引が殺人者の欲求をやっと満たしたかのようだった。わかっているかぎり、犠牲者は五人――たった五人――だった。これでジャック・ザ・リッパーは悪の化身として歴史に名前が刻まれた。

文字の読めるシカゴ市民は一人残らずロンドンからのニュースに読みふけった。だが誰よりも熱心にニュースを追いかけたのは、ほかならぬドクター・H・H・ホームズだった。

〰

一八八九年六月二九日、ホームズのビルが半分までできたころ、イングルウッドはシカゴに合併された。やがて新しい警察管区が設定され、六三丁目のウェントワース・ストリートに第一〇区第二分署ができた。ホームズのドラッグストアからは七ブロックの距離である。すぐにホレース・エリオット警部が指揮するパトロール警官たちが店の前を通るようになり、ついでに立ち寄ってハンサムな若い店主と雑談を交わすのが習慣になった。そのあと警官たちはぶらぶらと通りを渡り、建設中の新しい建物を眺めるのだった。イングルウッドにはすでにYMCAや教師を養成するクック・カウンティ師範学校、それにステュアート・ストリートと六三丁目の角にもうじき完成する豪華なティンマーマン・オペラハウスなど、大きな建物がいくつもあった。だが、まだ空き地もたくさん残っており、ワンブロック全体を占めるような建物は当然注目の的になった。

建設工事は冬の中断をはさんでさらに一年かかり、一八九〇年五月にはほぼ完成した。二階には六本の廊下をはさんで三五室、五一枚のドアがあった。三階にも同じく三十数室あった。一階には五軒の店が入るようになっていて、そのうち最良の場所は六三丁目とウォレス・ストリートの交差点に面した角の広々とした店舗だった。

新しいビルに引っ越して一か月後、ホームズはもとのホルトン・ドラッグストアを売ったが、買い手にはこの近所にライバルになりそうな店はないと請けあっていた。

買い手を悔しがらせたことには、その直後、通りの向かいの新築ビルの角にホームズの新しいドラッグストアがオープンしたのだった。

一階のほかのスペースは理髪店やレストランなどの店が占めていた。市の紳士録によれば、この住所にはヘンリー・D・マン医師――おそらくホームズの仮名――の診療所やワーナー板ガラス製造会社といった名前も見られる。この当時、大きな板ガラスの製造販売はとても繁盛していたので、隠れ蓑として名目だけの会社を作ったのだろう。

自分の店には上等な家具と備品をそろえたが、そのほとんどは掛(クレジット)けで手に入れた。代金は最初から踏み倒すつもりだった。たとえ取りたてに来ても悪知恵と魅力ではぐらかせると自信をもっていたのだ。債権者が乗りこんできてビルのオーナーに会わせろと詰め寄られたら、存在しないH・S・キャンベルの名前をいえばいいだけの話。

ドラッグストア内のジュエリー・カウンターの責任者として雇われたC・E・デーヴィスはこう語る。「あんなに頭の回る男は見たことがない。借金取りが押しかけてきて、さんざん悪罵を並べても、にっこり笑って話を聞き、葉巻や酒をおごり、最後には長年の友人のようにして帰してしまう。怒ったところは見たことがない。どんな因縁をつけても、あっさりかわされる」

デーヴィスは店を身振りで指し示した。「機械工への賃金未払いの請求書を全部あの建物の壁に貼りつけたら、ワンブロック全体が巨大なサーカス看板みたいになるだろう。そのうち一つでも支払われたという話は聞いたことがない。ホームズはいつも私に、弁護士がトラブルを解決してくれるといっていた。だが私の見たところ、あの丁重さと破廉恥な図々しさでいつもピンチを乗り切っていたようだ。ある日、彼はレストランのために家具を買い、運び入れた。その夜、業者が来て、代金を払ってもらうか、さもなければ商品を引きあげるといった。ホームズはその男に酒と食事をおごり、葉巻を買ってやり、ジョークで笑わせ、来週代金を取りにきてくれといって帰した。その男がトラックを運転して去ったあと三〇分もしないうちに、ホームズは何台もの荷馬車でその家具を運びだしてしまい、結局のところ業者は一セントも回収できなかった。ホームズは逮捕もまぬがれた。あんなことをやってのけられるのは、アメリカ広しといえどもあいつくらいのものだ」

支払う金がなかったわけではない。デーヴィスの推測では、ドラッグストアやほかのベンチャービジネスで二〇万ドルの儲けを手にしていたはずだった。そのビジネスのほとんどは詐欺だった。たとえば投資家に水を天然ガスに変える器械を売りつけようとしたときは、試作品にこっそり都市ガスの管をつなげておいた。

彼はつねに人当たりがよく親切だったが、ときにはそんな化けの皮がはげて疑惑を招くこともあった。エリクソンという薬剤師はホームズがよくクロロホルムを買いにきたことを回想している。クロロホルムは南北戦争以来使われるようになった麻酔薬で、強力だが、扱いがむずかしかった。「週に九回か一〇回も彼にこの薬を売ったことがあり、しかも毎回大量だった。いったい何に使うのだと何度も訊いたが、あいまいな返事だった。ついに不正なことに使っているのではないかと心配しているふりをして、はっきりいわなければもう売ることはできないといった」

エリクソンにそういわれて、ホームズは科学の実験に使っているのだと答えた。しばらくしてまたクロロホルムを買いに来たホームズに実験はうまくいっているかねとエリクソンは訊ねた。

ホームズはきょとんとして、実験なんかしていないといった。

「まったくあの男はわからなかった」とエリクソンはいう。

ストロワーズという女性はたまにホームズの洗濯を引き受けていた。ある日、六〇〇〇ドルやるから彼を受取人にして一万ドルの生命保険に入らないかともちかけられた。なぜそんなことをするのかと訊くと、彼のほうは彼女が死んだとき四〇〇〇ドルの儲けが手に入るし、彼女のほうは労せずしてすぐに六〇〇〇ドルの現金が使えると説明した。

ミセス・ストロワーズにとって六〇〇〇ドルは大金だった。数枚の書類にサインするだけでそれが手に入る。完全に合法なことだとホームズは請けあった。

彼女は健康そのもので長生きしそうだった。もう少しで承諾しそうになったとき、ホームズがそっとささやいた。「怖がらないで」

その声に彼女はぞっとした。

一八九〇年一一月、ホームズはほかのシカゴ市民たちと同様、世界コロンビア博覧会の理事たちがやっと会場を決定したというニュースを知った。うれしいことにメイン会場はジャクソン・パークだという。彼のビルの真東にあたり、目の前を通る六三丁目が湖にぶつかるところである。ほかにシカゴの中心部とワシントン・パーク、それにミッドウェイ大通りにも展示会場ができるという。

ホームズはサイクリングでこれらの公園をよく知っていた。「安全（セーフティ）」自転車――前後の車輪が同じサイズで、歯車とチェーンで駆動する――の登場以来、アメリカでは自転車ブームが巻き起こっていたが、彼もその波に乗った一人だった。だが、たいていのアメリカ人と違っていたのは、世間で大流行の自転車を掛け（クレジット）で買い、その代金を踏み倒したまま転売していたことである。彼自身はポープ社の自転車に乗っていた。

世界コロンビア博覧会会社が下したこの決定によって、シカゴのサウスサイドには欲望の大きなうねりが起こった。『シカゴ・トリビューン』の広告欄にはジャクソン・パークから約一キロ半ほど北の四一丁目とエリス・ストリートの交差点にある六室の家を売るという記事が載り、新オーナーは博覧会の期間中六室のうち四室を貸して月におよそ一〇〇〇ドル（今日の価値にして約三万ドル）の収入が見こめると謳っていた。イングルウッドが成長を続けていたため、最初からホームズの建物と土地は価値が高かったが、いまや金鉱を掘りあてたも同然だった。

この金鉱を掘りだすと同時に、内心の欲求を満たせるようなアイディアが彼の脳裏にひらめいた。新たに建設労働者を求める広告を出し、それから忠実な助手たち――チャッペル、クィンラン、ピツェル――をふたたび呼び集めた。

巡礼の旅

一八九〇年一二月一五日月曜日の夕方。シカゴではときならぬ暖かさで記憶され、ほかの土地ではシッティング・ブルが官憲の手で殺害されたことで知られるこの日、ダニエル・バーナムはニューヨーク行きの汽車に乗りこんだ。その先には博覧会をめぐる苦難の旅のなかで最も重要な出会いが待ちかまえているはずだった。

ジョージ・プルマン製造の明るいグリーンの特等客車に足を踏みいれると、なかの空気は重いタペストリーのようにじっと垂れこめていた。ベルが鳴り、そのベルは汽車が走りだしてからもリズミカルに鳴りつづけた。汽車は時速三〇キロ余りで滑るように繁華街を走りぬけた。手を伸ばせばさわれそうなところにグリップカーや馬車や通行人がひしめいていた。アライグマの尻尾のような白と黒の煙をたなびかせて踏切を通りすぎる汽車を人びとは立ち止まって見送った。汽車はベルを鳴らしながら、季節はずれの暖かさのせいでふだんよりも臭いが強くなったユニオン・ストックヤードのそばを走りすぎ、解けかけて汚れた雪をかぶった黒いぼた山の裾をめぐっていった。バーナムは美しいものが大好きだったが、どこまで行っても窓の外にはただ石炭と鉄錆と煤煙しか目に入らず、やがて汽車が大草原(プレーリー)に入ってようやく静かになった。日が落ちつつあったが、積もった雪のせいであたりは薄明るかった。

博覧会の会場が決まってから状況は急に加速しはじめ、それは歓迎すべきことだったが、同時に不安でもあった。全体像が現実味を帯びるにつれ、その規模の大きさにひるんでしまうのだった。ただちに大まかなプランを立てて二四時間以内に提出せよという求めが協会から伝えられた。バーナムとオームステッドの指揮のもと、ジョン・ルートは約六〇センチ四方ほどの褐色の包装紙にスケッチを描いた。そして、パリ万博の設計者はアイデアを練り、計画し、スケッチにするまでにまる一年を費やしたという辛辣な注釈を添えて委員会に届けた。このスケッチには、湖に接したおよそ一キロ半四方の土地を浚渫によってラグーンと運河のワンダーランドに変貌させる計画が描かれていた。設計者たちは、最終的にこの博覧会には何百という建物が建ち並ぶことになるとわかっていた。アメリカ合衆国各州一つずつのパビリオンに加え、外国政府や民間企業の展示館もあるだろうが、このスケッチではとくに重要なものだけを描いた。中央のグランド・コートとそれをとりかこむ五つの巨大なパレスである。グランド・コートの一方の端には塔の建設予定地もあった。

とはいえ誰がその塔を建てるのか、そしてどんな塔になるのかはまだ誰にもわかっていなかった。一つだけ確かなのは、あらゆる点でエッフェル塔を越えるものにしなければいけないということだった。博覧会協会も、連邦政府が送りこんだ監査組織――ナショナル・コミッション――も、異例のすばやさでこの設計案を承認した。

部外者にとって、とてつもない難関に思えたのは、博覧会の信じがたい規模だった。シカゴの住民には、広大な敷地や巨大な建築物は当たり前だったが、心配なのはアメリカ国内でかつて例のない大きなもの、ローブリングのブルックリン・ブリッジをはるかにしのぐ巨大な建築物をこんなに短期間で作れるだろうかということだった。しかしバーナムは、博覧会の規模そのものは障害の一つでしかないことを知っていた。設計図に描かれた博覧会の全体像のかげには教え切れないほどの小さな障害が潜んでいた。世間の人はこのことを知らず、それどころか理事のなかにも気づいていない人が多かった。バーナムは、各建設現場にスチールや石や材木を運搬するため、会場の敷地内に鉄道を敷かなければならなかった。会場に運びこまれる必需品や貨物や郵便、それに展示品のすべてをうまくさばかなければいけない。これらを運びこむのは大陸を横断するいくつもの運輸会社で、その代表はアダムズ・エクスプレス・カンパニーだった。警察と消防、病院と救急車も必要だった。それにおびただしい数の馬――毎日排泄される何トンもの馬糞も処理しなければいけない。

包装紙に描いた設計図が承認されるとすぐ、バーナムは理事会に宛てて「いますぐジャクソン・パークの現場に私が住むための安い木造の家」を建ててほしいと要求した。それから三年のあいだ、彼はほとんどそこに住みつくことになった。できたとたん、この家は「掘っ立て小屋（シャンティ）」というあだ名をつけられた。とはいえ、ここには大きな暖炉とバーナム自身がもちこんだ高級ワインをしまっておくワインセラーもあった。時代を先読みできたバーナムには、ごく小さな細部によってこの博覧会の評判が左右されるとわかっていた。彼の目配りは博覧会用のオフィシャルな紋章のデザインにまで行きわたった。「紋章など大した問題ではないと思うかもしれません」と彼は一八九〇年一二月八日、ナショナル・コミッションの総裁を務める政治家のジョージ・R・デーヴィスへの手紙に書いた。「しかし紋章は世界中に届いて人びとの目に触れます。そんな些細なものによって、世間の人は博覧会の美的水準を判断するのです」

だがバーナムにとって最も重要な一つの使命にくらべれば、それらは気晴らしでしかなかった。博覧会のメインとなる建物を作る建築家を選ぶことが何より重要だった。

バーナムとジョン・ルートは博覧会を全部自分たちの手で設計することも考え、実際、同業者は嫉妬まじりでそうなるものと思いこんでいた。ルートの義妹のハリエット・モンローはこんな出来事を回想している。ある晩、ルートはひどく「傷ついて」帰宅した。というのも友人だと思っていたある建築家とクラブで顔を合わせたが、その男は「バーナムに挨拶しようとしなかった。きっとわれわれが仕事を独り占めすると思っているんだ！」とルートは嘆いた。彼は建築主任という肩書――博覧会に参加する建築家を監督することが役目だった――の名誉にかけて、自分ではいっさい建築を手がけまいと決心した。

バーナムの心中にはすでに起用したい建築家の名前があったが、その選択がどんな騒ぎを引き起こすかは予測できなかった。アメリカの建築家からベストの人びとを選びたかった。ただ才能があるだけでなく、彼らを起用することで、シカゴの博覧会などせいぜい田舎祭りだという東部のしつこい中傷を一掃できるような人選である。

一二月、正式な指令はまだなかったが、バーナムはひそかに五人の建築家に問い合わせの手紙を出した。「この措置はまちがっていないという自信があった」のだ。たしかにそのすぐあと、会場・建設委員会はそれらの建築家を招くことに同意した。まちがいなくその五人はアメリカを代表する偉大な建築家だった。だが五人のうち三人までがあの「汚いけだもの」の土地――ニューヨーク――の建築家だった。ジョージ・B・ポスト、チャールズ・マッキム、そしてアメリカで最も尊敬されているリチャード・M・ハントである。他の二人はボストンのロバート・ピーボディとカンザスシティのヘンリー・ヴァン・ブラントだった。

シカゴの建築家は一人もいなかった。だがシカゴにはサリヴァン、アドラー、ジェニー、ビーマン、コップなど、建築界のパイオニアとして誇るべき人材が大勢いた。先を読めるバーナムらしくもなく、シカゴ市民がこの選択を裏切りと見なすことは予想できなかったのだ。

プルマンカーに揺られているバーナムにとって当面の心配は、手紙を送った候補者のうち意気ごんで返事をよこしたのがカンザスシティのヴァン・ブラントだけだったことである。ほかの人たちはそっけなく、バーナムがニューヨークに来たら会おうというだけだった。

バーナムはその会合に同席してほしいとオームステッドに頼んだ。ニューヨークではセントラル・パークの設計者であるオームステッドの声望が高かったので、その存在が大きな引力になるだろうと考えたのだ。しかしオームステッドは都合がつかなかった。そんなわけで、伝説的な建築家グループにたった一人で対面しなければならなくなった——なかでもハントの短気さは伝説にまでなっていた。

なぜこんなに冷淡なのだろう？　熱心に説得したら態度は変わるだろうか？　万が一、彼らに断わられ、そのことが世間に知れたらどうなるだろう？

窓の外の風景はささやかな慰めになった。汽車が轟音をたててインディアナを横断していくと、やっと寒冷前線に追いついて気温が下がった。強い突風が吹きつけるなか、汽車は一晩中、水蒸気が凍ってできる筋状の雲を後ろになびかせて走った。

その裏にはバーナムの知らない事情があった。彼の手紙を受けとってすぐ、東部の四人の建築家――ハント、ポスト、ピーボディ、マッキム――はニューヨークのマッキム・ミード・ホワイト設計事務所で会合をもち、この博覧会が丸々と肥えた家畜の品評会以上のものになるのだろうかと話しあった。そのときハント――バーナムがいちばん引き抜きたかった建築家――が参加するつもりはないといった。ジョージ・ポストは、せめて話を聞いてからにしようとなだめた。ハントがおりたら他の者も同じようにしなければならないと感じてしまうだろう。それほどハントの影響力は大きかったのだ。

四人が顔をそろえたとき、マッキムは雑談のつもりで、この博覧会がはたして成功するだろうかと口を切った。すかさずハントがさえぎった。「マッキム、前置きはけっこうだ。

まず要点からとりかかろう！」

ニューヨークではその週ずっと強い風が吹き荒れていた。ハドソン川がこれほど早く凍りついて船の航行を止めたのは一八八〇年以来の記録だった。木曜日の朝、バーナムはホテルで朝食をとりながら、シカゴの金融業者S・A・キーン・アンド・カンパニーが倒産したという剣呑（けんのん）な新聞記事を読んだ。これも集団パニックの兆候の一つだった。

一二月二二日月曜日の夜、バーナムは東部の建築家たちとプレイヤーズ・クラブで会い、晩餐をともにした。冷気のためにどの顔も頬が赤らんでいた。建築家はそれぞれ握手を交わした。ハント、マッキム、ポスト、そしてピーボディ――ピーボディはこの会合のためにボストンからやってきた。こうして、いま一つのテーブルを囲んでいるのは、ゲーテとシェリングが「凍れる音楽」と呼んだものを創りだす仕事でアメリカを代表する存在となった男たちだった。全員が裕福で、キャリアは頂点に達していたが、その一方で、全員が例外なく、一九世紀の生活につきものの傷を負っていた。過去には鉄道事故、熱病、それに愛する人びとの早すぎる死を経験してきた。服はダークスーツに糊のきいたワイシャツ。全員が口髭を——黒かったり半白だったりと色はさまざまだが——生やしていた。大男だったポストはその部屋のなかでいちばん体が大きかった。ハントはスーツ姿で眉をしかめ、険しい顔をしていたが、彼の顧客はアメリカの大富豪ばかりだった。ニューポートやロードアイランド、ニューヨーク五番街などに建つ大邸宅のなかには彼の設計したものがたくさん見られたが、彼はまた自由の女神の土台も築き、アメリカ建築協会の設立者でもあった。彼らには経歴でも共通点が多かった。ハントとマッキムとピーボディはパリの美術学校（レコール・デ・ボーザール）で学んだ。ヴァン・ブラントとポストはハントの弟子だった。ヴァン・ブラントはピーボディの恩師だった。ハーヴァードとイェールの入試に失敗し、建築を正規の教育機関で学んでいないバーナムにとって、彼らと食卓を囲むのはまるで他人の家の感謝祭のテーブルに紛れこんだよそ者のような気分だった。

　彼らは誠意ある態度だった。バーナムは今度の博覧会をパリ万博よりもっと大規模かつ壮大にしたいという構想を熱心に語った。とくにオームステッドが参加していることを強調した。オームステッドとハントは、ノースカロライナ州ビルトモアのアシュヴィル近郊にあるジョージ・ヴァンダービルトの別荘を築くにあたって苦労をともにした仲であり、ヴァンダービルト家の霊廟も共同で建てていた。だがハントは懐疑的で、内心の懸念を隠そうともしなかった。それでなくても仕事を抱えてスケジュールはいっぱいだというのに、そんな遠い都市で、最終的な結果に責任ももてず、いずれ壊される建物を作るメリットはどこにあるのか？

そんな冷淡さにぶつかってバーナムは動揺した。これまでシカゴ市民のがむしゃらな熱気にすっかり慣れていたからだ。オームステッドとルートがいてくれたらと思わずにいられなかった。オームステッドならハントに対抗できる。ルートは機転がきくし、アメリカ建築協会の書記も務めていたから、他の建築家とも顔なじみだ。ふだんならこんな状況こそバーナムが最も威力を発揮する場面だった。「彼自身にとって、さらにいえば世間一般にとって、つねに彼こそあてにできる人間だった」とハリエット・モンローは書いている。「それをよく自覚していればこそ、彼は真の強さをもつ人格を築きあげ、それを通じて大きなことをなしとげた」。だがこの夜にかぎって、彼は枢機卿に囲まれた聖歌隊の少年のように落ち着かない気分だった。

これまでの博覧会と違って、シカゴ博覧会は何よりもまず建築を主体にすると彼は話した。アメリカ国民に建築の力を知らしめ、鋼鉄と石によって美が表現できることを教える機会になる。ミシガン湖のコバルトブルーの広がりに面してラグーンと運河と広い芝生をめぐらしたオームステッドの景観設計だけでも、この博覧会は前例のないものとなるだろう。博覧会場の敷地はフランスのパリ万博よりも少なくとも三割増し広くなる予定だ。これはただの夢物語ではない。シカゴはアメリカ第二の都市になると決意したときと同じ情熱で、この博覧会を現実のものにすると決意している。それに、と彼はつけくわえた。シカゴには金がある。

建築家たちの質問からしだいに厳しさがかげをひそめ、具体的なものに変わっていった。どんなタイプの建物を構想しているのか。様式は？　エッフェル塔の問題ももちだされた。シカゴはそれに対抗して何を作るつもりか？　この件に関してバーナムにはプランがなく、誰かがエッフェル塔をしのぐものを考えだすのを待つしかなかった。内心、彼はアメリカの技師がいまだにエッフェル塔を凌駕する斬新かつ実現可能なアイデアを出してこないことに失望していた。

建築家たちの懸念は、博覧会に参加してもさまざまな委員会の干渉で自由がきかなくなるのではないかということだった。バーナムは芸術面での口出しはいっさいしないと約束した。彼らはオームステッドが博覧会の会場を選定したときのようすをくわしく聞きたがり、とくに会場の中心となる森の島（ウッデッド・アイランド）がどんなものかを知りたがった。それを見て、バーナムはその場でオームステッドに電報を打ち、なんとか来てもらえないかと再度頼んだ。しかし、やはり来られないとの返事だった。

その晩、何度もくりかえされた問いがあった。時間はどうなのか？　まだ時間はたっぷりあるとバーナムは断言した。だが現実を甘く見てはいなかった。いますぐ仕事にかからなければいけない。

説得できたという手ごたえはあった。別れ際にバーナムは引き受けてもらえるだろうかと訊ねた。

まだ確答はなかった。

翌朝、バーナムはノースショア特急でニューヨークを発った。まる一日、汽車は真白な景色のなかを走った。猛吹雪のため、大西洋沿岸からミネソタまで、あたり一面雪に覆われていた。この吹雪は家を壊し、木をなぎ倒し、オハイオ州ベイバートンでは死者一名を出したが、それでも特急は止まらなかった。

汽車のなかでバーナムはオームステッドに手紙を書き、建築家たちとの会合について少々でっちあげの報告をした。「主体となる諸建築物の芸術面をまかせるという提案は全員の賛同を得ました……全体のレイアウトは心からの称賛を浴びました。まずミスター・ハントが誉め、他の人びともこれに続きました。しかし、彼らは景観と島についてあなたの意見を聞きたがっています。それで大至急おいでいただけないかと電報を打ったわけです。来られないという返事に私はもちろん、彼らもみなひどくがっかりしていました。かの紳士がたは来月一〇日当地に集まる予定なので、そのときはぜひともあなたに同席していただきたいとのこと、私からもお願いします。とりわけミスター・ハントはすべてに関してあなたの意見に重きをおいているようです」

たしかに、その夜が終わるころ、彼らの気持はだいぶ変わっていた。プレイヤーズ・クラブでコニャックを舐め、葉巻をふかしているうちに、最後のためらいは消えていった。その夢はたしかに魅力があると建築家たちも認めた。ラグーンと宮殿に囲まれた夢の世界を築きあげるというシカゴの決意が本物であることは疑いの余地がない。だが現実はまた別問題だ。唯一の気がかりは長距離の旅でスケジュールが寸断されること、それに遠く離れた慣れない場所で複雑な建築物を作るときに避けがたい多くのトラブルだった。ピーボディは参加を表明したが、ハントとその他はまだ迷っていた。バーナムがあとで明かしたところによると「彼らはもう一度考えてみるといった」のだった。

だが一月一〇日にもう一度話しあうためにシカゴを訪れ、会場予定地を見ることには、みな賛成した。

彼らはまだ誰もジャクソン・パークを見ていなかった。現状では誰が見てもぱっとしない土地だとバーナムにはわかっていた。今度はなんとしてもオームステッドに同席してもらわなければいけない。またルートにも説得の後押しをしてもらおう。建築家たちはルートを評価していたが、建築主任としての力があるかどうかを疑っていた。ぜひともルートをニューヨークへ行かせよう。

窓の外には薄い灰青色の空が広がっていた。埃のように細かい雪はプルマンカーのデッキまで入りこみ、バーナムの座席まで真冬の匂いを運んできた。線路のそばには風で倒れた木が見えた。

シカゴへ戻ったバーナムを待ちかまえていたのは、烈火のごとく怒ったシカゴの建築家と委員会のメンバーたちだった。博覧会の建設をシカゴ以外の――それもよりによってニューヨークの――建築家に依頼するとはなにごとか。アドラー、サリヴァン、ジェニーといった面々を無視するとはなんたることか。サリヴァンにいわせれば、これこそバーナムが内心、シカゴに博覧会そのものを運営する才能がないと思っていることの証拠にほかならなかった。「すべての仕事を東部の建築家だけに与えることがアメリカにとって自分ができる最大の貢献だとバーナムは思っていた」とサリヴァンは書いている。「彼らの文化のほうがすぐれているとはっきり断言したようなものだ」。会場・建設委員会の委員長はエドワード・T・ジェフリーだった。サリヴァンはさらに続けた。「委員会の席上、ジェフリーはきわめて繊細かつ巧妙なやり方でダニエルを説得し、シカゴの建築家も候補に入れて検討することにさせた」

ルートとバーナムは大急ぎで相談し、シカゴの設計事務所を五つ選んで仕事をゆだねることにした。そのなかにはアドラー・アンド・サリヴァン設計事務所もあった。バーナムは翌日、その五か所を訪ねた。五つのうち四つは傷ついた感情を棚上げにして、すぐ仕事を引き受けた。即答しなかったのはアドラー・アンド・サリヴァン設計事務所だけだった。アドラーはすねていた。「たぶん彼、アドラーは自分こそ、私のついた地位にふさわしいと思っていたのだろう」とバーナムはいった。「むっとして『知ったことか』という態度だった」

結局のところ、アドラーはバーナムの申し出を受け入れた。

こんどはルートがニューヨークへ行く番だった。いずれにせよアメリカ建築協会の理事会に出席しなければならず、そのあとは車でアトランタまで行って自社の設計した建物を

視察する必要があったのだ。出発する直前、一八九一年一月一日の午後、ルートがルッカリーの自分のオフィスにいるところを従業員の一人が目にした。「疲れたとこぼしていた」とその男は回想する。「協会の書記の役目はもう辞めたいともいっていた。これは要注意だった。彼はこれまで仕事が忙しいといって愚痴をこぼしたことは一度もなく、どんなに疲労困憊していても家に帰るときは明るさと元気をとりもどしていたのだから。その後に起こったことを思えば、彼のそんなようすは重要だった」

ニューヨークでルートは建築家と会い、彼らの設計に口をはさむつもりはないと何度も約束した。だがルートの魅力――『シカゴ・インター・オーシャン』は彼のことを「食後のウィットとユーモアにあふれたチョーンシー・M・デピューの再来」と評したことがあった――をもってしても建築家の熱意をかきたてることはできず、彼は二週間前にバーナムが感じたのと同じような失望を抱えてニューヨークを離れることになった。南部への旅も気分を晴らしてはくれなかった。ハリエット・モンローはシカゴへ帰ってきたときの彼を目にした。「東部の男たちの態度に」彼はひどくがっかりしていた。「彼らはとても冷淡で、ルートがいくら約束しても、シカゴのビジネスマンたちが芸術に口出しせずにいるわけはないと不信に凝り固まっていた。この夢は実現するにはあまりにも規模が大きすぎ、妨害や干渉や大小さまざまな障害——それは避けがたいと彼らは信じていた——を乗り越えてまでその夢を実現させる熱意はないのだった」

ルートは疲れはて、意気消沈していた。彼はモンローに、相手の興味を引くことさえできなかったと語った。「これはアメリカ建築にとって最大のチャンスだと彼は感じていた。しかし、そのことを相手に理解させることができなかった」とモンローはいう。建築家たちは一月にシカゴを訪れる予定だとルートはいった。「しかし、それもしぶしぶで、心ここにあらずのままだった」

一八九一年一月五日、会場・建設委員会はバーナムの選んだ一〇人の建築家に正式な依頼の許可を出し、それぞれに一万ドル（現在の価値にして三〇万ドル）を支払うことに決めた。建築家に対してバーナムが求めたのは、設計図を引き、何度かシカゴを訪れることだけだったのだから、これはかなり高額の報酬といえる。現場での監督と、建築家の生活につきものの雑多な細部の処理はバーナムとルートが引き受けることになっていた。芸術面に関する干渉はいっさいなしである。

東部の建築家はとりあえず承諾したが、懸念はまだ消えなかった。しかもまだジャクソン・パークを見ていなかった。

博覧会のためのホテル

ホームズの新しいアイデアは、建物を世界コロンビア博覧会を見にくる客のためのホテルに改装することだった。もちろんパーマー・ホテルやリシュリューのような一流ホテルではなく、ある種の客層にとって都合のよい、そこそこ快適で安価な宿泊施設である。そのうえホテルなら多額の火災保険をかけても怪しまれない。博覧会が終わったあとで建物を火事で焼いてしまえば保険金が手に入るうえ、たとえ隠し部屋に余分な「素材」が残っていても処分できるはずだった。望むべくはほかの処分法がうまくいって、そのころには犯罪の証拠になりそうなものがいっさい残らないようにしておくことだった。肝心なのは誰にも悟られないことだ。万が一、些細なミスやうかつさから何かが残ってしまったら、利口な探偵の目にとまり、それがもとで絞首台送りになりかねない。シカゴ警察にそれほど優秀な捜査官がいるかどうかは大いに疑問だった。むしろピンカートン探偵社のほうがずっと警戒すべき存在だったが、そこの探偵はこのところアメリカ各地で勃発している炭坑や製鉄所のストライキ鎮圧にほとんどのエネルギーを注いでいるようだった。

今度も設計は自分でやることにして、一八九一年初めには必要な改修計画ができあがった。こうして、また臨時雇いの大工が二階と三階の工事にとりかかった。この工事でも分業と解雇のくりかえしという方法をとり、それがうまくいった。ここで働いた男たちのなかでも警察に通報した者は一人もいなかったようだ。ウェントワース・ストリートにできたシカゴ警察の新しい分署から来るパトロール警官は毎日ホームズのビルの前を通りすぎた。警官たちは疑うどころか、とても愛想よく、むしろ保護してくれた。ホームズは警官たちをファーストネームで呼んでいた。一杯のコーヒー、レストランでのただ飯、上等な葉巻――そんな親愛と善意のしるしを警官たちはありがたく受けとった。

その一方で借金取りの攻勢が激しくなり、さすがのホームズも苦慮しはじめた。とくに家具と自転車の売り主は手ごわかった。いまのところ愛想のよさで借金取りをはぐらかし、借り主のH・S・キャンベルがつかまらないと文句をいう相手に同情してみせることですんでいたが、そのうち彼らの忍耐にも限界がくることは明らかだった。それどころか、いままで債権者がもっと強硬な手段に出なかったことに驚いてさえいた。ホームズのやり口は前例がなく、手腕はあまりにも巧みで、周囲の男たちはこれまで一度も騙されたことがないかのように世間知らずだった。このごろでは彼にものを売ろうとしない店が多くなったとはいえ、それでもまだ喜んで商品をさしだし、H・S・キャンベルの名前が裏書された小切手を受けとったり、ワーナー板ガラス製造会社の資産を担保に金を貸したりする相手は十軒以上もあった。相手が法的措置をとるとか、さもなければ暴力に訴えるとか、ぎりぎりの瀬戸際になると、ホームズはベンチャービジネスからの儲けで借金を払った。現金収入がなかったわけではない。たとえばアパートや店舗の賃貸家賃、ドラッグストアの売上、それに最も新しいベンチャービジネスである医薬品の通販からの売上があった。シカゴ中心部で急速に成長したアーロン・モンゴメリー・ワーズ通販のパロディのように、アル中やハゲに効くと謳ったインチキ薬をメールオーダーで売るようになっていたのである。

これまでも新たな金儲けの手段にはすぐ手を出してきたホームズだが、この時期はとくに金が必要だった。どれほど巧妙にコストダウンをはかっても、ビルの改修には最低限の報酬を払う必要があったからだ。マータの大叔父で、イリノイ州ビッグフット・プレーリーに住むジョナサン・ベルナップがウィルメットのマータの実家を訪ねてきたときには、金の問題がいっぺんに片付くかと思えた。ベルナップは富豪とはいえないにせよ、かなりの資産家だった。

ホームズはマータの実家によく顔を出すようになった。ルーシーには玩具、妻とその母にはジュエリーをプレゼントした。彼は家中に愛をあふれさせた。

ベルナップはホームズに会ったことはなかったが、マータとの結婚がうまくいっていないという話は聞いており、この若い医師のことが好きになれそうになかった。初めて会ったときも、その若さにしては如才がなさすぎ、自信過剰という印象をもった。だがホームズがそばにいると、マータが彼に夢中であることがはっきりわかり、しかもマータの母親——ベルナップには義理の姪にあたる——までが娘婿の前で頬を紅潮させているのを見て意外に思った。何度か顔を合わせてみると、マータがこの男に惚れこむ理由もなんとなくわかってきた。ハンサムできれい好きで身だしなみがよく、しゃべる言葉も洗練されている。澄んだブルーの目はまっすぐに相手の目を見つめた。話をするときも相手のいうことにじっと耳を傾け、その熱心さがかえって人を不安にさせるほどだった。まるでベルナップがビッグフット・プレーリーから来た年とった親類などではなく、世界一魅力的な男だとでもいうかのようだった。

ベルナップはまだホームズに親しみをもてなかったが、正直さだけは買うようになっていた。そんなときホームズから、ウィルメットに自分とマータのために新しい家を買いたいのでその費用の一部として額面二五〇〇ドルの小切手に裏書してもらえないかと頼まれ、ベルナップは同意した。ホームズは心からお礼をいった。義理の両親の家からあまり近くない場所に新しい家をもてば若い夫婦のあいだの行き違いも消えるのではないだろうか。ホームズは商売の都合がついたらすぐに金を返すと約束した。

ホームズはイングルウッドに戻るとすぐベルナップの署名を捏造し、同額の偽小切手をでっちあげた。これはホテルの改装費にあてるつもりだった。

ホームズはその次にウィルメットを訪ねたとき、自分のビルを見るついでに世界コロンビア博覧会の会場予定地を見にこないかとベルナップをイングルウッドに招待した。

ベルナップは新聞で博覧会の記事を読んでおり、その会場予定地を見たいと思ったが、ホームズとまる一日いっしょに過ごすのはありがたくなかった。ホームズは魅力的で礼儀正しかったが、そばにいるとなんとなく居心地が悪かったのだ。それがなぜか、説明はできなかった。実際のところ、その後、何世代にもおよぶ精神科医は、ホームズのような人間が一見したところ温厚で愛想がいいのに、その一方で人間性の肝心な部分に欠落があることをそれとなく知らせてしまうという事実に明快な説明を与えようと必死に研究し、数十年を費やしてきた。最初、精神科医はこの状態を「モラル・インサニティ（倫理の異常）」と見なし、このような症状を示す人間を「モラル・インベサイル（倫理の欠落者)」と名づけた。やがてこの言葉は「サイコパス」と変わった。一般誌などでは一八八五年という早い時期から使われており、たとえばウィリアム・ステッドの『ペルメル・ガゼット』ではこれが「新しい病気」として報じられ、「サイコパスにとって、自分自身と自分が興味をもっていることのほかは、なにも重要ではない」と説明されている。およそ半世紀後、ハーヴィー・クレックレイ博士［多重人格の研究『イブの三つの顔』で知られる］の画期的な著作『正気の仮面（マスク・オブ・サニティ）』ではサイコパスの典型的な特徴がこう説明されている。「巧妙に構築された反射機械であり、人間の性格を完全にまねることができる……正常な、人間らしい人間の模倣があまりに完璧なので、医療機関で診断する人間も、相手がなぜ、どのように偽装しているのかを科学的ないし客観的な用語で指摘することができない」。こうした症状の最も純粋な形を示す人びとは、精神分析の用語で博士の名前から「クレックレイ」サイコパスと呼ばれるようになった。

ベルナップが招待を断わると、ホームズはがっかりしてひどく傷ついたようすだった。どうしても来てほしいとホームズはせがんだ。自分の名誉にかけて、ベルナップに彼が本当は資産家であり、借りた小切手は絶対に安全な投資だということを証明したいというのだった。マータもしょんぼりしていた。

ベルナップは降参した。イングルウッドに向かう汽車のなかでホームズは次々とあらわれる大建築物を指さした。そびえたつスカイスクレーパー、シカゴ川、ストックヤード。ベルナップの鼻ははっきりと臭いを感じたが、ホームズはまったく気にしていないようだった。二人はイングルウッドの駅で汽車から降りた。

この町は活気にあふれていた。汽車は数分ごとに轟音をたてて走りぬけた。馬の引く路面電車は、馬車や荷車で猛烈に混みあった六三丁目を東西に行き来していた。どちらを向いても建設中の工事現場が目についた。博覧会に集まる客めあてに投機家たちは現金を投下しようと手ぐすね引いていたので、この建設ブームはさらに勢いづくはずだった。ホームズは自分のプランを説明した。ベルナップをドラッグストアに案内して大理石でできたカウンターや毒々しい色の液体が入ったガラス容器などを見せたあと二階へつれていき、ビル管理人のパトリック・クィンランに紹介した。ホームズはベルナップをつれて入りくんだ廊下を案内し、どんなホテルにするつもりかを語って聞かせた。不意に思いがけない方向へ曲がる廊下を歩きながら、ベルナップは陰気で奇妙な建物だと思った。

ホームズは屋上に昇って上から工事現場を見ないかと誘った。ベルナップは年寄りの身にはそんなに階段を昇るのはきついと嘘をついて断わった。

屋上から見たイングルウッドの景色はすばらしいし、もしかしたら博覧会の建物がもうすぐ建ちはじめる東のジャクソン・パークまで見えるかもしれないとホームズはいった。

今度はベルナップもきっぱり断わった。

そこでホームズは別の手を考えた。一晩ここに泊まっていけというのだった。最初ベルナップはこの誘いも断わったが、たぶん屋上行きに重ねてこれも断わったのでは無作法すぎると思ったのだろう、ついに招待を受けることにした。

夜になってホームズはベルナップを二階の一室に案内した。廊下にはでたらめな間隔でガス・ランプが配置されていて、ランプとランプの中間には暗闇がただよい、ベルナップとホームズが通りすぎるにつれ、ちらちらと灯火が揺らめいた。表通りに面した部屋は家具もあってそれなりに居心地がよく、窓の外はまだにぎやかに人通りがあった。ベルナップの見たところ、いまや建物のなかには彼とホームズの二人しかいないようだった。「ベッドに入る前にドアにはしっかり鍵をかけた」とベルナップはいう。

やがて通りの物音がやみ、汽車のたてる轟音と馬のひづめの音がときたま聞こえてくるだけになった。ベルナップはなかなか寝つけなかった。横になったままじっと天井を見つめ、窓の外に立っている街灯のちらちらする明かりを眺めていた。何時間かが過ぎた。

「するとまもなくドアのノブを回す気配がし、鍵をさしこむ音が聞こえた」

ベルナップは声をあげ、「誰だ」と訊ねた。物音はやんだ。息をひそめ、じっと耳をこらすと、廊下を遠ざかっていく足音が聞こえた。ドアのところには二人の人間がいたらしい。だが、いまその一人が去っていくところだ。もう一度声をかけてみた。今度は応答があり、その声は管理人のパトリック・クィンランのものだった。

クィンランは部屋に入れてくれといった。

「ドアを開けるのは断わった。管理人はしばらく粘っていたが、やがて立ち去った」

ベルナップは夜明けまでまんじりともしなかった。

その直後、ホームズの小切手偽造が発覚した。ホームズは緊急に金が必要だったのだといって謝ったが、その態度があまりにも切実でまじめだったため、ベルナップでさえほだされた。とはいえ不信感が完全に消えたわけではなかった。なぜホームズがあれほど屋上を見せたがったのか、ベルナップがそのわけを理解したのはだいぶあとになってからだった。「屋上へ昇っていたら偽造は発覚せずにすんだだろう。なぜならこの私が歩きまわることさえできなくなっていたかもしれないのだから」とベルナップは回想する。

「だが私は屋上に出なかった。私は高所恐怖症なんだ」

大工と漆喰工がビルの改修にかかっているあいだ、ホームズは重要な付属物を作るのに専念していた。過去に見た同じような装置を参考にして、設計図らしきものを何枚も描き、

それをもとにうまく機能しそうな外観をととのえた。耐火レンガでできた奥行き二メートル半、縦横が九〇センチの大きな長方形の箱で、その内側に同じ素材でできた一回り小さな箱を納め、二つの箱に挟まれた空間は石油バーナーの炎で熱することができる。この内側の箱は細長い窯(キルン)として使える。これまで窯を作ったことはなかったが、ホームズはこれなら十分な高熱が出せて、なんでも焼却できると信じていた。しかも、なかに入れたものの臭いをまったく外に逃がさないという点がこの窯の大きな特徴だった。

この窯を地下室に設置しようと考えたホームズは、その工事のためにジョゼフ・E・バークラーというレンガ職人を雇った。ワーナー板ガラス製造会社が板ガラスを製造するのに使うのだと話した。ホームズの指示のもと、バークラーは鉄製のこまごました部品を埋めこんだ。作業は手早く進んだので、すぐに最初のテスト運転をすることになった。

ホームズはバーナーに火をつけた。うまくシューッという音が聞こえてきた。箱から出る熱気が地下室の反対側の壁まで伝わった。石油の燃える臭いがぷんと鼻を刺した。

だがテストは失敗に終わった。ホームズが望んだほどの高熱が得られなかったのだ。バーナーを調節して再度試してみたが、はかばかしい改善は見られなかった。

そこで市の住所録で窯炉製造の会社を探しだし、熟練工を派遣してもらうことにした。自分はワーナー板ガラスの創立者だと名乗った。ひょっとして窯炉製造会社の重役がそれを実在の会社かどうか疑わしく思ったとしても、確認するすべは一八九〇年のイングルウッドの住所録を見るしかない。そこには会社の名前がちゃんとあり、オーナーはホームズということになっていた。

窯炉製造会社のマネジャー——名前は秘されている——はこの件を自分で扱うことにし、ビルを訪ねてホームズに会った。依頼主は若くてハンサム、華奢ともいえそうな男で、その挙措動作からは自信と裕福さが伝わってきた。驚くほど澄んだブルーの目をしていた。ビルそのものはぱっとせず、六三丁目のあちこちで建設中の建物にくらべるとはるかに劣っていたが、場所は一等地でにぎやかな商業地のまんなかにあった。この若さでワンブロック全体を占める建物のオーナーというのは、それだけで大したことだった。

マネジャーはホームズのあとについて二階のオフィスへ行った。そして角部屋の大きな窓から入ってくる心地よい微風に吹かれながら設計図を検討した。ホームズは「十分な高熱」が得られないのだと説明した。マネジャーは装置を見せてほしいといった。

その必要はないと相手はいった。そこまでしなくてもただアドバイスをもらえればいい。報酬はたっぷり払うから、と。

だがマネジャーは、実際の窯を調べてみないと何もいえないと答えた。

ホームズはほほえんだ。もちろんです。もしも時間があるならぜひ見てもらいましょう。

ホームズは客の先に立って階段を下り、一階へ着くとそこからまた別のもっと暗い階段を下りて地下室へ入った。

そこは大きな四角い穴ぐらで、ワンブロック全体を占めるほど広く、ところどころに出っ張った梁と支柱があり、薄暗い影のなかにはタンクや樽、それに黒っぽいものの堆積があった——たぶん泥だろう。スチールを貼った細長いテーブルが置かれ、その上にはランプがずらりと並んでいたが明かりはついていなかった。そのそばに擦り切れた革のケースがあった。この地下室は見たところは炭坑の採掘現場のようで、臭いは外科医の部屋を思わせた。

窯炉製造会社の男は装置を調べた。耐火レンガでできた箱は炎が内側まで届かないような構造になっていた。さらに注目すべきは箱の上部に二つの開口部が設けられ、なかからガスが周囲の炎に供給されてよく燃えるような造りになっていることだった。変わった構造とはいえ、よく考えられていた。ただ、この窯の形状では板ガラス製造にふさわしいとは思えなかった。内側の箱は、このところシカゴの店のショーウィンドーに見られるようになった大きなガラスを作るには小さすぎる。しかし、それ以外はとくに奇妙なところもなく、窯の改善をするのにさしたる困難も感じなかった。

彼は作業員をつれて戻ってきた。もっと強力なバーナーを据えつけたあと、試しに点火してみると窯は一五〇〇度以上の高熱を発した。ホームズは満足したようだった。

窯炉製造会社の男は、かなりあとになってから、この窯の奇妙な形や高熱を出すところが別の用途にぴったりだと思いついた。「実際のところ、この窯はどこから見ても、遺体を火葬するのにぴったりだった。しかも窯から出る臭いを完全に遮断するように作られていた」

だが、このときも気づくのが遅すぎた。


ホームズはまたウィルメットから足が遠ざかるようになった。しかしマータと娘には楽に生活できるだけの金を定期的に送ってきた。娘には生命保険さえかけていた。なんといっても子供はとても脆(もろ)いものだし、一瞬のうちにこの世から奪いさられることもあるからという理由だった。

ビジネスは順調だった。通販会社からは驚くほどの現金がもたらされ、彼はそのころ流行していた最新薬――イリノイ州ドワイトのキーリーという医師が発明したアル中治療薬――に便乗する手段を考えはじめた。ドラッグストアも繁盛し、儲かっていた。しかし、近所に住むある女性の観察によれば、店員として雇われた若くて魅力的な女性たちはなかなか定着しないようだった。どうやら女店員たちは何もいわずに突然店を辞め、ときには二階の部屋に私物を置いたまま出ていってしまうことがたびたびあるようだった。そんな態度は、現代社会に怠惰さが蔓延しつつあることの憂うべきしるしのように思えた。

ビルの改修工事には時間がかかった。例によって、労働者に難癖をつけては辞めさせ、何度も中断したせいである。ホームズは代わりの労働者を見つけてくる仕事を三人の助手――クィンラン、チャッペル、ピツェル――にまかせた。欠員が出るたびに新人を見つけるのはたやすいことだった。アメリカ各地で仕事にあぶれた男たちは、シカゴへ行けば博覧会景気で働き口があるにちがいないと思ってやってきたが、来てみると同じ思惑の男たちがあふれていた。だから、どんな仕事でも、どんなに安い給料でも喜んで働くという男たちがよりどりみどりだった。

ホームズの興味はほかのことへ移った。それはもっと楽しい気晴らしだった。運命の導きで、二人の女性が彼の人生に登場したのである。一人は身長が一八〇センチ近く、豊満な肉体をもっていた。もう一人はこの女性の義理の妹で、黒髪と輝く黒い目をもったきれいな若い娘だった。

長身の女性が夫と娘をつれていることが状況をいっそう魅力的なものにしていた。

嘆かわしい風景

東部の建築家たちがニュージャージーを出たのは、一八九一年一月八日、午後四時五〇分だった。ノースショア特急五号車の六号室はハントが全員いっしょに行けるよう前もって予約しておいたものだった。オームステッドも前夜ボストンからやってきて同行していた。

それは心躍るひとときだった。アメリカ建築史に名前の残る偉大な建築家五人が、冬景色のなかを猛スピードで走る豪華な汽車のコンパートメントに同席し、酒と煙草を楽しみながら雑談とジョークを交わしているのだ。オームステッドはこの機会にジャクソン・パークのことをくわしく説明し、ようやく権力をふるいはじめたように見える各委員会との交渉のようすを語ってきかせた。彼はバーナムの率直でストレートなところ、それにリーダーシップを発揮できる強さを高く買っており、建築家たちにもその点を強調した。さらに博覧会場の景観が彼の思い描いたとおりになることはまちがいないと熱弁をふるった。

とりわけ、森の島(ウッデッド・アイランド)は人工物のどぎつさとは無縁のものになるだろうと力説した。

シカゴまであと約二時間ほどのところで汽車が一時停車したとき、マッキム宛ての電報が届いた。七八歳になる母のセアラ・マッキムが自宅で急死したという知らせだった。マッキムと母親はとても仲がよかった。彼は一行と別れ、下りの汽車で引き返すことになった。

一行は一月九日金曜日の夜遅くシカゴに到着するとすぐ馬車に乗って、バーナムが全員のために部屋をとっておいたウェリントン・ホテルに入った。カンザスから来たヴァン・ブラントもこのホテルで合流した。翌朝、彼らはまた馬車に乗りこんで南のジャクソン・パークへと向かった。アトランタへ出かけていたルートもこの日帰ってくる予定だった。ジャクソン・パークまでは約一時間かかった。「いつものように冷たい風が吹きつける冬の日だった」とバーナムは回想する。「空はどんよりと雲が垂れこめ、湖には白波が立っていた」

公園に着くと建築家の一行は馬車を降り、凍えそうな寒気のなかで白い息をついた。風の巻きあげる細かい砂が頬にあたってちくちくと痛み、手をあげて目をかばわずにはいられなかった。一行は凍りついた土の上をよろめくように歩き、痛風を抱えたハントはしかめっ面で不平をもらした。前夜、歯の痛みと不眠に悩まされたオームステッドは、大昔に馬車の事故で痛めた足を引きずって歩いた。

灰色の湖は沖合いへ行くにつれて暗さを増し、水平線は真っ黒な帯となっていた。目の届くかぎり唯一の色彩といえば、寒さで紅潮した男たちの頬、それにバーナムとオームステッドの青い目くらいだった。

オームステッドは建築家たちの反応を見守った。彼とバーナムはときたま視線を合わせた。

建築家たちは愕然としていた。「ほとんど絶望的な気分であたりを眺めていた」とバーナムは回想する。

ジャクソン・パークはおよそ一キロ半四方の荒地でしかなく、ほとんど樹木もなく、ところどころにオークの木立――黒と深紅のとげとげの葉がわずかばかり――があってその根元には古びた野生のスモモがからみあい、柳の木が生えているだけだった。露出した土の大部分は砂地で、海草やプレーリーグラスがちょぼちょぼと生えている。ここは「辺鄙でとっつきにくい」という人もいた。また別の人にいわせれば「見捨てられ、荒れ放題に荒れた無用の砂地」だった。見るべきところもなく、リゾートにはまったく向かない風景だった。オームステッド自身、ジャクソン・パークについてこういっている。「シカゴ周辺で最も公園らしくない場所を探すとしたら、これ以上の場所はまずないだろう」

それどころか、この土地は見た目よりもずっとたちが悪かった。オークのほとんどは枯れていた。だが冬なので、どの木が枯れているかよくわからなかった。枯れていなかったとしても根はひどくやられていた。試掘の結果、この公園の土は表面に約三〇センチの厚さの黒土、次に六〇センチほどの砂の層があり、その下は三〇メートル以上にわたって水分の多い砂だった。バーナムによれば「それはまさに流砂のようなもので、実際にそう呼ばれることも多かった」。シカゴの人間はこの土がどれほど厄介かをよく知っていたが、岩盤のしっかりしたニューヨークになじんでいた男たちには知るよしもなかった。

この公園の最大の欠点は――少なくともオームステッドの見たところでは――岸のラインが水位の変化によって毎年大きく変化することだった。水位の差は一メートル以上になることもあった。そんな激しい変動は岸や堤に植物を植える場合、大きなトラブルのもとになった。水位が下がると湖岸線に汚い泥が露出してしまい、博覧会を見にきた客の目に不快な情景が広がる。一方、水位が上がりすぎると植物が水に沈んで枯れてしまうのだ。

建築家の一行は馬車に戻った。公園のでこぼこ道を湖に向かって走る馬車はまるで葬儀の行列のようにのろのろと陰鬱に進んだ。バーナムはこう書いている。「落胆した気分と先の見込みの暗さがどっと襲いかかり、彼らは初めて与えられた仕事の範囲と規模の大きさを理解したようだった。そして限られた時間で仕事を仕上げなければならない厳しさをようやく実感した……いまから二一か月後には主となる建物の落成式をとりおこなうと議会で決められており、さらに二七か月半という短期間で、つまり一八九三年五月一日までにはすべての建設を終わらせ、景観もすっかりととのえ、展示品を並べておかなければならないのだ」

湖の水際で一行はふたたび馬車を降りた。ボストンのピーボディは桟橋の突端まで行った。そこでふりかえるとバーナムにこういった。「本気で一八九三年までにここに博覧会をオープンさせるつもりなんですか？」

「ああ、そのつもりだ」

「とても無理だ」

バーナムはピーボディを見つめた。「わかってるさ」

しかし、そのバーナムでさえ、先に何が待ちかまえているかは予想もつかなかった。

建築家たちがジャクソン・パークへ出かけていたあいだに、ルートはシカゴに戻ってきた。その日は彼の四一歳の誕生日だった。彼は駅からまっすぐルッカリーへ行った。「オフィスに顔を出した彼は上機嫌で陽気だった」とハリエット・モンローは書いている。

「ちょうどその日、大きな商業ビルの注文が入ったところだった」

だが、その日の午後、製図工のポール・スターレットがルッカリーのエレベーターのなかで見かけたルートは「具合が悪そうに見え」た。上機嫌は消えてしまった。このときも彼はすごく疲れたと愚痴をこぼした。

視察から戻ってきた建築家の一行はひどく落胆し、嘆かわしいという思いで一杯だった。彼らはふたたび設計事務所の書斎に集まり、急に元気づいたルートもその場に加わった。ルートは愛想よくユーモラスで、熱意にあふれていた。彼らを揺り動かし、情熱をかきたてられる人間がいるとすればそれはルートしかいないとバーナムにはわかっていた。ルートはよそ者の彼らを自宅に招待した。翌日の日曜日、アスター・プレースの家でハイティーをご馳走したいというのだった。それからルートはようやく子供たちと妻ドーラの待つ家に戻った。ハリエット・モンローによれば、流産したばかりで寝ついていたドーラは「瀕死の病人のよう」だった。

ルートはドーラに疲れたとこぼし、今度の夏はどこかへ出かけて長い休みをとろうと話した。この数か月間うまくいかないことばかりだし、仕事と出張のせいで夜もおちおち眠れなかった。彼は消耗しきっていた。南部への旅もストレス解消にはならなかった。この週末、一月一五日が待ち遠しかった。その日には建築家のグループも会議を終えて帰宅する予定だった。

「一五日が過ぎれば一段落だ」と彼は妻にいった。

東部から来た建築家とシカゴの建築家が再結集したのはユニヴァーシティ・クラブの晩餐会の席だった。博覧会の会場・建設委員会主催で彼らを主賓とした晩餐会が催されたのである。ルートは疲れていたので欠席した。明らかに、この晩餐会の目的は東部から来た人びとの熱意をかきたて、シカゴが大げさに吹聴した壮大な博覧会を本気で実現するつもりだという決意を見せるためのものだった。これを皮切りとして途方もなく盛大な晩餐が何度もくりかえされることになったが、そのメニューを見るとシカゴの主だった男たちがどうして動脈硬化にならずにすんだのか不思議に思えてくる。

客が到着するたびに記者たちが引きとめて話を聞こうとした。建築家たちは愛想よく応じはしたが多くは語らなかった。

人びとは大きなTの字に並べたテーブルについた。上座の中心には博覧会協会会長のライマン・ゲージがつき、その右にハント、左にオームステッドがいた。カーネーションの束とピンクと赤のバラがふんだんに飾られたテーブルはまるで花壇のようだった。それぞれの皿の横にも小さなブーケが置いてあった。男たちは全員タキシード姿だった。目の届くかぎり女性の姿は一人も見えなかった。

午後八時きっかり、ゲージは左右の手でハントとオームステッドの腕をとり、クラブのレセプション・ルームから晩餐会場へと案内した。

生牡蠣
モンラシェ［白ワイン］をグラスで
アオウミガメのコンソメスープ
アモンティリャード［スペイン産シェリー］
網焼きシャッド［ニシン科の魚］元帥風（ア・ラ・マレシャル）
キュウリ、公爵夫人風（ア・ラ・ドゥシェス）ポテト添え
フィレ・ミニョン・ア・ラ・ロッシーニ
シャトー・ラフィット［赤ワイン］とルナール・ブリュット［シャンパン］

アーティチョークのファルシ
ポメリー・セック〔シャンパン〕
キルシュのソルベ
煙草
ヤマシギのトースト添え
アスパラガス・サラダ
氷菓——ジンジャー風味
チーズ——ポンレヴェック、ロックフォール、コーヒー、リキュール
マディラ酒、一八一五年もの
葉巻

最初にゲージが口を切った。来るべき博覧会の栄光を称える威勢のいいスピーチをし、この会場に集まった立派な紳士諸君は、自分たちのことをあとまわしにしてこの博覧会を第一に考えなければいけない、自己を捨ててこそ博覧会は成功するのだとぶちあげた。このスピーチは情熱的な暖かい喝采で迎えられた。

次にバーナムが立ってスピーチをした。博覧会のビジョンを描き、シカゴはそのビジョンをかならず実現するつもりだと断言した。さらにバーナムはチームワークと自己犠牲を求めた。

「紳士諸君。一八九三年はわが国の歴史で三番目に偉大な年号となるでしょう。それ以前の二つの年、一七七六年と一八六一年［独立宣言と南北戦争］には真のアメリカ人が一人残らず国のために立ちあがりました。いまこそふたたび立ちあがるときです！」

会場はどっとわきたった。「あの夜、宴会場をあとにした男たちは戦地に向かう兵隊のようにしっかり団結していた」とバーナムは回想する。

だが行進していたのはシカゴの人びとだけだった。翌日ルートの家で東部の建築家たちと会ったハリエット・モンローはがっかりさせられた。「話しているうちに彼らの気乗りのなさと悲観主義にとても驚いた。これほど大きな建物を安上がりに作るとしたら美しさなどほとんど期待できない。シカゴの地表の単調さからして建物を印象的に配置することなど無理である。準備と建設工事の時間があまりにも短すぎる。こうした意見に加えて、その他ありとあらゆる難癖がつけられ、彼らのやる気のなさがありありと見えた」

もてなしを終えてルートは客を馬車まで見送った。外は暗く、凍えるような寒さだった。アスター・プレースには強い風が吹きつけていた。あとから思うと、このとき夜会服姿のルートがコートもはおらずに外へ飛びだしたことが重大な結果につながった。

消滅点

町から町へ、職場から職場へと何年もただよいつづけたあと、イシリウス・コナー――本人は「ネッド」というニックネームで呼ばれたがった――という名の若い宝石商は、妻のジュリアと八歳の娘パールをつれてシカゴへやってきた。着いてすぐに、シカゴこそまさにチャンスがごろごろしている都会だとわかった。一八九一年の初めから、ネッドはシカゴのサウスサイド、六三丁目とウォレス・ストリートの角にあった繁盛するドラッグストアの一角でジュエリー・カウンターを受けもつようになっていた。大人になって以来初めて、ネッドの将来は輝いて見えた。

ドラッグストアのオーナーはまだとても若いのに金持で活力にあふれ、まさに時代の申し子だった。しかも世界コロンビア博覧会の会場が路面電車でほんの一息の六三丁目のはずれに決まっていたので、今後のさらなる成功は疑いの余地もなかった。そのうえシカゴの路地上（アリー）に掛かった橋げたの形状からアリー・Lというあだ名で呼ばれていた新しい高架鉄道がお客を博覧会へ運ぶためのもう一つの足として六三丁目沿いにまっすぐジャクソン・パークまで延長されるという噂もあった。いまでさえ六三丁目の交通量は急激に増えていた。毎日、大勢の市民たちが会場予定地を見ようと馬車を走らせていたのだ。しかし見るべきものは大してなかった。ネッドとジュリアはこの公園を見て、砂山と枯れかけたオークの木しかない寂れた汚い場所だと思ったが、パールは大喜びで水溜りのおたまじゃくしを追いかけた。ここに目を見張るようなものが建てられるとは、とてもありえないことに思えた。とはいえ、つい最近シカゴへ出てきた人びとと同様、ネッドもこのシカゴがこれまで見たどんな都会とも似ていないことはたしかに認めた。さんざん吹聴された壮大な計画を実現できる都市があるとすれば、それはシカゴだった。ネッドの新しい雇い主であるドクター・H・H・ホームズは、世間のみんなが口にする「シカゴ魂」の完璧な実例に思えた。あの若さでワンブロックを占めるビルのオーナーになれるとは、ネッドがこれまで暮らしてきた都会ではほとんどありえないことだった。ところがここでは、この程度の成功はごろごろしているらしい。

コナー一家はビルの二階の一室に住んでいた。ホームズが住む部屋もすぐ近くだった。しかもとびきり明るい陽気なアパートとはいえなかったが、暖かく、仕事場へもすぐだ。しかもホームズはジュリアをドラッグストアの店員として雇い、帳簿つけも教えようといってくれた。のちにネッドの妹で一八歳のガートルード（ガーティ）がシカゴへ来ると、ホームズは彼女に新しく作った薬の通販会社の管理をしてほしいといった。三人分の給料があれば、そのうち自分たちの家――イングルウッドの広い舗装道路に建ち並ぶ家のどれか――が買えるかもしれない。少なくとも自転車は買えるから、通りの先のティンマーマン・シアターまで乗っていかれるはずだ。

ただし一つだけネッドを不安にさせることがあった。ホームズがガーティとジュリアに親切すぎることとである。ある程度までこれは自然なことで、ネッドも慣れてはいた。というのもガーティは黒髪でスリム、ジュリアは長身のグラマラスなボディの持ち主で、二人とも美人だったからだ。ネッドはホームズを一目見たときから、彼が女好きでまた女性にもてることがわかっていた。若いきれいな女性たちは引き寄せられるようにしてドラッグストアに来た。ネッドが応対しても彼女たちはそっぽを向き、そっけなかった。ところがホームズが顔を出すと態度がころっと変わるのだった。

ハンサムとはいえないネッドはいまや背景の一部に溶けこみ、自分の人生の傍観者になるしかなかった。娘のパールだけが昔と変わらず彼になついていた。ネッドは、ほほえみやプレゼントや甘い言葉でガーティとジュリア――とくにガーティ――にとりいろうとするホームズと、そんな手管に顔を輝かせる女たちのようすを警戒しながら見守った。ホームズが立ち去ると彼女たちはしょんぼりし、顔つきは急に冷たくなってとりつくしまもなくなるのだった。

もっと不愉快だったのはネッド自身に対する客たちの態度の変化だった。何かいうわけではなかったが、客たちの視線には同情があふれ、憐れみさえ見てとれた。

そんなある夜、ホームズはネッドに頼みがあるといった。彼はネッドを倉庫につれていき、なかに入るとネッドにドアを閉めて外から声が聞こえるかどうか聞いてみてほしいといった。「私はドアを閉めて壁との隙間に耳を押しつけた。だが、かすかな物音しか聞こえなかった」。ドアを開けるとホームズは倉庫から出てきた。そして自分の耳でどれだけ音が漏れるか聞いてみたいから、今度はネッドがなかに入って大声をあげてみてくれないかといった。ネッドはいわれたとおりにしたが、ホームズがドアを開いたとたん急いで外に出た。「なんとなくいやな感じだった」

音が外に漏れない倉庫でいったい何をするつもりなのかという疑問はネッドの頭には浮かばなかったようだ。

警察にはまた別の種類の不穏な兆し——両親からの問い合わせの手紙、両親に雇われた探偵の訪問など——があったが、それらは混沌のなかの迷子でしかなかった。行方をくらますことは、シカゴではお遊びの一つのようだった。シカゴのいたるところで数えきれないほどの人びとが姿を消しており、あまりにも多くの力がせめぎあっていて、そこからパターンを発見するのはむずかしかった。パトロール警官は分署の署長がじかに任命しており、そのほとんどはあまり有能とはいえなかった。刑事の数は少なく、その能力やテクニックも限られていた。階級差のせいで、彼らの目も曇らされた。ありきたりの行方不明者——ポーランド移民の娘、ストックヤードの従業員、イタリア系労働者、黒人女性——を探しても得るところはなかった。刑事が動くのは行方不明者が金持の場合だけだったが、それでも彼らにできるのはよその都市に電報を打ち、身元不明の死体が毎日運びこまれる安置所を定期的にチェックすることだけだった。あるときなどシカゴの刑事の半数が行方不明者の捜索にあたらなければならなくなり、シカゴ警察の刑事部長はそのために専門の部署——「不可解な理由による失踪者捜索課」——を設けることも考えたほどだった。

行方不明になる率は男も女もほぼ同じだった。メンフィスから来た若いファニー・ムアは下宿していた家に戻らず、それきり二度と姿を見せなかった。J・W・ハイリーマンはある日職場をあとにして郊外行きの汽車に乗り、『トリビューン』によれば、そのまま「大地に飲みこまれたように」消えてしまった。女は誘拐され、男は強盗にあったものと見なされた。死体はシカゴ川に沈めるか、またはホルステッドやリーヴィーの路地裏、ポーク・ストリートとテイラー・ストリートに挟まれた悪徳の巣であるクラーク・ストリート——ベテラン警官はシャイアンと呼んでいた——に捨てられた。発見された死体は安置所に運ばれ、引きとり手があらわれないときはラッシュ医学校かクック・カウンティ病院の解剖教室で実習に使われ、そのあとは骨格標本室で全身の骨から筋肉と組織を剝がすというデリケートな作業をしたのち、漂白剤できれいに洗ったあと、もとどおりに組み立てる。こうしてできた骨格標本は医師や解剖博物館へ送りこまれ、ときには科学的な珍品を重んじる個人コレクターの手に渡ることもあった。髪はウィッグ用に売られ、着ていた服は慈善施設に送られた。

ユニオン・ストックヤードの場合と同様、シカゴは何一つとしてむだにはしなかった。

一人になる

東部から来た建築家とシカゴの建築家は一月一二日月曜日の朝、ふたたびルッカリーの最上階にあるバーナム・アンド・ルート設計事務所の書斎に集まった。ルートは欠席した。母の死で呼び戻されたマッキムの代理として、彼の共同経営者のウィリアム・R・ミードがニューヨークから来ていた。全員がそろうのを待つあいだ、客たちはかわるがわる書斎の東向きの窓に近づき、広大なミシガン湖を眺めた。湖面や凍てついた岸辺の上にただよう反射光とともに眩しいほどの日光がさしこんできた。

バーナムは立ちあがって歓迎の辞を述べたが、緊張は隠せなかった。東部の男たちの控えめな態度を見て、彼らにやる気を出させるため追従とお世辞を並べようとしていた。バーナムがそんな手管に長けていることは、ルイス・サリヴァンにはよくわかっていた。

「彼自身は、センチメンタルな部分を刺激されないかぎり、とくにお世辞に弱い男ではなかったが、大実業家と呼ばれる人びとがお世辞に弱いことをすぐに看破した」とサリヴァンは書いている。「ルイス［・サリヴァン］はそんな手口を何度も目にし、最初のうちはバーナムの厚かましさに驚いたが、やがてもっと驚いたのは相手がそれでめろめろになることだった。この方法は幼稚だが効果があった」

さらにサリヴァンはいう。「彼の甘言はどんどんエスカレートし、やがて東部の建築家に向かって、西部の同業者が無知蒙昧なことを申し訳なく思うというところまで行きかけた」

ハントもそのことに気づいた。「さあ、さあ、われわれはここへ伝道しにきたわけじゃない。さっさと仕事にかかろう」

部屋のあちこちで同意の声が起こった。アドラーは勢いよく賛成し、サリヴァンはにやにやした。オームステッドは表情を変えずに見守っていた。少しもおさまらない耳鳴りに気をとられていたせいである。ハントは顔をしかめた。ニューヨークからの旅とジャクソン・パークの視察で痛風が悪化していたのだった。

ハントにさえぎられて、バーナムはぎくっとした。その拍子に東部で二度も味わわされた拒絶――ハーヴァード大学とイェール大学の入試に落ちたこと――の痛みが急によみがえった。しかし、ハントの言葉とそれに賛同する声が部屋のあちこちで起こったことから、気持を切りかえてとりあえず目の前の仕事に集中することができた。サリヴァンの観察によれば「バーナムは夢遊病のような茫然自失の状態から目を覚まして仕事にとりかかった。彼はばかではなかったから『アンクル・ディック』」――ハントのこと――「がよかれと思って口出ししたのだとすぐに理解した」

バーナムは今後ここにいる全員が博覧会の建築家会議のメンバーとして活動することになると伝えた。そして議長を選出してほしいといった。選ばれたのはハントだった。「おのずからにじみでる先生の威厳はごく自然なものだった」とヴァン・ブラントは書いている。「こうして、われわれはまたもや先生の弟子になることを喜び、熱意を燃やしたのだった」

書記にはサリヴァンが選ばれた。彼にかぎっていえば、喜んでハントの弟子になるつもりはさらさらなかった。サリヴァンから見たハントはもはや時代遅れになった固有建築様式（ヴァーナキュラー）を頑固に信奉する建築家であり、バーナムも同類だった。二人ともサリヴァンの提唱する新しいエートス――建物の機能はデザインのうちに表現されるべきであり、形態がたんに機能を追うのではなく、「機能が建物の形態を創造し、構成すべき」だという主張――を妨害するものの象徴だった。

サリヴァンにとってハントは過去の遺物にすぎなかったが、バーナムはそれ以上に危険な存在だった。バーナムのなかに自分と同じ強烈な執着心があることに気づいていたのだ。

サリヴァンの見たところ、シカゴの建築界はたった二つの設計事務所が支配していた。バーナム・アンド・ルートとアドラー・アンド・サリヴァンである。「どちらの設計事務所にも確固たる生涯の目標を固く心に抱いた男がいた。そのためならほかのすべてのことを枉げ、あるいは犠牲にすることもいとわない」とサリヴァンは書いた。「ダニエル・バーナムは力に関して封建的な考えにとりつかれていた。ルイス・サリヴァンが同じようにとりつかれていたのは恵み深い民主主義のパワーだった」。サリヴァンはルートとアドラーのことも賞賛していたが、彼らの能力が発揮されるのはより低い次元だと考えていた。「ジョン・ルートはとても自分に甘かったので、あえてリスクを負ってまで、自分の内に秘められた力を引きだそうとはしなかった。アドラーは本質的に技巧の人であり、技術者であり、まじめな管理者タイプだった……つまり、彼は想像力という点で不足だった。これはある意味でジョン・ルートにもあてはまった——いいかえれば、夢想家の想像力をもっていなかった。夢を思い描く空想力はバーナムの強さとルイスの情熱のなかにあった」

正午少し前、バーナムは書斎を抜けだしてドーラ・ルートからの電話を受けた。ルートはひどい風邪を引いて会議に出られないとのことだった。二、三時間後、また電話があった。往診してくれた医師によると肺炎だという。

ルートは元気だった。冗談をいい、スケッチをしていた。「これまでさんざん病気とつきあってきたから、いまではもう慣れっ子だ」と彼はハリエット・モンローにいった。「この吐き気の原因もわかっている。タルタルステーキのせいだよ」

建築家たちはその後も会議を続けたが、バーナムはその場にいなかった。パートナーの病床にずっとつきっきりで、たまに離れるのは書斎へ戻って問題を解決するか、ハントのもとを訪ねるときだけだった。ハントは痛風が悪化したため、ウェリントン・ホテルの部屋から出られなくなったのだ。ルートは看護師を相手にジョークをとばしていた。会場・建設委員会の水曜日の例会では、ルートの早急な回復を祈りつつ、決議が通された。その日、バーナムはW・W・ボイントンというシカゴの建築家にこんな手紙を書いた。「ミスター・ルートはひどく弱っていて回復するかどうか断言できませんが、まだ希望はあります」

木曜日、ルートは回復するかに見えた。バーナムはまたボイントンに手紙を書いた。「けさは少しよい知らせがあります。昨夜はかなり楽でよく眠れたようです。まだ峠は越えていませんが見通しは明るくなっています」

建築家のあいだでは情熱がしだいに高まってきた。ハントはまだホテルの部屋から出られなかったが、ポストが議長の代役を務めた。ポストとヴァン・ブラントが交代でハントのホテルへ定期的に情報を伝えた。バーナムとオームステッドとルートが作成した基本プラン――包装紙に描かれたもの――は二、三の変更を加えただけで全員に同意された。そのあとは主体となる建物の大きさと配置を決めなければならなかった。スタイルを統一することにし、ネオクラシックに決まった。つまり建物は円柱と破風（ペディメント）を備え、古代ローマの栄光をあらわすということである。この選択はサリヴァンをうんざりさせた。古典を引き写した建築が大嫌いだったのだが、会議の席では異議を唱えなかった。さらに建築家たちはこの博覧会で最も重要なものとなる決定を下した。高さを統一したのである。グランド・コートに立つメイン・パビリオンの高さをすべてコーニス（軒蛇腹（のきじゃばら））まで一八メートルと決めた。コーニスとはたんに装飾的な水平の突起にすぎない。壁、屋根、ドーム、アーチなどは、それより高くすることができる。だが全体の共通点を一つ設定することで博覧会の目玉となる建物全体に大きな調和が生まれるはずだった。

――――

木曜日の午後四時頃、コッドマンとバーナムはルートの家へ馬車で乗りつけた。コッドマンは馬車の座席で待ち、バーナムは邸内に入った。

バーナムが部屋に入ってゆくと、ルートは苦しそうに喘いでいた。その日ずっとルートは奇妙な夢を見つづけたが、そのなかには過去に何度も見たことのある、空中を飛ぶ夢もあった。バーナムを見るとルートはいった。「もうどこにも行かないでくれ」

バーナムはいいよと答えたが、隣の部屋にいたルートの妻のようすを見るためちょっと席を外した。バーナムが彼女と話していると親戚の一人が部屋に入ってきて、ルートが亡くなったと知らせた。彼女の話によると、最期の瞬間ルートはピアノを弾くように指をシーツの上に走らせたという。「これが聞こえるかい?」と彼はささやくようにいった。「すばらしいじゃないか? これこそ音楽というものだ」

家は死者を送ったばかりのぎごちない沈黙に閉ざされ、その静寂を破るのはガス・ランプのシューッというかすかな音と時を刻む時計の針のじれったい音だけだった。バーナムは階下の部屋を大またで行き来していた。当人は気づかなかったが、その姿を見ている人

がいた。ハリエット・モンローの叔母のネティーがルートの居間から二階へ続く階段の上、薄暗がりの踊り場に坐っていたのだ。彼女はバーナムが行ったり来たりする足音を聞いていた。背後の暖炉では火が燃えていて、反対側の壁に大きな影が映っていた。バーナムはつぶやいていた。「世界一の建築家になろうと夢見てこれまで働き、計画を立ててきた――それを彼に見せてやりたい、いっしょにやっていこうと思っていた――それなのに死んでしまった――畜生！――畜生！――畜生！」

ルートの死はバーナムをうちのめし、シカゴを慄然とさせた。バーナムとルートは一八八年前からのパートナーであり、友人だった。二人ともおたがいの考えを知りつくしていた。仕事の上でも頼りあっていた。そのルートがいなくなった。外部の人びとは、ルートの死で博覧会はだめになるのだろうかと案じた。新聞はこれまでずっとシカゴの指導的な人びとの談話を載せ、ルートこそ博覧会の隠れた導き手であり、彼がいなければシカゴは夢を実現できないといってきた。ルートはシカゴが「誇りとする傑出した建築家であり、それどころか全国規模でも高く評価されている」と『トリビューン』は書いていた。会場・建設委員会のエドワード・ジェフリー委員長は「博覧会の仕事をなしとげられる建築家はミスター・ルートをおいてほかにはいない」といった。

バーナムは沈黙を守っていた。博覧会から手を引くことも考えた。心のなかで二つの力がせめぎあった。悲しみと、そして彼――バーナム――こそが博覧会を築きあげる原動力だと大声で叫びたい気持である。バーナム・アンド・ルート設計事務所をここまで立派に成長させたのはこの自分だ、と。

東部の建築家は一月一七日土曜日に帰っていった。日曜日、バーナムはアスター・プレースのルート邸での告別式に出て、それからグレースランド墓地での埋葬に立ち会った。この美しい墓所はループの北へ数キロのところにあり、裕福な人びとの安らぎの地となっていた。

月曜日、バーナムはデスクに戻った。そして一二通の手紙を書いた。隣接するルートのオフィスはしんとして垂れ幕に包まれていた。温室咲きの花が濃厚な香りを放っていた。

目の前に立ちはだかる試練はかつてなく恐ろしいものに見えた。

その週の火曜日、カンザスシティの大きな銀行が倒産した。次の土曜日、ライマン・ゲージは銀行業務に専念するため、博覧会協会会長の職を四月一日かぎりで辞任すると発表

した。総裁のジョージ・デーヴィスは自分の耳を疑った。そして「まったくナンセンスだ」と片付けた。「ゲージは引きとめなければだめだ。彼なしではどうしようもない」

労働争議の行方も不穏だった。バーナムが心配したとおり、組合のリーダーたちは未来の博覧会を武器にして、最低賃金の採用と一日八時間労働といった要求をつきつけてきた。火災、天候、病気などの脅威もあった。すでに外国の新聞・雑誌では、汚水問題に関しては悪名高いシカゴで開催される博覧会に参加することの是非が問題になっていた。一八八五年に水の汚染が原因でコレラとチフスが発生し、シカゴの人口の一割が死んだことは、まだ誰も忘れていなかった。

煤煙のなかで暗黒の力が結集しつつあった。シカゴの中心部ではアイルランド移民の一人の若者がますます狂気の度合いを深めつつあった。それがやがてアメリカ中に衝撃を与える行為へとつながり、バーナムが生涯で唯一最高の瞬間になるだろうと夢見たものを破滅させるのだった。

さらに近いところでは、もっとずっと不気味な生き物が、同じように熱烈な期待をもってその頭をもたげていた。「私のなかには生まれつき悪魔(デビル)がいた。どうしても人を殺さずにはいられない。詩人が霊感を得て歌わずにはいられないように」

第二部　激しい闘い

シカゴ　１８９１―９３年

1892年6月13日の嵐で崩壊した産業・教養館

招集

一八九一年二月二四日火曜日、バーナム、オームステッド、ハントをはじめとする建築家の一団がルッカリー最上階の書斎に集まり、会場・建設委員会の前でメイン・パビリオンの設計図を見せることになった。建築家たちはすでに午前中から集まり、ハントを議長として会議を開いていた。ハントは痛風のため、片方の足をテーブルの上に乗せておかなければならなかった。オームステッドはやつれて顔は蒼白だったが、禿げあがった額の下で目だけは青いビー玉のように光っていた。会議には新顔が加わっていた。アメリカでもとくに声望の高い彫刻家オーガスタス・セント・ゴーデンズがチャールズ・マッキムの要請を受け、設計図を吟味する手伝いをしにきたのだった。会場・建設委員会のメンバーは二時に到着し、書斎は葉巻と湿気たウールの臭いで満たされた。

部屋にさしこむ光は白っぽく、太陽はすでに傾きかけていた。風が窓ガラスを強く叩いていた。北側の壁にある暖炉では勢いよく火が燃えて薪がぱちぱちと音をたて、そこから発する乾いた熱風は凍えた頬をちくちくと刺した。

ハントのそっけないひとことで建築家たちは仕事にとりかかった。

一人ずつ前に進みでると設計図を広げて壁にかけた。建築家のあいだに何かが起こっていた。その変化はたちまち全員に伝わった。まるで新たな力がこの部屋に吹きこまれたかのようだった。かわす声さえ「ほとんどささやくよう」だったとバーナムはいう。

設計図が広げられるたび、前に見たものより美しく、より手がこんでいて、どれも例外なく巨大だった——かつて例がないほどスケールの大きな傑作ぞろいだった。

ハントは足を引きずって前に進みでると管理センタービルの設計図を広げた。これは博覧会で最も重要な建物と見なされ、ほとんどの客が最初にくぐる正面入口になるはずだった。中心は八角形の建物からなり、その上にそびえるドームは床からてっぺんまで八二メートルもあって、高さではアメリカ議会のドームよりまさっていた。

次の建物はさらに大きかった。設計図どおりに建設できれば、ジョージ・B・ポストの産業・教養館は史上最大のビルになり、ブルックリン・ブリッジ二つ分のスチールが使われるはずだった。しかもその建物の内部と外側はすべて電気照明でライトアップする予定だという。電動式のエレベーター一二基が客を上階へと運ぶが、そのうち四基はセントラル・タワーに設置され、ビル内部にある高さ六六メートルの橋まで達する。この橋は外のテラスにつながり、足がぞくぞくするような高みからはるか遠くのミシガン湖一帯が見晴らせた。のちの博覧会ガイドブックによれば「これまで人間にはけっして見ることがかなわなかった大パノラマ」である。

ポストはこのビルの上に高さ一三五メートルのドームを置いていた。これでこのビルは世界最大というだけでなく、高さでも世界一になるはずだった。ポストは部屋を見まわし、仲間たちの目に賞賛の念が浮かぶのを見たが、そこには別の表情もあった。そっとささやきかわす声も聞こえた。建築家グループにはいまや緊密な絆が生まれていたので、ポストはすぐに彼らの気持を察した。このドームはいささかやりすぎだった——高すぎて建てるのがむずかしいというのではなく、周囲の状況からしてめだちすぎるというのだ。これではハントのビルをかすませてしまい、ひいてはハントの影を薄くすることになりかねず、しかもグランド・コートのほかの建物との調和を壊してしまう。ポストはためらうことなく静かにこういった。「このドームはまだ気に入らないのです。たぶん修正することになるでしょう」。暗黙のうちに全員一致の賛同の気配が部屋を満たした。

サリヴァンはすでにバーナムの意見を入れて設計図に修正を加えていた。最初バーナムはアドラー・アンド・サリヴァン設計事務所に博覧会のミュージック・ホールの設計を依頼したいと考えていた。だがバーナムに不当な扱いを受けたという恨みをまだ捨てきれなかったせいもあって、アドラーとサリヴァンはミュージック・ホールの仕事を断わった。のちに、バーナムは交通館の設計を依頼し、彼らは引き受けた。会議の二週間前、バーナムはサリヴァンに手紙を書き、「入口を東向きの大玄関一か所にする」よう設計図の修正を求めた。「このほうがいまの案よりずっと贅沢になる……サイドに二つ入口を作るという従来の技法よりもずっと建物の印象がよくなると思う。中央にたった一つの大きな特徴を作ったほうがはるかに効果は上がるはずだ」。サリヴァンはこの意見を入れたが、そのアドバイスがどこから出たかはけっしていわなかった。結局、このたった一つの大きな入口は博覧会の話題の中心になったのだが。

サリヴァンも含めて建築家たちは全員、そろって同じ魔法にかかったかのように見えた。しかし後年のサリヴァンはそんな瞬間があったことを否定している。建築家が設計図を広げるたびに「緊張がほとんど痛みの感覚になった」とバーナムはいう。山羊髭(やぎひげ)を生やし、長身で痩せていたセント・ゴーデンズは部屋の隅に坐り、蠟人形のように身じろぎもしなかった。バーナムが目にするどの顔にも「静かな情熱」があふれていた。いまや建築家たちは——ついに——この博覧会の計画にシカゴが本気でとりくんでいることを理解したようだった。「次々と設計図が広げられた」とバーナムはいう。「日が暮れるまでに、同席した人びとの心に一つの絵が形づくられていくのがはっきりわかった――それはどんなに想像力豊かな人でさえこれまで思い描けなかったほど壮大で美しいビジョンだった」

日が翳ってきたので建築家たちは書斎のガス・ランプを点した。不機嫌な猫のようなシューッという音が漏れてきた。下の通りから見ると、ルッカリーの最上階はガス・ランプの揺らめく光と大きな暖炉の炎で輝いていた。「部屋は死んだように静かだった。設計図を説明する担当者の低い声だけが響いていた。まるでそこにいる全員が大きな磁石に捕まったようだった」

最後の設計図が運び去られた。その後もしばらく静寂は続いた。

最初に動いたのはまだ会長の座にあったライマン・ゲージだった。銀行家のゲージは長身で、背筋をしゃんと伸ばし、ものごしも服装も保守的だったが、その彼が不意に立ちあがり、感動に震えながら窓のところまで歩いていった。「諸君、きみたちは夢を見ているんだ、夢を」と彼はつぶやいた。「このビジョンの半分でも実現できたらいいんだが」

そのときセント・ゴーデンズが立ちあがった。その日ずっと静かだった彼は、バーナムのそばに駆けよると彼の両手を自分の手で包んだ。「こんな瞬間に立ち会えるとは思ってもみなかった。なあ、きみ、わかっているかい？　こんなにすばらしい芸術家同士の共同作業はじつに一五世紀以来だよ」

〰

オームステッドもめったにないことが起こったのを感じていたが、同時にこの会議によって新たな不安もわきあがった。第一に、建築家たちがこの仕事の本質を見失っているように感じられたことである。彼らが広げてみせた設計図はあまりにも厳粛で、威厳がありすぎる。なんといってもこれは万博というお祭りなのだ。お祭りは楽しくなければいけない。建築家が壮大さばかり強調しはじめたことに気づいたオームステッドはこの会議の直前、バーナムに会場の雰囲気を陽気にするための工夫を提案した。ラグーンや運河には色とりどりの水鳥をちりばめ、たえず小さな船を行き来させる。ありきたりの船ではなくふさわしい船でなければいけない。オームステッドはあくまでふさわしいものというテーマにこだわった。彼の考える景観設計とは、創りあげた情景のなかで育つもの、飛ぶもの、浮かぶもの、またそこへ入りこむすべての要素を包含しているのだった。バラの花はひと刷けの赤。船は複雑な動きで情景に活気を添えるもの。ただし、その情景にぴったり合った船を選ぶことが大事だった。その決定をたくさんある委員会の一つにゆだねるのは心配でたまらなかった。だからバーナムには自分の考えを一から知っておいてもらいたかった。

「この博覧会に用いる船はまず陽気で活気のあるものにすべきだ」とオームステッドは書いた。蒸気船の騒音や煙は気に入らない。そこでこの公園のために特別に設計した電動式の船を提唱した。それは優美なラインをもち、静かに操船できるものでなければならない。最も重要なのはこれらの船がたえず音もなく動いていることだった。そうすれば、耳障りな音なしで、景観に変化が与えられる。「必要なのは都会の通りを走る定期バスの路線みたいなもの」だった。そのほか、カバの樹皮でできたカヌーの群れを浮かべて羽根飾りと鹿皮の服のインディアンに漕がせることや、世界各地の風変わりな船を博覧会の波止場に繋留しておくことを提案した。「つまりマレーシアのプラウ船、カタマラン、アラブのダウ、中国のサンパン、日本の艀（はしけ）、トルコのカイーク、エスキモーのカヤック、アラスカの戦闘用カヌー、スイスの湖で見られる幌つきの船など」

しかしルッカリーでの会議からオームステッドが引きだしたもっと深刻な結論とは、建築家が高尚な夢を描いた結果、彼がジャクソン・パークでしなければいけない——それでなくても厄介な——仕事がますます大きく扱いにくいものになったことである。オームステッドとカルヴァート・ヴォークスがニューヨークのセントラル・パークを設計したときは、二人が描いたプランを現実のものにするのに約一〇年かかった。ところがいまは、この荒れ果てた公園を大平原のヴェネチアへと変貌させ、岸辺と島とテラスと遊歩道に植物を植え、彼のビジョンにふさわしい豊かな景観を作りだすのにたった二六か月しかない。ところが建築家の設計図を見て改めて実感したのは、実際に彼が使える時間は二六か月もないことだった。博覧会場を訪れた人びとを感嘆させる景観——それを作りだすためになすべき仕事のほとんど——パビリオン周辺に樹木や草花を植えこむ作業——は主となる建物ができあがって、建設機械や仮設の鉄道線路や道路、その他、余計なものをすべて取りのぞいてからでなければとりかかれない。だが、ルッカリーで披露されたパビリオンはとても規模が大きく手がこんでいたので、建設には準備期間の大半を費やし、彼が作業する時間はほとんど残らないだろう。

　会議のあとすぐにオームステッドはジャクソン・パーク改造のための戦略を練りはじめた。一〇ページの覚書には景観設計という芸術に関する彼の考えの本質がよくあらわれている。景観設計とはたんに花びらや木の葉の総体ではなく、はるかに大きな効果を引きだすものでなければならないというのである。

　彼が注目したのは博覧会の中心となるラグーンだった。このため、もうじきジャクソン・パークの湖岸で浚渫工事が始まる予定になっていた。ラグーンのまんなかには島を一つ残し、そこはシンプルに森の島(ウッデッド・アイランド)と呼ばれることになった。博覧会のメイン・パビリオンはこのラグーンの外側の堤に建てられる。オームステッドはこのラグーンのある一帯を博覧会建設の最難関と見なしていた。グランド・コートが博覧会の建築的な中心だとしたら、このセントラル・ラグーンと森の島は景観の軸となる存在だった。

彼がなにより望んだのは、博覧会の景観に「神秘と詩情にあふれた」雰囲気をかもしだすことだった。花の使い方もありきたりの庭師のようなやり方ではだめだった。むしろ、花や灌木の茂み、樹木などはそれぞれが影響しあって人の想像力を刺激するよう配置された。オームステッドのメモによれば、これをなしとげるには「さまざまなタイプの植物を複雑に混じりあわせ、目立つ葉や茎を交互に、あるいは縦横に混在させ、グリーンの色調にも変化をもたせてハイライトには他の葉や茎を用い、葉の陰や下にも別の色彩を配置する」ことが必要だった。「こうして、あいまいにぼかしたなかに陰影にとんだ景観が生まれ、その一方で水面からの反射光で輝く部分もできる」

会場を訪れた人びとに一瞬の視覚が生みだす饗宴を見せたかった――反射光にきらりと輝く葉の裏側、そよ風に揺れる木の葉と背の高い草のあいだにちらっと見える鮮やかな色彩。会場のどこにも「わざとらしく目を引くような花壇を作ってはいけない。むしろ、花は鮮やかな色彩の点描や明滅といった効果のために用い、全体の緑色にアクセントをつけるものとして点在させるべきである。花をことさら豪華に見せたり、けばけばしく派手な使い方をすることは極力避けるべし」

スゲやシダ、優美なアシを森の島の水際にびっしりと植えて複雑な味わいを出すと同時に「ちょっとした目隠しの役割を果たさせ、そのままでは押しつけがましくなる花を完全には隠さないまでも、あからさまには見えないようにする」。ガマの群生のあいだにアシ、アイリス、ショウブなどをちりばめ、その奥には真っ赤なベニバナサワギキョウや黄色いキンポウゲなど色鮮やかな花を植えてアクセントにする。必要なら土を少し盛り上げて、前景に植えられたショウブ類の尖った葉が風に揺れる隙間からかいま見えるようにする。

パビリオン前のテラスの下、湖の岸辺にはスイカズラやアメリカリョウブなど芳香性の植物を植え、テラスで島やラグーンを見てほっと一息つく客たちの鼻孔にかぐわしい香りが届くようにする予定だった。

したがって全体としての効果は「いわば、芝居の一場面のようなものとなり、この芝居はひと夏かぎり、博覧会を舞台としてくりひろげられる」

これらはあくまで机上の計画であり、実際の作業となると話はまた別だった。オームステッドはすでに七〇歳近く、しつこい歯痛とめまいに悩まされ、夜は不眠の荒野をさまようという状態だった。この博覧会のほかにも進行中の仕事はたくさんあり、なかでも大きいのはノースカロライナにあるヴァンダービルト家の土地、ビルトモアの設計だった。すべてが完璧に進んだら――もしも健康がこれ以上悪化せず、もしもずっと天気がよく、もい、もしもバーナムがすべてのパビリオンを期日どおりに完成させ、もしもストライキで博覧会がめちゃくちゃにされず、もしもいくつもの委員会や理事たち（オームステッドによれば「われらがボスたちの大集団」）がバーナムの邪魔をしてはいけないと悟ったら――オームステッドは自分の仕事を期日までに完成できるかもしれない。

『エンジニアリング・マガジン』の記者は、ルッカリーにいあわせた人がけっして口にしなかった疑問を発した。「一八八九年のパリ万博を大きくしのぐ、これほど大量の建築物をたった二年で準備する――そんなことがはたして実現可能なのだろうか？」

バーナムにとっても、ルッカリーでの会議はいかに時間が足りないかを改めて実感させる結果になった。すべてが予定より遅れていて、スムーズに運ぶものは一つもなかった。ジャクソン・パークでの本格的な工事は二月一一日に始まった。シカゴの建設会社マッカーサー・ブラザーズに雇われた五〇人のイタリア移民が浚渫用の穴を掘りはじめたのだ。なんということもないごくふつうの作業だった。だが工事が始まったという噂が伝わると、五〇〇〇人の組合員が現場に押しかけて労働者を追い払った。二日後、一三日の金曜日には六〇〇〇人の組合員が公園に集まって、マッカーサーが「外国人（インポーテッド）」労働者を使ったことに抗議した。翌日、二〇〇〇人の男たち——その多くは手に棍棒(こんぼう)や杖をもっていた——はマッカーサーの雇った労働者に詰めより、そのなかの二人を捕まえて殴りはじめた。警官が呼ばれ、男たちは引きさがった。マッカーサーはクレギアー市長に警護を依頼した。クレギアーは地元シカゴの企業顧問を務めていた若手弁護士のクラレンス・ダローにその処置をまかせた。二日後の夜、シカゴの組合の代表が博覧会協会の事務局と面会し、一日八時間労働と組合の基準賃金の遵守、それに組合員を優先的に雇用するという要求を出した。二週間かけて協議したあと、協会側は八時間労働を受け入れたが、その他については考慮するとだけ答えた。

博覧会の支配権をめぐる軋轢(あつれき)もあった。政治家のジョージ・デーヴィス総裁が率いる監査組織のナショナル・コミッションは最終的な決定権を握ろうとしたが、ライマン・ゲージ会長をトップにシカゴの主だったビジネスマンからなる博覧会協会はそれを拒否した。金を集めたのはこの博覧会協会なのだから当然それを使う権利も協会にあり、好きなように使えるはずだった。

何を決めるにしてもいちいち委員会の許可が必要だった。バーナムはふだんスカイスクレーパーを建設するのに必要な経費はすべて自分で管理することに慣れていた。ところがいまやすべてにおいて——製図板一つ買うのでさえ——博覧会協会の運営委員会にお伺いを立てなければならなかった。これはじつに面倒くさかった。バーナムは「なんとかしなければいけない」と思った。「このせいで遅延はますますひどくなる」

だが進展もあった。たとえばバーナムは博覧会の女性館を設計する女性建築家を選ぶためのコンテストを主催した。ボストンのソフィア・ヘイデンが優勝した。まだ二一歳の若さで、報酬は賞金の一〇〇〇ドルだけですんだ。男性建築家はそれぞれ一万ドルを受けとっていた。女が自分一人でこんな重要な建築物を考えだせるものかと疑う声もあった。「事実関係を調査した結果、この女性は設計図を引くのに誰の助けも得ていないことがわかった。彼女が自分の力で自宅で描いたものだった」

だが三月には、建築家全員が進行の大幅な遅れを認めた――もとのプランどおり建物を石とスチールとレンガで作っていたらオープニングにはとてもまにあわない。そこで彼らは「スタッフ」で建物を覆ったらどうかと提案した。これは漆喰とジュートの混合物で粘着性があり、型に流しこんで円柱や彫像を作ったり木製の枠の上に塗って石に見せかけたりするものだった。「ここではレンガはいっさい使わない」とバーナムは決断した。

そのころ、仕事量がどんどん増していくなかで、バーナムはついに亡き旧友ジョン・ルートの代わりになる建築家を雇わないわけにはいかないと思うようになった。彼が博覧会に専念しているあいだ設計事務所の進行中の仕事を監督する人間が必要だった。ある友人はニューヨークのチャールズ・B・アトウッドを推薦した。だがマッキムは頭を振った。アトウッドにはとかくの風評があり、信頼できないというのだった。それでもバーナムはニューヨークのブランズウィック・ホテルでアトウッドと会う約束をした。

ところがすっぽかされた。バーナムは一時間待ったあと、帰りの汽車に乗るため席を立った。通りを渡ろうとしたとき、黒い山高帽にケープをはおり、黒々とした銃口のような目をもったハンサムな若者が追いついてきて、ミスター・バーナムでしょうかと訊ねた。

「そうだが」とバーナムは答えた。

「チャールズ・アトウッドです。私にご用があったのでは？」

バーナムは睨みつけた。「シカゴへ戻るところだ。考えてみて、あとで連絡する」。バーナムはやっと汽車にまにあった。シカゴへ戻るとまっすぐ事務所へ行った。二、三時間後、アトウッドがあらわれた。ニューヨークからバーナムを追ってきたのだった。

バーナムは彼を雇った。

あいにくアトウッドには隠していることがあった。彼は阿片中毒だったのだ。ぎらぎらした黒い目と気まぐれな行動はそのせいだった。だがバーナムはそんな彼を天才だと思った。

自分自身とシャンティの仕事場を訪れる全員にたえず思い知らせるため、バーナムはデスクの上にこんな標語を掲げていた——「大至急」

時間が足りなかったので、運営委員会は展示プランを立てはじめ、博覧会用の展示品を集めるコミッショナーを各地で任命した。二月、委員会はメーソン・A・シューフェルト中尉という若い陸軍士官をザンジバルに派遣することに決めた。つい最近、探検家のヘンリー・スタンリーに発見されたピグミー族を探しだし、「この小柄で獰猛（どうもう）な部族民の一二人から一四人程度の家族」を博覧会に展示するためにつれて帰ることが使命だった。シューフェルト中尉に与えられた時間は二年半だった。

博覧会の予定地に新たに築かれたフェンスの外でシカゴは動乱と悲嘆のただなかにあった。組合のリーダーたちは世界の組合を団結させてこの博覧会への反対運動を起こすと脅

した。シカゴの有名な雑誌『インランド・アーキテクト』はこんな記事を載せた。「反アメリカ的な組織である産業別労働組合は、個人の自由を制限ないし破棄するという反アメリカ的な原則を新たな方向へ転じた。すなわち、あらゆる手段を講じてこの世界博覧会を妨害するという戦略である」。さらに記事は続いた。このような態度は「わが国ほど開明的ではない、より専制的な国家であれば、反逆罪と見なされるだろう」。アメリカの財政状態は悪化していた。シカゴにできた最も新しいスカイスクレーパーのオフィスは空きがめだった。ルッカリーから数ブロック先で、バーナム・アンド・ルート設計事務所が手がけたテンペランス・ビルは黒々とした巨体をそびえさせていたが、なかはほとんど空っぽだった。二万五〇〇〇人の失業者が町を歩きまわっていた。夜になると彼らは警察署や市庁舎の地下で寝た。組合の力はますます強くなっていった。

古い世界は去りつつあった。サーカス興行師のP・T・バーナムが死に、墓場泥棒がその遺体を盗もうとした。南北戦争の英雄ウィリアム・テカムシ・シャーマンが死んだときはアトランタで喝采がわきおこった。海外からは——誤報だったが——ジャック・ザ・リッパーが戻ってきたというニュースが伝わった。もっと近いところでは、ニューヨークで血なまぐさい殺人事件があり、ジャックがアメリカへ渡ってきたのではないかと噂された。

シカゴでは、イリノイ州ジョリエットにあった州立刑務所のもと看守R・W・マクローリー少佐が、今度の博覧会めあてに犯罪者がどっとシカゴへやってくるだろうという想定のもと、オーディトリアムに捜査本部を設け、ベルティヨン式人体測定法による名高い犯罪者のリストをやりとりしはじめた。フランスの犯罪学者アルフォンス・ベルティヨンが考案したこのシステムでは、警察が容疑者の体格の正確なデータを集め、肉体的な特徴を記録することが必要だった。ベルティヨンの説によれば、人間の体格はそれぞれ固有のものなので、都会から都会へと偽名を使って渡りあるく犯罪者の正体を暴くのに有効なのだった。理論的には、シンシナティの刑事が二、三の特定の数字をニューヨークの捜査官へ電報で送れば、ニューヨークでは前科者のリストからその数字に合致する者をぱっと選びだせるはずだった。

ある記者はマクローリー少佐に、この博覧会で本当に犯罪者が引き寄せられるだろうかと訊ねた。少佐は一瞬間をおいてからこういった。「当局は、わが国でかつて例のない犯罪者の一大集会を迎えうつだけの準備をしておくべきだ」

寝取られ男

六三丁目とウォレス・ストリートの角に建つホームズのビルはいまや近所で「お城（キャッスル）」と呼ばれるようになっていたが、そこに住むコナー一家の生活は揺れ動いていた。黒髪の美人ガートルード――ネッドの妹――はある日、目に涙をためてネッドのもとへ来ると、もう一瞬たりともこの家にはいられないと訴えた。いますぐ汽車に乗ってアイオワ州マスカティンに帰りたいという。ネッドは何があったんだと訊いたが、妹は話そうとしなかった。

ネッドは妹が最近ある青年と交際を始めたことを知っていたので、この涙は男の言動が原因にちがいないと思った。もしかしたら二人は「軽はずみな行為」をしでかしたのかもしれないが、あのガートルードがそんな無茶なことをするはずがなかった。わけを話せと問いつめるほど、ガートルードは固く口を閉ざした。そしてシカゴになど来なければよかったという。騒音と埃と煙だらけの堕落しきったひどい場所、人間味のない高い建物のせいで日の光さえささず、こんなところは大嫌い——なによりいやなのはこの陰気な建物とひっきりなしに響いてくる建設工事の騒音だ、と。

ホームズが通りかかると、彼女は目を合わせなかった。頬が真っ赤に染まったが、ネッドは気づかなかった。

ネッドは運送会社を呼んでトランクを運ばせ、駅で妹を見送った。彼女はついにわけを話そうとせず、涙ながらにさよならといった。汽車は煙を吐いて駅を出ていった。

アイオワ——安全で刺激のないマスカティン——へ帰ったガートルードは思いがけず病に倒れた。それも命にかかわる病気だった。訃報を聞いたホームズはネッドにお悔やみをいったが、ブルーの目は乱れるところもなくただ平静で、穏やかな八月の朝のミシガン湖を思わせた。

ガートルードが去ったあと、ネッドとジュリアのあいだの緊張はますます高まった。これまでも夫婦仲はよいとはいえなかった。アイオワにいたころから別居状態に近かったのだ。いままた二人の関係は悪化しつつあった。娘のパールは反抗期のせいか扱いにくくなり、ふくれっつらで引きこもるかと思うと不意に癇癪を爆発させたりした。ネッドには理

由がわからなかった。後年の新聞記事によれば「くよくよしない呑気な性格」の彼は「何も怪しまなかった」。友人や店の常連の目にははっきり見えることが彼には見えなかった。「なかにはホームズと妻のあいだに何かあるという友達もいた」とネッドはいう。「だが最初はそんな言葉も信じられなかった」

釈然としない気持は募っていったが、それでもネッドはホームズを称賛していた。ネッドはただの雇われ宝石商にすぎないが、ホームズは小さな帝国の支配者だった――それもまだ三〇そこそこの若さで。そんな活力と成功の前では、ふだんから自信のないネッドはますます自分が小さく思えてくるのだった。とりわけストックヤードの脂肪のバットから出てきた男のように夫を見はじめたジュリアの冷たい視線の前では身が縮む思いだった。

そんなわけでホームズから一つの提案をなされたとき、ネッドは冷静な判断ができなかった。しかもそれはジュリアの目に自分をよく見せられるような話だった。彼――世間知らずのネッド――にとっては法外だと思える好条件で、ドラッグストアをネッドに売るというのだ。ホームズは給料を週一二ドルから一八ドルに上げてやるといった。店を買った借金はその差額の六ドルで返せばいい。ネッドは毎週その金を返却する手間さえいらない――ホームズが週給一八ドルから自動的に天引きしてやる。ホームズは所有権を移す名義書換えの手続きもしてやると約束した。ネッドはただいつもどおり週給一二ドルを受けとるだけで繁華街にある繁盛したドラッグストアが自分のものになる。世界博覧会が開幕すれば、儲けはもっと増えるだろう。

ネッドは同意した。そんなにうまくいっている商売をホームズがなぜ手放す気になったのかは考えなかった。この話で、ホームズとジュリアの仲を疑う気持も晴れた。ホームズとジュリアがけしからぬ仲だとしたら、このイングルウッドに築きあげた彼の帝国の中枢をネッドに譲るだろうか？

残念ながら、そうなってもジュリアとのぎくしゃくした関係は改善されなかった。激しい口喧嘩はいっこうにやまず、いっしょにいても気まずい沈黙が流れるだけだった。ホームズは同情的だった。彼は一階のレストランでネッドに昼食をおごり、夫婦仲はいずれ修復できると励ました。ジュリアは野心家でたしかにすごい美人だが、そのうち目が覚めるだろう。

ホームズの慰めはうれしかった。ジュリアの冷淡さの原因がホームズかもしれないという臆測はありえないことに思えた。ホームズはネッドに保険を勧めさえした。いまの不和が解消されたら、万一彼が死んだあともジュリアとパールを赤貧の暮らしに落とさずにすむというのだ。さらにパールに生命保険をかけたらどうかともちかけ、第一回の保険料は払ってやるとまでいった。そして保険外交員のC・W・アーノルドという男をネッドのもとによこした。

アーノルドは新しい保険代理店を設立したばかりなので、できるだけたくさん契約を取って大手保険会社にアピールしたいのだと説明した。契約してくれれば、ネッドはたった一ドル出すだけでいいとアーノルドはいった——たった一ドルで家族をずっと守れるのだ。

だがネッドは契約を拒んだ。アーノルドが口をきわめて説得してもネッドは頑として断わり、ついにそれほど一ドルが欲しいなら契約はしないが一ドルやるといった。

アーノルドとホームズは顔を見合わせたが、二人の目には何の感情も見えなかった。


そのうち借金取りが続々とドラッグストアにやってきて、借金のかたに家具や商品——軟膏やクリーム——の差し押さえを要求しはじめた。ネッドは借金があるとはつゆ知らず、最初は相手がいいがかりをつけているのかと思った。だが彼らは元のオーナーであるH・ホームズの署名のある証書をもっていた。本物の借金があると知ったネッドはできるだけ早く返すと約束した。

この一件でもホームズは同情したが、自分にはどうしようもないといった。繁盛する商売に借金はつきものだ。ネッドも商売のことを少しは知らなければいけない。いずれにせよ、これはネッドが引き受けるべき借金だ。すでに店の売買は成立しているのだから、と。

この幻滅から、ホームズとジュリアへの疑いがまた頭をもたげてきた。ホームズとジュリアが不倫の関係にあるという友人たちの疑念は当たっていたのかもしれない。たしかにそう考えればジュリアの変貌ぶりも納得がゆくし、ホームズがドラッグストアを売るといいだしたことも筋が通る。これは暗黙の取引——ジュリアのかわりに店をやるという——なのだ。

それでもネッドはまだ妻に面と向かって問いただすことはしなかった。ただ、このまま態度を改めず冷たいそぶりでいるなら別居しようといった。

ジュリアはぴしゃりといい返した。「いまだってほとんど別居じゃないの」

だが二人はまだしばらくいっしょにいた。喧嘩はますます激しくなり、ついにネッドは、もう我慢できない、結婚は解消だといい放った。その夜、ネッドは夫婦の部屋の真下にある一階の理髪店で寝た。二階の部屋を行ったり来たりする妻の足音が聞こえてきた。

翌朝、ネッドはホームズに家を出ると伝え、店の経営権も手放すといった。ホームズが考えなおせというとネッドは笑っただけだった。彼は出てゆき、シカゴの繁華街にある宝石店H・パーディ・アンド・カンパニーに新しい働き口を見つけた。パールはジュリアとホームズのもとに留まった。

ネッドはもう一度だけ妻をとりかえそうと試みた。「あの建物を出たあと、戻ってきてもう喧嘩をしないと約束するならまたいっしょに暮らしてもいいといったが、彼女はいやだといった」

ネッドはいつかきっとパールをつれに戻ろうと決心した。やがて彼はシカゴを離れてイリノイ州ギルマンに引っ越し、そこで若い女性と知りあった。正式に求婚する段になって、彼は離婚届を出すため、もう一度ホームズのビルを訪ねなければならなくなった。離婚届は入手できたが、パールの養育権は得られなかった。

ネッドが去って離婚が成立したとたん、ジュリアに対するホームズの興味は薄れはじめた。離婚が成立したらきっと結婚するとくりかえし約束してきたが、いまやその気はなくなった。不機嫌なパールの咎めるような視線はとくに不愉快だった。

夜になって一階の商店が閉まり、ジュリアとパール、それにビルの住人が全員寝静まってから、ホームズはときたま地下室に下りてドアの鍵を厳重にかけたあと、窯に点火し、そこから発する高熱にうっとりするのだった。

いらだち

　バーナムはいまや家族とめったに会えなかった。一八九一年の春にはほとんど毎日ジャクソン・パークのシャンティで寝泊まりするようになっていたのだ。マーガレットは一人でエヴァンストンの家を守り、数人の召使の手を借りて五人の子供の世話を引き受けていた。バーナム夫妻を隔てるのは汽車に乗ればすぐの距離だったが、博覧会の山積する用事に阻まれてその距離はまさにパナマ地峡のように越えがたいものとなっていた。電報を打つこともできたが、そっけない電文は簡潔すぎて情感に乏しく、しかもプライバシーが皆無だった。そこでバーナムは手紙を書くことにした。手紙は頻繁にやりとりされた。「こんな忙しさがこの先永遠に続くと思ってはいけないよ。博覧会が終わればこんなこともおしまいだ。もう決めたんだ」。この博覧会は「ハリケーン」のようなものだと彼はいう。「この突風を無事にやり過ごすことが私の最大の望みだ」

　毎日、夜明けとともにバーナムはシャンティを出て工事現場を見まわった。納屋のような大きさの蒸気浚渫船が六艘、水の上に浮かんで湖の岸辺を切り崩し、五〇〇〇人の男たちがシャベルと一輪車と馬の引く地ならし機をあやつってむきだしの地面を削っていた。男たちの多くは山高帽にジャケットという服装だったので、たまたま工事現場に通りかかって衝動的に仕事を始めたように見えた。労働者は大勢いたにもかかわらず、激しい騒音や動きはなく、それがかえっていらだたしかった。公園はあまりにも広すぎて男たちはばらけてしまい、本格的な工事が始まったという感じはしなかった。それとわかるしるしは、浚渫船が吐きだす黒い煙と、男たちが焚き火にくべる葉っぱの燃える匂いがつねにただよっていることだった。パビリオンが建つ予定の場所を示すために打ちこまれた真白な杭は、南北戦争の戦死者を葬る墓地のように見えた。バーナムはその未加工の風景を美しいと思った――「森の島の木々のあいだには、建設業者の飯場になっている細長い白いテントが日光のもとで輝いていた。灰褐色の風景のなかにオフホワイトの色調が点在し、湖の水平線が描きだす真っ青なラインが前景のごつごつした岩地とくっきりしたコントラストをなしていた」――が、その一方で、じれったさは消えなかった。

工事は遅々として進まなかった。博覧会のリーダーシップをめぐって争う二つのグループ――ナショナル・コミッションと博覧会協会――が足を引っぱったこと、それに建築家たちが設計図を期日までにシカゴへ届けなかったことが大きな原因だった。締め切りにまにあった設計図は一つもなかった。それと同じくらいいらだちのもとになったのは、エッフェル塔をしのごうというチャレンジャーがいまだに名乗りでてこないことだった。そのうえ工事は始まったばかりで——大がかりな工事の初期にはトラブルがつきものだ——予想もしなかった問題が次々と起こっていた。

シカゴの不安定な土壌はよく知っていたが、そのバーナムでさえジャクソン・パークには驚かされた。

第一に、この土地がどれほどの重量を支えられるかは、ある技師がいったように「ほとんど未知数」だった。一八九一年三月、バーナムは土壌の測定を命じた。建築家が机上で描いた壮大な宮殿の重みをこの土地が支えられるかどうかを調べるのだ。とくに心配なのは、パビリオンが新しく掘削した運河やラグーンのすぐそばに建てられることだった。技師なら誰でも知っているように、圧力を受けた土はそばにある穴に向かって移動しやすい。博覧会の技師たちはラグーンから三・六メートル離れた場所——電気館の北東の角にあたる——で最初のテストをした。一・二メートル四方のプラットホームを設置し、その上に〇・一平方メートルあたり一二〇〇キロの重しを載せた。合計で二〇トン近くになる。そのまま一五日放置したところ、六ミリあまりしか沈んでいなかった。次にプラットホームから一メートルほどのところに深い穴を掘った。二日過ぎても、プラットホームは三ミリ以上沈まなかった。これは朗報だった。これならルートのフローティング・グリリッジを使うことができ、ひどい沈下は心配せずにすむ。

公園全体にこの土壌の特性があてはまるかどうかを見るため、バーナムは主任技師のエイブラハム・ゴットリーブにほかのパビリオンの建築予定地でもテストをさせた。テストの結果はだいたい似たようなものだった。ゴットリーブの部下たちは、ジョージ・ポストの巨大な産業・教養館が建つ予定の場所でテストにとりかかった。建物の北半分を支えるはずの土地は平均して二・五センチ以上の沈下は見られなかった。ところが南半分の土地のテストをしてみると、男たちを意気沮喪させるような結果が出た。プラットホームを置いただけで二〇センチも沈んだのだ。その後の四日間で七五センチも沈下し、さらに沈下を続けたので、ついにテストを中断せざるをえなかった。

結論はこうだった。ジャクソン・パークのほとんどすべての場所ではフローティング基盤を用いることができるが、たった一か所、博覧会で最も大きく、また最も重い建物を建てる予定の場所だけが不適格なのだ。バーナムはこのことを理解した。建築業者はここでは少なくとも岩盤までしっかりとパイルを通さなければならず、この工事はきわめて高くつくと同時に遅延の原因にもなるだろう。

だが、この建物をめぐるトラブルはまだ始まったばかりだった。

一八九一年四月、シカゴ市長選の結果がわかった。シカゴの高級クラブには産業界の大物たちが集まり、労働組合に肩入れしすぎるカーター・ヘンリー・ハリソンを破って共和党のヘムステッド・ウォシュバーンが当選したことに祝杯をあげた。バーナムもこのひとときだけお祝いに加わった。バーナムにとって、ハリソンは古いシカゴを象徴する存在だった。古いシカゴ、それは汚染と煤煙と悪徳――博覧会では断固拒否すべきもの――にまみれた街である。

しかし、ハリソンの敗北がわずか四〇〇〇票足らずの差だったせいで、お祝い気分も盛り上がらなかった。しかも、この勝利すれすれの結果は第一党の支持なしでなされた。民主党員をがっかりさせたことに、ハリソンは独立系の候補者として立候補したのだった。

シカゴの別の場所ではパトリック・プレンダーガストが悲しんでいた。ハリソンは彼のヒーロー、彼の期待だった。だが投票の結果は僅差だったから、ハリソンが再度出馬したら今度は絶対に勝つと彼は信じた。プレンダーガストはハリソン支援の努力を二倍にしようと決心した。

ジャクソン・パークのバーナムは事実上、外部向けの大使の役目も負わされており、そこから生じる雑用で本業に支障をきたすことも多かった。社交の場への招待や、その返礼として工事現場を訪れる人びとのもてなし役まで引き受けざるをえなかったのだ。そのような宴会やおしゃべり、訪問客の案内は、たいていは得るところが少なく、時間の浪費でしかなかった。たとえば一八九一年六月にはデーヴィス総裁の求めで、ジャクソン・パークを視察にきた外国の政府高官のグループを案内してまわることになったが、このためにまる二日がつぶれた。だが楽しいひとときもあった。その二、三週間前には「メンロー・パークの魔法使い」と呼ばれたトマス・エディソンがシャンティを訪ねてきたのだ。バーナムは工事現場を案内してまわった。エディソンは、この博覧会にはアーク燈ではなく白熱電球を用いるべきだとアドバイスした。なぜなら白熱灯のほうが変化にとんだソフトな光を出せるからである。アーク燈しか使えない場合は、上から白いガラス球をかぶせるとよい。そしてもちろん、一般に広く普及している直流式の電流を使うべきだとエディソンは主張した。

その場のやりとりは丁重きわまるものだったが、それとは裏腹に、ジャクソン・パークの外では博覧会に供給する電力をめぐって二つの会社が熾烈な戦いをくりひろげていた。一方のゼネラル・エレクトリック・カンパニーは、J・P・モーガンがエディソンの会社を買収したあとほかの数社を吸収合併して作った会社だった。もう一方のウェスティングハウス・エレクトリック・カンパニーは、ジャクソン・パークに交流式電流——創立者のジョージ・ウェスティングハウスは数年前にニコラ・テスラからその特許権を買いとっていた——を引くつもりで入札に参加していた。

ゼネラル・エレクトリックはこの工事に一八〇万ドルの入札をし、これでは会社に一ペニーの儲けもないと主張した。博覧会の理事のなかにはゼネラル・エレクトリックの株をもっている者も多く、彼らは四月にライマン・ゲージが辞任したあと会長の座についていたウィリアム・ベーカーにこの入札を受けろとせっついた。だがベーカーは「高すぎる」といって拒否した。ゼネラル・エレクトリックは五五万四〇〇〇ドルという奇跡的な値引きで再度申し入れた。一方のウェスティングハウスは——もともと交流式のほうが安上がりで効率もよかった——三九万九〇〇〇ドルで入札した。博覧会の仕事はウェスティングハウスの手に渡り、これが電気の歴史を変える一つのきっかけになった。

バーナムを最も落胆させたのは、建築家たちが設計図を期日までに仕上げなかったことだった。

かつてリチャード・ハントをはじめとする東部の建築家に対して下手に出ていたバーナムだが、いまやそうではなかった。一八九一年六月二日、彼はハントに宛てて手紙を書いた。「あなたの縮尺図が来ないのでこちらは立ち往生しています。そのまま送っていただいて、こちらで仕上げるというわけにはいきませんか？」

四日後にもまた催促の手紙が書かれた。「縮尺図が届かないことで遅延を余儀なくされ、はなはだしい迷惑をこうむっています」

その同じ月、景観設計部門では深刻な、とはいえ予想のできた中断に見舞われた。オームステッドが体調を崩したのだ——それもかなりの重態だった。本人はブルックラインの自宅の壁紙に使われていたターキー・レッドという砒素含有の顔料にやられたといっていた。あるいは過去にも何度か襲われたひどい落ちこみ、つまり鬱の発作だったのかもしれない。

休養中にオームステッドは博覧会の敷地内に設けた広い苗床で育てる球根や草花を発注

した。注文の中身はダスティミラー［ヤグルマギク］、カーペット・ビューグル、プレジデント・ガーフィールド・ヘリオトロープ、スピードウェル［クワガタソウ］、ペニーローヤル［メグサハッカ］、イングリッシュ・アイビーとアルジェリアン・アイビー、バーベノ、ニチニチソウ、それに色とりどりのゼラニウム——ブラックプリンス、クリストファー・コロンブス、ミセス・ターナー、クリスタルパレス、ハッピーソウト、ジャンヌダルク——だった。さらにカルメット湖の岸辺に採集係の一団を送りだし、貨車二七台分のアイリス、スゲ、アシなど水辺に生える植物を集めさせた。このほか木箱四〇〇〇個分のスイレンを根っこごと採ってきたので、オームステッドの部下たちはさっそくそれを植えたが、ミシガン湖の激しい水位変化のせいで大半は枯れてしまった。

苗床には瑞々しい緑があふれていたが、それとは対照的に、会場内はあたり一面掘りかえされて草木は一本もなくなっていた。男たちは土を肥沃にするため、ユニオン・ストックヤードから運ばれる荷車一〇〇〇台分の堆肥をまき、さらにジャクソン・パークで働く馬から排泄される荷車二〇〇〇台分の馬糞もまいた。広い敷地の地肌がむきだしになり、大量の堆肥がまかれたことから、問題も生じた。オームステッドの部下で景観設計の現場監督だったルドルフ・ウーリッチはこういっている。「晴れたときは、南風にあおられた土埃で人も馬も前が見えなくなり、ひどく厄介だった。だがもっと悪いのは雨が降ったときだ。土を掘りかえしたばかりでまだ排水もできていないから、あたり一面どろどろの泥濘と化してしまう」

馬は腹のあたりまで泥のなかに沈んだ。

一八九一年盛夏、ようやく建築家の設計図が全部そろった。設計図が届くたびにバーナムは入札のための広告を出した。建築家の遅延によってすべての進行が予定より遅れたことを考えて、バーナムは契約書に一項をつけくわえた。これのためにやがて彼は『シカゴ・トリビューン』に、「暴君」とあだ名されることになったのだった。契約書にはかならず期日どおりに完成させるという一項が加えられ、遅れた場合は一日ごとに罰金が科されることになっていた。バーナムが最初の広告を出したのは五月一四日で、鉱業館のためだった。彼が設定した期日はその年の終わりだった。つまり工事にかけられる時間は七か月である（二一世紀に個人住宅のオーナーが新しいガレージを作ろうと思ったら、およそそれくらいの時間がかかるはずだ）。「どんな論議があっても裁定を下すのは彼で、その決定に対していかなる申し開きも許されない」と『トリビューン』の記事にはある。「期日どおりに工事を終わらせるために現場の労働力が不足だと感じた場合、ミスター・バーナムはみずから労働者を雇い入れる権利をもち、その費用いっさいを建設業者にまわすことができる」。鉱業館はメイン・パビリオンのなかでいちばん早く工事が始まった建物だった。それでも工事の開始は一八九一年七月三日で、落成式まで一六か月しかなかった。

ようやく建設工事が始まると公園の外では期待が大きくふくらんでいった。ウィリアム・コーディ大佐――バッファロー・ビル――は大成功のうちにヨーロッパ巡業を終えて帰国したばかりのワイルド・ウェスト・ショーの営業許可を求めたが、博覧会の歳入委員会は「場違い」だという理由で拒否した。めげないコーディは公園に隣接する広い土地の一角を確保した。サンフランシスコにはソル・ブルームという二一歳の興行主がいて、このシカゴ博覧会は二年前にパリで手にいれたものをフルに活用できるまたとないチャンスだと気づいた。パリ万博で見たアルジェリアの村の展示に惚れこんだ彼は、将来のイベントでその村と住人を展示する権利を買いとっていたのだ。だが歳入委員会にやはり拒否された。彼はサンフランシスコに戻ったが、内心では別のところから手を回して営業許可を取ってやろうと決心していた――結果として、彼は営業権ばかりかもっとずっと大きなものまで手に入れた。その間、若いシューフェルト中尉はザンジバルに到着していた。七月二〇日、彼は博覧会協会のウィリアム・ベーカー会長に電報を打ち、ベルギー王の同意さえあればコンゴから好きなだけピグミー族をつれて帰れると伝えた。「ベーカー会長はピグミーにご執心だった」と『トリビューン』は書いている。「したがって関係者は全員それを望んでいた」

製図板の上に描かれた博覧会はすばらしいものだった。中央に位置するのはグランド・コートである。これはいまでは栄誉の中庭（コート・オブ・オナー）と呼ばれるようになっていた。ハント、ポスト、ピーボディなどが設計した巨大なパビリオンが建ち並ぶ中庭はそれだけでも驚くべきものだったが、それに加えてアメリカのほとんどすべての州がパビリオンを建設する予定になっており、その他およそ二〇〇社の企業と外国政府の出展があった。この博覧会はあらゆるレベルでパリ万博をしのぐものになりそうだった――ただし例外が一つだけあり、それがバーナムにとっては心にとりついて離れない悩みのたねだった。シカゴにはまだエッフェル塔に比肩する――凌駕するどころか――ようなプランが一つもなかったのだ。高さ約三〇〇メートル近いエッフェル塔はいまだに世界一高い建物であり、いつまでもパリ万博の成功を思いださせ、癪にさわる記念碑となっていた。「エッフェル塔を越えるエッフェル塔」が理事たちの決まり文句になった。

『トリビューン』が主催したコンペには怪しげな企画がどっと送られてきた。コネチカット州ブリッジポートのC・F・リチェルは高さ三〇〇メートル、幅一五〇メートルの基盤をもつ塔を提案した。この基盤の内側に二つ目の塔を入れこみ、さらにそのなかに三番目の塔を入れる。チューブとポンプを組みあわせた複雑な水力システムによって、三つの塔が組み立て式望遠鏡のように順次ゆっくりと上昇する。すっかり立ちあがるまでに数時間かかり、それからまたゆっくりともとの位置に戻るのだという。塔のてっぺんにはレストランを設置することになっていたが、見ようによっては売春宿のほうがふさわしいかもしれなかった。

別の発明家J・B・マコマーはシカゴ・タワー・スパイラル・スプリング・アセンション・アンド・トボガン・トランスポーテーション・カンパニーの代表だったが、彼が提案したのは高さ二六八四メートルの基盤を地中六〇〇メートル——エッフェル塔の約九倍——の塔だった。直径三〇〇メートルの基盤を地中六〇〇メートルの深さに埋める。その塔のてっぺんから出発する高架鉄道がニューヨーク、ボストン、ボルティモアなど各都市に引かれる。博覧会を見物したあとでさて帰ろうというとき、エレベーターに乗って塔の上まで昇る勇気のある人びとは橇(トボガン)に乗って家まで帰れるのだ。「この塔およびトボガンを建設するための費用は重要性という点では二の次です」とマコマーは注記していた。「それについてはいまは触れませんが、申請書には明確な数字を書き入れるつもりです」

三つ目のアイデアは見物客にもっと大胆さを要求するものだった。R・T・Eというイニシャルだけ名乗った発明家は高さ一二〇〇メートルの塔を想定し、そこから長さ六〇〇メートルの「最高級のゴム」のケーブルを吊るすのはどうかと提案した。このケーブルの先端には二〇〇人が乗れるコンパートメントをつなげる。客を乗せたコンパートメントはプラットホームから押しだされると、ゴムの長さいっぱいまでそのまま落下し、そこから上に向かってバウンドし、それを何度もくりかえしてからようやく停止する。この技師によれば、用心のため、地面には「厚さ二メートル半の羽根布団を敷きつめておく」べきだった。

誰もが塔を考えていたが、バーナムだけは塔がベストとはいえないと考えていた。塔はエッフェルがすでに最高のものを作ってしまった。ただ高いだけでなく、エッフェル塔は鉄の構造のなかに優雅さを永遠に留め、現代のエスプリそのものを表現していた。シャルトル大聖堂がその時代を象徴していたのと同じである。二つ目の塔を建てるのは、エッフェルがすでにフランスのために達成した偉業をなぞるだけのことだった。

一八九一年八月、そのエッフェル当人が委員会に宛てて、塔のアイデアを提出してもいいかと問いあわせてきた。これは驚きであり、最初は歓迎された。博覧会協会のベーカー会長はすぐエッフェルに電報を打ち、理事たちは彼の提案を大喜びするだろうと返事をした。ベーカーはあるインタビューでこう語った。この博覧会に塔を建てるとしたら「ムッシュ・エッフェルこそ、それを建てるのにふさわしい人物だ。彼が建設の責任者になれば、試行錯誤はしないですむ。設計に関してはパリのエッフェル塔をさらに改良できるだろうし、あの有名な塔にいかなる点でも劣るようなものにはならないはずだ」。だが、アメリカの技師たちにとって、エッフェル歓迎のニュースは平手打ちを食ったようなショックだった。翌週になると、シカゴにエッフェル塔が建つことになったという噂がたちまち駆けめぐった――エッフェル自身がエッフェルを越える塔を作る。技師たちは憤慨した。抗議の言葉を長々と書きつらねた手紙がバーナムのオフィスに舞いこみ、そこにはアメリカの一流技師たちの署名があった。

「かの声望高い紳士の申し出」を受けることは「わが国に大勢いる土木技師――そのすぐれた仕事はこの国全土のみならず、広く海外にも証明されている――にこの課題を達成する能力がないと表明するにも等しく、さらにそのような行為は専門職としての優秀さを主張する権利を彼らから奪うことにもなりかねません」

バーナムはこの手紙に同感だった。ついにアメリカの土木技師たちが博覧会への情熱をかきたてられたとわかってうれしかった。実際のところ、理事たちとエッフェルのあいだにはまだ何も確約はなかった。一週間後、エッフェルの正式な提案が送られてきた。それは基本的にはパリのエッフェル塔と同じで、高さを増しただけのものだった。理事たちは企画書を翻訳にまわし、ふたたび読みなおし、それから丁重に断わりの返事をした。博覧会に塔を建てるとしたらアメリカの塔でなければならなかった。
だが遺憾ながら、アメリカの技師たちの製図台ではまだ何も生まれていなかった。

ソル・ブルームはカリフォルニアへ戻ると、アルジェリアの村の営業権を取るため、地元サンフランシスコの有力者マイク・デ・ヤング——『サンフランシスコ・クロニクル』の発行人で博覧会のナショナル・コミッショナーの一人でもあった——のもとへ相談しにいった。ブルームはパリで得た権利のこと、そして博覧会から申し込みが拒絶されたことを話した。

デ・ヤングはブルームのことを知っていた。十代のころ、ブルームはデ・ヤングのアルカサール・シアターで働いていたことがあり、一九歳で経理係にまで出世した。ブルームは仕事の合間に劇場の案内係やクローク係、売店の店員などを集めて指導し、きちんとした組織を作りあげて仕事の効率をあげ、劇場の売上を増やし、ついでに自分の給料も上げていた。次に彼は他の劇場でも同じような組織改革を手がけ、それぞれから定期的に手数料を受けとるようになった。アルカサール・シアターでは、芝居のセリフに人気のある商品やバー、クリフハウスなどのレストランの名前をちりばめて、そこからも収入を得ていた。さらに何人かのプロのさくら――「クラック」と呼ばれる――を雇って観客席に配し、大きな拍手とアンコールを求める声、それに「ブラボー！」の掛け声と引き換えに、その舞台の出演者から謝礼をとるというシステムを考えだした。ほとんどの出演者が金を払い、当時人気絶頂だったオペラ歌手のアデリーナ・パッティさえ例外ではなかった。ある日、ブルームは演劇雑誌で新しいメキシコ人バンドの公演の記事を読み、アメリカで受けるだろうと直感した。そこで、このバンドのマネジャーを説得してミュージシャンたちをアメリカ・ツアーに引っぱりだした。ブルームの懐には四万ドルの金が入った。そのとき彼はまだ一八歳だった。

デ・ヤングは事情を調べてみるといった。一週間後、彼は事務所にブルームを呼びだした。

「大至急シカゴへ行くとして、支度にどれくらいかかるかい？」とデ・ヤングは訊いた。

ブルームは驚いてこう答えた。「二日もあればなんとか」。内心ではデ・ヤングが博覧会の歳入委員会にもう一度申請を出せるよう手配してくれたのだなと思った。そのためにわざわざ出かけるのは気が進まず、博覧会協会の理事たちがアトラクションに関する考え方を変えないかぎり行ってもしかたがないといった。

「この前の話しあいから状況はずいぶん進展した。われわれがいま必要としているのは全体を見る責任者なんだ」。デ・ヤングはそういって、博覧会協会から送られた電報を見せた。それによるとデ・ヤングは、ミッドウェイ・プレザンスにおける営業許可の交付およびアトラクションの建設および宣伝担当者を雇い入れる権限を一任されていた。「この担当者にきみが選ばれたんだ」

「私には無理ですよ」とブルームはいった。サンフランシスコを離れたくなかったのだ。「できたとしても、ここでしなくちゃいけないことが山ほどあるし」

デ・ヤングは青年をじっと見つめた。「それ以上は何もいうな。返事は明日聞かせてもらう」

さらにデ・ヤングはブルームに、もしこの仕事を引き受けるとすれば報酬はいくら欲しいか金額を提示するようにといった。「明日またここへ来て望みの金額をいってくれ。それを聞いてから雇うかどうか決める。それで異論はないはずだ。どうだい？」

ブルームは同意した。心のなかで、この申し出は体裁よく仕事を断われるようにする方策なのだろうと考えたからである。つまりデ・ヤングにはとても受け入れがたい途方もない金額を提示すればいいのだとブルームは思った。「そして帰りに通りを歩きながら、その金額をいくらにするか決めた」

バーナムは博覧会を脅かすトラブルのすべてを予測しておこうと努めた。犯罪と暴力で名高いシカゴのことをかんがみて、バーナムは大規模な警備隊——コロンビアン・ガード——を組織し、指揮官にはゲティスバーグの戦いでピケット将軍の猛攻を撃退した武勇で知られるエドマンド・ライス大佐が就任した。従来の警察とは違って、コロンビアン・ガードはたんに事件が起こったあとで犯人を逮捕するのではなく、犯罪を未然に防ぐという新しい態度をはっきり打ちだしていた。

博覧会にとっては疾病も大きな妨げになるとバーナムは理解していた。天然痘やコレラといった危険な伝染病がシカゴに発生したら博覧会にとりかえしのつかない悪影響を及ぼし、入場者数の記録達成と莫大な利益回収という理事たちの望みはつぶれてしまう。いまやロベルト・コッホとルイ・パスツールが道を切り開いた細菌学という新しい科学のおかげで、公衆衛生局も汚染された飲料水によってコレラなどの伝染病が蔓延することを知っていた。シカゴの飲料水には細菌がうようよしていたが、そのおもな原因はシカゴ川だった。一八七一年、シカゴの土木技師のあいだで不意に大事業への情熱が高まり、シカゴ川の経路が完全に変えられた。川はミシガン湖に流入するのをやめ、そのかわりデス

・プレーンズ川に流れこみ、さらにその先でミシシッピ川に合流することになった。理論的には、二つの大河の流れによって汚水を害のない程度まで薄めるという考えである――しかしこの理論はジョリエットのような下流の町には承服しかねるものだった。ところが技師たちの予想に反して、例年の長雨で水かさの増えたシカゴ川は流れを旧に復し、ふたたび猫の死骸や糞尿を湖に流しこむことになった。そして真っ黒な水をたたえてうねうねと蛇行する川は途中でシカゴの飲料水取入れ口の多くと接触することになった。

シカゴ住民の大半はその水を飲むしかなかった。だがバーナムは最初から、博覧会の労働者と訪問客のためにもっと安全できれいな水を供給すべきだと考えていた。この点でも時代に先んじていたのだ。彼の命令で衛生技師のウィリアム・S・マクハーグは博覧会場の敷地内に水の消毒設備を築いた。湖の水をくみあげ、いくつもの大型濾過タンクを通して水に空気を送りこみ、煮沸する装置である。マクハーグの部下たちは公園のあちこちにこの消毒した水を入れた大樽を設置し、毎日補充した。

バーナムは正式な開幕の日までにはこの消毒設備を撤去し、入場者には別の二つの方法で安全な水を供給するつもりだった。一つは湖の水をパスツール・フィルターで濾過したもので、これは無料で飲める。もう一つは一六〇キロ離れたウィスコンシン州ウォーキショーの人気のある自然の湧き水をパイプで引き、カップ一杯一ペニーで売る。一八九一年一一月、バーナムはマクハーグに命じて、ウォーキショーの湧き水を視察し、水の容量と新鮮さを調べさせた。ただし村の平和な風景のただなかにパイプラインを通すとなると厄介な問題が起こりかねないので「人目につかないように」やれといった。ウォーキショーの最良の水を確保しようとしたマクハーグの努力が、数か月後のウィスコンシンで武器をもった男たちの深夜の衝突に発展するとは誰も想像だにしなかった。

バーナムにとって一番の不安のたねは火事だった。彼とルートの事務所があったグラニス・ブロックを火災で失った屈辱的な思い出はいまもありありと記憶に刻まれていた。ジャクソン・パークで大火災が起こったら博覧会はめちゃくちゃになってしまうだろう。しかし建設工事の現場で火は欠かせなかった。漆喰職人が漆喰を乾かしたり曲げたりするのにもサラマンダーと呼ばれる小型の炉が用いられた。ブリキ職人と電気工事人はるつぼを使って金属を溶かしたり曲げたりした。消防隊でさえ火を用いた。消防隊の消防馬車に積まれたポンプは蒸気式だったのだ。

バーナムは火災予防のために過剰ともいえそうな厳しい規則を徹底させた。博覧会のための消防部門を設立し、敷地内に何百という消火器と電信による警報ボックスを設置させた。バーナムの求めでファイア・クイーンという名の消防艇も建造された。低い橋の下をくぐって水深の浅い運河を縦横に走れるよう特別に設計されたものである。会場の設計図にはすべての建物の周囲に水のパイプをめぐらすことと指示があり、そのパイプから建物内部の消防用パイプへとつながる給排水工事が義務づけられていた。バーナムはまた、敷地内ではいっさい禁煙にした。ただし少なくとも二か所の例外があった。そのうちの一つは、葉巻を禁じたらヨーロッパの職人が辞めてしまうと訴えたある建設業者の現場、もう一つは彼自身の仕事場シャンティの大きな暖炉の前だった。毎晩、技師や製図工、訪れた建築家などが集まってこの暖炉を囲み、ワインとおしゃべり、それに葉巻を楽しむのだ。

冬の訪れと同時に、すべての消火栓は凍結を防ぐため馬糞で塗り固められた。

寒さの厳しい日には馬糞からほかほかと湯気が立ち、まるで消火栓そのものが火事のように見えた。

ソル・ブルームがマイク・デ・ヤングのオフィスを二度目に訪ねたとき、これならいくらなんでも首を縦に振らないだろうという金額を心に決めていた。アメリカ大統領の俸給と同じ五万ドルを要求しようというのだ。「考えれば考えるほど、マイク・デ・ヤングがどんな顔をするだろうかと想像してうれしくなった。どんな大金を積まれてもサンフランシスコを離れるつもりはなかったのだ」

デ・ヤングはブルームに椅子を勧めた。期待にあふれたまじめな顔だった。

ブルームはいった。「身に余るお話に心から感謝していますが、思うに私の興味はここ、この街にあります。今後のことを思うにつけ、私にできるのは――」

デ・ヤングはその言葉をさえぎり、おだやかにいった。「さあ、ソル、いくら欲しいのかはっきりいってくれ」

「身に余るお話で、感謝していないと思われたくないのですが――」

「それはさっき聞いたよ」とデ・ヤングはせかした。「それで、いくら欲しいんだ？」

そんな展開になるとは予想外だった。狼狽したブルームは数字を口にした。「週に一〇〇〇ドル」

デ・ヤングはほほえんだ。「ふむ、二一歳の男が稼ぐ俸給にしてはかなりの大金だな。だが、まずまちがいなく通ると思うよ」

八月、バーナムは部下の主任建築技師エイブラハム・ゴットリープから驚くべき事実を聞かされた。博覧会のメイン・パビリオンにかかる風の荷重について計算をまちがえていたというのだ。バーナムはおもな建設業者――産業・教養館の建設にあたっていたアグニ

ュー・アンド・カンパニーも含む――にすぐ工事の中止を命じた。バーナムはこれまで何か月も、工事を急ぎすぎたせいで建物の安全性に不安があるという噂と戦ってきた。ヨーロッパでは、いくつかの建物に「死刑宣告」がなされたという記事もあった。そのあげく部下のゴットリーブが大災害につながりかねない欠陥があると認めたのだ。

ゴットリーブは、風による荷重の計算が正確ではなかったとしても、建物の強度は十分足りていると抗弁した。

「だが私としてはそんなことで納得できるわけがない」とバーナムはイギリスの権威ある雑誌『エンジニアリング』の編集長ジェームズ・ドレッジ宛ての手紙に書いた。バーナムは過去一〇年間の最高風速に耐えられるだけの強度で設計しなおすように指示した。「これはやりすぎかもしれない。しかし私にはこれが賢明で納得のいく対処だと思えた。大変な結果がともなうのだから」

ゴットリーブは辞めた。バーナムはその後釜にエドワード・シャンクランドを据えた。バーナムの設計事務所に所属する技師で、橋の設計で全国的な声望をかちえていた。

一八九一年一一月二四日、バーナムはジェームズ・ドレッジへの手紙で、またしても建物の強度をめぐって槍玉にあげられていると伝えた。「今度は建物が必要以上に堅牢すぎると非難されている」

ブルームはシカゴへ到着したとたん、ミッドウェイ・プレザンスの建設がなぜこんなに遅れているのか、そのわけを理解した。ミッドウェイ・プレザンスは、いまでは公式にM部門と呼ばれるようになっていた。これまでこの部門を率いていたのはハーヴァード大学の民族学教授フレデリック・パトナムだった。有名な人類学者ではあったが、彼をミッドウェイの責任者にするのは――ブルームの後年の言葉によれば――「いまでいえばリングリング・ブラザーズやバーナム・アンド・ベイリー・サーカスの運営をアルバート・アインシュタインにまかせるようなもの」だった。その点はパトナムも否定しなかった。彼はハーヴァード大学の同僚の一人に「このインディアンのサーカスもどきからなんとか逃げられないものか」とこぼしていた。

ブルームは問題を博覧会協会のベーカー会長にもちこみ、ベーカーはブルームをバーナムのもとに送りこんだ。

「きみはとても若いね。実際この仕事の責任者としては異例なほどの若さだ」とバーナムはいった。

だが、ジョン・B・シャーマンが彼のオフィスにやってきて、その後の人生を変えてしまったとき、バーナムも同じように若かった。

「ぜひ知っておいてほしいのは、私がきみに全幅の信頼をおいているということだ。ミッドウェイのことはいっさいきみにまかせる。行って仕事をしたまえ。きみが責任を負うのは私に対してだけだ。その点について一筆書いておこう。幸運を祈る」

一八九一年一二月、最も建設が進んでいた二つのビルは、鉱業館と女性館だった。鉱業館の工事は順調に進んだ。というのも、その冬はシカゴの平均からしてとても暖かかったからである。だが女性館のほうはバーナムにとっても、若い女性建築家ソフィア・ヘイデンにとっても厳しい試練となった。原因は主として博覧会の女性理事会——博覧会で、女性にかかわることのすべてを管理していた——の会長バーサ・オノレ・パーマーによる口出しのせいだった。ポッター・パーマーの妻である彼女は資産と社交界での支配的立場から、なんでも自分のやりたいようにする癖が身についていた。ちょうど同じ年、女性理事会の内部で事務局長の率いる一派が反乱を起こし、優雅に髪を結ってドレスを着た女たちの醜い争いへと発展したが、そのときもミセス・パーマーは断固として反対派を潰したものだった。その騒乱のさなか、事態に怖気（おじけ）をふるった女性主任の一人はミセス・パーマーにこんな手紙を書いた。「どうか議会が女性全般に失望しないでほしいものです」

ヘイデンはシカゴに来て女性館の設計図を完成させたあと、現場の工事の監督はバーナムにまかせて家に帰った。工事は七月九日に始まった。一〇月には表面の漆喰を塗るところまで行った。ヘイデンはビルの外装を仕上げるため、一二月にふたたび現場に戻ってきた。これも自分の仕事だと思っていたからである。ところがバーサ・パーマーのほうはまるで別の考えでいることがわかった。

それ以前の九月、ヘイデンには知らせないままパーマーはアメリカ中の女性芸術家にこのビルの装飾品を寄付してほしいと呼びかけており、それに応じて美術館一杯になるほどの円柱、パネル、彫刻、窓枠、ドアなど、さまざまな作品が届いていた。パーマーの思惑としては、このビルには寄付された作品すべてをおさめられるはずだし、とくに名のある女性からの寄付は無視できなかった。一方のヘイデンにとって、そのような脈絡のない寄せ集めは、美的なセンスからいってひどく醜悪なものでしかなかった。フローラ・ギンティというウィスコンシン在住の有力な女性芸術家が凝った細工の木製扉を送ってきたとき、ヘイデンはその受けとりを拒否した。ギンティは傷つき、腹を立てた。「女性館のためだと思ってこれを作るために費やした日数、旅した距離を考えると怒りはますます募った」。そのときミセス・パーマーはヨーロッパへ旅行中だったが、ゴシップには目のない私設秘書のローラ・ヘイズがこの状況をくわしく雇い主に知らせた。そのうえヘイズは、彼女自身が女性館の建築家であるヘイデンにこんなアドバイスを与えたこともパーマーに伝えた。

「この建物がパッチワーク・キルトのように見えたっていいじゃないの。女性理事たちがあんなに一所懸命お願いして寄付してもらった品物を突っ返すよりずっとましよ」

ヘイデンにしてみればパッチワーク・キルトなどまっぴらだった。ミセス・パーマーの社交界での威光を無視してヘイデンは寄付を断わりつづけた。その後も軋轢はやまず、いかにも金箔時代（ギルデッドエイジ）らしい遠まわしな悪口や口先だけていねいな侮辱の応酬が続いた。ミセス・パーマーは冷たい笑みを浮かべながらねちねちと辛辣ないやみをいったので、ヘイデンの気分はますます落ちこんだ。ついにパーマーは女性館の装飾からヘイデンを外し、キャンディス・ホイーラーというデザイナーを起用することに決めた。

ヘイデンはこの決定に彼女らしい静かながら頑とした態度で抵抗したが、ついに耐えきれないところまでいった。バーナムのオフィスへやってきたヘイデンは自分の言い分をぶちまけると、そのとたん——まさしく——狂乱状態になった。目から涙をあふれさせ、激しくしゃくりあげながら苦しそうに喘ぎはじめたのだ。知人によると「過剰な刺激によって脳の神経が激しく興奮したあげくの深刻な精神消耗」だった。

びっくりしたバーナムは博覧会付の医師を呼んだ。ヘイデンは博覧会の新機軸の一つであるイギリス製の救急車——ゴムタイヤ装備なので音が静かだった——でひっそりとその場からつれさられ、しばらくのあいだ精神病院で休みをとることになった。病状は「メランコリア」と診断されたが、これは鬱病を口当たりよくいいかえたものである。

ジャクソン・パークでは、いらだちは風土病のようなものだった。バーナムの見たところ、ごく単純なことがごたごたを引き起こしていた。オームステッドでさえ、いらだちの原因になった。彼は有能でチャーミングだったが、いったん何かにこだわるとジョリエット産石灰岩も顔負けの頑固者になった。一八九一年の暮れ、彼は博覧会の水路にどんな船を浮かべるかという問題で頭がいっぱいだった。まるで「神秘と詩情にあふれた」景観を作れるかどうかはこの船一つにかかっているかのように。

一八九一年一二月、バーナムはあるタグボート製造所から博覧会に蒸気式ランチを導入してはどうかという提案を受けとった。オームステッドはそのことをハリー・コッドマンから知らされた。景観設計の現場監督だったコッドマンはその一方でスパイの役目も果たしており、巨匠の描く理想像を邪魔させまいとする情熱は当のオームステッドにも負けていなかった。コッドマンはオームステッドにこの手紙の写しを送り、このタグボート製造所がバーナムの信頼をかちえたようだというメモも添えた。

一二月二三日、オームステッドはバーナムに手紙を書いた。「どうやらコッドマンでさえ私がこの船に関する問題にこだわりすぎだと感じているらしく、はっきりそういったわけではないが、もっと大事な問題に精力と時間を費やしたほうがいいと危惧しているようだった。同じくきみも私が船に凝りすぎだと考えているのではないだろうか」

だが、その手紙にはまだその執着がはっきり示されていた。タグボート製造所の手紙を見るかぎり、船の問題を博覧会場のある地点から別の地点にできるだけ安く、すばやく、最大の人数を移動させるという枠組みだけで考えていると彼は不満を並べた。「きみも重々承知のことと思うが、われわれがめざすべき目標はその種のことではない。それが何かは改めていう必要もないだろう。私と同じくらいきみにも十分わかっているはずだ。要するに詩情あふれたものでなければいけない。提案されたこれらの船を会場の水路に浮かべたりするのはまったくのナンセンスとしかいえない。詩情あふれる会場の雰囲気がだいなしになってしまう」

たんなる輸送はけっしてゴールではないとオームステッドはいらだたしげに書いた。船を浮かべる目的は、なによりまず風景に魅力を添えるためなのだ。「不似合いな船を水に浮かべたりしたら効果は最悪になる。ほかのすべての要素で作りあげた、この博覧会ならではのユニークな美点をめちゃくちゃにしてしまう。これは意図的な破壊といわざるをえない。それなら船など浮かべないほうが千倍もましだ」

委員会の干渉が増え、バーナムとデーヴィス総裁の対立が激しくなり、労働ストライキがいつ起こるかもしれない不安のなかでも、メイン・パビリオンはしだいにできあがっていった。男たちは太い材木を十字型にクロスさせて――ルートのグリリッジの原則にしたがって――基礎を築き、それから蒸気式のデリック〔クレーンの一種〕を用いて鉄とスチール製の高い支柱を立て、これが建物の骨格となった。この枠の周りにくまなく木製の足場を組み、無数の厚板を枠の上に貼りつければ、その上に二層におよぶ建築用漆喰を塗ることができる。男たちが建築現場の横に切ったばかりの材木を山のように積みあげてゆくと、その山のふもとにはおが屑やぎざぎざした木屑が散らばった。あたりの空気には木材とクリスマスの匂いが充満した。

一二月、工事現場で初めての死者が出た。鉱業館で働いていたミューラーという男が頭蓋骨骨折で死んだのだ。その直後、間をおかずに三件の死亡事故が続いた。

電気館のジャンセンは頭蓋骨骨折。

電気館のアラードも頭蓋骨骨折。
鉱業館のアルジーアはこれまであまりなじみのなかった事故、感電によるショック死だった。

小さな事故はほかにも何件かあった。世間に向けてバーナムは自信たっぷりの楽観的な態度を崩さなかった。一八九一年一二月二八日、『シカゴ・ヘラルド』の編集人への手紙にはこう書いた。「デザインとプランに関していくつかの疑問はまだ解決されていませんが、それ以外はいまのところすべて順調です。一八九二年一〇月の落成式および一八九三年五月一日の博覧会オープニングまでには仕事を終えたいと考えています」

ところが実際には、工事は予定よりかなり遅れていた。大幅な遅れをとりもどすためには、この冬の寒さがそれほど厳しくないことを祈るしかなかった。一〇月の落成式は産業・教養館でとりおこなわれる予定だったが、一月に入っても基礎しかできていなかった。落成式の期日にまにあわせて会場をなんとか見苦しくない程度にととのえるには、すべてを支障なく進行させなければならなかった。とりわけ天候がうまく協力してくれなければだめだった。

一方、アメリカ各地で銀行や企業が倒産し、ストライキが勃発していた。さらにヨーロッパではコレラの脅威がじわじわと広がっており、この恐ろしい病原菌を乗せた船がいつニューヨークの港に到着するかという不安が募っていた。

それでもまだプレッシャーが足りないといわんばかりに『ニューヨーク・タイムズ』はこう警告した。「この博覧会が失敗か、または大成功といえない結果に終わったら、それはシカゴのみならず、アメリカ全体の信用を傷つけることにほかならない」

残された日々

一八九一年一一月、ジュリア・コナーはホームズに妊娠したことを告げた。こうなったら結婚するしかないと彼女はいった。ホームズはそのニュースを穏やかに、やさしく受けとった。ジュリアを抱きよせて髪をなで、潤んだ目で見つめながら、なにも心配することはない。約束どおりかならず結婚するからといった。ただし、いまは状況がよくない。赤ん坊は問題外だ。簡単な中絶手術をさせてくれるならばきっと結婚する。彼は医者だし、前にもやったことがある。クロロホルムを使うから、その間はなにも感じないし、目が覚めたらミセス・H・H・ホームズという新しい人生が待っている。子供はそのあとでも作れる。いまはそこまで手がまわらない。とくにこの先は大忙しになる。ホテルが完成したら、世界博覧会にまにあうように部屋の家具調度をととのえなければいけないのだから。

どうすればジュリアをいいなりにできるか、ホームズにはよくわかっていた。第一に、生まれつき備わった魅力、偽りの率直さと暖かさで男女を問わず人を引きつける力をフルに利用すること。第二に、ジュリアの置かれた立場に対して世間体を強調することだった。性的関係をともなう情事は珍しいことではなかったが、世間の批判を逃れるには関係を隠しておかなければならなかった。缶詰業界の大物がメイドと駆け落ちし、銀行の頭取がタイピストを誘惑したが、いざとなったら、顧問弁護士が内密でヨーロッパ行きの船に一人分のチケットを手配し、信用できる有能な医師の手術室に浮気相手の女性を送りこむこともあった。正式な結婚をしていない妊娠が世間に知られれば後ろ指をさされ、貧困の淵に沈むのが落ちだった。ホームズはいまやジュリアを南北戦争前の奴隷のように意のままにしており、それを楽しんでもいた。手術はクリスマス・イブだと彼はジュリアにいった。

雪が降った。クリスマス・キャロルの合唱隊がプレーリー・アベニューに建ち並ぶ邸宅のあいだをめぐり歩き、ときたま休憩のためにお屋敷の一つに招きいれられて香料をきかせた温かいシードルとホット・ココアをご馳走になった。空気には薪の燃える匂いとローストダックの芳香がただよっていた。シカゴの北にあるグレースランド墓地では毛布にくるまった若い男女がゆるやかに起伏する雪の山を橇で走り抜けたが、シカゴで最も裕福で力のあった人びとが眠る暗く陰鬱な墓の前ではとくにぴったりと身を寄せあった。立ち並

ぶ墓群は青みを帯びた夜の雪のなかでなおさらまがまがしく見えた。

イングルウッド六三丁目七〇一番地では、ジュリアが娘をベッドに入れ、クリスマスを楽しみにしてはしゃぐ娘の相手をして精一杯の笑顔を見せていた。そうね、サンタさんはきっと来るわ。そして、すてきなプレゼントをくれるでしょう。ホームズはパールにたくさんの玩具とお菓子をプレゼントすると約束していた。そして、ジュリアにも何かすごいもの、素寒貧で退屈なネッドからのプレゼントなんかとはくらべものにならないくらいすばらしいものを贈るといっていた。

外では通りすぎる馬の足音も雪に消されていた。つららをさげた汽車はウォレス・ストリートとの交差点をすばやく走りぬけていった。

ジュリアは廊下を歩いて同じ階のジョン・クロウ夫妻の部屋へ行った。ジュリアはミセス・クロウと親しくつきあうようになっていて、クリスマス・ツリーの飾りつけを手伝うつもりだった。明日のクリスマスの朝、パールにツリーを見せてびっくりさせたかった。

ジュリアはパールと過ごすクリスマスの予定をあれこれ話し、さらにもうすぐ姉の結婚式に出るためアイオワ州ダヴェンポートへ行く予定だとミセス・クロウに言った。ミセス・クロウによると、この姉は「オールドミス」だったが、急に鉄道員と結婚するといいだして周囲の人を驚かせたのだった。ジュリアは新郎が郵便で送ってくれるはずの優待パスを待っているところだという。

ジュリアは夜がふけてから帰っていったが元気いっぱいだったとミセス・クロウはのちに語った。「彼女の口ぶりからは、その夜ここを出ていくような兆しはまったく感じられませんでした」

ホームズは明るく「メリー・クリスマス」と声をかけながらジュリアを抱きしめた。それから彼女の手をとって二階の部屋へいざなった。そこには手術の支度ができていた。テーブルの上には白い布が広げてあった。手術の道具が並べられ、きらきらと輝いていた。磨きあげたスチール製の器具はヒマワリの花びらのように配置してあった。見るからに恐ろしい――骨を切る鋸、腹腔用の開創器（リトラクター）、套管針（トロカール）と穿孔器（トレパン）。明らかに必要としない道具まで並べてあり、それを見たジュリアはその鋭い刃先とぎらぎらする光に嫌悪をもよおした。

彼は白いエプロンをつけ、カフスのついた袖をまくりあげていた。たぶん頭には山高帽をかぶっていただろう。手は洗わず、マスクもつけなかった。その必要はなかった。

ジュリアは彼の手を握った。ちっとも痛くないからねとホームズは安心させるようにいった。目が覚めたときはいまと同じ健康体で、ただおなかのなかの邪魔物だけが消えている。濃い琥珀色の液体の入った瓶の栓を取ると、銀色の蒸気が立ち昇ってつんとくる刺激臭が感じられた。そのクロロホルムを畳んだ布に滴らせた。ジュリアが手をきつく握りしめてきたので、それが彼をものすごく興奮させた。彼はその布で彼女の鼻と口を覆った。彼女は目を泳がせたかと思うと白目をむいた。やがて予想どおりの反応が起こった。筋肉が反射的に痙攣し、夢のなかで走っているかのようにぴくぴくと動いた。握っていた手は力がゆるんで、指を開いたままぐったりと垂れた。足はがたがた震え、荒々しい太鼓のような音をたてた。彼のほうもさらに興奮した。彼女は彼の手を振りほどこうとして暴れたが、体が麻痺する前にこのように筋肉が激しく痙攣することはわかっていたので少しも慌てず、さらにきつく布を顔に押しつけた。彼女は彼の両腕を叩いた。だがその勢いはじょじょに衰え、両手はゆるやかなカーブを描いて静かに下におろされ、荒々しい太鼓の音はやんだ。いまや動きは優雅なバレエとなり、そっと退場した。

　片手で布をもったまままもう一方の手で液体の瓶をつかみ、さらに指のあいだから布に染みこませた。クロロホルムに触れた指がひんやりして、それもまた刺激的だった。彼女の片手が力なくテーブルの上に投げだされ、すぐあとにもう一方の手も同じようになった。まぶたがぴくぴくと震え、やがてぴったりと閉じた。彼女が気を失ったふりをするほど利口ではないとわかっていたが、しばらくそのままじっと抱いていた。それから手首を握って脈がだんだんかすかになっていくのを確かめた。遠ざかる汽車の車輪の音がしだいに消えていくかのようだった。

彼はエプロンを外し、まくっていた袖を元に戻した。クロロホルムと強烈な興奮のせいで頭がぼうっとしていた。例によって刺激は快感となり、体内に生ぬるい倦怠感を引き起こした。それは暖かいストーブの前に長く坐りすぎたときのような感覚だった。彼はクロロホルムの栓をすると別の布を手にとり、廊下の先のパールの部屋に向かった。

新しい布をまるめ、クロロホルムを垂らすのはほんの一瞬ですんだ。それをすませたあと、廊下に出た彼は腕時計に目をやり、クリスマスになったことを知った。

ホームズにとってその日付はなんの意味もなかった。子供のころ、クリスマスの朝は息が詰まるほどの信心深さとお祈りと沈黙だけがまるで巨大な毛布のようにどっしりと一家を覆っていたのだ。

クリスマスの朝、クロウ夫妻はジュリアとパールが来るのを待ちかまえていた。きれい

なツリーとその枝の下に置かれたプレゼントの山を見てパールがきっと目を輝かせるだろうと期待していたのだ。部屋のなかは暖かく、シナモンとモミの木の香りに満ちていた。一時間が過ぎた。クロウ夫妻は辛抱強く待ったが、一〇時になると友人の家を訪ねるため、シカゴの中心部へ向かう汽車にまにあうよう出かけなければならなかった。部屋の鍵はかけずにおき、陽気な書置きを残しておいた。

クロウ夫妻はその夜一一時に帰ってきたが、部屋のなかは出かけたときのままで、ジュリアとその娘が来た気配はなかった。翌朝、二人はジュリアの部屋の戸を叩いてみたが、返事はなかった。屋敷の内外の知りあいにジュリアとパールを見かけたかと訊ねてみたが、誰も見ていなかった。

ホームズが次に姿を見せたとき、ミセス・クロウはジュリアの居所を知らないかと訊いてみた。彼の説明によれば、ジュリアとパールは予定より早くダヴェンポートへ出かけたのだという。

そんな話はミセス・クロウには初耳だった。彼女もほかの隣人たちも妙な話だと思った。誰もが口をそろえていったのは、ジュリアとパールを最後に見たのはクリスマス・イブだということだった。

厳密にいえばこれは正しくない。ジュリアの姿を見た者はいたのだ。だが、そのときのジュリアは、アイオワ州ダヴェンポートにいる家族でさえそれが彼女だとはとても判別しがたい姿になっていた。

クリスマスの直後、ホームズは仲間のチャールズ・チャッペルを呼びだした。ホームズはチャッペルが「接合師（アーティキュレーター）」であることを知っていた。人間の死体から肉を取り去り、残った骨をもとどおりにきちんと接合して医師の診療所や実験室で使われる骨格標本を作る職人である。彼はクック・カウンティ病院の医学生のために死体の接合をするうちに必要な技術を身につけたのだった。

ホームズは医学校へ通っていたあいだ、死体——解剖用であれ、骨格標本用であれ——を手に入れるために学校がどれほど躍起になっているかをじかに見て知っていた。医学教育が本格的になり、また体系化が進むにつれ、科学者にとって人体はまさに極地の氷冠のようなもの、つまりどうしても探究しなければならないものとなった。医師の診察室に掛けられた骨格標本はいわば目で見る百科事典の役目を果たした。需要に供給が追いつかなかったので、医師たちは死体の出所を問わず喜んで買い入れるまでになっていた。死体を得るために殺人を犯すとまではいかなかったが、あえて遺体の来歴を確かめようとはしなかったのだ。そこで墓暴きが一種のビジネスになった。もちろんビジネスとしては小規模で、しかもかなり肝っ玉が据わっていなければできないことだった。不足がはなはだしかった一時期には、医師たちがみずから埋葬されたばかりの墓を掘る手伝いをしたほどだった。

ホームズが見たところ、一八九〇年代の当時でさえあいかわらず需要は高かった。シカゴの新聞には医師たちが墓を暴いたという猟奇的な記事が載った。一八九〇年二月二四日、インディアナ州ニューオルバニーの墓暴きが未然に終わったあと、ケンタッキー医学校の校長W・H・ワーゼン博士は『トリビューン』の記者にこう語った。「あの紳士たちの行為はケンタッキー医学校のためでもまた彼ら自身のためでもなく、ルイヴィル医学校のためでした。あそこでは、生きるために息をしなければいけないのと同じくらい切実に人体を必要としているのです」。三週間後、ルイヴィルの医師たちは再度決行した。ケンタッキー州アンカレッジの州立精神病院の墓場から死体を盗みだそうとしたのだが、このときはルイヴィル大学のためだった。「ええ、私たちがあの一団を雇ったのです」と大学職員の一人はいった。「どうしても死体が必要なんです。州が与えてくれないのなら盗むしかありません。冬期の課程は人数が多かったので解剖用死体を使いはたしてしまいました。そのため春期の課程には一体も残っていないのです」。彼は謝罪するいわれはないと思っていた。「この精神病院墓地では死体泥棒が長年の習慣になっています。いまでは一体も残っていないと思いますよ。はっきりいって死体は必要なんです。それがないとなったら、育ができません。そのへんを世間も理解してほしいものです。ほかに手がないとなったら、私たちは学生にウィンチェスター・ライフルをもたせて死体泥棒を護衛させることも辞さないつもりです」

ホームズはこのチャンスに目をとめた。死体への需要がこれほど高いとなれば、いまやチャンスが手招きしているも同然だった。

彼はチャールズ・チャッペルを二階の部屋に案内した。そこにはテーブルと医療器具、溶剤の入ったボトルなどがあった。チャッペルはそれらを目にしても、またテーブルの上に載った死体を見ても不審を抱かなかった。チャッペルはホームズが医師だと知っていたからだ。死体は明らかに女性のもので、ただし人並み外れて背が高かった。身元がわかるようなものは一つもなかった。「その死体は頭からまっすぐに切れ目を入れて皮をはぎ、全体を裏返したノウサギのようだった。ところどころ、かなりの量の肉を切りとったあとが見えた」

ホームズは、解剖実験をしたのだがもう作業はすんだと説明した。そしてチャッペルに三六ドルの手間賃で肉を骨から剝がし、骨格を組みたてて戻してくれないかと頼んだ。チャッペルは同意した。ホームズとチャッペルは死体をズック布で内貼りしたトランクに入れた。運送会社がそれをチャッペルの家まで運んだ。

しばらくしてチャッペルから骨格が届けられた。ホームズは礼をいって金を払い、すぐさまその骨格標本をハーネマン医学校――同じ名前の学校はフィラデルフィアにもあるが、これはシカゴの学校――に売った。それはチャッペルに払った金の何倍もの値段で売れた。

一八九二年一月の第二週になって、ホームズのアパートのジュリアが住んでいた部屋にドイル一家という新しい下宿人が入った。テーブルには皿が並び、椅子にはパールの服が掛けっぱなしで、もとの住人がすぐに戻ってきそうな感じだった。

ドイル夫妻は何があったのかとホームズに訊いた。

ホームズはまじめくさった声音で、部屋が散らかったままであることを詫びた。そしてジュリアの姉が重病だというので、ジュリアは娘をつれて大急ぎで鉄道駅に向かわなければならなかったのだと説明した。ジュリアとパールは十分支度をととのえていたから、身の回りのものは置いていった。それに、もう戻ってこないのだ、と。

のちにホームズはジュリアについて別の話をでっちあげた。「最後に彼女を見たのは一八九二年一月一日で、そのとき彼女は家賃を清算した。このとき彼女は私だけでなく、隣人や友人たちにもここから出ていくと話していた」。ホームズはさらにこう続けた。彼女はみんなに行き先をアイオワ州だといっていたが、じつは「娘が奪われることを恐れて、どこか別の場所へ行くつもりだったようだ。アイオワというのは夫の目をごまかすためだった」。ホームズは、ジュリアと肉体関係があったことも、彼女が「違法な手術」——中絶を意味する、当時の婉曲表現——を受けたことも黙っていた。「癇癪もちで、つねに気立てがいいとはいえなかったにせよ、彼女の友人や親類なら誰であれ、彼女のことを身もちが悪いとか犯罪行為にかかわりをもつような女性だとはけっしていわないはずだ」

挑戦

一八九二年は寒さとともに明けた。地面には雪が一五センチも積もり、気温は零下一〇度まで下がった。シカゴにとっては最も寒い冬ではないにせよ、三か所ある市の給水口のバルブを凍りつかせるほどには寒かった。そのせいでシカゴの水道は一時的に断水した。そんな気候にもかかわらず、ジャクソン・パークの工事は進んだ。暖房付の移動シェルターを築いたおかげで、どんな天候でも鉱業館の外壁に建築用漆喰を塗ることができた。女性館はほぼ完成し、足場が取り去られた。巨大な産業・教養館は基礎の上に立ちあがりつつあった。公園内で働く労働者の数は合計で四〇〇〇人にもなった。そのなかにはイライアス・ディズニーという名の大工兼家具職人がいた。彼は後年、湖岸に魔法の王国を築いたこのときの経験を家族にいろいろ話して聞かせることになった。息子のウォルトは熱心に耳を傾けた。

博覧会場をとりまく高さ二メートル半の塀と二列の有刺鉄線の外では騒乱が起こってい

た。給料カットとレイオフがアメリカ中の労働者の心に不安をかきたてていた。組合が力を増すにつれ、ピンカートン探偵社［組合活動を制圧するために雇われた］に支払われる金は多くなった。組合の新進リーダーであるサミュエル・ゴンパーズはバーナムのオフィスを訪ね、博覧会の工事現場で組合員が差別されているという申し立てについて相談した。バーナムは部下の現場監督ディオン・ジェラルディンに調査を命じた。労使の対立が激しくなり、経済状態が悪化するにつれ、暴力事件も多くなった。一八九一年を総括した『シカゴ・トリビューン』の記事によれば、この年アメリカ全国で殺人事件の被害者数は五九〇六人にのぼり、一八九〇年とくらべて四〇パーセント増だった。このなかには娘に斧で惨殺されたマサチューセッツ州フォールリヴァーのボーデン夫妻もいた。

バーナムにとって、新しい年はいつ勃発するかわからないストライキと厳寒の季節の始まりが気がかりだった。しかし何より心配だったのは、博覧会協会の資金が急速に減っていることだった。これほど大規模な工事を大至急で進めるため、バーナムが指揮する建設部門は誰も予想しなかったほどの大金を費やしてきた。いまや理事たちのあいだでは、議会に一〇〇〇万ドルの政府予算割当を求めようという話が出ていた。だがとりあえずの策としては支出を切り詰めるしかなかった。一月六日、バーナムは部下の主任たちに、いますぐコスト削減の処置——場合によっては過酷ともいえた——をとるよう命じた。ルッカリーのてっぺんにあるオフィスで博覧会の仕事をしていた製図主任には「正確さに欠け、『だらしない』仕事をした」者、また務めを十分に果たさない者はすぐ解雇せよと伝えた。オームステッドの景観設計部門の現場監督ルドルフ・ウーリッチには手紙で通達した。「私の見たところ、そちらの現場では労働力を半分に切り詰められると思う。それと同時に高給取りが大勢いるようなのでそれも減らしてほしい」。さらにバーナムは、今後の大工仕事はすべて建設請負業者の配下の大工にまかせるべしと申しわたした。ディオン・ジェラルディンにはこんな手紙だった。「いま抱えている大工を全員解雇してくれないだろうか」

これまでのバーナムはこの時代には珍しいほど労働者を大事に扱ってきた。病気やけがで働けないときも給料を払い、診療所も作って無料で治療が受けられるようにした。敷地内に設けた飯場では一日三回たっぷりと食事がとれ、暖房の効いた室内の清潔なベッドで寝られるようになっていた。プリンストン大学の政治経済学教授だったウォルター・ウィッコフは未熟練工のふりをして、当時アメリカ中にあふれつつあった渡り労働者の群れにまじって一年間あちこちの現場をめぐり歩いた。そしてジャクソン・パークでもしばらく過ごした。「外には雇われなかった失業者が大勢いたが、門衛と高い塀のこちら側では健康でたくましい大勢の男たちが驚くべき人工的な世界で暮らし、働いていた。悲惨な情景に動揺させられることもなく、塀の外でのように仕事を求めても得られないがための貧困もここにはなかった……われわれは危険のない現場で一日八時間働き、給料はきちんきちんと支払われた」

しかし、いまやこの現場にまでレイオフの波が襲い、しかもタイミングは最悪だった。昔から建設工事を中断する厳寒の季節がすぐそこに来ていた。ほんのわずかな仕事の口が、アメリカ中からやってきた失業者のあいだで激しい取りあいになった。「ホーボー」というありがたくない名前――鉄道での呼びかけ「ホー、ボーイ！」が起源と思われる――で呼ばれるようになった男たちは、博覧会の工事現場なら仕事にありつけるだろうと期待してシカゴに集中していた。解雇された男たちは住む家もないまま貧困に陥るであろうことをバーナムは承知していた。家族は飢えという深刻な問題に直面するだろう。

だが最優先すべきは博覧会だった。

エッフェルへの挑戦者があらわれないことがいまだにバーナムの悩みのたねだった。出される企画はますます奇抜なものになっていた。ある夢想家が出してきたのは、エッフェル塔より一五〇メートル高い塔を建てるという案だったが、ただしこの塔は丸太で造られ、てっぺんには軽食がとれる休憩所を設けるという。そしてこの建物は丸太小屋（ログキャビン）になるはずだった。

エッフェルをしのぐ技師がすぐに名乗りでないとしたら、博覧会にふさわしいもの――それがなんであれ――を建てる時間はなくなるとバーナムにはわかっていた。なんとかしてアメリカの技師たちを奮起させなければいけない。そんなときサタデー・アフタヌーン・クラブに招待されてスピーチを求められたのはまたとないチャンスだった。技師たちのグループは土曜日ごとにシカゴの中心地にあるレストランに集まって、博覧会の大きな挑戦について話しあうようになっていたのだ。

例によって皿数の多い料理、ワインに葉巻、コーヒーにコニャックという贅沢なディナーだった。テーブルの一つにはピッツバーグ出身の三三歳の技師がいた。博覧会関連ではすでに各パビリオンに使われたスチールの点検という仕事を請け負っていた。角張った顔に黒髪と黒い口髭、目も黒く、当時トマス・エディソンのおかげで生まれつつあった産業界でもてはやされるタイプの容貌だった。「とても愛想がよく社交的で、人並み外れたユーモアのセンスがあった」と共同経営者はいっている。「どんな集まりでもたちまち注目の的となり、会話の先導役となって、おもしろい逸話や体験談を次々と披露した」

彼はサタデー・アフタヌーン・クラブのほかのメンバーと同じく、バーナムがこれほどの短期間に一つの街を築きあげることの苦労について話すと思っていた。ところがバーナムの話は予想外だった。博覧会の設計を通じて「アメリカの建築家は栄光を身にまとうだろう」と断言する一方で、アメリカの土木技師が同じような栄光を築きあげられないことについて叱責したのだった。彼らは「テクノロジーの新機軸を生みだすこともアメリカの近代土木技術の可能性を世界に示すこともしていない」とバーナムは咎めた。

不服そうな声が会場に広がった。

「なにか特別なものが欲しい。パリ万博におけるエッフェル塔のようなものが、この世界コロンビア博覧会にも必要です」

ただし塔ではいけませんとバーナムはいった。塔では新味がない。塔はエッフェルがすでに建ててしまった。「ただ大きいだけ」では不足だ。「何か新しいもの、前例がなく大胆かつユニークなものを設計し、築きあげなければ、アメリカの技師たちの威光は地に落ち、名声も失うでしょう」

技師たちのあいだから異議の声があがった。しかしバーナムの言葉をもっともだと感じる人びともいた。ピッツバーグ出身の技師は「なるほど彼のいうことは的を射ている」と思った。

仲間たちとテーブルを囲んで坐っているうち、アイデアが「インスピレーションのように」ひらめいた。ぼんやりした形ではなく、細部まではっきり思い描けるものだった。目の前にありありと浮かんで見え、手を伸ばせばさわれそうだし、空中を動いていくときの音が聞こえそうだった。

時間は残り少ないが、急いで設計図を引き、博覧会の歳入委員会を納得させれば、この博覧会にエッフェル塔にまさるエッフェル塔を出現させられるだろうと彼は確信した。エッフェルと同じようなことが自分の身に起こるなら、これでひと財産築けることはまちがいなかった。

サタデー・アフタヌーン・クラブでスピーチをし、メンバーに向かって大っぴらに小言をいうのはバーナムにとって格好の憂さ晴らしになったことだろう。というのも博覧会をめぐるビジネス・ミーティングのほとんどは我慢を要するものだったからだ。とくに多岐にわたる数多い委員会との折衝はとても面倒だった。ヴィクトリア朝ならではの体面を保った複雑な駆け引きは時間の無駄だった。バーナムは自分の手にもっと権力を集中させたかった――自分自身のエゴのためではなく、博覧会のためである。意思決定をもっと早くしないかぎり、博覧会の工事はとりかえしがつかないほど遅れてしまうだろう。それなのに効率をさまたげる障害はどんどん大きくなり、数も増えつつある。博覧会協会の軍資金が減るにつれてナショナル・コミッションとの関係はさらに悪化し、デーヴィス総裁は新しくおりる政府予算を自分の権限で差配するといいはじめた。ナショナル・コミッションは毎日のように新しい部門を設立し、それぞれに雇われ主任――デーヴィスは今日の額で年収六万ドルにあたる報酬で羊専門の監督まで任命した――を置き、各部門はなんらかの権限を主張した。だがバーナムはすべてを自分の指揮下におくべきだと考えていた。

やがてこうした勢力争いはバーナムとデーヴィス個人の対立へと発展した。大きな論点は、展示品と内装の芸術面でのデザインを誰が監督するかということだった。バーナムは、それこそ明らかに自分がなすべき分野だと考えていた。一方のデーヴィスには別の意見があった。

最初バーナムは遠まわしな方法をとった。「いまや特別な内装と芸術的な配置が必要な局面にさしかかっています」と彼はデーヴィスへの手紙に書いた。「そこで、それらの件に関して私は部下たちを喜んであなたのもとにさしむけるつもりでいます。私の部下たちは展示品に関して芸術的な配置、形、装飾などについて、あなたに助言をさしあげますが、あなたの側に異論があってもどうか容認くださるよう、この書面にてお願いするしだいです」

だがデーヴィスはある記者にこう語った。「ことここにいたって明らかだが、いままさに総裁とその部下以外にいったい誰が展示を指揮するというんだ」

不満はふくらんで爆発寸前になった。三月一四日、バーナムはデーヴィスとともにシカゴ・クラブへ出かけ、博覧会に出展する日本政府の代表団と食事をともにした。食事のあと、バーナムとデーヴィスはクラブに残って朝の五時までじっくり話しあった。「たっぷり時間をかけた」とバーナムはそのときシカゴを離れていた妻のマーガレットに書き送った。「そのおかげで感情の行きちがいも埋められ、これからはもう少しやりやすくなるだろう」

この手紙にはバーナムらしくない疲労感がうかがえる。その夜は早めに仕事を切りあげてエヴァンストンの家へ帰るつもりだと書いている。「そして懐かしいきみのベッドで眠り、きみの夢を見よう。いまの生活はなんとめまぐるしいことか！　この歳月はいったいどこへ行きつくのだろう？」

うれしいひとときもあった。バーナムは自分の右腕となる技師たちや訪れた建築家たち

をシャンティに招いて夕食をともにし、大きな暖炉の前で夜遅くまで意見を交わす機会を楽しみにしていた。友情と会話は何より大事だった。オームステッドはセントラル・パークを無用な改修工事から守るための際限のない裁判について語った。博覧会場を警備するコロンビアン・ガードの隊長エドマンド・ライス大佐はゲティスバーグの木陰で、戦場となる空き地に兵を集めるピケット将軍を見ていたときどんな気分だったかを話して聞かせた。

一八九二年三月末、バーナムは定期的にシャンティへ泊まりにきていた息子たちをこの集まりに参加させた。息子たちは予定通りに到着しなかった。最初は誰もが、また鉄道が遅れたのだろうと思った。だが時間がたつにつれてバーナムの不安は募った。シカゴでは鉄道事故が日常茶飯事だというのは周知のことだった。

暗くなっても二人の少年は着かなかった。二人が乗った汽車はミルウォーキー・アンド・セントポール線の橋が崩れたために立ち往生していたのだった。バーナムからマーガレット宛ての手紙によると、二人は「やっと到着して、斥候やインディアンがうようよしている平原での暮らしや戦いについてのライス大佐の冒険談を聞くことができた」

バーナムがこの手紙に書いたように、息子たちは手の届くところにいた。「二人はここに来たことがとてもうれしそうで、いまはミスター・ジェラルディンといっしょに大きな写真アルバムを眺めている」。このアルバムは博覧会の公式写真家としてバーナムに雇われたニューヨーク州バッファロー出身の写真家チャールズ・ダドリー・アーノルドが建設現場を撮ったものだった。アーノルドもこの日の集まりに加わっていて、少年たちはやがて彼をお絵描き遊びの仲間に引きこんだ。

バーナムの手紙はこうしめくくられている。「私たちはみな元気で、幸いにもわが身に課せられたさまざまな仕事の山を抱えて満ち足りている」

そんな平和なひとときは長くは続かなかった。

バーナムとデーヴィスのあいだの反目の炎はふたたび燃えあがった。博覧会協会の理事たちは直接議会へ予算の割り当てを要求したが、それがきっかけで博覧会の財政に関して政府の調査が入ることになった。バーナムとベーカー会長はおおまかなチェックだけですむと思っていたが、実際には日常のこまごました出費まで槍玉にあげられることになった。たとえばベーカーが馬車の賃貸料の総額を出したところ、調査のための小委員会は馬車に乗った人びとの名前もリストにせよと要求してきたのだ。シカゴでのある会合で、調査委員会はデーヴィスに博覧会に必要な最終的な予算の額を出すようにといった。デーヴィスはバーナムに相談しようとせず、バーナムがベーカー会長のために計算していた額より一割も低い額を出した。一方のベーカー会長もバーナムから出された額を小委員会の調査官に提出していた。二人の数字が食い違っていたため、暗黙のうちに、バーナムとベーカーが博覧会の経費を水増ししていたのではないかという疑惑が生じた。

バーナムは椅子から飛びあがった。調査委員会の委員長はお坐りなさいといったが、バーナムは立ったままでいた。怒りのあまり、われを忘れそうになった。「ミスター・デーヴィスは私にも私の部下にも確認せず、さしだされた数字をそのまま採用しただけです。経費のことなど彼は何も知っちゃいない」

委員長はそんな感情的な態度に眉をひそめた。「この委員会の席上で、証人の一人に対するそんな発言を遺憾に思う。ミスター・バーナムにはその発言の撤回を要求する」

最初バーナムは拒否した。やがて、しぶしぶながらデーヴィスが何も知らないという部分だけは撤回した。しかし取り消したのはそこだけだった。彼は謝罪もしなかった。

調査委員会はワシントンへ戻って調査結果を吟味し、予算を認可すべきかどうかの結論を出すことになった。バーナムはこう書いている。委員たちは「この事業の規模の大きさと視野の広さに呆然としている。われわれは証拠として膨大な資料の山を渡した。彼らの報告書は滑稽なものになるはずだ。というのも、この私の知識をもってしても、報告書を作るには数か月でも足りないということがよくわかっているから」

少なくとも机上のプランに関するかぎり、ミッドウェイ・プレザンスは形をなしてきた。パトナム教授はミッドウェイをなによりもまず異文化について教育する場所にすべきだと信じていた。だがソル・ブルームにはそんな務めなど無用だった。ミッドウェイ・プレザンスは愉快でなければいけない。ジャクソン・パークからワシントン・パークの外れまで続く約一キロ半の道は楽しい遊園地にすべきだ。スリルと興奮にあふれ、うまくいけばショックさえ与えるもの。彼は、自分の得意とするのは「派手な宣伝」だと承知していた。世界中の新聞や雑誌に広告を打ち、ミッドウェイはめったにない光景や音や匂いにあふれたエキゾチックな場所になるだろうと知らせた。遠い異国から本物の住民ぐるみ運んできた正真正銘の村々——シューフェルト中尉が成功すれば、そこにはピグミーまでいる。ミッドウェイの帝王となったブルームはいまや彼の抱えるアルジェリアの村の出展許可について思いわずらう必要がなくなった。自分で自分に許可を与えればいいのだ。さっそく契約書を作り、それをパリ宛てに送った。

博覧会協会の理事たちはそんなブルームの宣伝の才に目をとめ、博覧会そのものを世界にアピールするにはどうしたらいいかと相談をもちかけた。あるとき、産業・教養館がどれほど巨大かを記者たちに実感させるうまい方法がないだろうかという話になった。これまで博覧会の広報課は報道陣に向けて、正確だが退屈な数字のデータだけを渡していた。「面積だとか鋼鉄のトン数などにメディアは興味を引かれないものだといってやった」とブルームは書いている。「そこでこんな提案をした。『こんなのはどうですか——ロシア軍の兵隊を勢ぞろいさせてもまだ余る』」

ブルームはロシアに軍隊があるかどうかさえ知らず、もちろん兵隊が何人いるか、その兵隊を整列させるのにどれくらいの広さが必要なのかも知らなかった。それでも、この話は事実としてたちまちアメリカ中に広まった。ついにマクナリーの博物館ガイドブック『会場案内（リーダーズ・オブ・ランド）』までが、面積三二エーカーのこの建物に毛皮の帽子をかぶったおびただしい数の兵隊が詰めこまれる情景を嬉々として思い描いたのだった。

ブルームは良心の咎めなど感じなかった。

ドワイトから来た天使

一八九二年の春、ホームズの助手のベンジャミン・ピツェルはシカゴから南西一二〇キロのイリノイ州ドワイトにて、有名なキーリーのアル中治療を受けていた。患者たちは三階建のリヴィングストン・ホテルに滞在する。レンガ造りのこの建物はシンプルで魅力的な外観を特徴とし、アーチ型の窓とファサードの幅一杯にしつらえられたベランダを備え、レスリー・エンロート・キーリー博士の考案した「黄金治療(ゴールド・キュア)」の注射を受ける合間に休憩するにはぴったりの場所だった。キーリー研究所の所員は毎日三度、患者たちの腕に「床屋の看板」とあだ名された赤青白の液体を注射したが、その薬の構成要素のうち最も有名なのが金だった。当時、一九世紀にもっぱら使われていた太い注射針——散水用のホースを腕の筋肉に差しこむようなもの——のせいで、注射を受けたあとの皮膚にはつねに黄色い光輪のようなあざができ、それを名誉の印と受けとる人もいれば、みっともない傷跡と見なす人もいた。処方の詳細は秘密だったが、優秀な医師や化学者によれば、この液体には精神を多幸症に似たハイな状態にする物質が含まれており、それと同時に軽い記憶喪失をともなう精神鎮静の効果もあったという。記憶の障害という副作用はシカゴ郵便局にとって悩みのたねだった。ドワイトから送られる何百通もの手紙には宛先の不備なものが多かったのだ。手紙をちゃんと配達するには受取人の名前や所番地が不可欠だということを差出人は完全に忘れているのだった。

ピツェルはこれまでずっと大酒飲みだったが、ついにその飲酒癖が高じて仕事に支障をきたすようになっていたらしい。彼をキーリーの施設へ送りこんで治療費を払ったのはホームズだった。ホームズはピツェルに、これはあくまで親切心からで、いままでの忠実な働きに報いるためだと説明した。だがいつものように、その裏には別のもくろみもあった。酒のせいでピツェルの働きが鈍り、すでに着手している計画が頓挫するのではないかと心配になったのだ。ホームズはのちにこう語っている。「多くの欠点を考えに入れても大変役に立つ男だったので、彼なしではとてもやっていけそうになかった」。さらにピツェルを送りこんでアル中治療の詳細とラベルについての情報を集めれば、それをまねたインチキ薬を作って自分の通販会社で売るのにも都合がよかった。実際、ホームズはやがて自分でもイングルウッドのビルの二階にシルヴァー・アッシュ研究所という名の治療用スパ施設を開いた。当時、キーリーのアル中治療は大人気だった。おびただしい数の患者が飲酒癖を矯正しようとしてドワイトを訪れ、キーリーの飲み薬を買った人はもっと大勢いた。キーリーの飲み薬はとても変わった形の瓶で売られていたため、空っぽになったらすぐ割るようにという但し書きがついていた。さもないと破廉恥な会社が空き瓶に自社の調合物を入れて売ろうとするかもしれないからだった。

ピツェルは毎日三〇人あまりの男たちに混じって儀式のような「行列を作り」、順番に注射を受けた。女性患者は自室で注射を受けることになっており、世間体をはばかって男性患者とは隔離されていた。シカゴでは、誰が治療を受けてきたかは一目瞭然だった。酒を勧めると、彼らは決まって「いや、けっこう。ドワイトへ行ってきたばかりなんでね」と答えるのだ。

ピツェルは四月にイングルウッドへ戻ってきた。キーリーの注射で高揚していたため、話が大げさになったのかもしれないが、彼はホームズに、キーリーの施設で会ったエメリン・シグランドという若い娘がとびきりの美人――ピツェルの言葉によれば、この世のものならぬ美しさ――だったと話した。彼女は金髪で、二四歳。一八九一年からキーリー博士のオフィスで速記者として働いていた。ピツェルのほとんど幻想じみた描写にホームズはたまらくなったのだろう。彼はシグランドに手紙を書き、いまの給料の二倍を払うから個人秘書にならないかと誘った。シグランドの家族の一人がのちに語ったところによれば、それは「お世辞たらたらの申し出」だった。

エメリンは二つ返事で承諾した。キーリーの施設は信用のおける職場ではあったが、しょせんドワイトの村ではシカゴとくらべものにならなかった。給料が二倍になり、華やかさと興奮が伝説となっている大都会で暮らせる。しかも一年先には世界博覧会が開幕するとあってはとても断わる気にはなれなかった。五月にキーリー研究所を辞めたとき、貯金は八〇〇ドルあった。イングルウッドに着くと彼女はホームズのビルにほど近い下宿に部屋を借りた。

ホームズは実物のエメリンを見て、ピツェルの賛辞がやや誇張だと思った。しかし大げさすぎるというわけでもなかった。たしかに彼女はきれいだったし、輝く金髪の持ち主だった。ホームズはさっそく誘惑にとりかかり、やさしげな声と親密なスキンシップ、それに青い目でじっと見つめるという得意技を発揮した。

花を贈り、ワンブロック先のティンマーマン・オペラハウスへも誘った。自転車も与えた。夕方には自転車を並べてイェール・ストリートやハーヴァード・ストリートのなめらかなマカダム舗装の道を走った。そのようすは美貌と財力に恵まれた幸せそうな若いカップルの図に見えた（「昨今、波文様の黒いリボンを巻きつけた白いピケ帽の横に先の尖った羽根を二本挿すというのが女性サイクリストのあいだで最新の流行だ」と『トリビューン』のゴシップ・コラムは書いている)。エメリンが「ホイール」――過去のばかばかしいほど大きな車輪の自転車は完全にすたれていたが、世間ではまだそう呼ばれていた――に慣れるにつれ、彼女とホームズはサイクリングでの遠出を楽しむようになり、ときには柳の並木のあるミッドウェイを通ってジャクソン・パークまで行き、世界博覧会の建設現場を眺めることもあった。彼らのほかにも見物人は大勢いて、そのほとんどが自転車で来ていた。

日曜日には公園のなかまで入ることもあった。二人の目に、建設工事はまだ初期の段階に見えた――落成式とオープニングという二つの大きな締め切りが迫っていることを思うと、これは意外だった。公園の大半はまだむきだしの荒地のままで、最大のビルになる予定の産業・教養館はまだ建設途中だった。いくつかの建物はもっと工事が進んでいてほとんど完成に近いものもあり、とくに鉱業館と女性館は工事がほぼ終わっていた。このところ公園を訪れる有名人が増えていた――政治家、王侯貴族、建築家、シカゴの産業界の大物などである。社交界の重鎮のご婦人たちも女性理事会の会議に出るためちょくちょくやってきた。ミセス・パーマーの大型の黒い馬車は轟音をたてて正面ゲートから入ってきたが、一方、社交界で彼女のライバルと目されるキャリー・ワトソン――通称マダム――も真っ白に輝くエナメルのボディに黄色い車輪の馬車で、真っ赤なシルクの制服を着た黒人御者を引きつれてやってきた。

エメリンは自転車で遠出をするのは大雨のあとがいちばんだと思うようになった。さもないとハルツームの砂漠も顔負けの砂埃をかぶって髪の毛の根元まで砂だらけになり、どんなにブラッシングをしても取れないのだった。

ある日の午後、エメリンがホームズのオフィスでタイプライターの前に坐っていると、一人の男が入ってきてホームズに会いたいといった。長身で、顎髭はないが上唇にわずかばかりの口髭を生やし、安っぽいスーツを着ていた。見ようによってはハンサムだったが、地味で平凡な印象もあった。ネッド・コナーと名乗った男は以前、一階のドラッグストアの片隅でジュエリーの店を出していたといった。貸付金について相談しにきたのだという。

その名前には覚えがあった——どこかで聞いたか、ホームズの書類で見たことがあった。

エメリンはほほえみ、ホームズは出かけていると答えた。いつ帰ってくるかはわからない。なにか私にできることは?

ネッドの怒りは冷めた。そしてエメリンを相手に「ホームズのことをしゃべった」

ネッドはエメリンをじっと観察した。若くて美人だった——「波打つブロンド」と彼はのちに形容している。白いブラウスに黒いスカートでスタイルのよさが強調され、窓際に坐っていたので金髪が日光を受けてまぶしく輝いていた。前に置かれた黒のレミントン・タイプライターは新品だったが、これも代金を踏み倒したにちがいない。自分の悲惨な経験からして、それにホームズのことをしゃべるときのエメリンの目の輝きからして、ネッドは彼女とホームズの関係がタイプを打つだけではないだろうと確信した。「やつは悪党だからなるべくかかわりをもたないほうがいい、できるだけ早くここを出たほうがいいといった」

しかしそのときの彼女は聞く耳をもたなかった。

一八九二年五月一日、M・B・ロレンスという医師夫妻がホームズのビルの五室からなるアパートに入居した。夫妻はよくエメリンと顔を合わせたが、エメリン自身はまだこのビルに住んではいなかった。あいかわらず近所の下宿に住んでいたのだ。

「私が知るかぎり、とびきりの美人でとても陽気な娘さんだった」とロレンス医師は語った。「妻と私は彼女のことを気にかけるようになった。彼女とは毎日のように顔を合わせ、彼女が五分ばかり立ち寄って妻とおしゃべりをしていくこともよくあった」。ロレンス夫妻はホームズとつれだっているエメリンの姿をよく見かけた。「ほどなくミス・シグランドとミスター・ホームズが厳密にいって雇い主と従業員の関係ではないことに気がついた。それでも彼女を責めるよりむしろ哀れむべきだと感じた」

エメリンはホームズに夢中だった。彼のやさしさ、親しげな愛撫、何にも動じない態度、肉体的な魅力にまいっていたのだ。これまでこんな男には会ったことがなかった。それどころか驚くなかれ、彼はイギリス貴族の息子だという。だがこれは絶対に誰にも内緒だった。人に吹聴できないので楽しみはやや減じたが、そのためよけい彼が謎めいて見えた。もちろん友達にはこっそり漏らしたが、ほかの誰にもいわないとしっかり誓わせることは忘れなかった。エメリンにとって、ホームズが貴族の血を引くという事実は信憑性があった。この騒々しく野蛮なシカゴではめったに見られないとびきりの魅力と優美なマナーもイギリスの血を引くとなれば納得がゆく。

エメリンは気さくで外向的な女性だった。インディアナ州ラファイエットの家族やドワイト時代の友人たちにもこまめに手紙を書いていた。友達もすぐにできた。シカゴへ来て最初に部屋を借りた下宿の女主人とはいまでも定期的に食事をともにしており、親友だと

思っていた。

一〇月、エメリンのまたいとこにあたるB・J・シグランド博士夫妻が彼女を訪ねてきた。シグランド博士はシカゴのノースサイドにあるノース・アベニューとミルウォーキー・アベニューの角に診療所をかまえる歯科医だったが、シグランド一族の歴史を研究していたことからエメリンに連絡をとったのだった。親戚ではあったが会うのは初めてだった。「彼女は感じのよい態度と機転のきくところが魅力だった。スタイルもよく、背は高いし、いかにも健康そうで、亜麻色の髪がふさふさと波打っていた」。シグランド博士夫妻は、このときの訪問ではホームズとは会わず、その後もじかに顔を合わせるチャンスはついになかった。だが、エメリンの口から彼の魅力と寛大さとビジネスの手腕について褒めちぎる話を聞かされた。エメリンは二人にホームズのビルの内部を案内し、博覧会の客向けにホテルに改装しているところだと話した。さらに六三丁目に建設される高架鉄道が客をじかにジャクソン・パークへ運ぶことになる。一八九三年の夏にはおびただしい数の客がイングルウッドに押し寄せるはずだった。エメリンは成功まちがいなしと信じていた。

そんな熱中ぶりも彼女の魅力の一つだった。その青年医師にぞっこん惚れこんでおり、彼のすることなすこと賛嘆の目で眺めているのだ。だがシグランド博士は彼女がいうほどこのビルがすばらしいものとは思えず、成功の見込みにも疑いをもった。彼の目に映ったこの建物は陰気で押しつけがましく、周囲の建物とくらべて生気がなかった。イングルウッドで見かけるほかの建物には何かを期待するエネルギーがあふれていた。それは博覧会だけでなく、博覧会が終わったあとまで大きく広がる未来への期待だった。六三丁目のほんの二ブロック離れた場所ではさまざまな色彩と素材による凝ったデザインの大邸宅が建ちつつあり、通りの先にはティンマーマン・オペラハウスとそれに並んでニュー・ジュリアン・ホテルがそびえていた。どちらの建物も費用を惜しまず、上等な建材とすぐれた職人技をふんだんに用いていた。それにくらべてホームズのビルは無駄な空間が多いという印象で、ガス・ランプの光が届かない片隅の薄暗さが目についた。明らかにホームズは建築家に相談をしていないらしく、かりに建築家がいたとしても有能とは思えなかった。廊下は暗く、ドアも多すぎるようだ。材木の質は悪く、大工仕事はぞんざいで、廊下が奇妙な角度で急に曲がるのも変だった。

それでもエメリンは夢見心地のようだった。シグランド博士が冷たい人間だったら、そんな世間知らずの甘ったるい崇拝の念を叩きこわしていただろう。博士はあとで、あのときもっと率直にいえばよかったと後悔したはずだ。頭のなかでは、このビルの本当の姿とエメリンが描いている幻想のあいだにギャップがあり、どこかおかしいという小さな声があったが、それをもっとよく聴いていればよかった、と。だがなんといってもエメリンは恋する娘だった。そんな彼女を傷つけるには忍びない。彼女は若く、幸せのただなかにいる。その喜びは人の心にも伝わる。とくに屈強な男たちが痛さのあまり涙をこぼす姿を毎日のように目にするばかりで、歓喜とはほとんど無縁の歯科医であるシグランド博士にとって、彼女の幸せは貴重だった。

シグランド夫妻が訪問した直後、ホームズはエメリンに求婚し、彼女はそれを受けた。新婚旅行はヨーロッパへ行こうと約束し、もちろんそのときには貴族の父のもとへも訪問しようといった。

落成式

オームステッドは歯痛と耳鳴りと不眠に悩まされていたが、それでも一八九二年になって数か月は、年齢が三分の一の男でもバテそうなスケジュールをなんとかこなしていた。シカゴ、アッシュヴィル、ノックスヴィル、ルイヴィル、ロチェスターへと旅し、そんな夜行列車の行程でさらにストレスが加わった。シカゴでは補佐役の若いハリー・コッドマンが根気よく努力を重ねていたが、それでも進行はスケジュールより大幅に遅れており、期限が迫ったいま、やるべきことは山のようにあった。最初の大事な日付は一八九二年一〇月二一日の落成式だったが、それはもうすぐそこだった――これも最初はもっと早い一〇月一二日の予定だったのだが、博覧会の役員たちはニューヨークのコロンブス・デーと重なることを考慮して変更したのだった。それ以前、ニューヨークにはさんざん中傷を浴びせられていたのだから、この延期は意外なほどの思いやりだった。

会場のどこを見ても工事は遅延しており、とりわけオームステッドはいらだった。建設が遅れれば環境設計の仕事もそれだけ遅れる。すでに彼が作業を終えた場所さえ損害をこうむった。現場の作業員がせっかく植えた苗を踏みしだき、きれいにできあがった道はずたずたにされた。アメリカ館がよい例だった。オームステッドの部下の現場監督ルドルフ・ウーリッチはこう報告する。「その周辺にはあらゆる種類、あらゆる品目の建材が積みあげられ、いたるところに散らばっているので、現場の責任者に何度もくりかえして厳重に注意したあげく、やっと作業にとりかかることができた。作業が始まってからも大した改善はなく、われわれの仕事についてはまるで関心が払われない。前の日に仕上げた作業が翌日にはめちゃくちゃにされてしまう」

そんな遅延や損害にオームステッドは腹を立てたが、ほかにもストレスの原因はいくつもあった。オームステッドのあれほど強固な説得にもかかわらず、信じがたいことに、バーナムはまだ博覧会場で用いる船の候補に蒸気式ランチを考えているらしかった。しかも森の島には建物をいっさい置かないという彼の信念に共感してくれる人はまったくいないようだった。

この島に進出しようとする動きは引きもきらず、そのたびにオームステッドは彼の作った景観を下手にいじろうとするクライアントへの根深い怒りを再燃させるのだった。島の立地は誰にとっても魅力的だった。最初に名乗りをあげたのはシカゴ交響楽団の指揮者セオドア・トーマスだった。博覧会にふさわしいコンサートホールを建てるにはここが理想的な場所であり、ここしか考えられないというのである。だがオームステッドは許可しなかった。次に進みでたのはアメリカ行政委員会のトップであり、押しの強さで知られるセオドア・ローズヴェルトだった。この島は彼が創立したブーン・アンド・クロケット・クラブの狩猟キャンプの展示場としてうってつけだというのだ。ワシントンにおけるローズヴェルトの影響力からして当然のことだが、ナショナル・コミッションのメンバーである政治家たちはそのプランを支持した。バーナムはもめごとを避けようとして、それを受け入れるようオームステッドを説得した。「島の北の端の木陰にひっそりと展示し、島へ上陸した人の目にようやくそれとわかるだけで岸辺からは見えないようにするが、それでもだめだろうか？」

オームステッドはだめだといった。もっと小さな島にローズヴェルトのキャンプを設置することは認めたが、それも建物は拒否し、「いくつかのテント、馬が数頭、キャンプファイアなど」に限るといった。だがのちに小さな狩猟用の山小屋を建てることは許可した。

次にあらわれたのが合衆国政府で、インディアンの展示をその島に置きたいといった。さらに博覧会の人類学部門の主任であるパトナム教授が異国から運んできた村を設置するのにここは理想的だといいだした。日本政府もこの島を狙っていた。「日本の寺院を建てたいといっており、やはり建設場所として森の島を希望している」とバーナムは一八九二年二月に書いた。いまやこの島に何かを置かなければおさまりがつかないようだった。それほどこの場所は魅力的だったのだ。バーナムは日本の提案を受け入れるようオームステッドを口説いた。「たしかに日本寺院はこの場所にふさわしいと思えるし、あなたが気にかけている自然本来の魅力を損ねるものではなさそうだ。日本政府はとても繊細で美しいものを建てると約束しているし、博覧会が閉幕したあとはそのままシカゴに寄付するといっている」

もっと悪い事態になるのを恐れて、オームステッドはこの提案を受け入れた。

それでも気分は晴れなかった。というのも島を守るために戦っているさなか、彼の愛するセントラル・パークにまた新たな攻撃がしかけられたからだった。裕福なニューヨーカーの小グループの後押しによって、ニューヨーク州議会はいつのまにかセントラル・パークの西側に「スピードウェイ」の建設を許可する法案を通していたのだ。富豪たちは自分たちの馬車をそこに走らせてレースを楽しもうと考えたのだった。大衆の怒りはすさまじかった。オームステッドはそのような道路は「不合理かつ不当であり、モラルに反する」という手紙で自分の立場を表明した。議会はこの法案を撤回した。

不眠と痛み、山のような仕事、ひどいストレスで、三月末にはオームステッドも自分の肉体と精神が崩壊寸前だと自覚するようになった。成人して以来ずっとつきまとってきた定期的な鬱状態がふたたびあらわれた。ある友人はこう書いている。「オームステッドが鬱に陥ると、悲観的な思考の筋道は恐ろしいほど暗澹となる」

それでも当人はたっぷり休みをとれば大丈夫だと信じていた。当時の治療の習慣にしたがって、彼は体調が回復するまでヨーロッパで過ごすことにした。ついでに美しい景観を眺めて自分の表現力を豊かにすることもできるだろう。計画では、公共の庭園や公園を見てまわり、パリ万博の跡地も訪ねる予定だった。

ブルックラインのオフィスの監督に長男のジョンを残し、シカゴ博覧会の指揮はハリー・コッドマンにまかせた。出かける寸前になって、彼は子供たちのうち二人——娘のマリオンと息子のリック——とハリーの弟でまだ若いフィル・コッドマンをつれていくことにした。マリオンと二人の青年にとってこれは夢のような旅だったが、オームステッドにはもっと暗鬱な旅になった。

一行は一八九二年四月二日に出航し、リヴァプールに着いたときは猛烈な霰(あられ)と雪に迎えられた。

シカゴのソル・ブルームはフランスからの電報を手にしてぎょっとした。電文を二度読みなおし、文面の中身がまちがっていないことを確かめた。マネージしていたアルジェリアの村人たち――家畜や家財道具いっさいも含めて――がすでに海の上にいる。博覧会のためにアメリカへ向かっている途中だ、と。しかし博覧会はまだ一年先だ。「月日はまちがっていない」とブルームはいう。「だが年がまちがっていた」

オームステッドはイギリスの田舎を魅力的だと思ったが、天気は陰鬱でわびしかった。チズルハーストの親戚の家にしばらく滞在したあと、二人の青年をつれてパリへ向かった。娘のマリオンはそこに残った。

パリでは万博の跡地を訪ねてみた。長い冬で草木が枯れ、庭園は貧弱だったし、建物も風雨にさらされていたとはいえ、跡地を見ただけでもかつての万博が「かなりのもの」だったことがわかった。この場所はいまでも人気があった。オームステッドと青年たちが日曜日に訪ねてみると四つのバンドが演奏をしていて、軽食や飲み物を売るスタンドがオープンしており、数千人の見物客が散策していた。エッフェル塔の下には長い行列ができていた。

シカゴ博覧会のことがつねに頭にあったオームステッドは細部までじっくり観察した。芝生は「やや貧弱」で砂利道は「目にも足にも快くない」。パリ万博で幾何学式の花壇が多用されているのは気に入らなかった。ブルックラインのジョンに宛てた手紙にはこう書かれている。「私にいわせれば、これではとてもざわついて見えるし、派手で子供っぽい。野蛮だとか博覧会を損なうとまではいわないにしても、気品に欠け、広がりと統一感と平静さを壊している」。そしてもう一度持論をくりひろげた。シカゴでは「単純さと控えめさを重んじ、これ見よがしの効果やけばけばしさは排除しなければいけない」

この訪問がきっかけでふたたび懸念がわきあがった。パリ万博をしのぐという目的に夢中になるあまり、バーナムや建築家たちは博覧会の本質を見失っているのではないだろうか。「パリ万博の建物はもっと色彩豊富で装飾にも色がたくさん用いられている。一方、モールディングや彫刻作品は思ったよりも少なかった。私が思うに、そのほうが目的に合っていて、博覧会という機会にもふさわしい。シカゴ博覧会のように堂々とした威厳のある建物ばかりではない。われわれの博覧会はこの点でまちがっているのではないだろうか。建築的な壮大さばかりを求めて、彫刻やその他、大げさで華美なだけの装飾に拘束され、わざとらしいものになっているという恐れはないだろうか」

オームステッドは若者たちに囲まれて旅するのが好きだった。ブルックラインにいる妻への手紙にはこう書かれている。「大変楽しいときを過ごしており、健康状態もかなり改善されそうだ」。だが一行がチズルハーストへ戻ってきた直後、体調が悪化して、夜はまた不眠に悩まされるようになった。故国に残っていたハリー・コッドマン――彼も原因不明の腹痛に悩まされていた――にはこんな手紙を出した。「いまとなっては、私ももう年で、自分で思う以上にポンコツになっているようだ」

ハリー・レイナーという医師がチズルハーストでの社交の席に訪ねてきてオームステッドと会った。たまたま神経科の専門医だったレイナーはそのやつれた姿にびっくりして、ロンドン郊外のハムステッド・ヒースにある自宅で医師みずから世話をしようと申し出た。オームステッドは承諾した。

レイナーが手厚く看護したにもかかわらず、体調は回復しなかった。ハムステッド・ヒースの滞在はしだいに退屈になってきた。一八九二年六月一六日、ハリー・コッドマン宛ての手紙にはこうある。「まるで監獄にいるようなものだ。朝が来るたび、今日こそ回復しているのではないかと期待するのに、いまのところ毎日がっかりさせられるだけだ」。レイナー医師も当惑していた。「何度も体の隅々までくわしい検査をくりかえしたあげく、彼が自信をもっていうには、臓器はどこも悪くはなく、したがってこの先数年は良好な健康状態で働けるはずだという。現在の不調は海外に出かける原因となった不調のバリエーションだろうと診断された」

彼は毎日のように馬車で田園地帯を走りまわった。「毎日どこか別の道を通って」さまざまな庭園、教会の庭、個人の所有地、自然の景観などを見た。装飾過多の花壇のほとんどは気に入らなかった。それらは「子供っぽく下品で、これ見よがしでわざとらしく、その場にそぐわないか不調和のどちらか」だった。だが田舎のたたずまいには魅了された。「アメリカにはこの田園風景に比すべきものがない。イギリスでは絵のような風景をそこらじゅうで見かける。出かけるたびに喜びを感じずにはいられない。これを書いている目の前では雨が降りしきっているが、それでさえうっとりするような情景だ」。なによりすばらしいのは、自然のままの草花がシンプルかつナチュラルな状態で生えているところだった。「最高のコンビネーションはハリエニシダ、イバラ、キイチゴ、サンザシ、セイヨウキヅタが絡みあっている茂みだろう。花などなくてもじつに魅力的だ。そういったものはとても安い価格で何百何千と手に入れられる」

目にした景観がジャクソン・パークのビジョンと相容れないこともあれば、また別のときには彼の信念を裏付けることもあった。「どこへ行っても、見たなかで最高の装飾はつる草や蔦が園芸師をだしぬいているような場所だ。われわれにはちょっとした蔦やつる草がまだ足りない」。そのような効果を出すのに自然まかせにしておくだけの時間の余裕がないことはわかっていた。「橋の上にできるかぎりたくさんのつる草や木の枝をまとわりつかせ、枝を下げて釘で打ちつけ、薄暗がりや葉陰を作り、水の上にまだらになった光の模様を浮かべること」

なによりこの視察旅行で確信を強めたのは、森の島の自然を――日本寺院はさておき――できるだけ野生のままにしておかなければいけないということだった。「これまで以上に、この島の価値は大きいと思えてきた」と彼はハリー・コッドマンに書き送った。「可能なかぎり、あらゆる手段をもって、びっしりと茂った葉で境界を覆い、周囲から覗きこめないようにすることが重要だ。全体的な効果をあげるため、従属する小さな細部には豊富な多様性をもたせること……アシ、アドルミア、マデイラ・ヴァイン、キャットブライヤー、ヴァージニア・センニンソウ、キイチゴ、スイートピー、チョウセンアサガオ、トウワタ、小型の西洋ヒマワリ、アサガオなどがまだ足りない」

だが同時に、自分の求める野生を保つには、すぐれた管理者の手で調整する必要があることもわかっていた。シカゴにその能力があるかどうかが心配だった。「イギリスの労働者や貸し馬の御者や使用人の規律正しさ、庭園や土地や小道や道路の管理能力の高さと優美さはシカゴ実業界の大立者や大物よりもはるかに上だ。理事たちが適切だと考えているよりずっと高いレベルを達成できなければ、とんだ不面目をさらすことになるだろう」

総じて、博覧会の景観設計が成功するはずだというオームステッドの自信は揺るがなかった。しかし新たな不安がわきあがった。ブルックラインのオフィスに宛てた手紙にはこう書かれている。「いまや博覧会の頭上に垂れこめる唯一の暗雲はコレラだと思う。けさロシアやパリから伝わった噂は警戒を要する」

ソル・ブルームのアルジェリア人たちがニューヨーク港に近づいたころ、ミッドウェイの作業員は彼らを住まわせるための仮小屋を建てはじめた。ブルームはニューヨークまで行って船を出迎え、鉄道の客車を二台雇って村人とその荷物をシカゴへ運ぶ手配をした。

アルジェリア人たちは船を降りたとたん、それぞれが勝手な方向へ散りはじめた。「このままではみんな道に迷い、車に轢かれ、監獄送りになると思った」。どこにも統率者の姿は見えなかった。そこでブルームは彼らを追いかけ、フランス語と英語でどなりつけた。するとが黒い肌の大男がブルームのそばに歩みより、イギリス上院議会で聞かれるような完璧な英語でこういった。「どうかもっと礼儀正しくしてください。さもないとさすがの私もかっとなって、あなたを海に放りこみたくなります」

この男はアーチーと名乗り、二人とも心を落ち着けて話しあった。それによると彼はロンドンに一〇年住んでいて、ある富豪のボディガードを務めていたという。「いまは仲間たちをシカゴという場所まで運ぶのが私の仕事です。内陸のどこかだとはわかっていないます」

ブルームはアーチーに葉巻を手渡し、ボディガード兼アシスタントになってくれないかといった。

「ありがたくお受けしましょう」とアーチーは答えた。

二人は葉巻に火をつけ、ニューヨーク港の芳しい夜の大気に煙を吐きだした。

バーナムは建設のペースをあげるために奔走していた。とくに急がせたのは、落成式までに完成させなければいけない産業・教養館だった。落成式まであと半年という三月、彼は建設契約書に盛りこんでおいた「ツァーリ」条項を発動させた。電気館の建設請負業者に労働力を二倍に増やすよう命じ、電気照明のもとで昼夜兼行の工事をさせたのである。産業・教養館の請負業者にもペースをあげなければ同じことをすると脅しをかけた。

バーナムはエッフェル塔をしのぐという希望をほとんど捨てかけていた。つい最近も現実離れした提案を却下したばかりだった。提出したのはサタデー・アフタヌーン・クラブでの講演を聴きにきていたピッツバーグの若いエンジニアである。この男の素性は信用できた——彼の会社は博覧会の建物に使われるスチールの強度を調査するという仕事を請け負っていた——が、彼が出したアイデアも実現不可能に思えた。「あまりにも脆すぎる」とバーナムは彼にいった。客は怖がるだろう。

その春も天候不順で、工事の進行が妨げられた。一八九二年四月五日火曜日の午前六時五〇分、完成したばかりのポンプ・ステーションが突風によって倒壊し、イリノイ館に約二〇メートルの亀裂が入った。三週間後、別の嵐が襲いかかり、産業・教養館の南側の壁が二四〇メートルにわたって破壊された。『トリビューン』はこう報じた。「この突風は世界博覧会の会場に恨みがあるようだ」

工事をスピードアップするため、バーナムは東部の建築家をシカゴに呼びよせた。気がかりな懸案事項の一つはメイン・パビリオンの外壁を何色にするかということだった。とくに産業・教養館の漆喰で固めた巨大な壁が問題だった。この会議で出たアイデアの一つは、短期的に見れば作業を劇的に加速させるためのものだったが、その一方で、やがてこれが博覧会の美しさを強烈に印象づけるのに一役買うことになるのだった。

本来、建物の外観に関しては、博覧会の公式の色彩監督であるウィリアム・プレティマンが管轄するはずだった。バーナムはのちに、プレティマンをこの地位につかせたのは「彼がジョン・ルートの親しい友人だったことが大きい」と認めている。彼はこの仕事に向いていなかった。プレティマン夫妻と知りあいだったハリエット・モンローはこう書いている。「彼の才能は、負けや譲歩をけっして受け入れない高慢で勝気な性格のために見過ごされやすかった。そのため彼の生涯は不和という悲劇につきまとわれた」

会議のあった日、プレティマンは東海岸にいた。建築家たちは彼抜きで会議を進めた。バーナムはいう。「時間との競争だったので、その場の全員をせきたてた。色をどうするかという話になって、ついに『白一色にしよう』という結論になった。誰がいいだしたのかは覚えていない。全員が同時にひらめくことはよくあるが、これもその一つの例だったかもしれない。いずれにしても決定は私がくだした」

シカゴのソロン・S・ビーマンが設計した鉱業館はもうじき完成だったので、これでテストすることになった。バーナムはこれをクリームがかった白に塗るよう命じた。シカゴに戻ってきたプレティマンは「激怒した」

色を決めるのは自分だと文句をいったのだ。

「いや、そうじゃない。決めるのは私だ」とバーナムはいった。

「そうか。では、私は辞めさせてもらう」

バーナムは引き止めなかった。「どちらかといえば陰気な男で、とても気難しかった。彼を辞めさせて、それからチャールズ・マッキムに現場の監督をする者が誰か必要なんだと相談した。ただし友情という観点から人を雇うのはもうごめんだ、と」

マッキムはニューヨークの画家フランシス・ミレーを推薦した。彼は色を決める会議にも出席していた。バーナムは彼を雇った。

ミレーはすぐさま手腕を発揮した。何度か実験したあと、彼は建築用の漆喰にいちばんよくなじむ塗料は「通常の鉛白とオイル」だと結論し、さらにその塗料を筆ではなく、ガスのパイプから作った特殊なノズルを付けたホースで塗るという方法を考えだした——世界初のスプレー・ペイントである。バーナムはミレーとその部下の塗料作業員たちに「白漆喰団（ホワイトウォッシュ・ギャング）」というあだ名をつけた。

五月の第一週、猛烈な嵐がシカゴに滝のような雨をもたらし、またもやシカゴ川を逆流させた。今度も汚水があふれてシカゴの上水道が脅かされた。腐った馬の死骸が水道の取込口のすぐそばにぷかぷか浮かんでいるのが見えた。

その情景を見て、バーナムは落成式までにウォーキショーから博覧会場まで湧き水を送るためのパイプをなんとか完成させようという思いを強くした。それ以前の一八九一年七月、博覧会はこの仕事をJ・E・マッケルロイという起業家が率いるハイジア・ミネラル・スプリングス社に委嘱していたが、この会社はほとんど工事を進めていなかった。三月、バーナムは部下の現場監督主任ディオン・ジェラルディンにこの仕事を進めるようにいい、「最大の注意を払って監督し、けっして遅延を許さないように」と厳命した。

ハイジア社はウォーキショーの泉から村のまんなかを突っきってパイプを敷く許可を得ていたが、村人の反対までは予測していなかった。人びとはこのパイプライン建設によって村の美観が損なわれるのをいやがり、また有名な湧き水が涸れてしまうのではないかと不安に思ったのだった。バーナムにせっつかれたハイジア社のマッケルロイは強引な手段をとることにした。

一八九二年五月七日土曜日の夕方、マッケルロイはパイプとつるはしとシャベル、それに三〇〇人の作業員を乗せた専用列車でウォーキショーへ向かった。夜陰に乗じてパイプラインの工事に着手してしまおうという計画だった。

だが工作隊がやってくるという噂は汽車よりも早くウォーキショーに届いた。汽車が駅に近づくと火の見やぐらの鐘が打ち鳴らされ、たちまち棍棒や拳銃やショットガンなどを手にした大勢の男たちが集まってきて汽車をとりかこんだ。蒸気を立てた二台の消防車も駆けつけ、消防署員は消防用の水でパイプラインの作業員を撃退しようとホースをかまえた。村人のリーダーの一人がマッケルロイに向かって、あくまで工事を強行するつもりなら生きてここを出られると思うなといった。

さらに村人が続々と集まって、駅をとりかこむ男たちの一団に加わった。男たちのなかにはタウンホールにあった大砲を引きずってきて、その筒先をハイジア社の瓶詰工場に向けるグループもいた。

しばらく睨みあったあと、マッケルロイと配下の作業員たちはシカゴに引き返した。バーナムはそれでも水が必要だった。ジャクソン・パークにはすでにパイプが敷かれ、ミネラルウォーター用の二〇〇か所のスタンドもできていた。

マッケルロイはウォーキショーの村から直接パイプを敷くという計画を断念した。そのかわりウォーキショーの南約二〇キロ、ウォーキショー・カウンティの境界内ぎりぎりにあるビッグ・ベンド村の湧き水を買った。博覧会を訪れた人びとが飲むのは、いちおうウォーキショーの湧き水にはちがいなかった。

その水がウォーキショー・カウンティの水であって、有名な村の水でないことは些細な問題でしかなく、バーナムもマッケルロイも気にしなかった。

ジャクソン・パークでは、はずみのついた工事のペースに全員が巻きこまれていた。建物が形をなすにつれ、建築家はあちこちにひび割れを見つけたが、なにがなんでも先に進もうという気持が熱病のように蔓延していたため、ひび割れは石の楔(くさび)でふさぐか、漆喰で埋めるだけということになった。建設現場に長いあいだ留まれない東部の建築家のかわりにフランク・ミレーが非公式ながら工事の監督をし、その場しのぎの応急処置が美観をぶち壊しにしないよう目を光らせた。一八九二年六月六日、ミレーは農業館の設計者であるチャールズ・マッキムにこんな手紙を書いた。「変更する部分はすべて、できるだけはっきり書いたほうがよろしいでしょう。というのも作業員は要点だけを呑みこんで勝手に解釈してしまうからです。今日もロトンダのセメントの床の上で余計なものを粉々に砕いたばかりです。こんなものはあなたの意図するところではないといって……ものごとを正しく進めるには果てしなく時間がかかり、気を配らなければなりませんが、まちがったことをさせるにはほんの一秒ですむのです。作業員への指示はすべて絶対的なものです。したがって、ご自分の意図することは誤解の余地がないようきっぱりと明言していただきたい」

建設業者フランシス・アグニューのもとで産業・教養館の工事にあたっていた作業員たちは巨大な鉄製の桁組(トラス)を立ちあげるという危険な段階にさしかかっていた。このトラスは建物の屋根を支え、かつてない広大な内部空間を作りだすためのものだった。

作業員たちはまず建物の幅に等しい長さの鉄道レール三本を並行に設置した。さらに鉄道の車輛、別名「トラック」の上に「トラベラー」を載せる。これは台の上に間隔をおいて並んだ三基の高いタワーからなる巨大なデリックである。作業員はこのトラベラーを使って二つのトラスを同時にもちあげ、設置することができた。ジョージ・ポストの設計は、二二個のトラスを必要とし、各トラスは二〇〇トンの重量だった。この資材を現場に運ぶために合計六〇〇台の貨車が使われた。

六月一日水曜日、博覧会の公式写真家チャールズ・アーノルドは工事の進捗状況を記録するため、産業・教養館の写真を撮った。その写真を見た人は、落成式までの四か月半で完成させるのはとても無理だろうと思った。トラスは組みたてられていたが、まだ屋根はなかった。壁はようやく基部ができつつあるところだった。アーノルドが写真を撮ったとき、現場では数百人の作業員が働いていたが、スケールがあまりにも大きいので一人一人の姿はとても見分けられなかった。足場から足場へかけられた梯子(はしご)はマッチ棒のようで、構造の脆さをいっそう強調していた。前景には山と積まれた屑やゴミが見える。

二週間後、アーノルドはふたたび写真を撮ったが、このときとらえた建物の姿は前とは大違いで――荒涼たる情景だった。

六月一三日の夜、九時ちょっと過ぎ、またもや突然の暴風が博覧会場を襲ったのだ。こんどの突風は産業・教養館だけを標的にしたようだった。建物の北側が大きく崩れ、その結果、内側の壁をぐるりととりまく予定だった高層ギャラリーにも被害がおよんだ。三万メートル分の材木が床に崩れ落ちた。破壊の直後に撮影されたアーノルドの写真にはずたずたになった材木と絡みあったスチールの大きな山の前にたたずむ米粒のような男――たぶんバーナムだろう――の姿が写っている。

よりによって、この建物が。

建設業者のフランシス・アグニューは壁の補強が不十分だったと認めながらも、この惨状は工事をあまりにも急がせたバーナムのせいだといった。

バーナムはこれまで以上に工事を急がせた。警告どおり、この工事現場で働く人員を倍にした。工事は昼夜兼行となり、作業員は雨の日でも焼けつく暑さのなかでも働いた。八月だけでも、この現場で三人の死者が出た。会場全体では四人が命を落とし、そのほか一二人が骨折、火傷、裂傷などを負った。のちの査定によると、労働環境として、この建設現場は炭坑より危険だったという。

バーナムは自分の手に権限をもっと集中させたかった。博覧会協会とナショナル・コミッションのたえまない衝突はほとんど耐えがたくなっていた。議会の調査でさえ、権限を一本化できていないことが不和と不要な出費の原因だと結論していたのだ。調査報告はデーヴィスの俸給を半分にカットすることを勧めていた。明らかに、力関係のバランスを修正せよという合図だった。博覧会協会とナショナル・コミッションは休戦協定を結んだ。八月二四日、運営委員会はバーナムを建設総監督に任命した。ついに全体の指揮官として認めたのである。

その直後、バーナムは関連部門のトップ——オームステッドも含めて——全員に手紙を送った。「世界コロンビア博覧会の敷地内での活動について、私個人が指揮権をもつことになりました。今後さらなる通知があるまで、報告は私宛てに提出し、また指令は私からのみ出されるとお考えいただきたい」

ピッツバーグではスチールを専門とする若いエンジニアが、エッフェル塔にまさるものを作るという自分の案にますます自信を深めていた。彼が考案したこの構造物にはこれまでにない荷重がかかるはずだった。そこでスチール検査会社の共同経営者W・F・グロノーに頼んで、その荷重の数値を出してもらった。レンガやスチールなど静止した物体にかかる動かない荷重を専門用語で「静荷重」というが、この構造物は「静荷重」とは無縁だった。ここで重要なのは、鉄橋を汽車が渡るときのような、たえず変化していく荷重、すなわち「動荷重」だった。「こんなものは見たことがなかった」とグロノーはいう。だが、三週間かけてじっくり計算したあと、彼は詳細な仕様書を書きあげた。その数値には説得力があり、バーナムでさえ納得せざるをえなかった。六月、歳入委員会もこれを建設すべきだと賛成した。こうして、ゴーサインが出た。

だがその翌日、委員会は許可を撤回した——予想のつかない突風と軋み音をたてるスチール、それに二〇〇〇人の命が一瞬にして失われるという悪夢に悩まされた一夜を過ごしたあとで、決定をくつがえしたのだった。委員会の一人はこれを「怪物」と呼ぶようになっていた。技師たちも声をそろえて、こんなものは建設できっこない、少なくとも安全は保証できないといった。

だが設計者の若いエンジニアはめげなかった。二万五〇〇〇ドルの自腹を切ってきちんとした仕様書付の設計図を作り、それをもって出資してくれそうな人びとを訪ねてまわったのだ。そのなかには著名な二人のエンジニアもいた。シカゴに大きな事務所をかまえるロバート・ハントと、カナディアン・パシフィック鉄道の建設に協力したことで知られるアンドリュー・オンダードンクである。

やがて風向きの変化が感じられた。ミッドウェイの責任者として新しく就任したソル・ブルームは稲妻のようなインスピレーションにあふれ、どんなことにもすなおに驚きをあらわす人物のようだった――しかも人を驚かせる珍品ほど歓迎するらしい。さらに博覧会の工事と運営に関して、バーナムがほとんど無制限の権力を手にしていた。

若いエンジニアは万全の準備をととのえて三度目の挑戦を敢行した。

一八九二年九月の第一週、オームステッドと若者たちはイギリスからの帰国の途につき、シティ・オブ・ニューヨーク号でリヴァプール港を出航した。海は荒れ、辛い航海となった。マリオンとリックは船酔いにやられ、たえず吐き気に襲われた。オームステッドの健康も悪化し、また不眠に悩まされるようになった。「旅に出たときより、さらに体調は悪化した」と彼は書いている。しかしのんびり養生している時間はもうなかった。落成式はたった一か月後に迫っており、ハリー・コッドマンは夏のあいだ悩まされた症状と同じ原因不明の胃痛で寝こんでいた。コッドマンが治るまで、代わりに現場で指揮をとるため、オームステッドはシカゴに向かった。「神経痛と歯痛はいまだにおさまらない」とオームステッドは書いた。「おまけにひどく疲れているし、心配と不安はますます募るばかりだ」

シカゴに着くと公園のようすは一変していた。鉱業館と漁業館は完成していた。ほかの建物も工事が進んでおり、信じがたいことにあの巨大な産業・教養館でさえだいぶできあがっていた。その足場や屋根の上には何百人という作業員がうごめいていた。ここでは床だけでも貨車五台分の釘を費やしたのだった。

とはいえ、その工事のさなかに景観はひどく損なわれていた。仮設の鉄道線路は敷地内を縦横に走っていた。馬車の車輪が歩道や道路、芝生を植える予定の場所に深いわだちを残した。ゴミや廃材がそこらじゅうに散らばっていた。初めてその状態を見た人は、いったいオームステッドの部下は何をしていたのかと思ったかもしれない。

もちろんオームステッドの目は大きな進歩のあとをとらえたが、それはちょっと見にはわからないたぐいのものだった。いまラグーンのある場所はかつては不毛の荒れ地だった。パビリオンが建ち並んでいる堤は、彼の地ならし隊が造成しなければそこにはなかっただろう。この春、彼の部下たちはE・デーンという園芸主任の指揮のもと、博覧会場内の苗床で育ったほとんどの草花を一つずつ手植えし、さらに二〇万本の樹木と水生植物とシダを植え、三万本の柳を挿し木した。

バーナムがオームステッドの部下たちに望んだのは、落成式までのわずかな時間で敷地を手っとり早くきれいにし、花と仮の芝生でうわべだけでも飾ることだった。オームステッドはそれが必要な作業だと理解はしていたが、その一方で景観設計は一朝一夕でできるものではないという長年抱きつづけてきた信念と相容れないものだった。「それどころか、本来の作業の妨げにもなる」と彼は書いた。

しかし彼の留守中に一つだけ、大いに喜ばしい発展があった。船にこだわるオームステッドの意向をくんで、バーナムはエレクトリック・ランチ・アンド・ナビゲーション・カンパニーという会社の船を採用していたのだ。それは電動式の美しい船で、オームステッドが望んでいた条件をすべて満たしていた。

落成式の日には、報道陣さえ礼儀をわきまえ、会場の殺風景なところやまだ仕上がっていない産業・教養館の細部を見逃してくれた。あえてあら捜しなどしたら、シカゴおよびアメリカに対する裏切りとして非難されただろう。

落成式はアメリカ中が期待して見守った。『ユースズ・コンパニオン』の編集者だったフランシス・J・ベラミーは、その当日にアメリカ全国の小学生が一致団結して祖国のた

めに何か貢献できたらいいと考えた。そこで誓いの言葉を作り、教育局を通じてほぼ全国の小学校に配布した。もとの文面ではこんな言葉から始まっていた。「祖国と国旗にわが忠誠を誓う……」

盛大なパレードとともにバーナムとその他の名士たちが産業・教養館に入ると、広さ三二エーカーのフロアは一四万人のシカゴ市民でびっしりと埋めつくされていた。人びとの呼吸が霧となって立ち昇るなか、日光が筋をなして降り注いだ。赤じゅうたんの敷かれた演壇の上には五〇〇〇脚の黄色い椅子が並び、黒い服を着た実業界の大物や、真紅、紫、緑、金色の衣装をまとった外国のコミッショナーや聖職者が坐っていた。五期目の選挙に打って出ている元市長のカーター・ハリソンは握手をしながら大またで歩き、群衆のなかの支持者の声援に応えて黒いソフト帽を高く掲げた。反対側の壁際には五〇〇〇人の聖歌隊がいて、五〇〇人のオーケストラによる伴奏でヘンデルの『ハレルヤ』コーラスをうたった。参加者の一人はこう回想する。ある瞬間、「九万人が前触れもなく立ちあがり、胸にさした真っ白なハンカチ九万枚がいっせいに打ち振られた。空気はかき乱されて埃っぽい渦となり、巨大な鉄梁の天井を揺りうごかした……まるで建物全体が揺れているような感じがして、めまいさえ覚えた」

屋内のスペースがあまりにも巨大だったので、壇上での挨拶が終わって新しい歌を始めるときの合図は目で見える信号を使った。マイクロフォンはまだなかったので、スピーチはごく近くの聴衆の耳にしか届かなかった。残りの人びとはなんとか声を聞きとろうと顔をしかめながら、はるか遠くの演壇で大げさな身振りをする男たちを眺めるだけだった。聴衆のあいだからはざわざわとしたささやきや咳の音、革靴のきしみなどが聞こえてきた。ジョン・ルートの義妹の詩人ハリエット・モンローも会場にいて、アメリカを代表する二人の雄弁家、ケンタッキーのヘンリー・ワッターソン大佐とニューヨークのチョーンシー・デピューがかわるがわる演壇に立つのを見ていた。「ほとんど何も聞こえないまま私語を交わしたり、衣擦れの音をたてたりしている大勢の聴衆に向かって、二人は大げさな言葉をくりだしていた」

ミス・モンローにとっては記念すべき日だった。このイベントのために長大な詩——『コロンブス頌歌』——を作り、つてのある大勢の有力者に頼みこんで、その日のプログラムに朗読を入れてもらったのだ。声が届く範囲にいる数千人に向かって女優がその詩を朗読するのをモンローは誇らしげに見守った。聴衆の大多数とは意見を異にして、彼女自身はその詩を傑作だと自負していた。そこで印刷所に原稿をもちこんで五〇〇〇部を印刷し、書店で売ることにした。売れたのはほんのわずかだったが、彼女にいわせれば、それは詩を愛するアメリカ人が減ったせいだった。

その冬、彼女はあまった刷り物をストーブにくべて暖をとった。

プレンダーガスト

一八九二年一一月二八日、精神に異常をきたしたアイルランド移民、熱心なハリソン支持者だったパトリック・ユージン・ジョゼフ・プレンダーガストは一枚の葉書に手を伸ばした。二四歳になり、精神のバランスはますます危うくなっていたが、あいかわらず『インター・オーシャン』配達員の取りまとめ役として働いていた。その葉書はなんの変哲もなく、幅一〇センチに縦一二・五センチで片面は空白、表には郵便葉書のしるしと一セント分の郵便切手が印刷されていた。誰もが毎日のように長い手紙を書くのが習慣として定着していたこの時代には、ごくふつうの感覚をもった男たちにとって、郵便葉書は電報より少々ましという程度のお手軽な通信でしかなかった。だがプレンダーガストにとってこの厚みのある四角い紙はシカゴのスカイスクレーパーや大邸宅に自分の声を届けられる唯一の伝達手段だった。

この葉書に「弁護士A・S・トルーデ」という宛名を書いた。面倒な作業は一刻も早く終えて本題に移りたいというかのように名前は大きな花文字でぞんざいに書きなぐった。

受取人にトルーデを選んだのは意外なことではなかった。プレンダーガストはシカゴの新聞をよく読んでいて、それらの新聞の紙面で熱心に論じられるグリップカーの事故や殺人、市議会の陰謀についてよく理解していた。アルフレッド・S・トルーデがシカゴを代表する優秀な刑事弁護士であり、検察側として国に雇われることも多く、とくに重要な裁判ではそれが慣例になっていることも知っていた。

プレンダーガストは葉書の隅から隅までびっしりと文章を書きこんだが、文字の列がきちんと平行になっているかどうかはほとんど気にしなかった。ペンを強く握りしめる癖があり、親指と人差し指の先はへこんでいた。彼は「親愛なるトルーデ様」と書きだした。「痛みはいかがでしょうか？」新聞の報道によると、トルーデは事故でかすり傷を負ったという。「あなたの忠実なるしもべがこの葉書によってあなた様への心からの共感と信頼の念をお伝えすることをどうかお許しください。面と向かってお会いすることはありませんがそれでもあなた様の災難に心からの同情を禁じえないという事実はどうぞお疑いのなきよう――運悪く遭遇なさった事故のおけがから一刻も早く回復なさるようお祈り申しあげます」

文章は親しげな調子で続き、トルーデはひょっとしたら友人からの手紙だと思ったかもしれない。だが先に進むにつれて手書きの文字は縮んでゆき、やがて書いたというより、ぎゅっと押しつけたようなものになった。「トルーデ様は重々ご存じのことと思いますが法律に関して最も偉大な権威はイエス・キリストです——そしてこれもご承知とは思いますが法律の定めたことを十全に守ることはすなわち以下の二つの命題に従うことにほかなりません。力を尽くして主たる汝の神を愛すべし、そして汝の隣人を愛せよ——なんと偉大なる教えではないでしょうか」

操車場で線路を次々と変えていく汽車の車輪のように、文章はさまざまな話題へと移り変わった。「飼い犬を探しまわっている太った男の絵をごらんになったことがありますか？　犬はすぐそばの足元にいるのに男はそのことに気づかないのです——猫は見たことがありますか？」

結びの挨拶はなく署名もしなかった。彼はただ部屋を出ていって葉書を投函した。

トルーデはこの葉書を読み、頭のおかしな人間のしわざだろうと思って捨てようとした。精神のバランスを崩した男女の数は年々増えていた。刑務所はそういう連中だらけだとのちに看守の一人は証言した。なかには危険な者もいた。たとえばワシントンでガーフィールド大統領を暗殺したチャールズ・ギトーがそうだ。

トルーデはなんとなくこの葉書を保管しておこうという気になった。

「いますぐ来てほしい」

一一月末、ピッツバーグの若いエンジニアはもう一度、エッフェル塔にまさるエッフェル塔のプランを歳入委員会に提出した。今度は設計図と仕様書に加えて出資者のリストも添えた。そのリストには後援を約束してくれた著名人の名前が並び、このプロジェクトを実現するだけの資金があることを証明していた。一八九二年一二月一六日、歳入委員会はミッドウェイ・プレザンスにそれを建設する許可を与えた。こんどは撤回はなかった。

こうなるとシカゴの現場に出向いて工事を監督するエンジニアが必要だが、思いあたるのは一人しかいなかった。セントルイスのユニオン・デポ・アンド・トンネル・カンパニーのアシスタント・エンジニア、ルーサー・V・ライスである。ライスへの手紙の冒頭にはこう書かれていた。「シカゴ世界博覧会で大きなプロジェクトを手がけることになった。縦に回転する直径七五メートルの輪っか（ホイール）を建設する予定だ」

だがこの手紙のどこにも計画の肝心なところは書いてなかった。この輪っかには三六台のゴンドラがついていて、それぞれはプルマンの客車にほぼ等しい大きさで六〇人が乗れるようになっており、ランチカウンターもついている。定員いっぱいになれば、総勢二一六〇人の乗客がジャクソン・パークの上空九〇メートルの高さまで昇るのだ。この高さは六年前に建てられた自由の女神像の冠よりもやや上だった。

ライスへの手紙はこう締めくくられた。「できるなら、いますぐ来てほしい」。そして署名。ジョージ・ワシントン・ゲール・フェリス。

チャッペル再登場

一八九二年一二月に入ったばかりのある日、エメリン・シグランドはきれいに包まれた小さな箱をもってイングルウッドのホームズのビルに向かった。その包みは友人のロレンス夫妻に贈る早目のクリスマス・プレゼントだったから、彼女はうきうきしていた。だが六三丁目とウォレス・ストリートの交差点が近づくにつれて、気分は沈んできた。かつて宮殿のように見えた——建築として立派だったからではなく、それが約束するものによって——建物はいまや冴えない貧相なものに思えた。二階への階段をのぼり、まっすぐロレンス夫妻の部屋へ行った。暖かく歓迎されて、エメリンは元気をとりもどした。プレゼントを渡されたミセス・ロレンスがその場で包みを開くと、エメリンみずから描いたきれいな森の絵のついた錫(すず)製のプレートが出てきた。

この贈り物はミセス・ロレンスを喜ばせたが、同時にとまどいも感じさせた。クリスマスまであとたった三週間よと夫人はやさしくいった。それまで待ってこのプレゼントを渡してくれたら、こちらもエメリンへのプレゼントを用意しておけたのに。

エメリンはぱっと顔を輝かせ、クリスマスはインディアナの実家に帰って家族とともに過ごすのだと説明した。

「家族に会えるのがとても楽しみだといって、うれしそうでした」とミセス・ロレンスはいう。「愛情のこもった言葉で家族のことを話し、子供のようにはしゃいでいました」。だがミセス・ロレンスはエメリンの態度になにか思いつめたようすを感じ、その旅には別の目的があるのかもしれないと思った。「まさかここを出ていくつもり？」

「そうね、わからないけど。どうかしら」

ミセス・ロレンスは笑った。「おやおや、あなたがいなかったらミスター・ホームズはとてもやっていけないわよ」

エメリンはさっと顔色を変えた。「いざとなったら彼は平気よ」

この言葉を聞いてロレンス夫妻は確信するところがあった。「私が思うに、ある時点からミス・シグランドのホームズに対する気持が変化したのだろう」とロレンス医師はいう。「その後の出来事に照らしてみれば、彼女はホームズの本当の姿をある程度まで見ぬいてしまい、彼から逃げようとしたにちがいない」

彼女は近所の人びとから聞いた話を信じるようになったのかもしれない。ホームズはローンでさまざまな商品を買ったあげく代金を踏み倒す――そんな風評はそこらじゅうでささやかれていたが、最初のうち彼女は嫉妬まじりの根も葉もない噂としてとりあわなかった。あとになってわかったことだが、エメリン自身もホームズに貯金の八〇〇ドルを預けたようだった。その金はいずれたっぷり利子をつけて返すという曖昧な約束と引き換えに消えうせてしまった。ネッド・コナーの忠告が彼女の脳裏に鳴り響いた。最近の彼女は、そのうちドワイトへ戻ってまたキーリー博士のもとで働こうかという話もしていた。

エメリンはロレンスに別れを告げなかった。ただぱったりと訪問がとだえた。ミセス・ロレンスには、さよならもいわずに去るのはまったくエメリンらしくないことだと思えた。傷つくべきか心配すべきか態度を決めかねた。そこでエメリンはいったいどうしたのかとホームズに訊いてみた。

ふだんのホームズはミセス・ロレンスをまじまじと見つめて相手をたじろがせたが、このときは目をそらせた。「ああ、彼女は結婚することになったんです」とホームズはまるで取るに足りないことだといいたげに答えた。

ミセス・ロレンスは心底びっくりした。「なぜ結婚するってひとこともいわなかったのかしら」

誰にも内緒だったのだとホームズは説明した。エメリンと婚約者は彼だけに結婚のプランを打ちあけていた。

そんな説明はさらにミセス・ロレンスの疑問をかきたてるだけだった。なぜそこまで秘密にしなければいけないのか？　これまでたくさんの秘密を分けあってきたミセス・ロレンスになぜ何も話さなかったのか？

ミセス・ロレンスはエメリンの快活な心と健全な体を懐かしんだ。かわいらしく、ヒマワリの花のような金髪で、ホームズのビルの陰鬱な廊下をぱっと明るくした。どうしても納得がいかなかったミセス・ロレンスは二、三日後もう一度ホームズにエメリンの消息を訊ねた。

すると彼はポケットから四角い封筒をとりだした。「これを見てください」

封筒の中身は結婚通知だった。慣例では銅版刷り(エングレーヴィング)にするものだが、これは簡便な活版印刷だった。結婚という大事なニュースを伝えるのにあのエメリンが手抜きをするとはとても考えられない。

通知の文句はこうだった。

ロバート・E・フェルプス
エメリン・G・シグランド

一八九二年一二月七日水曜日
両人はシカゴで結婚しました

ホームズはエメリン自身からこの通知を手渡されたとミセス・ロレンスに話した。「出ていってから数日後、彼女宛ての郵便物を取りに戻ってきた」とホームズは後年の回想録に書いた。「そのとき結婚通知を置いていった。ビルに住む二、三の下宿人にも届けたが、彼らは留守だった。最近の捜査でわかったところでは、インディアナ州ラファイエットおよびその近在の少なくとも五人が同じカードを受けとっているという。カードが入っていた封筒の消印と手描きの文字から判断して、彼女は私の事務所を辞めたあと自分の手でそれらを投函したものと思える」

エメリンの家族と友人のもとにはこのカードが郵送されてきた。たしかに表書きはエメリンの自筆に見えた。おそらくホームズが彼女の文字をまねて封筒を偽造したか、あるいはクリスマス・カードを贈るためだといってエメリンに書かせたのだろう。

ミセス・ロレンスはこのカードを見ても得心がいかなかった。ロバート・フェルプスという名前はエメリンの口から一度も聞いたことがなかった。それにエメリンが結婚通知をもってこのビルに来たのなら、かならずじかに手渡そうとしただろう。

翌日ミセス・ロレンスはまたホームズを呼び止め、こんどはフェルプスのことを何か知っているかと問いただした。ホームズはやはりそっけない態度だった。「ミス・シグランドがどこかで会った男ですよ。セールスマンということくらいしか知りませんね」

エメリンの結婚の知らせは故郷の新聞にも届き、一八九二年一二月八日にはくだけたゴシップ欄の小さな記事になった。それによるとエメリンは「洗練された女性」であり、「しっかり者で、純粋な心の持ち主」だった。「大勢の友達は彼女の夫選びをあっぱれなものとみなし、心から祝福を送った」という。さらにエメリンの経歴も簡単にまとめてあり、かつてカウンティの登記所で速記者として働いていたことも書かれていた。さらに「その後、彼女はドワイトへ行き、そこからシカゴへ出て、そこで運命に遭遇した」

この記事の筆者にとって、「運命」とは結婚の婉曲表現にすぎなかった。

その後何日か、ミセス・ロレンスはさらにエメリンのことをホームズに問いただしたが、答はいつもそっけなかった。ミセス・ロレンスはエメリンが失踪したのではないかと疑うようになり、エメリンが最後に訪ねてきた日の直後、ホームズのビルに奇妙な変化が見られたことを思いだした。

「ミス・シグランドが姿を消した――そういって悪ければ、最後に彼女の姿を見かけた日のあくる日、ホームズのオフィスのドアには鍵がかけられ、ホームズとパトリック・クィンラン以外誰も入れなかった」とミセス・ロレンスはいう。「夜の七時ごろ、ホームズはオフィスから出てきて、あのビルに住んでいた二人の男にトランクを下まで運ぶのを手伝ってくれと頼んだ」。そのトランクは新品で、長さが一二〇センチほどもあった。何かすごく重いものが入っているらしく、大きなトランクは扱いにくそうだった。ホームズは男たちに気をつけろとくりかえし声をかけた。急行便の馬車がやってきてそれを運んでいった。

ミセス・ロレンスの後年の主張によれば、このときすでにホームズがエメリンを殺したことを確信していたという。だが彼女もその夫もここから引っ越そうとはしなかったし、警察に駆けこむこともなかった。誰も警察には行かなかった。ミセス・ロレンスばかりか、ピーター・シグランド夫妻、ネッド・コナー、ジュリアの両親であるアンドリュー・スマイス夫妻も警察へは届けなかった。ただの失踪事件に警察が興味をもつとは誰も期待していなかったのだろう。たとえ警察がその気になってもろくな捜査などできっこないとあきらめていたのかもしれない。

しばらくして、エメリンのトランク――一八九一年に実家を出てキーリーで働くようになったときからもち歩いていた身の回りの品や洋服が入っていた――が故郷の近くの貨物集積所で見つかった。両親は最初、金持の男と結婚した娘がもう使い古しのものは不要になったからトランクを故郷に送りかえしたのだと――楽観的に――信じようとした。だが、その後シグランド夫妻のもとにはエメリンからの便りはなく、クリスマス・カードさえ届かなかった。エメリンの親戚で、シカゴのノースサイドに住む歯科医のB・J・シグランド博士は「週に二、三通は両親に手紙を書く習慣のあった娘なのに」といった。

エメリンの両親はいぜんとして殺人事件など想像もできなかった。「私に考えられるのはせいぜい娘がヨーロッパで亡くなって、その夫が私たちの住所を知らないか、あるいは知っていても連絡しそこねたということくらいだった」と父親のピーター・シグランドはいう。

いくつかの事実を知っていたら、シグランド夫妻とロレンス夫妻の不安は何倍も深まったことだろう。

フェルプスとは、ホームズのアシスタントだったベンジャミン・ピツェルの仮名であり、彼が初めてキーリー研究所でエメリンに会ったときに使っていた名前だったこと。

一八九三年一月二日、ホームズはまたしても接合師のチャールズ・チャッペルに連絡し、上半身の皮膚が剥がされた状態の女性の遺体が入ったトランクを彼のもとへ送りつけたこと。

その数週間後、シカゴのラサール医学校はきちんと接合された骨格標本を入手したこと。

それらに加えて、ホームズの館に作られた小部屋ほどの大きさの物置で起こった奇妙な現象があった。これは三年後に警察の捜査の手が入ってようやく明らかになったのだが、科学的にはなんとも説明のつかない現象だった。

貯蔵室の内部はホウロウ引きになっていたが、そのドアの内側、床から六〇センチほどのところに、なぜか足の裏の痕跡がくっきりと刻まれていたのだ。足の指先と親指の付け根のふくらみ、それにかかとがはっきり見てとれ、どう見てもまちがいなく女性のものだった。なぜこんな足跡がついたのか、しかも長いあいだ消えずに残ったのか、警察は首をひねった。手でこすってみたが足跡は消えず、布と石鹸と水で洗ってみたが、ますます鮮やかにきわだつだけだった。

確信をもって説明できる者は一人もいなかった。最も納得のいく説明はこうだ。ホームズが貯蔵庫に女性を誘いこんだ。そのとき女性は裸足で、たぶん裸だった。それからホームズは気密性の高いドアを閉めて、彼女を閉じこめた。ドアを開けようと最後の空しい努力を試みた女性が足跡を残した。足跡が消えなかったことについて、刑事たちはこんな仮説を立てた。化学に強い興味をもっていたホームズは、貯蔵庫内部の酸素の消費を化学的に促進するため、あらかじめ床に薄く酸を注いでおいた。エメリンは酸のなかに足を踏み入れ、それから片足でドアを蹴った。そのため酸によってホウロウ質が腐食され、プリントが残されたというわけである。

だが今度もそれが発覚したのはだいぶあとのことだった。一八九三年——博覧会の年——が明けたばかりのころ、ホームズも含めて誰もドアの内側の足跡には気づいていなかった。

「冷徹な目で現実を見つめれば」

一八九三年一月が明けたとたん気温はぐっと下がり、そのまま冷えこみが続いた。気温は零下二〇度まで下がった。明け方の見回りに行くバーナムの目の前には厳しい白い世界があった。その風景のところどころに凍った馬糞が塚となっていた。森の島の岸辺には厚さ六〇センチの氷が張り、オームステッドのアシとスゲはがちがちに凍りついていた。バーナムはオームステッドの仕事がかなり遅れているのを見てとった。そしていま、オームステッドの代理でシカゴにいるハリー・コッドマン——誰もが彼に頼るようになっていた——は手術を終えたばかりで病院のベッドにいた。くりかえし起こっていた腹痛は盲腸炎だとわかったのだ。エーテル麻酔のもとで執刀された手術は成功し、コッドマンは回復を待つばかりだった。しかし完全に復調するまでにはもう少し時間がかかるだろう。開会式まであと四か月しかなかった。

冷えこみが厳しくなるほど火災の恐れが増した。どうしても火が必要な現場——サラマンダー〔漆喰用の小型の炉〕や錫職人のるつぼなどを使う――からもぼやは起き、すぐに消しとめられたが、寒さが厳しくなるにつれて事態はさらに悪化しかねなかった。水のパイプと消火栓が凍りつき、作業員はバーナムが定めた禁煙や焚き火禁止のルールを破るようになる。コロンビアン・ガードの隊員は寝ずの番に立つようになった。吹きっさらしの広大なパークを二四時間態勢の交代勤務で見張りに立った彼らこそ、寒さを誰よりも骨身にしみて感じた。「この時期にガードの仕事をしていた者にとって、一八九二年から翌年にかけての冬はいつまでも忘れられないものになった」と隊長のライス大佐は書いている。ガードがとくに嫌ったのは農業館のあたり、公園の南端にある荒涼とした場所の勤務だった。彼らはそこをシベリアと呼んでいた。ライス大佐はこれを逆手にとった。「南フェンス沿いの警護をいいつけられたガードは自分のおかしたちょっとした規則違反が罰されているのだと気づくか、さもなければ会場内のもっと人目につきやすい場所に立てないほど見苦しい格好をしているせいだと思うだろう」と。

ジョージ・フェリスはダイナマイトで寒さに対抗した。ジャクソン・パークのがちがちに凍りついた厚さ約一メートルの地殻を掘りぬくにはダイナマイトを使うしか手がなかったのだ。表土をとりのぞいてもその下にはまだ厄介な問題があった。表土のすぐ下にはおよそ七メートルの厚さで、シカゴの建設業者をつねに悩ませる例の流砂の層があった。ただしいまのそれは氷のように冷たく、作業員にとってはさらなる責め苦となった。泥をかきだし、注いだばかりのセメントが凍るのを防ぐため、猛烈な勢いで蒸気ジェットを噴射させた。地下およそ一〇メートルの硬盤には材木を組みあげた。その上に鋼鉄の格子枠（グリッジ）を設置し、それからセメントを流しこむ。くりぬいた穴をできるだけ乾燥させておくため、二四時間ぶっとおしでポンプを働かせた。大観覧車（フェリス・ホイール）の巨大な回転軸を支える高さ四二メートルの支柱八本それぞれにこの作業がくりかえされた。

当初、フェリスがいちばん心配していたのは、これを作るのに必要な量のスチールが手に入るかどうかだった。しかしこの点でフェリスほど有利な立場にいる者はアメリカ広しといえどもほかにいなかった。スチールの検査会社という彼の本業からアメリカ中の製鋼会社の重役とは懇意にしており、そこで作られる製品の特徴も知りつくしていたのだ。そこで、うまく協力をとりつけ、それぞれ特徴のあるさまざまな会社に発注することができた。「一つの工場で全部の仕事をこなすことはとても無理だった。だから十数社を相手に契約を結び、それぞれ得意とする分野の仕事を委嘱した」とフェリスの会社の報告書には記されている。フェリスは検査団を各工場に派遣して、スチールができあがるたびにその品質をチェックした。これはとても大事なことだった。フェリスの大観覧車は一〇万個の部品からなる複雑な構造で、それらの部品は小さなボルトから巨大な回転軸まで、多岐にわたったからである。このときベスレヘム・スチールで作られた回転軸は一体成形の鋳型製品としての最大記録を塗りかえた。「完全な正確さが求められた。部品のほとんどは現場で初めて組み立てることになっており、しかもほんの三センチほどの小さな誤差でさえ命にかかわるかもしれないのだ」

フェリスが思い描いた大観覧車は、実際には回転軸の上で距離にして九メートル離れた二つの輪からなっていた。そもそも、バーナムが恐れたのは見るからに脆そうなデザインだった。それぞれの輪はいわば巨大な自転車の車輪だった。厚さ六センチあまり、長さ二四メートルの細い鉄のロッドが車輪のリム——外輪——と回転軸に装着された「スパイダー」とをつないでいた。二つの車輪のあいだに立つ支柱と斜めのロッドが全体を補強し、鉄橋と同じような強度を与えていた。重さ九トンのチェーンが回転軸の上のスプロケットから、一〇〇〇馬力の蒸気エンジン二基で駆動するたくさんのスプロケットへと渡されていた。美的観点から、ボイラーはミッドウェイから二〇〇メートルほど離れた場所に設置され、そのボイラーで発した蒸気は地下二五センチに埋められたパイプでエンジンまで送られるのだった。

少なくともこれが設計図の上でのプランだった。しかし、実際に土を掘って基盤を設置するのはまた別のことである。フェリスとライスは予想外のトラブルに遭遇し、この先もさらに大変なハードルが待ちかまえていることを覚悟した。最大の関門は八本の支柱の上に巨大な回転軸を据える作業だった。付属品を含めて回転軸の重量はおよそ六四トンにもなる。そんなに重いものをこれほどの高さまでもちあげる工事は過去一度もなかった。

ブルックラインにいたオームステッドのもとに電報が届いた。ハリー・コッドマンの訃報だった。息子のように愛していた愛弟子のコッドマンはまだ二九歳の若さだった。オームステッドは友人のギフォード・ピンチョットに手紙を書いた。「この大きな不幸についてお聞きおよびと思う。いまの私は難破船に一人立ちすくみ、もう二度と浮上できないのではないかと思っている」

こうなったからにはオームステッドみずからシカゴの工事を監督しに出向かなければならない。それはわかっていたが、体調はかつてなく悪かった。二月初め、彼はハリーの弟のフィルをつれてシカゴにやってきたが、シカゴは厳しい寒気に包まれ、気温は零下八度だった。二月四日、初めてコッドマンのデスクに坐ってみたが、そこには送り状やメモが山のように積みあげられていた。オームステッドの頭はがんがん鳴り、ひどい頭痛だった。喉もひりひりしていた。彼は深い悲しみに沈んだ。コッドマンのデスクに山と積まれた書類を整理し、博覧会の仕事を引き継ぐのは彼の手にはあまることだった。そこで、当時ボストンの景観設計で第一人者とされていた元アシスタントのチャールズ・エリオットに手伝ってもらえないだろうかと頼んだ。しばらく迷ったあと、エリオットは承諾した。エリオットは到着してすぐオームステッドが重い病気であることを見てとった。一八九三年二月一七日の夕方、ブリザードが吹き荒れるシカゴでは、オームステッドが医師の手厚い看護のもと、ホテルの部屋で安静を強いられていた。

その夜、オームステッドはブルックラインのジョンに手紙を書いた。手紙の隅々にまで心配と悲しみがあふれていた。「どうやら、いまとなっては私は完全なお荷物でしかないようだ」と彼は書いた。シカゴの仕事はお先真っ暗に思えたのだ。「事態は火を見るより明らかだ。われわれはここでの責任を十分に果たせないだろう」

三月初め、オームステッドとエリオットはブルックラインに戻った。いまやエリオットは一人前のパートナーであり、設計事務所の名前もオームステッド・オームステッド・アンド・エリオットと改められていた。博覧会の仕事はあいかわらず予定より遅れており、大きな悩みのたねではあったが、健康状態とほかの仕事の都合もあってオームステッドはシカゴを離れざるをえなかったのだ。不安は大きかったが、現場の監督は主任のルドルフ・ウーリッチに委ねた。だがオームステッドはこの男に不信を抱くようになっていた。三月一一日、オームステッドはこまかい指示を並べた長文の手紙をウーリッチに送った。「広範な責任が付随する無数の仕事を抱えているいま、これまで以上に助手や協力者を信頼して彼らの自由裁量にまかせざるをえない状況である。さらにミスター・コッドマンが世を去り、私の体調が悪いことからしても、またわれわれに課された責任がきわめて重大であるのを見ても、かつてなくその方針を踏襲したい気持が強く、また今後もそれを続けたいと思っている。だが率直にいって、それをするには不安も大きい」

そしてそんな不安の原因はウーリッチだといい、とくに広い視野をなくして目先のことだけにこだわりがちな「性向」、それに部下にまかせるべき小さな仕事を自分でやろうとする点をあげていた。オームステッドが心配したのは権威――とくにバーナム――に影響されがちなウーリッチを一人で現場に残していくことだった。「景観設計家としてのわれわれの仕事は博覧会の景観全般に対して広い視野を保つことだという事実を忘れないでほしい」とオームステッドは書いた（傍点はオームステッド）。「われわれの仕事は庭園を作ることでも花壇を見栄えよくすることでもなく、博覧会の景観全体に目配りすることなのだ。何よりも優先し、また最も重視すべきは、総合的かつ一貫性のある景観だ……時間や方策がないから、あるいは天候がよくないからといって細部の装飾をおろそかにしたら、そんな手抜きは絶対に許しがたいものとなる。広範な景観効果を生みだせなかったら、われわれは最優先すべき、また最も大事な任務に失敗したことになる」

さらにこの手紙では、博覧会に関して最も危惧されることを一つ一つ書きだして確認している。そのなかにはバーナムと建築家たちが決めた色彩案のこともあった。「再度いっておくが、この博覧会は世間ではすでに『ホワイトシティ』というニックネームで呼ばれるようになっている……私が思うに、鮮やかな青空と紺色の湖を背景に真っ白な建物がそびえたち、シカゴの夏の日差しを浴びてきらきら輝き、さらに会場の内外にあふれる水のきらめきが加われればそれだけで圧倒的なパワーとなるだろう」。だからこそ「豊かに生い茂る濃い緑色の茂みや葉っぱ」でそのパワーに対抗することが大事なのだ。

どうやら彼はこの博覧会での失敗を予測し、悩んでいたようだ。時間は残り少なく、気候は最悪だった。春の植えつけシーズンは短い。オームステッドは万一のときの予防策を考えはじめた。そしてウーリッチにこう忠告した。「ごてごてと飾りたてた植えこみはなんであれ避けるべきだ。それを完成させるのに必要な時間も手段もない。あっさりしたシンプルな芝生なら失敗はほとんどない。装飾のない、なめらかで平らな地表だけで十分だ」

そして装飾過剰より装飾不足のほうがずっとましだと力説した。「見かけ倒しの派手さに頼った安っぽくけばけばしいものより、むしろ単純で質素な、そっけないものをこそ選ぼう。紳士の趣味というのを見せてやろうじゃないか」

雪が降り、しかも大雪になった。何日も降りやまず、ジャクソン・パークの屋根の上には何百トンもの重量がかかった。博覧会は五月から一〇月までの暑い季節に開催されることになっていた。だから降り積もった雪の重さを想定して屋根を設計することなど誰も思いつかなかった。

産業・教養館の作業員たちは、ひびの入ったスチールの軋みを聞いて修理に走りまわった。この建物の屋根は、過去最大の広大な空間の上に支柱なしでかけられており、一九世紀末の最先端テクノロジーの粋と見なされていた。その屋根が割れ、大量の雪と銀色のガラスのかけらを散らしながらはるか下の床に落ちた。

その直後、サンフランシスコのある記者がジャクソン・パークを取材した。バーナム指揮下の大勢の作業員たちが作りあげたすばらしい作品を見るつもりでやってきた記者は、そのかわり凍りついた荒涼たる風景を見た。

「とうてい不可能だ」と記者は書いた。「たしかに責任者の面々は絶対にまにあわせるといっている。だが、冷徹な目で現実を見つめれば、会場の内外でなんとか完成に近づいているのは女性館ただ一つなのだ」

博覧会の開幕はあと二か月足らずにせまっていた。

ミニーをつかまえる

一八九三年の一月と二月はひどく寒い日がつづいたが、ホームズにとっては満足すべき一時期だった。エメリンはいなくなり、後始末もすんだので、いまや蜘蛛の巣のように張りめぐらされた多角的なビジネスに専念することができた。その多様さがうれしかった。まず、彼は書類複写機を製造する合法的な会社の共同オーナーだった。塗り薬や特効薬を通販で売るビジネスもしており、さらに最近ではキーリーの金治療をまねたアル中治療施設のシルヴァー・アッシュ研究所も設立していた。ロレンス夫妻をはじめとする借家人から家賃を集め、持ち家は二軒に増えていた。一軒はオノレ・ストリートの家、もう一軒はウィルメットの新築の家で、そこには妻のマータと娘のルーシーが住んでいた。この家は彼が自分で設計し、総勢七五人という大勢の労働者を雇って建設したが、雇われた者のほとんどは賃金を踏み倒された。そして彼のホテルにはもうじき博覧会の最初の客がやってくるはずだった。

時間はもっぱらホテルの内装をととのえることに費やされた。トビー家具会社から上等な家具を手に入れ、フランスのポッター陶器会社からクリスタルと陶器を取り寄せたが、どちらも金は一セントも払わなかった。この二つの会社がやがて彼の振りだした約束手形の支払いを請求しにくるであろうことはわかっていた。だが心配はしていなかった。支払いが遅れても、真情あふれた悔恨の態度を見せればたいていの人はころっと騙されてしまい、その手を使って何か月、何年と逃げまわり、それどころか永遠につかまらないことさえあったのだ。とはいえ、そんなふうに借金取りを避ける必要もなくなるだろう。そろそろシカゴを逃げだす潮時かもしれなかった。ミセス・ロレンスの質問はますます厳しくなり、まるで糾弾されているようだった。しかも近頃では借金取りが強硬な態度に出はじめていた。窯と倉庫用の鉄を供給したマーチャント・アンド・カンパニーという会社は、動産占有回復の令状をとって鉄をとりかえそうとしていた。しかし建物を調べた結果、マーチャントの製品とははっきり確認できるものは見つからなかった。

　もっと厄介だったのは行方不明の娘たちを探す両親からの手紙とじかに訪ねてくる私立探偵だった。シグランドとコナーの家族はそれぞれ別個に探偵（アイ）を雇い、消息の絶えた娘を探そうとしていたのだ。最初のうちこそそんな調査にぎょっとしたが、すぐにどちらの家族もホームズが娘の失踪に関係しているとは思っていないことがわかった。探偵たちも、これがなんらかの犯罪に関連するかもしれないとはひとこともいわなかった。彼らはただ情報を求めていたのだ――友達の名前、引っ越し先の住所、立ち寄りそうな場所。

もちろんホームズは進んで協力した。訪ねてきた探偵には、ご両親の心配を軽減できる新しい情報がないことは残念だ、じつに心苦しいと話した。当人から連絡があればすぐにお知らせする。別れるときは探偵と握手をし、この先も仕事でイングルウッドに来ることがあったらぜひ立ち寄ってくれといった。ホームズと探偵たちは旧知の友人同士のように上機嫌で別れた。

そのころ――一八九三年三月――ホームズにとって最大の不便は助手がいないことだった。新しい秘書が必要だった。仕事を求める女性は大勢いた。博覧会目当てに若い女性がシカゴに押し寄せていたのだ。たとえば、すぐ近くの師範学校では教師養成コースに入学する女性の数がふだんの数倍になったという。だが大事なのは、ふさわしい感受性をもった女性を選ぶことだった。速記とタイプの資格は必要だったが、ホームズがなにより求めていた――そして誰よりも敏感に察知する能力をもっていた――のは、孤独と弱さと欲求が入りまじった抗しがたい魅力だった。ジャック・ザ・リッパーはホワイトチャペルの貧しい売春婦にそれを見出した。ホームズは故郷をあとにした娘たちにそれを見出した。歴史上初めて、活気にあふれた無垢な若い娘たちが自由を享受できるようになったが、その一方で彼女たちは自由の意味やそれにともなう危険をはっきりとは意識していなかった。ホームズが切望したのは相手を完全に所有すること、そしてそれによって得られるパワーの感覚だった。何より楽しいのはわくわくする期待感である――ゆっくりと愛を手に入れ、やがて命を奪い、最後にその秘密を保つ。その行為の本質は、いうなれば無意味であり、一種の気晴らしにすぎなかった。効果的で儲けになる処分法を見つけたのは偶然であり、たんに彼のパワーを証明するだけのものだった。

三月、好運が重なって、彼は文句なしの獲物をつかまえた。彼女の名はミニー・R・ウィリアムズ。数年前、ボストンにいたころに知りあい、そのときすでに彼女を征服できたと思っていたが、その後、住む場所が遠くなり、またタイミングも悪かった。しかし、その彼女が最近シカゴに引っ越してきた。彼女がシカゴへ来た原因の一つは自分かもしれないとホームズは内心で考えた。

彼女はいま二五歳になろうとしていた。これまでの女たちと違って美人ではなく、背も低く、やや太めで体重は六五キロくらいだった。男性的な鼻をもち、黒い眉毛は太く、首はほとんどなかった。表情は乏しく頰が丸々していた――「ベビーフェイス」と称した人もいた。「あまり知識が豊富そうには見えなかった」

だがホームズはボストンで彼女のもっと別の魅力を発見していた。

ミシシッピ生まれのミニー・ウィリアムズと妹のアンナは幼いころに両親を亡くしたあと一人ずつ別の叔父のもとに預けられた。アンナの保護者になったのはミシシッピ州ジャクソンに住む牧師のW・C・ブラック博士で、彼はメソジストの『クリスチャン・アドヴォケート』の編集人でもあった。ミニーのほうはテキサスへ送られ、成功したビジネスマンの叔父のもとで育った。叔父はミニーによくしてくれて、一八八六年に彼女はボストンの舞台発声学院（アカデミー・オブ・エロキューション）に入学した。三年制の課程の途中で叔父が死に、五万ドルから一〇万ドル（今日の価格にして一五〇〇万ドルから三〇〇〇万ドル）の価値がある土地を遺贈してくれた。

一方、アンナは教師になってテキサス州ミドロージアンのミドロージアン学院で教えていた。

ホームズがミニーと会ったのは、ヘンリー・ゴードンという仮名で出張旅行に出かけ、ボストンの名門一家のホームパーティに招かれたときだった。あれこれ探りを入れた結果、ホームズはミニーが受け継いだ財産のことを知った。そして、それがテキサス州フォートワースの中心にある土地だということも聞きだした。

ホームズはボストン滞在を延長した。ミニーは彼をハリーと呼んだ。彼はミニーを芝居やコンサートにつれていき、花束や本やお菓子を贈った。彼女に言い寄るのは悲しいほど簡単だった。シカゴへ帰らなければというたびに彼女はがっかりし、そのようすを見るのがうれしかった。一八八九年には定期的にボストンへ出かけ、そのたびにミニーをショーやディナーの誘いできりきり舞いさせたが、彼が何より期待したのは出発の日が迫ったころに彼女が燃えたたせる——乾ききった森の火事のような——欲望の炎だった。

しばらくすると彼はゲームに飽きてきた。距離はあまりに大きく、ミニーの慎み深さはなかなか崩せなかった。ボストン行きはしだいに間遠になったが、それでも恋心にあふれたミニーの手紙には返事を書いていた。

ホームズが遠ざかってミニーの心は張り裂けそうだった。彼に夢中だったのだ。彼が来るとどきどきし、彼が去ると打ちひしがれた。ミニーはとまどっていた——彼は明らかに求愛していたし、勉強などやめていっしょにシカゴへ駆け落ちしようとまでいっていた。それなのに、いまでは姿も見せず、手紙もめったに来なかった。結婚という錦の御旗があれば喜んでボストンを離れただろうが、彼の向こう見ずな言葉だけでは決心がつかなかった。彼ならすばらしい夫になったはずだ。男には珍しい形の愛情表現ができるし、そのうえビジネスの才もある。彼のやさしさと触れてくる手の温もりが恋しかった。

やがて手紙も途絶えた。

舞台発声学院を卒業すると、ミニーはデンヴァーに移って自分の劇団を設立しようと試み、そのために一万五〇〇〇ドルを使いはたした。彼女はまだハリー・ゴードンを夢みていた。劇団が失敗に終わると、ますます彼のことが懐かしくなった。シカゴという都会も憧れの的だった。誰もがシカゴを話題にし、誰もがそこへ行こうとしているようだった。ハリーともうじき開幕する世界コロンビア博覧会の相乗効果で、その都会は抵抗しがたい魅力を帯びて見えた。

一八九三年二月、ミニーはシカゴに出て、ある法律事務所で速記者の職についた。そしてハリーに手紙を書き、シカゴ到着を知らせた。

ハリー・ゴードンはほとんど間髪を入れずに彼女のもとを訪ねてくると、目に涙をためて抱きしめた。とてもやさしく、愛情にあふれていた。疎遠になったことなどなかったかのようだった。そして彼の個人秘書にならないかといった。そうすれば毎日会えるし、まるで実の母のようにミニーを監視する下宿屋の女将の干渉もない。

その誘いにミニーはわくわくした。彼は結婚については何もいわなかったが、彼女を愛していることは明らかだった。なんといっても、ここはシカゴである。ここではやり方も違っていて、なんでも気楽で大雑把だった。そこらじゅうで見かけるのはミニーと同年齢の女性たちがエスコートなしで出歩き、職をもち、自立した生活を送っているようすだった。ミニーはハリーの申し出を受けた。彼は大喜びだった。

ただし、一つだけ奇妙な条件があった。人前では彼のことをヘンリー・ハワード・ホームズと呼ばなければいけないというのだ。仕事上の必要から仮名を使っているのだと彼は説明した。ゴードンと呼んではいけないし、人が彼をドクター・ホームズと呼んでも驚いたそぶりを見せてはいけない。もちろん「ハリー」と呼ぶのはいっこうにかまわない。

ミニーは手紙を整理し、帳簿をつけ、その間、彼は博覧会に向けてホテルの開業準備に専念した。二人は彼のオフィスで、階下のレストランから運ばせた食事をとった。ミニーは「この仕事にすぐれた手腕」を発揮したとホームズは回想録に書いている。「最初の何週間か、彼女は遠くの下宿屋に住んでいたが、やがて私のビルに引っ越し、一八九三年三月一日ごろから五月一五日まではオフィスの隣の部屋に住んだ」

ハリーは彼女の体に触れ、やさしく愛撫し、目に感激の涙をためて見つめた。そして、ついに結婚を申しこんだ。私はなんて運がいいのだろうとミニーは思った。愛するハリーはとてもハンサムで活力にあふれていた。結婚したらきっとすばらしい生活が送れる。旅行もできるし、財産もあるのだから。ミニーは妹のアンナにそんな希望を書き送った。幼いころは離れ離れに育った姉妹だが、それを乗り越えていまではとても親しくなっていた。手紙もよくやりとりした。ミニーは急速に発展した熱烈なロマンスのことを手紙でくわしく知らせ、あんなにハンサムな男が自分を妻に選んだのは驚きだと書いた。

アンナは懐疑的だった。そのロマンスはあまりにもすばやく、また情熱的に進展して、求愛のこみいったルールをまるっきり無視していた。アンナにしてみれば、ミニーは気立てのよい娘だったがけっして美人ではなかった。

ハリー・ゴードンがそれほどハンサムで有能な逸材だとしたら、なぜ彼女を選んだのだろう？

三月半ば、ホームズはエメリンの父ピーター・シグランドからの手紙を受けとった。これも娘の行き先を知る手がかりを問いあわせてきたもので、日付は三月一六日だった。その直後の三月一八日、ホームズはタイプで打った返事を出した。それによると、エメリンは一八九二年一二月一日にホームズの職場を辞めたという。この手紙をタイプしたのはホームズの個人秘書となったミニーだったかもしれない。

「結婚通知のカードをもらったのは一二月一〇日ごろでした」と手紙にはある。エメリンは結婚してから二度会いにきたが、最後に来たのは一八九三年一月一日だった。「そのとき、自分宛ての手紙がここに一通も来ていないことを知ってがっかりしていました。それ以前にすでにご家族へは手紙を出したといっていた気がします。一二月にここを辞める前、私が直接聞いたところによれば、結婚後は夫君の関係する仕事のために夫婦でイギリスへ行く予定だということでしたが、そのあとここへ来たときは、その旅がとりやめになったような話でした。まだ連絡がないようでしたら、近いうちにどうか私に知らせてください。シカゴ在住の叔父さんの住所を教えてくれれば、私が出向いていって彼女が立ち寄らなかったかどうか、じかに訊いてみます。叔父さんとは懇意にしていたようですから」

タイプ文字のあとにインクで追伸を添えた。「ラファイエットのお友達に彼女の消息を訊いてみましたか？　もしまだでしたら、そうしてみるとよいでしょう。何か新しい情報があったらぜひご連絡ください」

ホームズはミニーに、ヨーロッパ旅行、絵画のレッスン、すてきな家庭、それにもちろん子供――彼は子供好きだった――とさまざまな約束をしたが、その前にまず二人で力を

合わせてとりくむべき財政問題があった。絶対に儲かることが確実な計画があるとミニーを説得し、ホームズは彼女のもっていたフォートワースの土地の不動産譲渡証書の名義をアレクザンダー・ボンドという名前に変えさせた。一八九三年四月一八日、ミニーは名義変更の手続きをし、ホームズ自身が証人となって書類を書き換えた。ボンドはさらにこの書類の名義をベントン・T・ライマンという別の名前に書き換えたが、ここでもホームズが証人となった。

ミニーは将来の夫を愛し信頼していたが、アレグザンダー・ボンドがホームズの仮名であることも、ベントン・ライマンがじつはホームズの助手ベンジャミン・ピツェルであることも知らなかった。愛するハリーがさっとペンを走らせただけで叔父の遺産のほとんどをあっさり自分のものにしてしまったことも気づかなかった。さらに書類の上ではハリーがまだ二人の女性——クララ・ラヴァリングとマータ・ベルナップ——と結婚していて両方に子供がいることもまったく知らなかった。

ミニーの恋心がさらに高まるのを見はからって、ホームズは金をまきあげるための次の作戦にとりかかった。まず、あらゆるものを売買する会社としてキャンベル・イェーツ製造会社を設立した。法人として登記するさい、彼は重役五人の名前をあげた。H・H・ホームズ、M・R・ウィリアムズ、A・S・イェーツ、ハイラム・S・キャンベル、ヘンリー・オーエンズである。オーエンズはホームズに雇われていた用務員だった。ハイラム・S・キャンベルはホームズがイングルウッドの建物のオーナーとしてでっちあげた架空の人間だった。イェーツはニューヨークに住むビジネスマンということになっていたが、実際はキャンベルと同じく実在しなかった。そしてM・R・ウィリアムズはミニーである。この会社は何も製造せず、販売もしなかった。ホームズの約束手形に疑いをもつ人間に資産の裏づけと身元保証のかたとして見せるためだけの幽霊会社だったのだ。

のちにこの会社の登記に疑いがかけられたとき、ホームズは用務員のヘンリー・オーエンズを説得して宣誓供述書にサインをさせた。その供述書で、オーエンズは自分がこの会社の総務部長であり、イェーツとキャンベルの二人に会ったことがあり、そればかりかイェーツからは彼の取り分として会社の株券を手渡されたと証言している。後年オーエンズはホームズについてこう語った。「この書類を書けば遅延していた給料を払うと約束されたうえに、あの催眠術のような力だから、いうことを聞くしかなかった。正直にいって、あのものすごい影響力のとりこになっていたのだと思う。彼のそばにいるとつねになすがままだった」

さらに彼はいった。「遅れていた給料はついに払ってもらえなかった」

ホームズ――ハリー――は内輪だけの簡素な結婚式にしようといい、参列者は彼とミニーと牧師だけだった。すべて彼が手配した。ミニーにとって、そのささやかな式は本物に見えたし、ひっそりした雰囲気がとてもロマンチックに感じられた。だが実際には、イリノイ州クック・カウンティの婚姻記録に二人の名前はなかった。

女たちの破廉恥な行状

一八九三年の春、シカゴの街路は全国から集まった失業者の群れで埋まったが、それをのぞけばシカゴはアメリカ全国に広がっていた不況から免れていた。博覧会の準備でシカゴ経済は好景気――たとえ人為的なものでも――にわいていた。L高架線をジャクソン・パークまで延長する工事にはいまだに大量の労働力を必要とした。シカゴのすぐ南にあるプルマン社の企業城下町では、博覧会に客を運ぶための客車の注文が殺到して製造がまにあわず、工員が二四時間態勢で働いていた。その一方で、新規の注文は急速に落ちこんでいた。ユニオン・ストックヤードは正面入口の前に新しい駅を作ることにして、その設計をバーナムの設計事務所に依頼した。博覧会に来た人びとがホワイトシティを見るついでに、ちょっとしたスリルを期待して食肉加工場へも見学に訪れるだろうと見越したのだ。繁華街では通販業者のモンゴメリー・ウォードが新しいカスタマー・パーラーを開店した。ここでは、博覧会見物に疲れた客がゆったりしたソファにくつろいで五〇〇ページの通販カタログをぱらぱらと眺めることができた。新しいホテルがそこらじゅうに建っていた。起業家のチャールズ・キラーは、いざ自分のホテルがオープンしたら「金はあふれんばかりになって金庫にどんどん入ってくる」はずだといった。

ジャクソン・パークでは毎日のように展示品が到着し、その量はしだいに増えていった。見渡すかぎり煤煙と騒音、ぬかるみと混乱だらけで、まさに軍隊がシカゴに猛攻撃をかけようとしているかのようだった。ウェルズ・ファーゴとアダムズ・エクスプレスの大きな馬に引かれた馬車の一隊がゆっくりと敷地内を移動した。一晩中、貨物列車が蒸気を吐きながら次々と公園に入ってきた。切り離された貨車は、縦横に走る仮設線路の上を機敏に方向転換する機関車に引かれて目的の場所まで行った。水上輸送で運ばれた白っぽい木箱には見慣れないアルファベット文字が書かれていた。ジョージ・フェリスのスチールも運びこまれたが、五台の機関車がそれぞれ三〇台の貨車をつらねていた。インマン汽船は大西洋横断汽船に使われている部品の現物をまるごと運んできた。ベスレヘム・スチールは巨大な鋳塊(インゴット)と軍事用の装甲に用いる大きな鋼板をもちこんだが、そのなかにはドレッドノート級戦艦インディアナの回転砲塔(タレット)の素材となった厚さ四〇センチ以上の湾曲したスチール板もあった。イギリスが送りこんできた機関車と船の模型はじつに精巧にできており、イギリスが誇る最新の戦艦ヴィクトリアの全長九メートルの模型は手すりの鎖まで本物そっくりだった。

ボルティモアから来た真っ黒な貨車は、プレーリーを横切って進む長蛇のようなその姿を目にした男女をぞっとさせたが、ぽかんと口をあけたまま汽車を追いかけて線路際を走ってゆく大勢の少年たちにとってはわくわくする見ものだった。貨車にはドイツの武器商人で大砲王と呼ばれたフリッツ・クルップのエッセン工場で作られた武器が満載されており、そのなかには厚さ九〇センチの鋳鉄の板さえ貫通する重さ一トンの砲弾を発射できる史上最大の大砲もあった。この大砲を運ぶために用意された特注の貨車には、長大な無蓋貨車二台にまたがる鋼鉄製の架台（クレードル）が設置されていた。ふつうの貨車は車輪が八つだったが、この特注の貨車には全部で三二個の車輪がついていた。ペンシルヴェニアの鉄橋が一一二トンという大砲の重さに耐えられるかどうかを見るため、前年の七月にはクルップ社のエンジニア二人がアメリカまでやってきて、あらかじめ全ルートを調べていた。この大砲にはさっそく「クルップの赤ん坊（ベイビー）」というあだ名がつけられた。だが、クルップの「ペット・モンスター」のほうがずっとふさわしいという人もなかにはいた。

もっと楽しげな荷を積んだ汽車もシカゴに向かっていた。バッファロー・ビルとワイルド・ウェスト・ショーの一行である。それはちょっとした軍隊だった。アメリカの元騎兵隊員が一〇〇人、シャイアン、カイオワ、ポーニー、スー族などが合わせて九七人、コサック騎兵とハンガリー軽騎兵が五〇人、馬一八〇頭、バッファロー一八頭、ヘラジカ一〇頭、ラバ一〇頭、その他の動物が一ダース。その一隊には、オハイオ州ティフィン出身の若い娘フィービー・アン・モスもいた。銃の扱いに慣れていて距離感もすぐれていた彼女は射撃の名手だった。ビルは彼女をアニーと呼び、報道陣はミス・オークリーと呼んだ。

夜にはインディアンと騎兵隊の兵隊たちがトランプをして遊んだ。

世界各地からもエキゾチックな展示品を積んだ船がアメリカの港に到着しはじめた。スフィンクスやミイラ。コーヒーの木もあれば、ダチョウもいた。とはいえ何よりエキゾチックな積荷は人間だった。ダホメーからは食人種という噂の部族民が来た。ラップランドのラップ人、シリアの騎馬民族。三月九日には、エジプトのアレクサンドリアから汽船ギルドホール号がカイロの本物の住民一七五人を乗せてニューヨークに向けて出航した。ミッドウェイのアトラクションの一つであるカイロの大通りに住まわせるため、ジョージ・パンガロスという起業家が募集した人びとだった。ギルドホール号の船倉には二〇頭のロバ、七頭のラクダ、各種のサルと危険な毒蛇が積みこまれていた。乗客リストにはエジプトを代表するダンス・デュ・ヴァントルの名手がいた。若く官能的なこのファリダ・マズハルはやがてアメリカの伝説的存在となる。パンガロスはミッドウェイの中心の大観覧車に隣接した一等地を確保していた。このムスリム少数民族にあてがわれた区域には、ほかにペルシャ人居留地、ムーア人の宮殿、それにソル・ブルームのアルジェリアの村などがあった。ブルームはアルジェリア人たちの早すぎた到着を利用して、ひと儲けしようと考えた。

ブルームは落成式よりずっと前の一八九二年八月という早い時期からアルジェリア村をオープンさせ、一か月もしないうちにかかった費用をとりもどし、さらに大きな利益が回収できるようになった。とくにダンス・デュ・ヴァントルが「ベリーダンス」の意味だということが世間に伝わると、そのアルジェリア版は大人気を博した。半裸の女性たちが腰を振って踊るという噂はぱっと広まったが、実際のダンスは優雅で様式美があり、むしろ慎み深いものだった。「大群衆がつめかけた」とブルームはいう。「金鉱を掘りあてたようなものだった」

そのほかにも、ブルームは得意とする即興の才によって、アメリカ人の中東に対するイメージにいつまでも残る、ある要素をつけくわえた。シカゴのプレスクラブはメンバーにダンス・デュ・ヴァントルをプレビューしてほしいといってブルームを招待した。ただで宣伝できる機会をけっして逃さなかったブルームは二つ返事で引き受け、一二人のダンサーをつれてクラブに出かけた。だが会場に着いてみると、クラブが用意した楽器はピアノが一台きりで、しかもピアニストはそんなエキゾチックなダンスにどんな伴奏をつけていいか見当もつかなかった。

ブルームはしばらく考えたあと簡単なメロディを口ずさむと、一本指でその音を弾いて聞かせた。

その後一世紀以上もこのメロディとそのバリエーションは延々と引き継がれて、おもに安手のB級映画に使われた。なかでもバスケットからくねくねと体をひねって出てくるコブラのシーンにはおなじみの音楽となった。さらに小学生のあいだでは「南フランスでは誰もパンツをはかない」という歌詞の替え歌が流行した。

ブルームはこのメロディの著作権をとっておくべきだったと後悔した。その印税だけで大金持になっていただろう。

ザンジバルからは悲しいニュースが届いた。ピグミーは手に入らなかったのだ。シューフェルト中尉は原因不明の死を遂げていた。

さまざまな助言もあった。当然ながら、そのほとんどはニューヨークからだった。なかでもいちばん腹立たしかったのは、ニューヨーク社交界の女帝ミセス・ウィリアム・アスターの何でも屋にして腰巾着のウォード・マカリスターからの助言だった。上流階級の名士と下層階級をあれだけの規模で同席させ、しかも見苦しいまでに混在させたシカゴの落成式のようすを見てぞっとしたマカリスターは、『ニューヨーク・ワールド』のコラムでこんなアドバイスをした。「当地の社交界が求めるのは量ではなく質である。人類全体を相手にしたもてなしなどお呼びでない」

そればかりか、マカリスターはフランス人シェフを雇って料理のセンスを洗練させたほうがよいとシカゴの女主人たちに勧めた。「当節のモダンな社交界ではフランス人シェフなしではやっていけない。上等な牛ヒレ、ウミガメ、フォアグラのパテ、トリュフ詰め七面鳥といった料理になじんだ男は、茹でたマトンの腿肉（ももにく）のターニップ添えなどには食指を動かされない」。問題は、彼があくまで本気だということだった。

こんな助言もあった。「ワインはあまり冷やし（フラッペ）すぎないこと。ボトルをバケットに入れるときは首の部分を氷から離しておくように。首の部分のワインは量が少ないから氷に触れると冷えすぎてしまう。バケットに入れて二五分たったときが最高の状態だから、ただちに注ぐこと。私が最高の状態というのは、ワインをボトルから注いだとき、小さな氷のかけらが含まれていなければいけない。これこそ本物のフラッペである」

　これに対して『シカゴ・ジャーナル』はこう応酬した。「市長はワインを冷やしすぎたりしない。彼はゲストがグラスの表面の泡を吹き飛ばすのに十分な肺活量と唇の筋肉を見せつけずにすむ程度にワインを冷やすはずだ。市長の用意するハムサンドとドーナツとアイルランド風ウズラ——ブリッジポートでは豚足といったほうが通用する——は美食の粋として喝采を浴びるだろう」。シカゴのある新聞はマカリスターを「ネズミ顔の間抜け野郎」と呼んだ。

　シカゴ——の大多数——はそんな当意即妙のやりとりをおもしろがった。だがマカリスターの言葉にぐさっとくる人もいなかったわけではない。彼の意見は俗物の代表のようなものだ。それでもニューヨークの名門人士が彼の後ろ盾になっていることは周知の事実だった。シカゴの一流市民のあいだには、自分たちはいつまでも二流だという引け目があった。ビジネスへの情熱や商才でシカゴに勝てる者はいなかった。だがシカゴを代表する人びとの心の底には、商業的にいくら成功しても市民の文化的な洗練度では負けるのではないかという不安が隠れていた。博覧会はミセス・アスターの前で打ち振ってその顔色を失わせる純白の巨大な旗印になるはずだった。美術品を詰めこんだ古典様式のすばらしい建物、衛生的な飲料水と電気の照明、過剰すぎるほどの警護――この博覧会はシカゴの良心であり、こうありたいと望むシカゴの姿だった。

そんな不安を抱えていたのは、ほかならぬバーナムだった。ハーヴァードとイェールの入試に落ち、「正しい」スタートを切れなかった彼は自意識過剰なほど上質なものにこだわる目利きになっていた。自宅やオフィスで演奏会を催し、一流のクラブに属し、最高級のワイン・コレクションをもっていた彼は、いまやアメリカ史で例を見ない最大規模の平和的キャンペーンを指揮しているのだった。だがたとえバーナム夫妻がオペラに出かけたとしても社交界通のコラムニストは妻のドレスには目もくれず、パーマー、プルマン、アーマーといった令夫人たちの夜のいでたちばかりを書きたてるのだった。博覧会はバーナムにとって、そしてシカゴにとっての救済だった。「外部の人びとはすでにわれわれの物質的な豊かさを知っており、産業と商業においてほぼ並ぶもののない存在であることも認めている」とバーナムは書いている。「それでも彼らは、われわれの文化度や洗練がそれに匹敵していないという。博覧会の関係者がその意図および実践において最初から目標に掲げていたのはそんな思いこみを払拭することだった」

アドバイスは本の形でもやってきた。著者のアデレード・ホリングワースはこの博覧会のために七〇〇ページ以上を費やし、その年の初めに『コロンビア・クック・ブック』というタイトルで出版した。この本にはスクラップル〔豚肉料理〕、牛の頬肉、焼いた子牛の頭肉といった魅力的なレシピのほかにアライグマ、ポッサム、シギ、チドリ、ツグミ（ツグミパイ用）の下ごしらえのこつ、さらに「リスの炙(あぶ)り焼き、フリカッセ、シチュー、フライの作り方」なども載っていたが、それでもただの料理書ではなかった。ホリングワースの謳い文句によれば、この本はモダンな若い主婦が暖かくて楽しい、衛生的な家庭を築くための万能ガイドブックだった。その日の流れを決めるのは妻である。「朝食のテーブルは恐ろしい夢や落ちこんだ気分の癒し方を教える掲示板ではいけない。むしろその日の基調となる明るさを印象づける場であるべきだ」。ホリングワースのアドバイスには、ときとしてヴィクトリア時代風の屈折したエロチシズムがうかがえる。たとえばシルクの下着の洗い方という章ではこう書かれている。「黒い下着の場合、すすぎの水に酸ではなく少量のアンモニアをたらすこと」

当時、世間に蔓延していた厄介な問題の一つは、一週間に一度しか足を洗わない習慣からくる「不快な足」だった。これの対処法として、ホリングワースはこう書いている。「水一〇に対して塩酸一を加え、毎晩ベッドに入る前にこの混合液で両足を拭う」。タマネギを食べたあとの口臭には濃いコーヒーが効く。牡蠣はネズミ捕りの餌にうってつけである。クリームの泡立てをよくするには一つまみの塩を加えるとよい。ミルクにホースラディッシュを加えると長もちする。

ホリングワースは中世から伝わる生活の知恵――「熱のある患者と火のあいだに坐ってはいけない」――まで紹介し、毒にあたったときの治療など応急手当のさまざまな方法を伝授した。食べたものを吐かせるのに効果的な手段の一つにはこんなものもあった。「煙草をパイプの柄で肛門に押しこむ」

ニューヨークのジャーナリストで、アメリカの貧民の悲惨な暮らしぶりを世間に訴えることに情熱を傾けていたジェーコブ・リースがシカゴを訪れたのは、もっと深刻なアドバイスを与えるためだった。三月、彼はハルハウスで講演をした。ハルハウスは社会改革家のジェーン・アダムズ――「聖女ジェーン」と呼ばれた――が設立した貧者救済のための施設である。進歩思想の砦となっていたこの建物には強い意志をもった女性たちが集まり、ある訪問者によれば、そのなかには「自分のことは二の次といいたげな、まじめな顔のやさしげな男たちの姿がちらほらと混じり、申し訳なさそうに部屋から部屋へとこっそり動きまわって」いた。クラレンス・ダローはルッカリーにあった法律事務所からすぐ近くのハルハウスまで徒歩で定期的に通っていたが、そこでは彼の知性と社会意識に敬意が払われていたものの、個人的にはだらしない服装とお手本とはいいがたい衛生観念のせいで見くびられていた。

リースがここで講演したところ、リースとアダムズはアメリカ中に広く名前が知られていた。リースはシカゴの最も不潔といわれた地区を視察したあと、ニューヨークで見たどんな場所よりもひどいと断言した。講演ではもうすぐ博覧会が始まることにふれ、聴衆にこう警告した。「いうなれば、家の大掃除を始めるべきときです。この街の路地や通りをもっときれいにしてください。ニューヨークの最悪の季節でさえこれほどひどくはありません」

実際のところ、しばらく前から整理整頓が始まっていたが、これは生半可な仕事ではなかった。シカゴは率先してゴミを片付け、道路を舗装しなおす作業にとりかかっていた。新しくできた禁煙条例を守らせるため煙草取締官を配備した。新聞は伝染病の発生源になりそうな路地や煤煙の垂れ流しを撲滅するキャンペーンを打ち、悪質な違反者の名前を紙面で公表した――そのなかにはバーナムの最新のビルであるメーソニック・テンプルも含まれた。『シカゴ・トリビューン』によると、このビルはヴェスヴィオ火山顔負けだったという。

シカゴの最も有名な売春宿の女将（マダム）キャリー・ワトソンはこれを機に自分の店も少し改装しようと考えた。これまでもシャンパン・ボトルをピン代わりにしたボウリングレーンをはじめとして十分に贅を凝らしていたが、いまや部屋数を増やし、従業員も二倍にしようと決心していた。彼女のみならず、娼館のオーナーは誰もが需要の急騰まちがいなしと信じていた。その期待は裏切られなかった。もちろん客のほうも同様だった。のちにシカゴ・メイというマダムは博覧会の年の騒々しさをほとほと呆れたという口調で回想している。

「あの女の子たちときたらまったくなんて破廉恥な行状だったでしょう！　考えただけでもぞっとする。あの大騒ぎ（サーカス）のことを多少ともくわしく話そうものなら、とても活字にはできないわね。退廃のきわみのローマでも、シカゴのあの扇情的な日々にくらべたら何でもないでしょうよ」

キャリー・ワトソンやシカゴ・メイだけでなく、ミッキー・フィンや〈バスハウス〉・

ジョン・コフリンといった酒場や賭博場のオーナーたちを大儲けさせるのに一役買ったのが、カーター・ヘンリー・ハリソンだった。彼が市長として四期を務めたあいだに、シカゴはいつのまにか、人間の心の弱さに寛容で、しかも大きな野心を助長する場所へと変貌していったのだ。一八九一年の市長選に敗れたあと、ハリソンは『シカゴ・タイムズ』という新聞を買いとり、編集主幹となった。だが一八九二年末には「博覧会の市長」の肩書を手に入れてシカゴの最も栄えある時代を率いるつもりだと宣言した。ただし実際に出馬するかどうかは大衆のはっきりした支持表明を見定めてからだといった。支持表明はあった。カーター・H・ハリソン後援会があちこちで結成され、やがて一八九三年初めにカーターは民主党が推す市長候補二人のうちに入っていた。対抗馬は権威あるドイツ語新聞『シュターツ・ツァイトゥング』の編集人ワシントン・ヘジングだった。

当人が所有する新聞『シカゴ・タイムズ』を除いてシカゴの新聞は軒並みハリソン不支持だったし、バーナムをはじめとするシカゴの指導的な市民たちも彼を忌避した。バーナムとその一派にとって、いまジャクソン・パークに出現しつつあるホワイトシティに象徴される新しいシカゴには新しいリーダーシップが求められた——それはどう考えてもハリソンではない。

だがシカゴの大多数を占める労働者階級はまた別の考えだった。庶民はハリソンを自分たちの仲間――「われらがカーター」――と見なしていた。実際にはケンタッキーの大農園に育ち、イェール大学で学び、フランス語とドイツ語を流暢に話し、シェークスピアの長い一節を暗唱するような男だったにせよ。彼はこれまで四期、市長を務めていた。博覧会の年に五期目を務めるのはふさわしいことに思えたし、古き良き時代を懐かしむ気持がシカゴの隅々にまで広まっていた。

敵陣営にとってさえ、特権的な育ちにもかかわらず、ハリソンがシカゴの低所得層に絶大な人気をもつ候補者であることは一目瞭然だった。彼には磁石のような引力があった。相手が誰でも、またどんな話題でも嬉々として熱弁をふるい、どこにいても話題をさらってしまうのだ。「友達はみなそれに気づいていて、そのことを笑ったり、ほほえましく思ったりもした。そして『カーター・ハリソン病』と呼んでいた」というのはジョゼフ・メディルである。メディルはもとはハリソンの味方だったが、のちに強力な敵となった。六八歳になるハリソンはあいかわらず強さとエネルギーを発散させており、女性たちは声をそろえて、五十代のときよりずっとハンサムだといった。二人の妻に先立たれた彼はだいぶ年下の女性とつきあっているという噂だった。澄んだブルーの目は大きく、肌には皺がなかった。本人によれば、若さを保つ秘訣は毎朝大量に飲むコーヒーだという。奇妙な癖さえ親近感をもたれる理由になった。スイカが大好物だったのだ。収穫の季節には三食スイカを食べることもあった。靴にはこだわりがあり――一週間日替わりで違う靴を履いた――下着は絹と決めていた。黒いソフト帽でケンタッキー産の白い牝馬にまたがり、葉巻の煙をたなびかせて通りを行くハリソンの姿は、シカゴのほとんどの市民が一度は目にしたことがあった。選挙キャンペーンでは小道具としてたずさえていた剝製の鷲に向かって話しかけることも多かった。メディルはシカゴの低俗な欲望を助長したという点でハリソンを批判したが、その一方で彼のことを「この街が生んだ最も非凡な人物」とも評した。

シカゴの指導者階級を驚かせたことに、民主党大会に集まった六八一人の党員のうち七八パーセントが第一回の投票でハリソンを選んだ。民主党のエリートたちはハリソンの再選をなんとか阻止したいと思い、共和党が自分たちにも支持できる候補を選んでほしいと願った。共和党が選んだのはプレーリー・アベニューに住む裕福な食肉加工業者のサミュエル・W・アラートンだった。権威のある大新聞は手を組んであからさまにアラートンを後援し、ハリソンを転覆させようとした。

こうした一斉攻撃に元市長はユーモアで対抗した。オーディトリアムに集まった大勢の支援者の前でスピーチをしたハリソンは、アラートンについてこう評した。「豚の解体業者としては傑物――いや、じつに大した人物だ。ついでにクイーンズ・イングリッシュまで解体したくなるのもやむをえないところでしょうな」

ハリソンは急速に地歩を固めつつあった。

精神のバランスを崩した若いアイルランド移民のプレンダーガストは、ハリソンの人気の再燃を誇らしく思い、選挙キャンペーンにはずみがついたのは彼なりに努めてきた元市長への支援運動が威力を発揮したものだと信じていた。やがて、ある考えが彼の脳裏に宿った。頭に浮かんだのがいつかはっきりとはわからなかったが、いつのまにかそこにあり、それは彼を満足させた。法律や政治について読みあさっていたので、政党政治を動かす基本法則はよく知っていた。政党のために尽力すれば、政党はその人間に褒賞を与える。その法則からすれば、自分もハリソンから何かをもらえるはずだった。

この考えは最初のうち、毎朝メーソニック・タワーにさしこむ日の光のようにぼんやりしていたが、いまでは一日に一〇〇〇回もそのことを思いめぐらすようになっていた。彼にとっては大事なことであり、それを思うたびに背筋がしゃんと伸びるのだった。ハリソンが勝ったら事態は一変するだろう。ハリソンはかならず勝つ。選挙区の熱っぽさからして、勝利は確実に思えた。選挙に勝ったらハリソンは仕事の口を用意してくれるはずだ。そうでなければおかしい。それが政党政治のルールだ。大平原を走りぬけるシカゴ特急を動かすのと同じ普遍的な力だ。プレンダーガストは市政顧問になりたかった。身のほどを知らない新聞配達員たちを相手にするのはもうお終わりだ。敷石のあいだから滲みでる茶色いシチューのようなぬかるみのなかを歩きまわらずにすむ。通りのまんなかに放置された腐った馬のひどい悪臭をかぐこともなくなる。ハリソンが市長の座についたらパトリック・プレンダーガストも救済されるだろう。

それを思うとうっとりした。プレンダーガストはさらに大量の葉書を買い、いずれ自分の同僚やクラブ仲間になるはずの男たち――シカゴの判事、弁護士、実業界の大物など――に熱烈な文章を書き送った。もちろんよき友である弁護士のアルフレッド・S・トルーデにもう一枚葉書を送った。

「親愛なるトルーデ様」とその葉書は始まっていた。続けて「ハレルヤ！」と書きたかったがスペルが怪しかった。はやる気持のあまり、そのまま書きすすめた。

「アレルヤ！」と彼は書いた。「ヘラルドの連中が大衆の意向を押しつぶそうとした試みはかならずや阻止されるでしょう――そして大衆が選んだカーター・H・ハリソンがきっと次の市長になります。恥ずべきことに新聞各紙は同盟を結んで抑圧を加えてきました。私が知るかぎり、ワシントン・ヘジングなる候補者は哀れなものです――私にとって共感という点で彼は『最下位』です。現在のような苦境にあって、どうかうちのめされないでほしいと願うばかりです――それは権威ある新聞各紙の同盟にもいえます。父と子と聖霊に栄光あれ！」さらに数行を書き加えたあと、文面はこう締めくくられた。「結局のところ、友情こそが人間にとっての真の試練です。敬具」

そして「P・E・J・プレンダーガスト」という署名。

今度もこの葉書の何かがトルーデの注意を引いた。プレンダーガストの葉書を受けとった人は大勢いて、なかには目をとめた人もあっただろうが、本当の友人や知人からの郵便物も毎日山のように来ていた。なにしろ誰もが長い手紙を頻繁に書いていた時代なのだ。おびただしい量の言葉が氷河のように二〇世紀へと押し流されていくなかで、プレンダーガストの葉書は狂気の光を放ちながら、どうかとりあげてポケットに入れてくれと訴えるちっぽけな雲母の断片にすぎなかった。

トルーデはこの葉書もとっておいた。

一八九三年四月、シカゴ市民はカーター・ヘンリー・ハリソンに五期目の市長職を与えた。博覧会に備え、彼は執務室で名士を迎えてもてなすときのために二〇〇樽分のウィスキーを注文した。

パトリック・ユージン・ジョゼフ・プレンダーガストのことは考えもおよばなかった。

招待

さしあたり、ホームズはミニーの財産に関してこれ以上何かするつもりはなかった。しかしミニーがフォートワースの土地の権利を譲ったことを妹のアンナに話したので、アンナが彼の意図に疑いを抱くのではないかと思った。だが、あわてることもなかった。解決はじつに簡単だった。

よく晴れた、かぐわしい春のある日――季節に浮かされた気まぐれのように――ホームズはミニーに妹をシカゴに招待して博覧会見物をさせたらどうかと提案した。もちろん費用は彼がもつ。

ミニーは大喜びでアンナにそのニュースを知らせた。アンナはすぐに招待を受けた。ホームズの思惑どおりだった。どうして断われるだろう？　ミニーに会えるというだけでもうれしいのに、加えてシカゴと大きな博覧会だ。アンナがミニーと彼の関係を疑っていたとしても、それほど魅力的な招待はとても断われなかった。

ミニーは妹がミドロージアン学院の仕事から解放される学期末が待ちきれなかった。ミニーはアンナにシカゴの驚異——林立するスカイスクレーパー、マーシャル・フィールズ・デパート、オーディトリアム、それにもちろん世界博覧会——を全部見せようとプランを練ったが、何よりもアンナに見せたかったのは彼女自身が手にした驚異、ヘンリー・ゴードンだった。彼女のハリー。

アンナもこれでやっと疑いを捨て、安心することだろう。

最後の仕上げ

一八九三年の四月に入って二週間、気候はすばらしかったが、その他の点では不幸が続いた。博覧会の工事現場では四人が命を落とした。二人は頭蓋骨骨折で、二人は感電死だった。その年の死者数は合計七人になった。博覧会の大工組合は、建設工事の最終段階で自分たちが重要な役割を担っていることを承知していたので、この機に乗じてストライキを打ち、最低賃金の保証などこれまで長いあいだ交渉してきた条件を呑ませようとした。大観覧車の八本の支柱はたった一本しか立っていなかったし、産業・教養館の屋根の修理もまだ終わっていなかった。毎朝、何百人という作業員が屋根に上った。夜になると男たちは長い列をなしてぞろぞろと家路をたどったが、それは遠くから見ると蟻の行列のようだった。フランク・ミレーの「ホワイトウォッシュ・ギャング」は猛烈な勢いで栄誉の中庭（コート・オブ・オナー）の建物を白く塗っていた。漆喰を塗った場所はところどころで早くも剝落や亀裂が目につき、補修部隊が会場内をめぐり歩いた。公園全体に充満した「必死の努力」といった雰囲気は、女性館の装飾を担当したキャンディス・ホイーラーによれば「家具の足りない家にお客を迎えるとき」に似ていた。

大工のストライキやこれからすべき仕事など悩みは多かったが、バーナムは楽観的だった。気候がよくなるとともに気分も高揚した。この冬は長く厳しかったが、大気にはようやくほころびかけた花の香りと雪解けの土の香りが混ざってきた。それに自分が愛されていることもわかった。三月末にチャールズ・マッキムの発案で、バーナムを主賓にした盛大な晩餐会がニューヨークのマディソン・スクエア・ガーデン――マッキムのパートナーのスタンフォード・ホワイトが設計した優美なムーア様式の旧ガーデン――で開かれたのだ。マッキムはフランク・ミレーにいってアメリカ中の一級の画家を集めさせ、さらに著名な作家や建築家と彼らのパトロン、たとえばマーシャル・フィールドやヘンリー・ヴィラードなどの顔ぶれをそろえ、不可能を可能にしたバーナムの業績を――時期尚早とはいえ――称えてその一夜を過ごした。いうまでもなく晩餐は豪勢なものだった。

これがメニューである。

生牡蠣（ブルー・ポイント）アラスカ風

ソーテルヌ「白ワイン」

〈ポタージュ〉

春野菜のコンソメ（コンソメ・プランタニエ）。セロリのクリーム（クレム・ド・セルリ）。

アモンティリャード「シェリー」

〈オードブル〉

網焼き牛ヒレのパイ包み（リッソール・シャトーブリアン）。塩味のアーモンド（アマンド・サレ）。オリーブなど。

〈魚料理〉

ブラックバス、オランデーズ・ソース、ポンム・パリジェンヌ「丸くりぬいたポテトのフライ」添え
モエ・エ・シャンドン。ペリエ・ジュエ・エクストラ・ドライ・スペシャル。

〈肉料理〉

牛ヒレ、キノコ添え（フィレ・ド・ブフ・オ・シャンピニオン）。さやいんげん（アリコ・ヴェール）。公爵夫人風ポテト「千切りポテトの重ね焼き」。

〈アントレ〉

リードヴォー「子牛の胸腺」のカツレツ。グリーンピース添え。

〈冷菓〉

ローマのファンタジー。煙草。

〈ロティ〉［ロースト］

高級鴨（カナール・ド・テトゥ・ルージュ）のロースト。レタスサラダ。

ポンテ・カネ［赤ワイン］

〈デザート〉

型抜き菓子あれこれ（プティフール・ファンテジー）。ケーキ数種。ボンボン。プティフール。フルーツ各種。

〈チーズ〉

ロックフォールとカマンベール

コーヒー

アポリナリス水

コニャック。コーディアル［リキュール］。葉巻。

新聞によるとオームステッドも出席したことになっていたが、実際には彼はその日ノースカロライナのアッシュヴィルにいてヴァンダービルトの土地の仕事を続けていた。欠席のニュースが伝わると、正当に評価されなかったことに腹を立てたせいだという臆測が流れた。招待状に列挙された芸術分野は絵画、建築、彫刻だけで、景観設計の文字がなかっ

たのである。たしかにオームステッドはこれまでずっと景観設計の立場を純粋芸術の一分野として確立させるべく努力を重ねてきたが、感情を損ねて晩餐会を忌避するというのは彼らしくなかった。ここは単純に考えるべきだろう。彼は病気だった。抱えている仕事はすべて予定より遅れていた。それに儀式ばったことが嫌いだった。なにより長距離の汽車の旅が苦手で、とくに客車——特等のプルマン・パレスでさえ——が暑すぎたり寒すぎたりする季節の変わり目は辛かった。彼がその場にいたらバーナムのこんな挨拶を聞いただろう。「みなさんご承知のとおり、その令名と才能は抜きんでています。アメリカの芸術家の心にまず想起され、信頼の念を呼び起こす人物であり、このシカゴはもちろん、多くの都市で公園を築きあげた人です。彼こそ、われらにとって最良の助言者、忍耐強い師です。最も高度な意味で、この博覧会の計画者というべき人、それはフレデリック・ロー・オームステッド……真の芸術家であり、湖と森の斜面、芝生と堤と樹木の生い茂った丘、山のふもとや海景で絵を描きあげます。いま私が立っているこの場所に本当なら彼がいるべきでした……」

とはいえバーナムはめだつのがいやだったわけではない。注目を浴びるこの機会を大いに楽しみ、名前が刻まれた銀の「大杯」を喜んだ。このカップになみなみと注がれたワインを居合わせた男たちが次々と回し飲みした——シカゴの街ではチフスやジフテリア、結核や肺炎が流行していたがおかまいなしだった。賞賛を受けるのは時期尚早だと当人もわかっていたが、この晩餐は博覧会が終わったあとに――世界の大きな期待に応えられればの話だが――もっと大きな栄光が待ち受けていることを教えてくれた。

たしかに進展はいちじるしかった。博覧会のパビリオンのなかでも最大の規模を誇る六つの建物が中央広場にそびえたち、彼でさえ予想できなかったほど壮大でドラマチックな効果を生みだしていた。ダニエル・チェスター・フレンチの手になる「共和国の像」――通称「ビッグ・メアリー」――は完成して池のなかほどに立ち、金メッキで覆われた表面がきらきらと輝いていた。この像は台座も含めて高さ三三メートルだった。各州や企業、それに外国政府のパビリオンは二〇〇以上になり、会場のあちこちに点在していた。ホワイト・スター汽船がラグーンの森の島に面した北西の岸辺に建てたこぢんまりしたかわいい寺院は階段で水辺までつながっていた。クルップの巨大な大砲は栄誉の中庭の南側にある水上パビリオンに展示された。

「全体のスケールは工事が進むにつれてますます大規模になっています」とマッキムはリチャード・ハントへの手紙に書いた。そして、やや大きすぎるようだし、少なくとも産業・教養館は度を越しているという辛辣なコメントもつけくわえた。彼が設計した農業館は「すぐ目の前の大きなビルと比較されて見劣りしてしまいます。その大きさ――高さは約六五メートル——のせいで、われわれのビルや周囲のすべてはすっかりかすんでしまいました」。さらにバーナムと二日間をともに過ごし、その二晩はシャンティに泊まったと知らせている。「彼は責任を立派に果たしており、元気そうです。彼がたえず現場に目を光らせ、われわれのごく些細な要求まで聞いてくれるのはじつにありがたいことです」

大工組合のストライキさえバーナムは苦にしなかった。失業中の大工のなかには非組合員が大勢いたから、スト中の大工の代わりはいくらでも見つかった。「このことではまったく心配していない」と彼は四月六日付のマーガレットへの手紙に書いた。その日は寒かった「が、からっと晴れて気持がよく、仕事をするにはうってつけの一日だった」。作業員は「装飾にとりかかっている。昨日はラグーンにたくさんのカモが放された。けさ見ると鳥たちは水の上で満足そうにぷかぷか浮かんでいた」。オームステッドは、八〇〇羽以上のアヒルとガチョウ、七〇〇〇羽の鳩に加え、変化をつけるためにエキゾチックな鳥も発注していた。たとえばユキコサギ四羽、コウノトリ四羽、ブラウンペリカン二羽、フラミンゴ二羽などである。いまのところ水に放されたのはごくふつうの白いアヒルだけだった。バーナムはこう書いている。「二、三日のうちに全部の鳥が水の上に放される予定だ。水辺はすでに去年よりはるかに美しくなってきている」。天気はあいかわらず上々だった。空はすっきりと晴れ、風はさわやかだった。四月一〇日月曜日、彼はマーガレットに「とても幸せな気分だ」と書き送った。

だが、その後の数日間で気分は一変した。他の組合が大工のストライキに同調してジャクソン・パークの全作業を停止させようとしているとの噂が流れた。とたんに博覧会の準備はひどく遅れているように思えてきた。会場の南端に建設する予定だった予備の展示品の保管倉庫はまだ工事が始まってもいなかった。どっちを向いても視野に入るのは鉄道線路と仮設の道路、空っぽの貨車と梱包用の木枠ばかりだった。荷造りに使った詰め物がタンブルウィードのように会場のあちこちに転がっていた。完成とはほど遠い公園の外観にがっかりしたバーナムは妻に八つ当たりした。

「なぜ毎日手紙を書いてくれないんだ?」と、彼は木曜日の手紙で妻をなじった。「きみの手紙をこんなに待っているのに」

デスクの上にはマーガレットの写真があった。そのそばを通るたび、彼はその写真を手に取り、切なそうにじっと眺めるのだった。妻への手紙によれば、その日はもう一〇回も眺めたという。開幕予定の五月一日からは暇になるはずだったが、いまの状況からするとオープン後にも仕事は続きそうだった。開幕すれば「世間はすでに工事がすべて終わったと思うだろうし、私としてもそうあってほしいと願っている。大急ぎで作業を進めている人びとは、先のことを思ってほとんど絶望的な気分になることも多いはずだ。しかし負けるわけにはいかない」

マーガレットからの手紙には四葉のクローバーが入っていた。

◇

博覧会場は混乱のきわみだったが、すぐ近く、バッファロー・ビルに貸し出された一五エーカーの敷地は整然たるものだった。このショーはいまや『バッファロー・ビルのワイルド・ウェスト・ショーと世界の義勇騎馬隊会議』という正式なタイトルを掲げていた。このショーは四月三日にオープンするやいなや定員一万八〇〇〇人の会場はたちまち満員となった。客がくぐる門の両脇には片側にコロンブスの像が立っていて「大洋の水先案内人、最初の開拓者」という旗が掲げられ、反対側にはバッファロー・ビルの像と「大平原の水先案内人、最後の開拓者」という文字があった。

ショーとキャンプは一五エーカーの土地いっぱいに広がっていた。何百人ものインディアンと兵隊と裏方はテントで寝泊まりした。アニー・オークリーのテントは家庭的な雰囲気をかもしだし、入口前の庭にはサクラソウ、ゼラニウム、タチアオイなどの花が植えられていた。テントのなかにはカウチとクーガーの毛皮の敷物、アクスミンスター絨毯、ロッキングチェアなどが置かれ、あちこちに工芸品や日用品が飾ってあった。もちろん多種多様な銃のコレクションもあった。

バッファロー・ビルのショーの幕開きは決まってカウボーイ楽団の演奏する「星条旗よ、永遠なれ（スター・スパングルド・バナー）」で始まった。続いて「グランド・レヴュー」が奏でられるなか、アメリカ、イギリス、フランス、ドイツ、ロシアの騎馬隊がアリーナをパレードした。次に登場したアニー・オークリーは銃をぶっ放しながら、ずらっと並んだ標的の前を馬で走りぬけた。どれも命中だった。ショーのもう一つの目玉は、インディアンに襲撃された昔の駅馬車デッドウッド・メール・コーチをバッファロー・ビルとその一隊が救出にやってくるシーンだった（この前のロンドン公演では、四人の王と皇太子（プリンス・オブ・ウェールズ）を乗せた馬車がインディアンに襲撃されてウィンザー城の庭を猛スピードで走りぬけた。このときはバッファロー・ビルみずから御者を務めた）。プログラムの後半では、コーディ自身が射撃の腕を披露し、馬に乗ってアリーナを駆けながらウィンチェスター銃をかまえ、助手が空中に放り投げるガラスのボールを撃ちぬいた。ショーのクライマックスは「開拓者の小屋への襲撃」である。かつて兵隊も市民も見境なく殺戮したインディアンが白人開拓者の小屋を襲うという芝居を演じ、そこへまたバッファロー・ビルとカウボーイの一団が駆けつけて空包の音とともに撃退するという筋書きだった。季節が変わるにつれ、コーディは襲撃をよりドラマチックな「リトル・ビッグホーンの戦い……カスターの最後の突撃を歴史のままに再現」というものに変更した。

この博覧会はコーディ大佐の夫婦生活には試練となった。ショーのためにネブラスカ州ノースプラットの家を長いあいだ留守にしなければならなかったのだが、それだけなら大した問題ではなかった。ビルは女好きで、また女性にもてた。ある日、妻のルイーザ――「ルル」――が夫を驚かせようと予告なしでシカゴにやってきた。ところが彼女はビルの妻がすでにいることを教えられた。ホテルのフロント係はすぐに「コーディ夫妻の特別室」へ案内するといったのだった。

大規模なストライキになれば博覧会が揺らぎ、めちゃくちゃになる恐れもあると覚悟したバーナムは大工と鉄骨組立工を相手に交渉を開始し、ついに最低賃金の保証と時間外労働の五割増賃金、日曜および主要な休日――大事なレーバー・デーもこれに含まれた――の出勤には倍額賃金という要求を受け入れた。そのかわり組合側は博覧会が終わるまで働くという契約書にサインをした。バーナムは明らかにほっとしたようすで、それ以前の強がりが見せかけだったことがわかった。妻への手紙には「疲れたがようやく安心してベッドに入れるよ」と書いている。彼がどれほど消耗しているかは、ふだんできるだけ抑制しようとしているまわりくどい表現がやたらと顔を出すことからもうかがえた。「われわれの交渉は昼過ぎから九時まで続いた。博覧会が終わるまでこの問題が再浮上することはあるまいと私は信じているが、そんなわけでいま目の前にあるきみの写真がデスクの上からこちらを見上げているようすはふだんにもましてすてきだ」

バーナムはこの交渉結果を博覧会側の勝ちだと主張したが、実際のところ運営側の譲歩は組織労働者にとって画期的な進展だった。それ以後、ほかの組合もこの契約を見本とするようになった。博覧会側の降伏は、すでに蒸気を立てていたアメリカ――そしてシカゴ――の労働運動に、よりいっそうの熱を吹きこんだのだ。

あいかわらず三重苦を抱えてシカゴに戻ってきたオームステッドは現場が勢いづいているのに気づいた。バーナムはいたるところで同時に存在するようだった。四月一三日木曜日、オームステッドは息子のジョンにこう書き送った。「ここでは誰もが猛スピードで動いている。はたで見るかぎり、想像しがたい混乱のきわみに思える」。公園の未舗装の道に激しい風が吹きつけ、もうもうと埃が舞いあがった。汽車が次から次へと到着して展示品を運びこんだが、それらはとっくのとうに設置していなければならないものだった。展示が遅れているので仮設の鉄道や道路はまだ撤去できなかった。二日後、オームステッドはこう書いた。「ここまで遅延を招いたそれぞれの部門に責任をとってもらいたい。いまや、彼らの作業がいたるところでわれわれの仕事の邪魔をしているからだ。われわれの仕事の最も重要な部分は、よくても博覧会開幕の日の夜中にやらなければならないだろう。この混乱を突破する手段はとても考えつかない。だが、さまざまな責任者のもとでおびただしい人数の男たちが作業にあたっており、たぶんこの途方もない労働力がいつかはまとまってなんとかなるだろう」

風景が未完成なことの一部は自分の責任だと彼は認めた。それというのもハリー・コッドマンが死んだあと、シカゴの現場監督として信頼できる部下を残せなかったからだ。一八九三年四月一五日、彼はジョンにこう書いた。「この仕事をウーリッチとフィルにまかせたのは誤りだったのではないだろうか。ウーリッチの造反が意図したものとは思いたくないが、あの強情さには手を焼かされ、どうもまちがった方向へ進んでいるような気がして信用がならない。彼のエネルギーはどうでもいい些細なことに費やされている……日ごとに不信の念が募っていく」

ウーリッチへの不満は溜まり、懐疑は深まった。やがてジョンへの別の手紙にこんな文章が見られた。「ウーリッチは故意にわれわれを無視しているわけではない。問題は、彼が身のほど知らずに栄誉を求めすぎることだ。人目につく派手な動きに引かれ、やたらとがんばり、ひたむきになりすぎるため、LA〔ランドスケープ・アーキテクチャー＝景観設計〕にとってはかえってマイナスの結果をもたらす」。とくにウーリッチが卑屈なほどバーナムのいうことを聞くのが癇に障った。「彼は現場のいたるところに顔を出し、またあらゆる仕事にかかわっている。そしてミスター・バーナムや各部門の長はしょっちゅう『ウーリッチ！』と呼びつける。いっしょに作業を見回ったときに気づいたが、バーナムは何かというと、あれこれをするよう『ウーリッチに伝えておけ』と秘書に命じていた。抗議してもいいが、益のないことだろう。ウーリッチが熱心にやるのは特別に命令したときだけで、それでさえ逃げたくてたまらないようだ」

オームステッドが心の底で恐れていたのは、バーナムの信頼がウーリッチに移ることだった。「われわれに残された時間はないも同然だ――契約期間が過ぎれば、バーナムはわれわれをお払い箱にしてウーリッチを採用するのではないか。もちろんバーナムは大変な負担を背負っているのだから、うんざりさせないように注意しなければいけない。バーナムはウーリッチの無能さや計算ずくの態度を見抜けない」

間をおかず、別のトラブルも生じた。カリフォルニアから草花を運んでくる船が到着せず、それでなくても不足していた植物の緑がますますピンチになった。四月初めの二週間が上天気だったことも遅延の原因になった。雨が降らず、また公園内の水道工事がまだ完成していなかったため、オームステッドは裸の土地に草花を植えつけることができなかったのだ。風で舞いあがる埃——オームステッドによれば「ものすごい土埃は砂漠の砂嵐も顔負け」だった——はあいかわらず激しく、目に刺さるかと思うと、熱をもった口のなかは砂でじゃりじゃりした。「これほど仕事が進んでいない理由をなんとか理解させようとはしている……世間の目にはわれわれの仕事がひどく未完成なものに見えることもあるだろう……不満も大きいはずだ。だからこそ、この先の数週間はなんとか踏んばって、精力のありあまったウーリッチが見当違いな指示を出さないよう見張っていなければいけない」

四月二一日、オームステッドは「喉が痛み、歯は膿んで、あまりの苦しさに眠れな」くなり、また寝ついてしまった。

それにもかかわらず、活力はしだいに戻ってきた。とりあえず目先の遅延とウーリッチへの不信感に目をつぶれば、仕事は明らかに進展していた。これまでの努力が実って、森の島の岸辺は鮮やかな新緑でいろどられ、いっせいに花が咲きはじめていた。日本政府が日本から職人を呼び寄せて丹念に作りあげた鳳凰殿も鬱蒼とした森の雰囲気を壊していなかった。電動式の船も到着したが、それは見るからに美しく、オームステッドが望んだとおりのものだった。ラグーンの水鳥は潑剌たる生命力を発散し、白一色の堂々たるパビリオンが立ち並ぶ栄誉の中庭と格好のコントラストを見せていた。オームステッドは、バーナム配下の膨大な人員をもってしても開幕の五月一日までに修理やペンキ塗りの作業を終えるのはとても無理だろうと思った。自分の仕事も完成にはほど遠い。それでも進捗ぶりは明らかだった。「膨大な数の人員が雇われており、毎日の作業は目に見えて進んでいる」

だが、つかのまの楽観も消えようとしていた。強い前線が大平原を越え、シカゴに近づいていたのだ。

この時期、正確な日付は不明だが、ジョゼフ・マッカーシーという牛乳売りがシカゴのフンボルト・パークのそばで荷車を止めた。午前一一時ごろだった。その公園にいた一人の男が目に留まった。それは顔見知りの男――『インター・オーシャン』の新聞配達代理店に勤めるパトリック・プレンダーガストだった。

奇妙なことに、プレンダーガストはぐるぐると円を描きながら歩きまわっていた。さらに変なのは、頭を後ろにかしげたうえ、目がかくれるほど帽子を深くかぶっていることだった。

マッカーシーが見ていると、プレンダーガストは歩きながら一本の木に正面衝突した。

雨が降りだした。最初、バーナムは気にしなかった。これで何も植わっていない場所——残念なことに裸のままの土地はまだたくさん残っていた——から舞いあがる土埃が少しはおさまるだろうし、建物の屋根は全部仕上がっていた。産業・教養館の屋根さえ完成していたのだ。

バーナムはマーガレットに宛てた四月一八日の手紙にこう書いた。「雨が降っている。やっと、降るなら降れといえるようになった。ようやく屋根はきちんとできあがったから雨漏りはほとんど心配せずにすむ」

だが雨は降りつづけ、しかもだんだん激しくなった。夜になると、あまりの豪雨に電球の光さえ霞んでしまうほどだった。土埃はぬかるみになり、馬は足をとられ、馬車は立ち往生した。そのうえ雨漏りも見つかった。水曜日の夜、ジャクソン・パーク一帯にとりわけ激しい雨が降り、やがて産業・教養館のガラスの天井から高さ六〇メートルの滝が何本も下の展示の上に降り注いだ。バーナム率いる作業員と警備員の一団がこのビルに集まり、夜を徹して修理にあたった。

翌木曜日、またマーガレットに手紙を書いた。「昨夜はジャクソン・パークに来て以来、最も激しい嵐に見舞われた。会場の建物はみな無事だったが、産業・教養館だけは屋根の東側で雨漏りが見つかり、展示品を保護するために真夜中までかかった。ある新聞によると、デーヴィス総裁が先頭に立って指揮をとり、すべてがきちんと片付くまでその場を離れなかったと書いてある。だが、いうまでもなく、ミスターDは何もしなかったというのが真相だ」

この雨のせいで、バーナムはまだどれほど多くの仕事が残っているかを思い知った。同じ木曜日、マーガレットにもう一通の手紙を書いた。「天気は大荒れで、先週の木曜からずっとこんな調子だ。だがめげてはいられない。この先にはまだ大きな仕事が残っているのだから……最後のひと月のがんばりがとても大事なのだ。きみには想像もつかないだろうね。そんななかでも平静でいられる自分に驚いている」。その大仕事は部下たちの力量を試す機会にもなった。「このストレスにさらされて、誰が本当に優秀で誰がそうでないかがわかった。たしかにこんな状況では水準に達することさえむずかしいが、それでも頼りにできると思えた部下も何人かいる。それ以外の者は毎日しょっちゅうはっぱをかけていなければならず、それが私の疲労の原因だともいえる」

いつものようにマーガレットが恋しいと書いた。彼女はシカゴを離れていたが、オープニングには来る予定だった。「そのときは、愛するお嬢さん、きっとそこらじゅうきみを探しまわるよ。ここへ来たらぜったいに離さないから覚悟しておくんだね」

すべてにおいて慎みぶかかったこの時代、バーナムにとってエロチックな情熱を表現するのはこれくらいが限度だった。

来る日も来る日も同じ状態が続いた。窓は曇り、紙は湿気で丸まり、屋根には神経をいらだたせるような雨音が響き、そこらじゅうに汗と湿った毛織物の臭いが充満し、とくに昼食時の従業員食堂の臭いはひどかった。雨は電線を水浸しにしてショートさせた。大観覧車の現場では、塔を立てる穴から水を汲みだすのにポンプが昼夜ぶっ通しで働いたが、雨水のあまりの量に手を焼いていた。雨は女性館の屋根からも漏り、展示作業を中断しなければならなかった。ミッドウェイでは、エジプト人とアルジェリア人、それに半裸のダホメー人たちが震えあがっていた。だがミセス・ハートのアイリッシュ村にいるアイルランド人だけは平然としていた。

この雨はオームステッドにもひどい失望をもたらした。それでなくても湿気の多い土に雨水がしみこみ、あらゆる道のどんな小さな窪みにも水が溜まった。水溜りは池になった。重い荷を積んだ馬車の車輪はぬかるみや深い亀裂にはまりこみ、工事の手間をさらに増やした。そんな凹みには土を盛って平らにならしたあとで芝を植えなければならないのだ。

そんな雨をついて工事のペースはさらに上がった。オームステッドは労働力のあまりの多さに畏怖の念さえ感じた。オープニングを三日後に控えた四月二七日、彼は事務所への手紙にこう書いた。「前にも書いたが、ここには二〇〇〇人の作業員が雇われていた――いいいいとほうもないことだ。ミスター・バーナムがじかに雇った作業員だけでも二〇〇〇人にのぼったのだ。ところが今週はそれが二倍になった。しかも建設業者の雇った人員を除外しての話だ。建設業者と営業権保持者に雇われた人びとを合わせると、いまや現場では一万人が働いており、ほかの種類の労働力も含めればもっと多くなるだろう。われわれの仕事は十分な人数が雇えなかったせいでひどく遅れている」（彼の推計は現実を下まわっていた。この最後の週、公園で働いていた作業員は合計二万人近かった）。植物はまだぜんぜん足りないとオームステッドはこぼした。「植物を供給するはずの予定がすべてだめになったらしく、この不足が深刻な結果につながりかねない」

少なくとも膿をもった歯はだいぶよくなり、ベッドで安静にしている必要はなくなった。「潰瘍は小さくなったようだ。食べられるのはまだパンとミルクだけだが、今日は雨のなかを出かけることができ、かなり回復した」

ところがこの同じ日、息子のジョンに宛てた私信はもっと悲観的な調子だった。「まったく運が悪い。今日も大雨だ」。バーナムからはどんな姑息な手段を使ってでも、栄誉の中庭をなんとか見られる格好にしてほしいとせっつかれた。たとえば鉢植えのツツジやシュロをずらっと並べてテラスを飾ったらどうかといわれた。これこそうわべだけ取り繕った応急処置であり、オームステッドが忌み嫌うものだった。「まったく気に入らない。オープニングの見栄えをよくするためだけに手っとり早い手段に頼る」のはいやだった。そんなことをしてもオープニングのすぐあとで全部やりなおしになるのは明らかだった。病気、欲求不満、ますます大きくなる仕事のストレスがあいまって気力を衰えさせ、急に老けこんだように思わせた。「掘っ立て小屋のような食堂のテーブルでとる食事、騒音とせわしなさ、水溜りと雨のせいで、役立たずの老いぼれはたえずいらだち、慰めとは無縁のまま、喉と口の具合もまだ悪いので流動食しか食べられないありさまだ」

それでも彼はめげなかった。雨をついて、足を引きずりながら草花や芝の植えつけを見回り、毎日バーナムが半ば強制的に指揮官たちを招集する早朝の打ち合わせにも参加した。仕事の量が増え、天候が悪化するにつれて健康状態は下り坂になった。「風邪をひき、おまけに骨が痛んで一晩中寝られず、食べられるのはあいかわらずトーストと紅茶だけ」だと四月二八日金曜日の手紙にはある。「毎日のように雨が降りつづき、われわれの仕事をだいなしにしていく」。それでも月曜のオープニングに向けて、きりきり舞いの準備のペースは落ちなかった。「この大雨のさなか、梯子や足場の上で作業員がペンキ塗りをしているのを見ると、じつに奇妙な気持になる。みんなびっしょり濡れそぼち、これではペンキもむらになるだろうと思わずにいられなかった」。中央の池の西側に立つ大きな「コロンブスの噴水」は開会式で重要な役目を果たすことになっていたのにまだ完成していなかった。リハーサルは明日、土曜日に予定されていた。「どこを見ても、まるで準備などできていない。それなのにこんどの月曜には大統領の前でうまくやって見せなければいけない」

自分の管轄についても不満だった。このときまでにはもっとずっと立派にできているはずだったのだ。しかもほかの人びとの目にもそう映っているのは明らかだった。「的外れな非難を浴びせられるだろう。バーナムのような賢明な人びとでさえ、作業が中途半端で構図は不完全という印象をもつだろうから」とオームステッドは手紙に書いた。会場のあちこちで空き地がめだち、乱雑なままで、作業が終わっていない——誰の目にも空白は見えた——ことは自分でもわかっていたが、それを他人に、とりわけ彼が敬意を払い、高く買っていた人物にいわれるのはひどく辛いことだった。

締め切りに揺るぎはなかった。あまりにも大勢の人と多くの事柄がいっせいに動いていたので延期などとても考えられなかった。開会式は月曜日の予定だった。何があってもその月曜日の朝にはループからジャクソン・パークへ、新大統領グローヴァー・クリーヴランドが先導するパレードで幕を開けなければいけない。シカゴには汽車が続々と到着し、世界中から政治家や王侯貴族や実業界の大物などを運んできた。クリーヴランド大統領は副大統領と顧問団、上院議員、軍の指導者、それに彼らの妻子や友人の一団を引きつれてやってきた。真っ黒な機関車は雨のなかで湯気を立てた。ポーターは貨物車から大型トランクを次々と運びおろした。シカゴの鉄道駅の外にはぴかぴかに磨きあげられた黒塗りの馬車がずらっと並び、青いテールランプは雨で光の輪をにじませていた。時間は滑るように過ぎていった。

オープニングの前日にあたる四月三〇日の夜、F・ハーバート・ステッドというイギリス人の記者が博覧会場を訪れた。アメリカではステッドという名前はよく知られていたが、それはハーバートの兄ウィリアム――ロンドン『ペルメル・ガゼット』の元編集人で、つい最近『ザ・レヴュー・オブ・レヴューズ』を創刊していた――が有名だったからである。開会式の取材をすることになっていたハーバートは会場内の位置関係を頭に入れるため、前もって偵察しにきたのだった。

馬車をおりてジャクソン・パークに入ったときは土砂降りの雨だった。いたるところで電球の灯がちらちらし、そのまわりを雨がショールのように覆っていた。オームステッドが作った優美な小道は池にかわり、猛烈な勢いで落ちてくる水滴で波立っていた。おびただしい数の空っぽの貨車が光を受けて黒々とたたずんでいた。材木や、梱包を解いたあとの木枠、作業員の昼食の残骸などがそこらじゅうに散らばっていた。

全体としてひどくわびしい情景だったが、それと同時に疑問もわいてきた。博覧会の開会式は翌朝のはずなのに、あたりはゴミやくずだらけ――ステッドの形容によれば「まるで未完成」だったのだ。

雨は夜通し降りつづけた。

その日曜日の夜、雨が窓をばしゃばしゃ叩いていたころ、シカゴの日刊紙の編集部では月曜日の歴史的なイベントを報じる大見出しのために大きな活字と凝った表現を準備していた。一八七一年の大火以来、シカゴの新聞が一つのイベントでこれほど活気づいたことはなかった。だが新聞社にはもっと日常的な仕事もあった。下っ端の活字工は、第一面以外のページのあまり重要ではない記事、たとえば案内広告や個人広告などの活字を組んでいた。その夜、そんな活字工のもとに新しいホテルの開業通知が届いた。これも博覧会の客で一儲けしようと突貫工事で建てられたものにちがいなかった。だが少なくともこのホテルの場所はよかった――イングルウッドの六三丁目とウォレス・ストリートの角にあり、新しい高架線に乗れば博覧会の六三丁目ゲートはすぐだった。

そのホテルの名はワールズフェア・ホテルといった。

第三部　ホワイトシティ

1893年5月－10月

栄誉の中庭

オープニング・デー

　二三台の黒光りする馬車がぬかるんだミシガン・アベニューのレキシントン・ホテル前にずらりと並んだ。クリーヴランド大統領は七台目のランドー［幌付四輪馬車］に乗った。バーナムとデーヴィスは六台目だった。二人はたがいに不信の念を抱き、博覧会の指揮権をめぐる争いもまだ決着はついていなかったが、とりあえず行儀よく席を分けあった。コロンブスの直系の末裔（まつえい）であるベラグア公爵は一四台目の馬車、公爵夫人の乗った一五台目にはバーサ・パーマーが同乗した。パーマーのダイヤモンドはまるで手で触れれば熱を感じそうな輝きを放っていた。ハリソン市長が最後尾の馬車に乗ったときは、誰よりもさかんな喝采を浴びた。ほかの馬車にも大勢の名士たちが乗りこんだ。馬車の行列がミシガン・アベニュー沿いに南のジャクソン・パークめざして動きだすと、押し寄せる海の波のように二〇万のシカゴ市民がいっせいにあとを追った。徒歩の者もいれば、馬に乗った者もいた。フェートン［二頭立て四輪馬車］、ヴィクトリア［軽四輪馬車］、スタナプ［軽二輪馬車］などの馬車を仕立てた者もいれば、乗り合いバスや路面電車にぎゅうぎゅうに詰めこまれた者もいた。それ以外の数千人は鉄道を選び、イリノイ・セントラル鉄道が博覧会にできるだけ大勢の客を運ぼうと建設した鮮やかな黄色の客車――「家畜運搬車」というあだ名がついた――はたちまち満員になった。白いハンカチをもっていた人はいっせいにそれを打ち振り、すべての街灯の柱に白い旗が下がっていた。ビルの正面に掲げられた旗は湿気でふくらんでいた。コロンビアン・ガードの一五〇〇人の警備員は、鮮やかなブルーのぱりっとした制服に白手袋、黄色の線の入った黒いケープといういでたちで群衆を出迎え、礼儀正しく客の一人一人に管理センターの場所を教えた。そびえたつ金色のドームで、それはすぐにわかった。

西から博覧会場に近づいた馬車の行列はミッドウェイ・プレザンスを経由した。大統領の馬車がミッドウェイの一三ブロック分を占めるアベニュー・オブ・ネーションズ［諸国の大通り］にさしかかったまさにそのとき、雲間から太陽が顔を出した。大通りにひしめくおよそ四〇種類の催し物や展示会場――なかには小さな町といってもいい大規模なものもあった――にぱっと日光が射しこんで、見物人のあいだに感嘆のどよめきが起こった。

馬車の行列はその前を次々と通りすぎていった。シッティング・ブルの小屋、ラップランドの村、食人種という噂のあるダホメー族の住居群、その向かい側にあるカリフォルニアのダチョウ農場からは溶かしバターと卵のおいしそうな匂いがただよってきた。この農場ではダチョウの卵のオムレツを食べさせると謳っていたが、実際にはふつうの鶏卵で作ったものだった。行列はオーストリアの村を過ぎ、繋留気球公園にさしかかった。これはロープで地面に固定した水素気球に客を載せ、上空からの景色を楽しませるという趣向だった。ミッドウェイの中心、嘆かわしくもまだ完成していない大観覧車のところで行列は角を曲がった。バーナムは不満げに工事現場に目をやった。それはまだ、そびえたつ板囲いに覆われた半円形のスチールでしかなかった。

クリーヴランド大統領の馬車がソル・ブルームのアルジェリアの村——ミッドウェイの一等地、ムスリム地区の中心だった——に近づくと、ブルームの合図で村の女たちがいっせいにベールをとった。敬意を表するしぐさだというが、もちろんブルームのいうことだからあてにはできなかった。馬車はカイロの大通り——これも残念ながら、まだ完成していなかった——のへりをめぐってトルコ村とジャワ・ランチ・ルームを過ぎた。当時、最も有名な移動動物園だったヘーゲンバックのアニマル・ショーの外では飼育係につれられた四頭の芸達者なライオンがものすごい声で吼えてみせた。大統領が右手に目をやると、煙って見えるほど遠くにバッファロー・ビルのワイルド・ウェストという旗がはためいていた。コーディ大佐は六二丁目にアリーナを建設していたのだ。

馬車の行列はようやくジャクソン・パークに到着した。

この博覧会には奇跡と呼ばれたものがいくつもあった——チョコレートでできたミロのヴィーナス像は溶けなかったし、ウィスコンシン館の一〇トンのチーズには黴が生えなかった——が、最大の奇跡は、クリーヴランド大統領の到着を前にした長い雨の夜のあいだにこれほど会場を一変させたことだった。ハーバート・ステッドが翌日来てみると、公園のあちこちにはまださざなみの立つ水溜りが残っていたとはいえ、空っぽの貨車や梱包材の残骸はすっかりなくなっていた。大勢の作業員が夜通し働いてペンキや漆喰を塗り、パンジーを植え、芝生を敷き、清掃係が総出で広いパビリオンの床を洗い、ワックスをかけ、磨きあげたのだった。時間がたつにつれ、雲が切れて太陽が姿をあらわした。雨に洗われてきれいになった空気のなかで、水浸しになっていない場所はきちんと整頓され、明るくすっきりして見えた。バーナムの部下のポール・スターレットはこういっている。「博覧会がいざオープンしたとき、最初に驚かされたのはオームステッドの芝生だった」

一一時にクリーヴランド大統領が階段を昇って管理センターの東側にしつらえられた演壇上の席についた。これが開会式開始の合図だった。群衆が前のほうに殺到した。二〇人の女性が失神した。たまたま最前列にいた記者たちは一人の中年女性を助け、なんとか引きずって手すりを越えさせ、報道関係者用のテーブルの上に寝かせた。ガードたちは剣をふりかざし、人ごみをかきわけて進んだ。その混乱がまだおさまりきらないうち、デーヴィス総裁の合図でオーケストラは「コロンビアン・マーチ」を演奏しはじめた。

理事たちは一〇月の落成式の式典が冗長だったという批判に懲りていたので、開会式のプログラムをもっと簡潔にし、何があっても時間割どおり進行させようと決意していた。最初は祝福だった。目の見えない司祭が祝福を与えたが、聴衆のほうは会場の規模と距離のせいで何も聞こえなかった。次はコロンブスを称える詩の朗読。これはコロンブスの航海そのものと同じくらい長く退屈で耐えがたかった。「ピンタ号のマストの見張り番が叫び、ラッパが鳴り響く。『光よ！　光よ！　光！』」

というような代物である。

次にデーヴィス総裁がスピーチをし、事実とは裏腹に、ナショナル・コミッションと博覧会協会、それに婦人理事会が一致団結してかくもすばらしい博覧会を作りあげたのはすばらしいと褒め称えた。権力争いをめぐる内輪もめをよく知っていた人びとはバーナムの顔をうかがったが、その表情にはまったく変化がなかった。デーヴィスは大統領に演壇を譲った。

でっぷりした体を黒い服に包んだクリーヴランド大統領は大勢の群衆を前に厳粛な面持ちでひとしきり間をおいた。かたわらにはアメリカ国旗をかぶせたテーブルがあり、赤と青のビロードのクッションの上に黄金製の電鍵が置いてあった。

栄誉の中庭ではテラス、芝生、手すりなど、どこもかしこも人で埋まっていた。男たちは黒やグレーの服を着ており、女たちは色とりどりのドレス——紫、真紅、エメラルドグリーン——にリボンや小枝や羽根飾りのついた帽子をかぶっていた。大きな白い帽子をかぶり、銀色の太い縁取りのついた白いバックスキンのコート姿の長身の男は周囲から頭一つ抜きんでていた——バッファロー・ビルである。女性たちはまじまじと彼を見つめた。雲はたちまち切れてゆき、合間からさしこむ太陽の光が聴衆のあいだに点在する白いパナマ帽に反射した。大統領のいる高い壇上から見ると、その情景は晴れやかなお祭り気分のように思えたが、地表のレベルではまだどこへ移動しても水溜りとぬかるみでじめじめしていた。人間の形をしたもののなかで足が乾いていたのは、ダニエル・チェスター・フレンチの手になる共和国の像だけだった。ビッグ・メアリーというあだ名で呼ばれたこの像はまだ布に覆われていた。

クリーヴランドのスピーチは短かった。スピーチを終えると、彼は旗のかぶさったテーブルに近づいた。「これに触れると、この壮大な博覧会に光を供給する機械が動きだします」と大統領はいった。「それと同時に、この瞬間、われわれの希望と夢によって呼びおこされた力は、この先もたえず人類の幸福と尊厳と自由に大きく作用しつづけることでしょう」

正確な時刻は一二時八分、大統領は黄金のキーに手を触れた。キーが押されたことがわかると群衆のあいだにどよめきが起こり、波状に伝わっていった。屋根の上にいた作業員はすぐ、公園のあちこちに配置されている仲間と湖に停泊している戦艦ミシガンの乗組員に合図を送った。この電鍵を押すことによって機械館（マシナリー・ビルディング）に設置された三〇〇〇馬力の巨大なアリス蒸気エンジン付属のエレクトロ・オートマチック・エンジン・ストップ・アンド・スターターを動かす回線に電気が流れだした。スターターの銀メッキのゴングが鳴り、スプロケットが回転し、バルブが開き、エンジンがシューッと音をたて、やがて精巧に組みたてられたシャフトとベアリングが動きだした。機械館に設置されたその他三〇基のエンジンからも、すぐに低い唸りが聞こえてきた。揚水所では三基の巨大なウォーシントン・ポンプが、寒さで身震いするカマキリのようにシャフトとピストンをゆっくりと伸ばしはじめた。何百万リットルもの水が博覧会の水道本管に流れこんだ。いたるところで蒸気エンジンが動きだし、地面を揺るがした。船の帆ほどもある大きなアメリカ国旗が栄誉の中庭の最も高いポールにひるがえると、その直後、両側のポールから同じ大きさの二つの旗が勢いよく垂れさがった。一つはスペイン、もう一つはコロンブスをあらわす旗だった。ウォーシントン・ポンプでとりこんだ水がマクモニーズの噴水に送られ、空中三〇メートルの高さまで舞いあがった。飛沫（しぶき）に日光があたって虹ができ、人びとは水に濡れまいとして傘を広げた。建物の軒先からさまざまな旗や吹流しがひるがえり、機械館の壁全面にわたって巨大な赤い旗が掲げられた。そしてビッグ・メアリーの金色の肩から滑るようにして布の覆いが外された。その表面にきらきらと反射する光がまぶしくて男も女も目の上に手をかざした。二〇〇羽の白鳩が空に放たれた。ミシガンの砲が火を噴いた。甲高い汽笛が響いた。群衆のなかから自然に「わが祖国、そは汝のもの」の歌声がわきあがった。まだ公認はされていなかったが、誰もがこれをアメリカ国歌とみなしていた。群衆が大声をあげているさなか、首の長い痩せた色白の女性のそばに一人の男がそっと近寄った。一瞬後、ジェーン・アダムズは財布がなくなっていることに気づいた。

こうして大博覧会の幕が切って落とされた。

バーナムはまだなすべき仕事が山積していること――オームステッドの作業はこれまでの倍の努力が必要だし、フェリスはあのいまいましい輪っかを完成にこぎつけなければならない――を認めたうえで、この博覧会はまちがいなく成功するだろうと思った。祝辞は電報や手紙で続々と届いていた。ある友人はバーナムに「咲きほこったバラの花のように美しい情景が日に日に飛びこんできた」といった。博覧会の公式記録によれば、オープニングの日には二五万人がジャクソン・パークに詰めかけたという。ほかの推計では合計五〇万から六二万人だった。その一日が終わるころ、シカゴ博覧会は人類史上、最も観客を集めた娯楽イベントになるだろうと思われた。

こうした希望的観測は二四時間しか続かなかった。

五月二日火曜日、ジャクソン・パークを訪れた客はたった一万人で、かりにこの動員数がずっと続くようならシカゴ博覧会が史上最悪の失敗になるのは確実だった。黄色い家畜車はほとんど空っぽで、六三丁目に沿って走る高架線も同様だった。これは例外にすぎないという希望はその翌日あえなくも潰えた。アメリカ経済を覆っていた不況の波がついにウォール街の恐慌となって爆発し、株価の急下落を招いたのだ。翌週にはますます不穏なニュースがあいついだ。

五月五日金曜日の夜、アメリカの鋼索製造の八割を支配していた企業連合のナショナル

・コーディジ社の役員が会社を管財人の手にゆだねると発表した。続いてシカゴのケミカル・ナショナル銀行が営業停止となったが、博覧会の関係者にとってこれはとくに不吉な知らせだった。ケミカル・ナショナルは議会からシカゴ博覧会の会場に支店を出す許可を得た唯一の銀行であり、しかもその支店はほかでもない管理センターにあったのだ。三日後、シカゴの別の大手銀行が営業を停止し、さらに三つ目のエヴァンストン・ナショノル銀行の倒産が報じられた。これはバーナムの住む町の銀行だった。アメリカ中で十数社の企業が倒産した。ジョージア州ブランズウィックでは、二つのナショナル・バンクの頭取が話しあいをもっていた。片方の頭取はちょっと失礼といって席を外すと自分のオフィスに入り、頭を銃で撃ちぬいた。二つの銀行はどちらも倒産した。ネブラスカ州リンカンのネブラスカ貯蓄銀行は顧客に大勢の小学生がいた。この町の教師が銀行の代理を務め、毎週子供たちの金を集めて銀行に預け、預金通帳に記帳していたのだ。この銀行が危ないという噂が流れると、銀行の前の通りに子供たちが集まり、金を返してくれと騒ぎたてた。ほかの銀行がネブラスカ貯蓄銀行の救済に立ちあがり、ようやくこの「子供たちのとりつけ騒ぎ」は終息した。

ふだんなら喜んでシカゴへ博覧会見物に来たはずの人びとがいまや家から出ようとしなかった。不景気だけでも十分意欲がそがれたうえに博覧会の展示がまだ全部そろっていないという噂がよけい足を引っぱった。一度しか行くチャンスがないとしたら、展示品が全部そろってアトラクションが全部動きだしてからのほうがよかった。とくにエッフェル塔が子供の工作みたいに思えるという工学技術の粋、大観覧車を試してみないことには――実際に動くことが証明され、最初の強風で倒れないことがわかってからの話だが。

博覧会の目玉の多くがまだ完成していないことはバーナムも認めた。彼の率いる建築家、製図工、エンジニア、建築請負人の一隊は、信じがたいほどの短期間で多くのことをなしとげた。とはいえ急激に悪化する経済の憂鬱な影響力をふりはらうほどの大きな仕事はまだ完成していなかった。博覧会の驚異の一つと派手に喧伝された産業・教養館のエレベーターはまだ動いていなかった。大観覧車は半分しかできあがっていなかった。オームステッドはクルップ館、レザー館、冷蔵倉庫の周囲の庭作りと植栽をすませていなかった。博覧会の鉄道駅に作る予定のレンガの舗道もできていなかったし、ニューヨーク・セントラルとペンシルヴェニア鉄道の展示会場、コーラル・ホール、それにイリノイ州パビリオン――大勢のシカゴ市民にとっては、博覧会場で最も大事なものだった――には芝生を植える必要があった。電気館内部の展示と企業パビリオンの建設予定は大幅に遅れていた。ウェスティングハウスときたら、五月二日火曜日にやっと工事を始めたありさまだった。

バーナムはオームステッドとフェリス、それにまだ工事中の建設業者に厳重な指令を出した。オームステッドはとくにプレッシャーを感じたが、その一方で展示が予定より遅れていること、また展示品を運ぶ荷車や貨車がたえず出入りするために自分の仕事がひどく妨害されていると感じてもいた。オープニングの儀式にまにあわせるための突貫作業で、オームステッドの部門は貴重な時間を奪われた。前日の準備で大勢の作業員が行き来したため、道路はめちゃくちゃになり、そこをまた地ならしし、新たに草花を植えなければならなかったのだ。会場内の全長九一キロにおよぶ道路の大半は、まだ水溜りやぬかるみが残っており、乾いたところも濡れているうちに車輪が通ったため深く削られ、溝ができていた。オームステッド配下の道路工事業者は八〇〇人の作業員と一〇〇頭以上の馬の力を用いて道を修繕し、砂利を敷きなおした。五月一五日にオームステッドは息子のジョンに手紙を書いた。「体調はまあまあですが、毎日ひどく疲れます。ものごとを最後までやるのはじつに大変です。体は過労でへとへとだし、期待したとおりにうまくいくことは絶対にないのです」

なによりまず全部完成させることが大事だとわかっていたが、バーナムはとりあえず人びとに経済的な不安を忘れさせ、シカゴに呼びよせるだけの魅力的な企画を考えることにした。祭典部という新しい部署を作り、フランク・ミレーをその責任者にして来訪者を増やすための仕事にあたらせ、かなりの自由裁量を与えた。ミレーは花火ショーとパレードを演出した。各州や国ごとの記念日を設け、職種ごとにお祭りの日を用意した。たとえば靴屋、粉屋、菓子屋、速記者などの日もあった。ナイツ・オブ・ピシアスやカトリック・ナイツ・オブ・アメリカ［どちらも会員制クラブ］の日もあった。ミレーは八月二五日を有色人種の日とし、一〇月九日はシカゴの日にした。来訪者の数は増えはじめたが、まだ十分ではなかった。五月末には、入場料を払った客の一日の平均人数はたった三万三〇〇〇人で、バーナムをはじめとする関係者の予測をはるかに下まわっていた。さらに重要なのはこの博覧会の利益採算点よりずっと低かったことだ。もっと悪いことに、議会とナショナル・コミッションは安息日厳守団体の圧力に負けて日曜日は博覧会を休むようにと命じてきた。これでは日曜しか休めない数百万の勤め人がシカゴの驚異を見にこられない。

バーナムは国の経済不安が早めに解消されることを期待したが、そうはいかなかった。さらに銀行の倒産があいつぎ、レイオフが増え、工業製品の製造ペースは落ち、ストライキはますます暴力的になった。六月五日、不安になった預金者がシカゴの八つの銀行に押しかけてとりつけ騒ぎが起こった。バーナム自身の設計事務所も新しい仕事の注文はめっきり減っていた。

ワールズフェア・ホテル

ホームズのワールズフェア・ホテルに泊まり客がやってくるようになった。しかしホームズをはじめとしてサウスサイドのホテル経営者が期待したほどの賑わいはなかった。客がこのホテルを選んだのはおもに地理的な条件のよさからだった。ジャクソン・パークは六三丁目を東に行ってすぐのところにあり、高架線に乗ればほんの一息だった。二階と三階の客室はたいてい空いていたが、それでも男の客がやってくるとホームズはじつに残念そうなそぶりで満室だと答え、親切にも近所のほかのホテルを紹介してやるのだった。やがて客室は女性客で埋まりはじめた。そのほとんどは若く、見るからに一人暮らしは初めてという感じだった。ホームズの目に、彼女たちはうきうきしているように見えた。

こうなると、たえずそばにいるミニー・ウィリアムズが邪魔だった。若くぴちぴちした新しい女性客があらわれるたびにミニーは嫉妬し、ますますホームズにつきまとうようになった。ミニーの嫉妬をうるさく思ったわけではない。ただ不便だったのだ。ミニーはいまや資産の一つでしかなく、必要なときまで倉庫に——檻に入れた獲物のように——しまっておけばいいものだった。

ホームズは新聞の広告欄で賃貸アパートを探した。それも自分のビルからかなり離れていてそうちょくちょく顔を出せないような場所がいい。見つけたのはノースサイドのライトウッド・アベニュー一二二〇番地で、リンカン・パークから一〇ブロック以上離れたホルステッドのそばだった。シカゴのなかでも緑の多いきれいな地区だった。だがそんな環境のよさも、たんに計算の一部でしかなかった。その部屋は大きな個人住宅の最上階のワンフロアを占めていた。オーナーはジョン・オーカーといい、アパートの管理は娘たちがしていた。このアパートの広告が初めて新聞に載ったのは一八九三年四月だった。

ホームズは部屋を見るために一人で出かけ、ジョン・オーカーと会った。オーカーにはヘンリー・ゴードンと名乗り、職業は不動産業だといった。

オーカーはこの有望な借り手に好印象をもった。身なりはきちんとしていて——好みがうるさいというべきか——服や態度からして懐具合はよさそうだった。うれしいことにヘンリー・ゴードンはアパートを借りるといった。もっとうれしかったのは前払いとしてその場で現金四〇ドルを渡してくれたことだった。二、三週間後には妻をつれて引っ越してくるとゴードンはいった。

ホームズはミニーに、この引っ越しはのびのびになっていた約束の一件だと説明した。結婚したのだから、いまの部屋よりもっと大きくて立派な住まいが必要だ。この館はすぐに博覧会目当ての客でごった返すだろう。それに客はともかく、ここは子育てにふさわしくない。

日当たりのよい広いアパートはミニーにとっては魅力だった。はっきりいってホームズのお城（キャッスル）はうっとうしかった。あそこはつねに陰鬱だった。ミニーはアンナの訪問にそなえて、すべてを完璧にしておきたかった。だがイングルウッドにもすてきな家はたくさんあるのにハリーがなぜノースサイドのような遠い場所を選んだのかが不思議だった。博覧会がオープンして以来、誰もが法外な家賃を請求するようになっていたからたぶんそれを避けたのだろうとミニーは臆測した。

ホームズとミニーは一八九三年六月一日に新しいアパートへ引っ越した。家主の娘のローラ・オーカーによれば、ゴードンは「妻を心から愛しているように見えた」。夫婦は自転車で遠乗りに出かけ、一時は手伝いの娘を雇っていた。「私にいえるのは、ここに住んでいたあいだ彼の態度は非の打ちどころのないものだったということだけです」とミス・オーカーはいう。「ミニー・ウィリアムズのことは妻だと紹介し、みんな『ミセス・ゴードン』と呼んでいました。彼女は彼を『ヘンリー』と呼んでいました」

ミニーをライトウッド・アベニューのアパートに押しこめてしまうと、ホームズはワールズフェア・ホテルを心ゆくまで楽しめるようになった。

客たちはほとんどの時間をジャクソン・パークかミッドウェイで過ごし、真夜中過ぎまで戻ってこないことも多かった。ホテルにいるときはたいてい部屋にいた。というのもリシュリューやメトロポール、すぐ近所のニュー・ジュリアンといったホテルでは当たり前になっていた公共エリア——図書室や娯楽室、書斎など——をホームズは用意しなかったからだ。また、ここには暗室設備もなかった。ジャクソン・パークに近いホテルでは、最新のポータブル・カメラをもち歩くアマチュア写真家——当時、急速に増えつつあった彼らは「コダック・マニア」と呼ばれた——のために暗室を用意するところも多かった。

女性客にとってこのホテルはわびしく、とくに夜は陰鬱に感じられたが、見るからに金持らしいハンサムなオーナーの存在はその退屈さを補って余りあった。田舎のミネアポリスやデモインやスーフォールズで見知っていた男たちと違い、ホームズは愛想がよくチャーミングで会話が楽しく、親しげに肌に触れてきた。これは故郷の町では眉をひそめられるかもしれないが、シカゴという新世界ではまるで問題なしのように思えた——これも女たちが味わえるようになったすてきな冒険の一つの側面でしかなかった。ほんの少し危険の香りがあったほうが冒険はもっと楽しくなるのではないだろうか？

誰の目にも明らかだったのは、ここのオーナー自身も鷹揚な気質らしいということだった。ときたま客がなんの予告もなくホテル代を払わずにいなくなっても、まるで気にしていないようだった。体からときたまぷんと化学薬品の臭いがしたこと——それどころか、ビル全体に医薬品の臭気がただよっていたこと——を気にかける客もいなかった。なんといっても彼は医師であり、このビルの一階には薬局があったのだ。

プレンダーガスト

パトリック・プレンダーガストは市政顧問の辞令がすぐにでも来ると信じていた。準備をしておこうと思い、いざ辞令が届いたらすぐ仕事にかかれるようオフィスの人事について考えはじめた。一八九三年五月九日、彼はたくさんある葉書の一枚をとり、宛先人のところには『シュターツ・ツァイトゥング』ビル内W・F・クーリングと書いた。プレンダーガストは、イエスこそ究極の法執行人であると書き、それからクーリングに朗報を伝えた。

「近く市政顧問にならないかという話がある。私がその職についたら、きみを助手にしたいと思う」

夜は魔術師

展示はまだ途中だったし、道には深いわだちが刻まれ、裸の土地はまだ残っていたにもかかわらず、開幕早々にここを訪れた人びとにとって、ここは都市のあるべき姿、理想の都会に見えた。すぐ北のブラックシティは煤煙とゴミに埋もれていたが、目の前の博覧会場に出現したホワイトシティでは清潔な公共トイレ、きれいな飲料水、救急医療施設、電気の街灯、下水処理施設——農家のために大量の堆肥を産する——が彼らを迎えた。子づれの客のために子供の預かり所もあった。子供館（チルドレンズ・ビルディング）に子供を預けると引き換え証が出されることはあちこちで笑いのたねになった。シカゴの少数派ながら口やかましいあら捜し屋は、貧しい親が要らない子供をここに捨てるのではないかと心配した。だが実際に捨てられた子供はかわいそうなチャーリー・ジョンソン一人だったし、毎日の閉園時間には大騒ぎでどたばたしたものの、迷子は一人も出なかった。

さまざまなパビリオンには見物人が——そして世界も——初めて目にする新しい装置や

画期的なアイデアがあった。ニューヨークで演奏される生演奏が長距離電話の線を通じてその場で聴くことができた。エディソンのキネトスコープで世界初の動く映像を目にし、ニコラ・テスラの体からチカチカと稲妻が放射されるのを見てびっくりした。もっと仰天させられるものもあった――ジッパーという新発明、自動皿洗機まで備えたオール電化のキッチン、パンケーキを作るのに必要な材料をすべて一つの箱に収めたアーント・ジェマイマのパンケーキミックス。食品のサンプルとしてはジューシー・フルーツという奇妙なフレーバーの新しいガム、キャラメルをコーティングしたポップコーンのクラッカージャックがあった。シュレッデッド・フィートという新製品のシリアル――「ずたずた（シュレッデッド）のドアマット」という人もいた――はどう見ても成功しそうになかったが、新しいビールは人気をかちえ、博覧会のベスト・ビール賞のブルーリボンを獲得した。これ以後ずっと、その製造元はこのビールをパブスト・ブルーリボンと呼んでいる。また見物客の目をとらえた展示品のなかには情報管理に関して今世紀で最も重要かつ最新の発明といわれる縦型キャビネットもあった。これは十進分類法の考案者メルヴィル・デューイの発明だった。こうした展示のあいだにはありとあらゆる珍品もあった。ボビン巻きの絹糸でできた機関車。カーク商会の石鹼で作った吊り橋。ピクルスで描いたアメリカ合衆国の巨大な地図。プルーンの会社はプルーンで作った騎馬の騎士像を送ってきた。ルイジアナのエイヴリー製塩会社は岩塩の塊を彫刻して作った自由の女神像を展示していた。これは「ロトの妻」というあだ名をつけられた。

なかでも注目を浴びると同時に背筋を寒くさせたのはクルップ館の展示品だった。そこにはフリッツ・クルップの「ペット・モンスター」がおびただしい重砲の中心に鎮座していた。博覧会のガイドブックとして人気があった『タイム・セーバー』は、すべての展示を三段階——たんに「興味深い」の1から「きわめて興味深い」の3まで——にランクづけしたが、クルップ館は3だった。だが大勢の人にとって兵器の展示は心穏やかならざるものだった。博覧会に何度も足を運んでいたD・C・テイラー夫人にいわせれば、クルップの世界最大の大砲は「恐怖を呼び起こす忌まわしいもので、血と大量殺戮の臭いを撒き散らし、世界の文明の勝利のただなかにうずくまる野蛮さの勝利」だった。

テイラー夫人が心から称えたのは栄誉の中庭であり、その堂々たるパビリオンのあいだを歩きまわる人びとが妙に厳粛な態度をとるのが印象的だった。「その場の誰もがしずしずと動きまわり、話し声も低くなった。急いだりせかせかしたりといったようすはまるで見られない。すべてが魔法にかかったようで、その魔法はオープニングから閉幕までずっと保たれた」

ミッドウェイではまた雰囲気が違った。テイラー夫人はやっとオープンしたカイロの大通りに思いきって足を踏み入れ、生まれて初めてベリーダンスを見た。そしてダンサーをこまかく観察した。「横のほうに二、三歩ステップを踏むと一瞬間をおき、カスタネットを鳴らし、それから反対側に同じことをくりかえす。二、三歩前に進んで一瞬間をおき、音楽にあわせて二、三度、腹部をすばやく上下させるが、その間、体の他の部分の筋肉はぴくりとも動かず、頭と足は完全に静止したままだ」

テイラー夫人とその一行がカイロの大通りを去るとき、彼女は小声で「わが祖国、そは汝のもの」を口ずさんでいた。墓地のそばを通るとき元気づけに歌をうたう子供のように。

博覧会場はあまりにも広く、ちょっとやそっとでは全体像がつかめなかった。そのため、コロンビアン・ガードの面々はたえず質問を浴びせられることになった。それは一種の病気、いわば天然痘のようなもので、どの見物人も多かれ少なかれ患っているのだった。警備員は同じ質問に何度もくりかえし答えたが、その質問はいつも早口で詰問口調だった。なかには突拍子もない質問があった。

「教皇がいるのはどのパビリオン？」と一人の女性が訊ねた。博覧会のコラムを日刊紙に連載していたテレサ・ディーンがこのやりとりを耳にして記録した。

「ここには教皇はいませんよ、奥さん」

「どこにいるの？」

「イタリアです。ヨーロッパの」

その女性は眉をしかめた。「その道はどっち?」

冗談をいっているのだと思いこんだ警備員は、笑いながら調子を合わせた。「ラグーンの下を三ブロックほど行ったところです」

すると女性は真顔でいった。「そこへはどうやったら行けるの?」

別の女性は蠟人形の展示を探して、ある警備員に「作りものの人間がいる建物はどこだかわかる?」と訊いた。

警備員が思い当たらないと答えると男性の客が口をはさんだ。

「それは聞いたことがある。向こうの女性館にあるよ。女性の係員に訊いてごらん」

両脚をなくして義足と松葉杖で会場を歩いてきた男性客はとりわけ物知りに見えたらしく、ほかの客がしょっちゅう近づいてきては質問を浴びせた。ついにこの男は質問攻めにうんざりしてしまった。

「もう一つだけ訊いてもいいかな」と質問していた人がいった。「これで最後にするから」

「いいだろう、なんだい?」

「どうして足をなくしたの?」

どんなことがあっても質問に答えるのはこれが最後だと男は念をおした。ほかの質問はいっさいなし。それでいいかね？

相手は同意した。

これを聞いたら相手がもっと詮索したくなるのは当然と承知のうえで男は答えた。「食いちぎられたんだよ」

「食いちぎられたって？　どうして——」

だが約束は約束だった。くすくす笑いながら男は義足を引きずって立ち去った。

博覧会は客集めに苦労していたが、バッファロー・ビル・コーディのワイルド・ウェスト・ショーは何万人もの群衆を集めていた。このショーが博覧会場内にあったら、群衆はまずジャクソン・パークへの入場料を払わなければならず、博覧会の入場者数も増え、収益にもかなりの差が出ただろう。しかもコーディのアリーナは会場の外にあったので日曜日も営業でき、収益の半分を博覧会協会に納めずにすんでいた。博覧会が開催されていた半年間、コーディの合計三一八回の公演を見にきた客は平均一万二〇〇〇人、合計では四〇〇万人になった。

コーディが博覧会をしのぐことは多々あった。ショーのメイン・エントランスは博覧会のゲートの一つにとても近かったので、お客のなかにはそこが博覧会だと思う人もいたが、そんな人びとも十分に満足して帰ったという。六月にはカウボーイのグループが博覧会を記念してジャクソン・パークをゴールにしたネブラスカ州チャドロンからシカゴまで全長一六〇〇キロのレースを計画した。賞金は一〇〇〇ドルという大金だった。コーディは、ゴールを彼のアリーナにするという条件でその賞金にさらに五〇〇ドルを上乗せし、立派な鞍も賞品として提供すると約束した。

〈ラットルスネーク〉ピートやネブラスカの元山賊ドク・ミドルトンなどを含む一〇人の騎手は一八九三年六月一四日、チャドロンのバライン・ホテル前からスタートした。ルールによれば騎手は二頭の馬をつれて出発し、途中でチェックポイントをいくつか経過することになっていた。最も大事なのは、ゴールのテープを切るとき最初に乗っていたのと同じ馬に乗っていなければいけないということだった。

このレースは荒っぽく、ルール破りも山ほどあり、馬の故障もあいついだ。ドク・ミドルトンはイリノイに近づいたところで落伍した。ほかの四人も途中で脱落した。一番でゴールを切ったのはジョン・ベリーという鉄道員で、六月二七日の午前九時半にポイズンという馬にまたがってワイルド・ウェストのアリーナに全速力で駆けこんできた。いつもの銀の縁取りのある白いバックスキンの上着で待ちかまえていたバッファロー・ビルとワイルド・ウェストの面々、それに一万人あまりのシカゴ市民が勝者を迎えた。だがジョン・ベリーは鞍だけしかもらえなかった。のちの調査で、彼がスタート直後に二頭の馬を東行きの汽車に乗せ、自分も客車の座席に坐って最初の一六〇キロをのうのうとやりすごしたことがばれたからだった。

コーディは七月にも博覧会のうわてをいった。シカゴの貧しい子供たちを無料で招待する日を設けてほしいというカーター・ハリソン知事の要請を博覧会の理事会が断わったときである。入場料収入の増加にやっきになっていた理事たちはこの要請をとんでもないことだと思った。子供料金は半額とはいえ、どんなチケットもおろそかにはできなかったのだ。バッファロー・ビルはすぐさまワイルド・ウェストでは貧しい子供たちの日を設けると発表し、シカゴの子供にもれなく汽車の切符とショーとワイルド・ウェストのテントの無料招待を与え、おまけにキャンデーとアイスクリームは食べ放題と宣伝した。

一万五〇〇〇人がこれに応じた。

たしかにバッファロー・ビルのワイルド・ウェストは、ジャクソン・パークでの営業許可を求めたときに理事たちがいったように「場違い」だったかもしれないが、シカゴの市民たちはこのショーを心から愛したのだった。

空は晴れわたり、そのまま上天気が続いた。道は乾き、次々と咲いた花がかぐわしい香りを放った。展示はしだいにそろい、電気技師は博覧会全体で二〇万個にもおよぶ白熱電球の複雑な回線の最後に残ったミスを直した。バーナムの指示で会場の清掃にはこれまで以上に力が入った。一八九三年六月一日、作業員はラグーンのそばの芝生をずたずたにしていた仮設の鉄道線路を撤去し、電気館と鉱業館の南側の線路もどかした。「景観全体で驚くほど目につく変化は産業館、農業館、機械館、その他の大きなパビリオンの周囲の庭に積みあげられていた箱の山がなくなったことだ」と、六月二日付の『トリビューン』は報じた。ほんの一週間前に産業・教養館の内部、とくにロシア、ノルウェー、デンマーク、カナダの展示場周辺に雑然と置かれていた未開封の木箱やがらくたも同じように姿を消し、それらの場所はいまや「前とは一変して、とても見栄えがよくなって」いた。

館内の展示も興味深かったが、初めのころにジャクソン・パークを訪れた客たちの印象に残ったのは建物自体の不思議な重厚さから伝わってくるパワーだった。栄誉の中庭には威厳と美がそなわり、それはルッカリーの書斎で描きだされた夢にもまして立派だった。見物客のなかには、栄誉の中庭に感動したあまり、そこへ足を踏み入れたとたん、泣きだす人さえいた。

こうした現象は一つの要因で引き起こされたわけではなかった。何よりもまず、どの建物も巨大だったが、それだけでなく集合としての印象をより強めたのはすべての建物がネオクラシカル様式で建てられていたこと、コーニスの高さが一定していたこと、色彩がソフトな白一色だったこと、そしてそのすべてが驚くほど美しく、訪れた大多数の人にとっては自分たちの故郷の町では見たこともないものだったからである。ガイドブックの著者のジェームズ・フラートン・ミュアヘッドはこう書いている。「人間の手になるもので、この栄誉の中庭ほど完璧なものは見たことがない。まさしく非の打ちどころがない。これを目にしたとき、絵画や彫刻の傑作を見たときと同じく、美的センスは文句なく完全に満たされた。そして同時に、一つの芸術作品では生みだせない豊かさと壮大さの感覚で心を慰められ気分が高揚させられた」。シカゴの弁護士で新進の詩人だったエドガー・リー・マスターズはこの中庭を「美の尽きない夢」と形容した。

共通の色彩――より正確にいえば共通の無彩色――は太陽のうつろいによって夢のような効果をもたらした。バーナムが会場を見まわる早朝、建物は青白く輝き、ぼんやりと地上を這う霧の帯の上に浮かんでいるように見えた。午後遅くには夕日が建物を淡い黄色に染め、微風で舞いあがったこまかい埃の塵(ちり)が日光を反射し、空気そのものまでソフトなオレンジ色のベールへと変貌させるのだった。

そんなある日の夕方、バーナムは博覧会見物に来た知人たち——そのなかには亡きジョン・ルートの妻のドーラもいた——や外国の使節たちの一団を案内して電動式ランチに乗っていた。バーナムは友人や名士たちをつれて会場をめぐるのが好きだった。しかし、そんなときもツアーをきちんと演出して、こうあるべきと信じる博覧会の姿を友人たちに見せようとした。パビリオンは最もよいアングルから見なければならず、順番も決まっていた。それはまるで、事務所の書斎に戻って、実物の建物ではなくスケッチを見せているかのようだった。計画を立てはじめた最初の年から、彼は博覧会を訪れた人に自分の美的な意図を理解してもらうため、ジャクソン・パークへの入口をごく少数に限定し、まず最初に栄誉の中庭を通るようにしたいとあくまで主張した。入場者の選択肢は、パークの西側にある鉄道駅の大きな門をくぐるか、あるいは東側の博覧会波止場から上陸するかのどちらかだった。第一印象を強烈なものにしたいという彼の望みはすぐれたショーマンシップのあらわれだったが、それは内面にひそむ美的な独裁主義の一面でもあった。独裁者はけっして譲らない。理事たちはもっと多くのゲートを作りたいといい、鉄道会社は博覧会の駅を一つだけにするのをしぶった。バーナムはいいかげんに妥協することはけっしてなかった。彼はこういっている。博覧会のあいだ「われわれが招いた客、なかでも意見をとくに尊重したいと思う人びとはかならず、最初にグランド・コートへ案内するようにしていた」

バーナム、ドーラ・ルート、それに外国使節団を乗せた電動ランチは音もなくラグーンを滑り、水面に映ったホワイトシティの幻影をゆらゆらと散らしていた。東の堤のテラスは夕日を浴びて金色に輝いていたが、西の堤は深い藍色の影のなかに沈んでいた。深紅や鮮やかなブルーのドレスを着た女性たちが水際をのんびり散策していた。水を渡って楽しげな話し声が聞こえ、それに混じって乾杯のグラスが軽く触れあうときのような華やいだ笑い声もただよってきた。

翌日、眠れない夜を過ごしたらしいドーラ・ルートは案内してもらったこととの礼状を書くついでに、バーナムに複雑な胸のうちを伝えようとした。

「昨夕のラグーンでのひとときはすばらしい一日のハイライトでした。じつのところ、これといった目的なしに漫然と水上で過ごしたことは外国からいらした方々には刺激が乏しく退屈させてしまったのではないでしょうか。私としては、ずっとあの夢の国にただよっていたかったのですが」。その情景は矛盾した感情を呼び起こした。「あそこにいると、どうしようもなく悲しくなってきます。その一方で、うっとりするほど魅惑的です。あそこにいると不思議な力がみなぎって、森や山の上まで飛べそうな気がする。そこへ飛んでいけばいつでも平和が見つかるのです。この二年間のあなたの仕事――ジョンが抱いていた美のビジョンをこんなにすばらしい形で実現してくれた――についてはいいたいことがたくさんあるけれど、私にはうまくいえません。私には手に余ることですし、あなたならきっとわかってくれますね。何年ものあいだ、彼の希望と野心は私のものでもありました。いくら忘れようと努力しても昔の思いがまだ消えないんです。これを書いて気が楽になりました。こんなことを書いてもあなたは気を悪くしないでくれると信じています」

夕方の情景が人を誘うとしたら、夜はまさに夢のようだった。あらゆる建物と道をふちどるランプはこれまで例がないほどのスケールで電気照明のすばらしさをアピールし、同時に交流式電流の大規模な実験にもなった。この博覧会場ではシカゴ市全域の三倍の電力を消費していた。これは工学技術上の画期的な出来事だったが、観客の心を打ったのはこれほど多くの照明が一か所に集まっていっせいに光を放ったときの純粋な美しさだった。産業・教養館も含めてすべてのビルは外壁が白熱電球で飾られていた。産業・教養館の屋根の上に設置された巨大なサーチライト――史上最大のスケールで、一〇〇キロ先からも見えるといわれた――は地上をなめるように照らし、周囲を明るくした。マクモニーズの噴水から高さ三〇メートルまで噴きでる水は大きなカラー電球でライトアップされていた。

ほとんどの見物客にとって、初めて電気を体験したのがこのような夜間照明だった。ポーランドから来たばかりのヒルダ・サットという少女は父親につれられて博覧会を訪れた。

「日が暮れると、何百というライトがいっせいにぱっとついた。照明といったら石油ランプしか知らなかったから、まるで天国が目の前にあらわれたようだった」

父親はスイッチを入れると電気がつくんだよと説明した。

「マッチはいらないの？」とヒルダは訊ねた。

電気ランプと定期的に巡回するコロンビアン・ガードのおかげで、この博覧会はもう一つ画期的なことをなしとげた。歴史上初めて、シカゴ市民は夜中でも安全に通りを歩けるようになったのだ。これだけでも、しだいに見物客の数は増えるようになった。とくにヴィクトリア朝の求婚作法に縛られていた若いカップルは邪魔の入らない静かな暗い場所を求めてやってきた。

夜になると、光と闇の効果で博覧会の欠点――『コスモポリタン』のジョン・インゴールズがいう「昼飯のあとの見るに耐えない残骸の山」も含めて――が隠され、ほんの数時間とはいえ、ダニエル・バーナムが夢みた完璧な都市が出現するのだった。

インゴールズは書いていた。「この博覧会にとって、夜は魔術師だ」

オープニング早々に博覧会を見にきた人びとは故郷に帰り、友人や家族に土産話をした。博覧会は未完成とはいえ、話に聞いていたよりずっと大規模で迫力があった。バーナムと同時代の建築評論家モンゴメリー・スカイラーはこう書いている。「初めて博覧会を見た人びとは口をそろえて、それ以前に記事や写真から想像していたイメージよりも実物のほうがはるかにすばらしいといった」。アメリカ各地から派遣された記者たちも同じような意見を編集部に送り、辺鄙な田舎町まで歓喜と畏怖の念を盛りこんだ記事が行きわたった。平原でも、峡谷でも、窪地でも、アメリカの家族はみな全国的な不況を報じる新聞記事を読んで憂鬱になっていた。だがいまようやく、人びとはシカゴのことを考えはじめた。旅行は高くつくだろうが、シカゴへ行ってみるのも悪くないと思えてきた。これを見逃す手はない、とさえ。

あとはミスター・フェリスががんばって、あの大きな輪っかを完成させさえすれば。

犯罪の手口

こうして、それは始まった。ホームズのレストラン——泊まり客が食事をとる場所——に勤めていたウェイトレスが姿を消した。前日までなにごともなく働いていた彼女が、その翌日なんの説明もなくふいにいなくなる。ほかの人と同じく、ホームズもさっぱりわけがわからないというようすだった。ジェニー・トンプソンという速記者が消えた。イヴリン・ステュアートという女性も同じく。ジェニーはホームズのもとで働き、イヴリンはホテルの泊まり客だった。ホームズのビルにしばらく診療所をかまえ、ホームズと親しくなっていた男性の医師——二人がいっしょにいるところはよく見かけた——は誰にも理由をつげず、いつのまにか去っていた。

ホテルの内部には化学薬品の臭いがただよい、潮の干満のようにときたま強まったり弱まったりした。洗剤を気前よくぶちまけたような腐食剤の臭気が何日も廊下にただよったかと思うと、また別の日にはビルのどこかで歯医者が患者に麻酔をしているかのようにエーテルの臭いがすることもあった。この建物のガス管には問題がありそうだった。というのも定期的に強烈なガスの臭いが廊下に漏れてきたからだ。

家族や友人たちからの問いあわせが殺到した。いつものようにホームズは同情し、協力的だった。警察はまだ動かなかった。もちろん警察にはほかになすべき仕事がたくさんあった。シカゴには裕福な客や外国からの高位高官がどっと押し寄せており、それ以上に大勢のすりや強盗や詐欺師が集まってきていたのだ。

ジャック・ザ・リッパーは血の温かさと内臓の感触を楽しんだが、ホームズは自分の手を汚そうとはしなかった。だが、すぐそばで殺しを感じるのは好きだった。死が近づいたことを知ってパニックに陥った犠牲者の声を漏れ聞くのは快感だった。そのときこそ彼の所有欲は最も満足させられるのだ。倉庫からは悲鳴や壁を叩く音はほとんど漏れてこなかったが、完全に遮断できたわけではなかった。ホテルに客が多いときはもっと静かな方法をとった。部屋にガスを充満させて眠ったまま死なせたり、あるいはマスターキーで客室に忍びこみ、クロロホルムを浸した布を顔にかぶせたりした。どれをとるかは気分しだいで、最もパワーが感じられる方法を選ぶことができた。

方法がなんであれ、行為の結果はかならず新鮮な素材をもたらした。そして、その素材は意のままにできた。

友人にして才能ある接合師のチャッペルに素材をゆだねるのは所有の最終段階であり、勝利を味わえる瞬間だった。とはいえチャッペルを起用するのはまれだった。たいていは、楽しんだあとの残骸は窯で焼くか、石灰を詰めた穴のなかに埋めて処分した。チャッペルが作成した骨格標本もあまり長くは身近に置かないようにした。早くから、戦利品にはこだわらないというルールを決めていたのだ。やむにやまれぬ所有欲は、切りとったヒヤシンスのように一時的なものだった。尽きてしまったら、すぐに代わりを見つければいい。

最初のターン

　一八九三年六月の第一週、フェリスの現場作業員は工事のあいだ大きな輪を支えていた仮の足場を外し、周囲にめぐらせてあった板囲いをすべてとりのぞいた。リムは空中八〇メートルのところに弧を描いていた。その高さはシカゴ一高いスカイスクレーパー、バーナムが設計したメーソニック・テンプルの最上階に匹敵した。三六台の客車はまだ吊り下げられていなかった――地上に置かれたそれらは脱線した列車のように見えた――が、大きな輪そのものはいよいよ試運転の準備ができた。支えを外され、それだけで立っているのを見ると大観覧車（フェリス・ホイール）は危ういほど華奢に思えた。「機械工学にうとい人間にはこれほど巨大なものがどうやって立っていられるのかされ理解不能だろう」と書いたのはナサニエル・ホーソーンの息子のジュリアン・ホーソーンである。「ここには目立った支柱はない――とにかく十分な支えはないようだ。スポークは蜘蛛の巣を連想させ、最新式の自転車のスポークみたいに見える」

六月八日木曜日、ルーサー・ライスはミッドウェイの外、約二〇〇メートル離れたレキシントン・アベニューに置かれた巨大なスチーム・ボイラーの前にいる缶焚きに合図を送った。これによって蒸気が生じ、地下二五センチに埋めこまれたパイプへ送りこまれた。蒸気が十分な圧力に高まると、大観覧車の根元のピットにいる技師に向かってライスはうなずいた。シューッという音をたてながら、蒸気が一〇〇〇馬力のツイン・エンジンのピストンを動かしはじめた。駆動スプロケットがゆっくりと回りはじめた。ライスはいったんエンジンを止めるよう合図した。次に作業員が重さ一〇トンのチェーンを駆動スプロケットと車輪についた受けスプロケットに装着した。ライスはピッツバーグのハミルトン・ビルの事務所にいるフェリスに電報を打った。「エンジンは蒸気を受けてちゃんと作動した。スプロケット・チェーンの装着もすみ、あとは車輪を回すのみ」

フェリス自身はシカゴに来られず、かわりに共同経営者のW・F・グロノーが試運転を監督することになった。六月九日金曜日の早朝、サウスサイドを通過する汽車の窓からグロノーはひときわ高くそびえる巨大な大観覧車を目にした。それはパリのエッフェル塔と同じように周囲から突出して見えた。ほかの乗客もその大きさと華奢な姿に驚きの声をあげ、それを聞いたグロノーは誇らしさと不安でいっぱいになった。フェリス自身は工事の遅れとバーナムの矢の催促にうんざりしており、大観覧車を回転させてみて、それでだめなら壊してしまえとグロノーにいっていた。

最後の調整と検査に金曜日まる一日かかったが、日が暮れるころ、ライスは準備完了だとグロノーに伝えた。

「声が出るかどうかわからないから、スタートの合図はただうなずくだけにするよ」とグロノーはいった。大観覧車が回るところはぜひとも見たかったが、その一方で「試運転を延期するといわれたら嬉々として同意したにちがいなかった」

あとは蒸気エンジンを作動させて何が起こるか見るだけだった。過去にはこれほど巨大な輪っかを築いた者はいなかった。ベアリングが潰されず、大観覧車が無事に回転するはずだという予想は、あくまでも鉄とスチールの性質から導きだされた工学上の計算にもとづく希望的観測にすぎなかった。大観覧車が回転を始めたときに生じるであろう特殊な荷重については、これまで誰も研究したことがなかったのだ。

フェリスのかわいらしい妻マーガレットもそばにいて、興奮で頰を紅潮させていた。グロノーは自分と同じくらい彼女も大きなストレスを抱えて緊張しているにちがいないと思った。

「そのとき、ものすごい音がして現実に引き戻された」。空中から激しい軋み音が聞こえてきて、その付近にいたすべての人びと——ブルームのアルジェリア村の人びと、エジプト人やペルシャ人、一〇〇メートル以内にいた見物人全員――が足を止めてホイールを見上げた。

グロノーも空に目を向けた。「上を見るとホイールがゆっくりと動いていた。いったいどうしたんだ！　あのひどい音はなんだ！」

急いでライスのもとへ駆けつけると、ライスはエンジン・ピットにいて蒸気の圧力とシャフトの動きを見守っていた。グロノーは、ライスがエンジンを止めようと慌てているにちがいないと思ったが彼は平気な顔をしていた。

ホイールのブレーキ・システム――回転軸の周囲をスチールのバンドで包んでいた――をテストしてみただけだとライスはいった。このテストだけでもホイールは円周の八分の一まで回っていた。ライスによれば、ものすごい軋み音はたんにバンドについていた錆が擦りおとされたせいだという。

ピットのなかの技師はブレーキをゆるめ、ドライブ・ギアを入れた。スプロケットはふたたび回転しはじめ、チェーンがくりだされた。

いまやアルジェリア村、エジプト村、ペルシャ村の大勢の住人――たぶんベリーダンスの踊り子もいただろう――がホイールの乗車用プラットホームに集まっていた。このプラットホームは階段状になっていたので、営業が始まればお客はいっぺんに六台のゴンドラに乗れるようになっていた。誰もが無言で見守った。

ホイールが回りはじめると、ハブやスポークのあいだからゆるんだナットやボルト、それにレンチが二本、ばらばらと落ちてきた。このホイールの組み立てには総重量にして一二トン以上のボルトが使われていた。誰かが何かを忘れるのはしかたがなかった。

落ちてくる部品にもめげず、村の住人たちは歓声をあげ、プラットホームの上で踊りはじめた。楽器を奏でる者もいた。命がけでホイールの建設にあたってきた作業員はまたも自分の命を危険にさらして、動きはじめたフレームによじ登りはじめた。グロノーはいう。「ゴンドラはまだついていなかったが作業員は気にしなかった。彼らはスポークのあいだをするすると登ってゆき、私がこの椅子に坐っているのと同じくらい気楽な態度でホイールのてっぺんに腰をおろすのだった」

ホイールは一周するのに二〇分かかった。最初の一周を無事に終えたあと、グロノーはやっと試運転の成功を実感できた。そして、そのときやっと「喜びの叫びをあげることができた」

ミセス・フェリスが握手を求めてきた。群衆は喝采を送った。ライスはフェリスに電報を打った。フェリスはその日朝からずっと試運転の結果を待ちわびており、一時間ごとに不安は募っていた。ウェスタン・ユニオンのピッツバーグ営業所は午後九時一〇分に電信を受けとり、青い制服姿の配達人が涼しい初夏の夜を駆けてフェリスのもとに届けた。ライスからの電文にはこうあった。「最後の結合と調整を終え、今夕六時に蒸気を送りこむ／大観覧車の最初の回転は無事／一周には二〇分を要す——この完全な成功にあたってきみに祝辞を送る／ミッドウェイはお祭り騒ぎ」

翌日、六月一〇日土曜日、フェリスはライスに電報を打った。「きみの電報によれば昨夕六時最初の一周が無事成功し、その他すべて順調で周囲の人びとも全員大喜びとのこと。この件では全面的にきみの功績を称えたい。今後は早急にゴンドラを装着すべく昼夜兼行で作業を進めてもらいたい——夜間工事ができなくてもゴンドラのベアリングにつけるバビットの作業は進められるだろう」。「バビット」とは、ベアリングを覆う金属製のケースのことだと思われる。

大観覧車は回った。だがフェリス、グロノー、ライスの三人はこの先にもっと重大なテストが待ちうけていることを知っていた。この土曜日の朝から、作業員はゴンドラのとりつけにかかっていた。これによって、大観覧車は初めて荷重をかけられることになるのだった。一台につき一三トンのゴンドラが三六台だから、総重量は四六〇トン以上になる。さらに乗客が定員いっぱいに乗れば九〇トンが加算される。

土曜日、フェリスの祝電を受けとった直後、ライスは一台目のゴンドラがすでに取り付けられたことを知らせる返信を送った。

⁂

意外なことに、ジャクソン・パークの外では大観覧車が初めて回転したことはほとんどニュースにならなかった。シカゴの人びと、とくにフラッペを愛好する社交界人士のあいだではジャクソン・パークで起こった別の事件のほうにずっと注目が集まっていた。スペインの公式な使節であるエウレリア皇女——スペイン国王故アルフォンソ一二世の妹で、追放されたイザベル二世の末娘——が博覧会を訪問することになったのだ。

この訪問はとても順調とはいかなかった。

皇女は二九歳で、国務省の役人によれば「威厳があり、優美で聡明」だった。二日前にニューヨークから汽車で到着した皇女はパーマー・ホテルへ直行し、最高級のスイートルームに入った。シカゴの代表と自負する人びとは、自分たちの新たな洗練ぶりを世界に——少なくともニューヨークに——見せつける願ってもないチャンスだと意気ごんだ。シカゴは豚の剛毛を絵筆に加工するだけでなく、王族を歓迎することだって立派にやってのけられる。だがそう簡単にはいかないことを予感させる最初の兆候はニューヨークからのショッキングなニュースにあった。皇女は若いみそらでなんと煙草を吸うのだという。

シカゴで過ごす第一日目、六月六日火曜日の午後、皇女はお付きの女官とクリーヴランド大統領が差し向けた側近の手引きでホテルをこっそり脱けだした。お忍びでシカゴをあちこち動きまわるのは楽しかった。「私について書いてある新聞の記事や写真――似ていたり似ていなかったり――を眺めている群衆のあいだを自由に歩きまわるほど楽しいことはなかった」

ジャクソン・パークを初めて訪れたのは六月八日木曜日、大観覧車のエンジン試験の日だった。ハリソン市長がエスコート役を務めた。集まった大勢の見物人は通りかかった彼女に歓呼の声を浴びせたが、ただ王族という血筋に敬意を払ってのことだった。新聞は彼女を博覧会の女王と呼び、第一面でその訪問を報じた。だが彼女にとってはそのすべてが退屈なことでしかなかった。シカゴで目にする女性たちの自由さが羨ましかった。そして母親にこんな手紙を書いた。「たとえこのような進歩がスペインまで到達したとしても、私がそれを甘受するにはもはや遅すぎるということになるのは残念ながらよくわかっています」

翌金曜日の朝、皇女はもう十分に義務は果たしたと思い、こんどは自分の楽しみを優先させることにした。たとえば祭典委員会の招待を断わって、そのかわり気が向くままにドイツ村でランチをとることにした。

一方、シカゴの社交界はますます熱を上げていた。皇女は王族なのだから、なんとしてもそれにふさわしい歓迎をしなければならなかった。その夜、皇女はレークショア・ドライブにあったパーマー家の大邸宅で催されるバーサ・パーマー主催のパーティに出席する予定になっていた。パーマー夫人は一段高くなった舞台の上に玉座までしつらえて準備をととのえていた。

女主人の名前と滞在しているホテルの名前が似ていることに気づいた皇女は、どういう関係なのかと人に訊いてみた。バーサ・パーマーがホテルのオーナーの妻だと知った彼女は人の心を傷つける暴言をはいたが、シカゴはこのことをいつまでも忘れず、けっして許そうとしなかった。なんでこの私が「宿屋のおかみさん」の招待を受けなくちゃいけないのといったのである。

さんざん説得されてようやく皇女はパーティに出ることにした。だが機嫌はよくなるところではなかった。夜になると日中の暖かさは去って土砂降りの雨になった。エウレリアがパーマー夫人の家の玄関口に着くころ、白いサテンの上靴は濡れそぼち、退屈な儀式を耐え忍ぶ気力も失せていた。ほんの一時間ほどお義理で出席したあと、さっさと脱けだした。

翌日は管理センターでの公式の昼食会をパスし、またもや予告なしにドイツ村へ出かけて食事をとった。その夜、彼女の訪問を記念して催されたフェスティバル・ホールでのコンサートに一時間遅れて到着した。ホールはシカゴを代表する名家の人びとで満席だった。皇女は五分しかその場にいなかった。

新聞記事には苦々しい口調が交じるようになった。六月一〇日土曜日、『トリビューン』は皮肉っぽく書いている。「皇女にあらせられては……決められたプログラムを無視し、ご自身の一風変わった趣味を独自に追いかけるほうがお好きなようだ」。シカゴの新聞各紙は「気まぐれな思いつき」で動きたがる皇女のことをあれこれ書きたてはじめた。

ところが皇女のほうはシカゴが好きになりかけていた。博覧会で過ごしたひとときは楽しかったし、とくにカーター・ハリソンとは気が合ったようだった。彼女は市長にダイヤモンドをちりばめた金のシガレットケースを贈った。出発が迫った六月一四日水曜日には、母親に「シカゴを去るのはとても残念です」と書き送った。

シカゴのほうは彼女が去るのを残念とは思わなかった。彼女が水曜日の『トリビューン』の朝刊を手にしていたら、こんな辛辣な社説が目に入ったはずだ。「共和主義者にとって、王族とはよくいっても扱いにくいお客でしかなく、なかでもスペインの王族ときたら最悪の厄介物である……つねに遅刻してあらわれ、早々に立ち去るのが彼らの慣習なのだ。人びとは落胆し、どうせならもっと遅く来て、もっと早く退場してほしかったと思う。

あるいは最初から来ないでくれたほうがずっとよかったのに、と」

だがそのような文章からは明らかに気持を傷つけられたという感じが伝わってくる。シカゴは最高級のリネンとクリスタルをそろえてテーブルを用意した——王族に敬意を表するためではなく、どれほど洗練された食卓を準備できるかを世界に見せつけるためだった——が、主賓たるべき客はその宴席に背を向けてソーセージとザワークラウトとビールを選んだのである。

ナニー

アンナ・ウィリアムズ――愛称「ナニー」――は一八九三年六月半ばにテキサス州ミドロージアンからやってきた。テキサスは暑くて埃っぽかったが、シカゴは涼しく、煙がたちこめ、汽車がさかんに行き交い、騒音にあふれていた。姉妹は涙ながらに抱きあい、おたがいに元気そうだといいあった。それからミニーは夫のヘンリー・ゴードン――ハリー――を紹介した。ミニーの手紙からアンナが想像していたより背が低く、それほどハンサムでもなかった。しかし彼にはミニーの熱烈な手紙でさえ伝えきれなかった何かがあった。彼は温もりと魅力を発散した。話しかたがソフトだった。触れてくるやり方はうしろめたさでミニーをちらっと見てしまうようなものだった。テキサスからの旅の話を熱心に聞く態度はまるで馬車のなかにナニーと彼の二人しかいないようだった。彼の目はずっとアンナだけを見つめていた。

彼のやさしさとほほえみ、ミニーへのあからさまな愛情表現で、アンナの疑いはたちまち消えていった。彼は妻を熱愛しているようだった。ミニーを喜ばせようとあれこれ心を尽くし、それどころかアンナまで喜ばせようとした。ジュエリーもプレゼントしてくれた。ミニーには階下のドラッグストアの一画にあるジュエリー・ショップで特別に作らせた金の時計とチェーンを贈った。いつのまにかアンナは「ハリー兄さん」と呼ぶようになっていた。

まず初めに、ミニーとハリーはアンナをシカゴ見物につれていった。アンナはシカゴの高層建築と立派な個人住宅に感銘を受けたが、煙と陰鬱さ、それにどこへ行ってもつきまとうゴミの腐臭には胸が悪くなった。ホームズは姉妹をユニオン・ストックヤードへつれていった。食肉加工の現場を見せてくれるガイド付の見学ツアーである。ガイドは床が血で滑るから足元に気をつけてくださいと注意を促した。目の前では鳴き声をあげる豚が次々と逆さ吊りにされ、ケーブルで下の解体場へと運ばれていった。そこでは血のついたナイフをもった男たちが手ぎわよく豚の喉を切り裂いてゆく。豚は——なかにはまだ息のあるものもいた——煮えたぎったお湯の入ったバットに浸けられたあと、剛毛をきれいにとりのぞかれる。この剛毛は台の下の大箱に集められた。大きな肉の塊となった豚は湯気をたてながらステーションからステーションへと移動し、男たちがナイフで順番に切り分けてゆく。順に進んでいって最後にはできたばかりの肉の切り身が大きな台の上にどすんと置かれる。ホームズは顔色一つ変えなかった。ミニーとアンナは震えあがったが、その一方で動物の死さえもてきぱきと処理する能率的な工程に奇妙なスリルも感じた。この加工場はアンナがシカゴについて聞いていたすべてを象徴し、富とパワーへの抑えがたい衝動をあらわしていた。荒々しいとさえいえるこの衝動は、まさにシカゴという都会の特徴だった。

それから三人は博覧会を見物した。会場までは六三丁目を走る高架線で行った。博覧会場に入る直前、列車はバッファロー・ビルのワイルド・ウェスト・ショーのアリーナを通りすぎた。高い線路の上からは土を敷きつめたアリーナとそれをとりかこむ円形の見物席が見えた。馬やバッファローや本物の駅馬車も目に入った。列車は博覧会場の塀を越え、やがて交通館の裏手にある地上レベルの駅へと入っていった。ハリー兄さんが一人五〇セントの入場料を三人分払った。博覧会の回転ゲートではさすがのホームズも現金で払わざるをえなかった。

最初に見学したのは入ってすぐの交通館だった。プルマン社の「理想の産業」展を眺め、プルマンが築いた企業タウン――会社側は労働者の楽園と自画自賛していた――の精巧な模型を見た。交通館の別館には客車や蒸気機関車がずらっと展示してあり、プルマン社製の新しいニューヨーク特急およびシカゴ特急の本物そっくりのレプリカを見てまわった。

ビロードの座席とカーペット、クリスタルのガラス製品、ぴかぴかに磨かれたウッドパネルの壁。インマン汽船のパビリオンでは、大西洋横断汽船の一部を実物大に再現した模型がそびえたっていた。三人は黄金の門（ゴールデン・ドア）と呼ばれる出口を通ってこの建物から外に出た。その門は真っ赤な壁にかかった金色の虹のようにアーチを描いていた。

　ここで初めて、アンナはこの博覧会の規模の大きさを実感することになった。目の前には幅の広い大通りが続いていて、その大通りの左側にはラグーンと森の島、右手には鉱業館と電気館の巨大なファサードがそびえていた。遠くには公園の周囲をめぐるオール電化の高架線の向こうに蒸気を立てて走る汽車の姿が見えた。もっと近くを見ると、ラグーンでは電動式ランチが音もなく水面を滑っていた。大通りの突きあたりにはロッキー山脈の切り立った崖のように産業・教養館がそそりたっていた。それを背景にして白いカモメが飛び交っていた。このビルは信じられないくらい大きかった。ホームズとミニーはアンナをそこに案内した。一歩なかに入ると、外から見て想像していたよりずっと巨大であることがわかった。

　高さ七四メートルの天井を見あげると、人いきれと塵が交じった青っぽいもやのなかで複雑な筋交（すじか）いがかすんでいた。天井までの高さの中ほどには巨大な電気シャンデリアが五個吊り下げられ、まるで宙に浮かんでいるようだった。これは世界最大のシャンデリアで、直径は約二二メートル、明るさは八二万八〇〇〇燭光だった。シャンデリアの下には一つの都会ができあがっていた。ランド・マクナリー社の人気のあった旅行案内書『世界博覧会ガイド』によれば「金色のドーム、きらきら輝く尖塔（ミナレット）、モスク、宮殿、キオスク、色鮮やかなパビリオン」が一堂に会していた。中央にはひときわ高く時計台がそびえていて、三六メートルという高さはこの館内一だった。自動巻きの時計は直径二メートルの文字盤で一日の時刻を分秒まで正確に知らせていた。その高さにもかかわらず、時計塔のてっぺんから天井まではまだ三八メートルもあった。

ミニーは誇らしげに笑いながら、アンナの視線が屋内に作られた建物群のあいだをさまよい、そこからスチール製の空に向けられるのを見ていた。展示品は数えきれないほどで、ごく一部を見るだけでも大変なことに思えた。フランス館でゴブラン織りのタペストリーを眺め、アメリカン・ブロンズ・カンパニーの展示ではエイブラハム・リンカンのライフ・マスクも見た。その他のアメリカ企業は玩具、武器、ステッキ、トランクなど、ありとあらゆる製品を展示していた。なかには埋葬や葬儀関連の大規模な展示もあり、たとえば大理石や石のモニュメント、霊廟、墓石、柩、それに葬儀社が使う用具や装飾品がずらっと並んでいた。

ミニーとアンナはすぐに疲れてしまった。北運河（ノース・カナル）を見晴らすテラスから栄誉の中庭に出てほっと一息つきながらも、また目を見張った。ここでもアンナは圧倒されそうだった。昼近くになり、太陽は頭上からまっすぐ照りつけていた。すっくと立つ共和国の像——ビッグ・メアリー——は燃える松明（たいまつ）のようだった。像の台座が置かれた池の水面にはさざなみがダイヤモンドのようにきらきら光っていた。その向こうには一三本の高い円柱——ペリスタイル——がずらっと並び、その隙間から湖のブルーの水面が見えていた。中庭にあふれる光はあまりにもまばゆく強烈なので目がくらんだ。あたりにはブルーのレンズをはめたサングラスをかけている人も多かった。

ここで一休みして昼食をとることにした。選択肢はいくつもあった。メイン・パビリオンのほとんどには軽食のとれるカウンターが設置してあった。産業・教養館だけでも一〇か所あり、広いレストランも二つ——一つはドイツ料理、もう一つはフランス料理——あった。交通館にはゴールデン・ドアの上のテラスにカフェがあり、ここからはラグーン一帯のすばらしい景色が見えたのでいつもお客がいっぱいだった。午後になるとホームズは二人のためにチョコレートやレモネードを買い、会場に点在するハイアーズ・ルートビア・オアシスの屋台でルートビアをおごった。

彼らは毎日のように博覧会を見にいった。世間では博覧会をざっと見るだけでも最低二週間は必要だといわれていた。その時代の風潮から最も注目を浴びたのは電気館だった。

そこの「シアトリアム」ではいまこの瞬間にニューヨークで演奏されている音楽を聴くことができた。エディソンのキネトスコープで動く映像も見た。エディソンの展示品には声を貯蔵できるという奇妙な金属製の円筒もあった。「ヨーロッパにいる男がアメリカにいる妻に向かって話した声を円筒のなかに収め、それを特急便で送る」とランド・マクナリー社のガイドブックには書かれている。「まず誰かが恋人に話すつもりで円筒に一時間ほど語りかける。すると恋人の耳にはその声がすぐそばで聞こえ、何千キロもの距離がほんの一メートルのように感じられる」のだ。

電気椅子というものも初めて目にした。

ミッドウェイにはまた別の日をとっておいた。アンナにとって、ここでの経験はミシシッピやテキサスでは夢にも想像できないものだった。ベリーダンス。ラクダ。乗客を空中三〇〇メートルの高さまで上昇させる水素の詰まった気球。台の上に立った「呼びこみ」がアンナに誘いの声をかけ、ムーア人の宮殿、目の錯覚で驚かせる鏡の部屋、多種多様な蠟人形——赤頭巾ちゃんから断頭台の上のマリー・アントワネットまで——を並べた博物館などの魅力をおもしろおかしく吹聴した。ミッドウェイには色彩があふれていた。カイロの大通りは淡い黄色とピンクと紫にいろどられていた。入場チケットでさえ色の奔流だった——トルコ劇場は鮮やかな青、ラップランドの村はピンク、ヴェネチアのゴンドラは藤色だった。

残念ながら大観覧車はまだ運行していなかった。

姉妹はミッドウェイに大喜びし、南に向かってぶらぶら歩きながら六三丁目と高架線まで戻った。疲れていたが、幸せで満足していた。だがハリーはもう一度つれてきてやるという――七月四日にはシカゴの歴史の上で最大規模になるはずの花火大会が予定されていた。

ハリー兄さんはアンナの到着を喜び、夏のあいだずっと滞在したらいいといった。大喜びのアンナは故郷の家に手紙を書き、荷造りしてある大型トランクをライトウッドのアドレスに送ってほしいと頼んだ。

明らかにアンナはこうなることを期待していたようだ。とにかくトランクの荷造りをすませて出かけてきたのだから。

ホームズの助手のベンジャミン・ピツェルも博覧会を見学しにいった。そして息子のハワードにお土産を買った――ブリキの男が上についたコマである。これは少年の宝物になった。

めまい

フェリスの作業員たちは巨大なゴンドラを扱うのに慣れてきて、ホイールへのとりつけ工事もはかどるようになった。六月一一日日曜日の夕方には六台のゴンドラが吊り下げられた——ホイールが初めて回転したあと一日に二台ずつの割合で進んだわけである。こんどは客を乗せての試運転が待っていた。天候はこれ以上ないほどの好条件だった。太陽は輝き、東の空は濃いブルーに染まりかけている。

フェリス夫人は、グロノーが止めたにもかかわらず、どうしても最初の試運転に乗るといって聞かなかった。グロノーはゴンドラが無事に回転することを祈りつつ、再度ホイールを点検した。ピットの技師がエンジンをスタートさせ、ホイールを回して試乗するゴンドラをプラットホームの前につけた。グロノーは「いざ乗りこむとき、心穏やかとはとてもいいがたかった。胃がむかむかした。だが試乗を拒否するわけにはいかない。だから表向きは平然とした顔でゴンドラに乗りこんだ」

ルーサー・ライス、二人の製図工、それにシカゴ在住の元橋梁技師であるW・C・ヒューズ夫妻とその娘も乗った。

乗客がそれぞれの位置を決めるとゴンドラはゆらゆらと揺れた。大きな窓にはまだガラスがなく、窓ガラスの外につける鉄格子もまだついていなかった。最後の客が乗りこむとライスは技師に向かって軽くうなずいた。ホイールが動きだした。誰もがとっさに手を伸ばし、よろめかないよう柱や横棒につかまった。

ホイールが回転するにつれ、フレームに接着してゴンドラを水平に保つための軸受け(トラニオン)のなかでピボットが回転していった。「ゴンドラが動くのはこれが初めてだったから、長いあいだ放置していたあいだにトラニオンとベアリングが錆びついてしまい、その結果ものすごい軋み音をたてた。緊張でぴりぴりしていた乗客にとって耳に快い音ではなかった」

ゴンドラは少し上昇したところで突然停止した。このまま動かなかったらどうやって地上に降りたらいいのだろうという疑問が乗っている全員の胸にわきあがった。ライスとグロノーは何があったのかを見ようとしてガラスのない窓に近寄った。窓枠越しに下を見るとトラブルの原因がわかった。数を増していた見物人は試乗する人びとを見て勢いづき、戻れという警告を無視して後続のゴンドラに次々と飛び乗ったのだ。けが人や死者が出ることを恐れて技師はホイールの回転を止め、見物人がゴンドラに乗るのを許可した。

グロノーが見たところおよそ一〇〇人が下のゴンドラに乗っていた。彼らを追いだそうとする者はいなかった。ホイールはまた動きだした。

フェリスが創りだしたのはただの技術上の新機軸ではなかった。エレベーターの開発者と同じように、これまで経験したことのない肉体的な感覚を呼びおこしたのだ。グロノーが最初に抱いたのは——すぐに一変したとはいえ——大したことがないという感想だった。高速エレベーターに乗ったときのような感覚を期待していたのだが、このゴンドラのなかではまっすぐ前を見ているかぎりほとんど何も感じなかった。

グロノーはホイールの状況と動きをもっとよく見るためゴンドラの端に移動した。スポークが次々と通りすぎてゆくゴンドラの側面に目を向けると、ものすごいスピードで上昇していくのがよくわかった。「……まるで周囲のすべてがどっと落下してゆき、ゴンドラだけが静止しているようだった。ゴンドラの窓のそばに立って、次々と通りすぎる何本もの鉄のロッドが重なって見えるのをじっと眺めていると妙にわくわくした……」。彼は同乗の人びとに、胃が弱い人は真似をしないほうがいいと助言した。

地上から約八〇メートルの最高点に達すると、フェリス夫人は椅子の上に立って歓声をあげ、後続のゴンドラと地上の人びとのあいだからも喝采が起こった。

やがて乗客はみな黙りこんだ。新奇な刺激による興奮がおさまるにつれ、この経験に備わった本物のパワーが明らかになった。

「下降していくゴンドラから見えたのはこれまでで最も美しい光景だった。目の前に博覧会の広大な敷地がくまなく見えたのだ。その情景はあまりにも壮大だったので、それまで残っていた臆病さはすっかり消えうせ、ゴンドラの動きを観察しようという気持もまるでなくなった」。日が傾きはじめ、湖の岸辺は夕方の光でオレンジ色に染まっていた。「港にはさまざまな船が浮かんでいたが、この高さからでは小さな点にしか見えなかった。美しい夕日の反射光が周囲の情景を照らし、まるで絵のように美しい景色を作りだしていた」。色彩とテクスチャーと動きがミックスされた精妙な景観として公園全体が一望できた。瑠璃色のラグーン。ダイヤモンドの裳裾をひく電動ランチ。アシやショウブのあいだにちらちらと見える真っ赤な花。「この情景は人の心を強烈にとらえた。人びとはぴたりと口を閉ざし、この壮大な光景を前に恍惚としてただ賛嘆するばかりだった。これに匹敵するようなものはこれまで見たことがなかったし、これからも見られるかどうか」

感興をそぐのは、上のほうから落下してきてゴンドラの屋根にばらばらとあたるボルトやナットの音だった。

見物人はまだ警備員をだしぬいて後続のゴンドラに乗りこもうとしていた。いまやグロノーもライスも好きにさせておくことにした。ピットの技師は日が暮れてこれ以上動かすのが危険になるまでずっとホイールを回しつづけた。それでもスリルを求める人びとはもっと乗せてくれと騒ぎつづけた。ついにライスは、むりやり乗りこんだりしたらてっぺんでゴンドラを止めて一晩中放置するといいわたした。「これは効果があった」

フェリス夫人はゴンドラを降りるとすぐ夫に電報を打ち、試乗が成功したことをくわしく知らせた。彼の返信は「愛する人に神の祝福あれ」だった。

翌六月一二日月曜日、ライスはフェリスに電報を打った。「今日はさらに六台設置の予定。人びとはこれに乗りたがって大騒ぎをし、制止するのに警備員を増やさなければならない」。火曜日には合計で一一台が吊るされ、残るはあと一五台になった。

つねに細部までこだわるバーナムは、ホイールにめぐらすフェンスの形と場所まで自分で決めたがった。穴のあいたオープン式のフェンスにしたかったのだが、フェリスはクロ

ーズ式にしたかった。

フェリスはバーナムの催促と美的な面での口出しにうんざりしていた。彼はルーサー・ライスに電報を打った。「……バーナムであれ誰であれ、フェンスの形をどうするかをわれわれに命令する権利はいっさいない。美的見地など知ったことか」

この勝負はフェリスが勝ち、フェンスはクローズ式になった。

ついにゴンドラが全部装着され、ホイールは入場料をとって客を乗せる準備がととのった。ライスは予定より二日早い六月一八日の日曜日から客を乗せたいと思ったが、入場料を払った客——なかには親子づれもいるだろう——で満員になったゴンドラを吊るしたままホイールを回転させるのは最大の試練だったので、フェリスの部門の理事会はもう一日準備期間をとるようにといった。理事会はフェリスにこんな電報を打った。「一般公開の日時を予定より早めるのは、不備な部分と事故の危険が残っていることからして、賢明ではない」

フェリスはこの指示を受け入れたが、しぶしぶだった。シカゴへ向けて旅立つ直前、彼はライスに電報を打った。「理事会が水曜日まで運行するなというのなら、そのとおりにしたほうがいい」

理事会が慎重な態度をとったのは、前の週の水曜日、六月一四日にミッドウェイのアイス・レイルウェイで起こった事故のせいだったのかもしれない。これは氷でできた楕円形のトラックを二台連結のボブスレーが客を満載して時速六〇キロ以上のスピードで走りぬけるというアトラクションだった。オーナーは工事を完成させたばかりで、初めて客――従業員ばかり――を乗せて試運転をしようとしたところ、見物人がむりやり橇に乗りこんだのだった。一台目には八人、二台目には六人だった。押しかけた連中のなかにはブルームのアルジェリア村の三人もいた。その一人によれば「これを見物しにきたのは、それまで誰も氷を見たことがなかったから」だという。しかし、この話は信じがたい。アルジェリア人たちはシカゴの厳寒の冬を越したばかりなのだから。

午後六時四五分ごろ橇が放たれ、やがて猛スピードで滑りはじめた。この試運転を見ていたコロンビアン・ガードの一員はこう語っている。「ちょうど日が落ちたころ、橇がカーブにさしかかる音が聞こえた。まるで飛んでいるようだった。最初の橇がカーブを曲がろうとした。コースの西の端に近い角で立ち往生しそうになったが、なんとか切り抜けた。二台目も同じところにさしかかったがこんどはコースから飛びだした。シートにしがみついていた客ごと橇は頭から突っこんで手すりを壊し、地面に落下した。落ちるときに橇が裏返って乗客はその下敷きになった」

橇はおよそ四メートルの高さから地面に落ちた。乗客の一人が死んだ。もう一人の女性は顎と両手首を骨折した。二人のアルジェリア人を含む男性四人は打撲傷を負った。

この事故はたしかに悲劇的だし、博覧会の汚点となった。しかし三六台のゴンドラで総計二〇〇〇人以上の客を乗せる大観覧車が事故を起こしたら、これとはくらべものにならない想像を絶する大惨事になるであろうことは誰の目にも明らかだった。

不信の念を抱きながらも、オームステッドは博覧会の景観の仕上げをウーリッチの手にゆだね、厳しいスケジュールの仕事を受けて一六の州にまたがる旅に出なければならなかった。そして六月半ばにはふたたびヴァンダービルトのノースカロライナの土地に戻っていた。その旅の途中、列車のなかやホテルで行きあった人びとに、自分の正体を隠したまま博覧会の感想を聞いてまわった。入場者の数が増えないことが気にかかり、その理由を知りたかったのだ。旅行をしている人たちに博覧会へ行ったかと質問し、もし行っていたらどう思ったかを訊いたが、とくに知りたかったのはまだ行っていないと答えた人の気持だった――どんな噂を聞いているか、行くつもりはあるか、なぜ行かないでいるのか？

「いたるところで博覧会への関心は高まっています」とオームステッドは六月二〇日、ビルトモアからバーナムあてに手紙を書いた。「どこへ行っても、みんな博覧会へ行く計画を立てているようです」。博覧会へ行った人の話が広まって興味をかきたてていた。博覧会を見てきた牧師たちは説教や講話にその経験をとりいれた。博覧会を見てきた人びとにいちばん好まれたのが展示品ではなく、建築や水路、それに景観だったこと、何より予想以上のできばえに驚かされたことだと知ってオームステッドは喜んだ。「博覧会へ行った人たちの大多数は新聞記事から期待した以上のものをそこで見つけたようです。潮が満ちるようにアメリカ中で関心が高まりつつあります」

そんな熱意に水をさすような要素もあった。博覧会に対する個人的な意見は有望だったが、「ほとんどつねに、未完成であることが問題になり、まだ工事中の場所が多いようなので、もう少しあとになってから出かけるつもりだといわれる」のだった。農家の人たちは収穫がすんでからでなければ、という。不況のせいで行かないという人も多かったし、議会の圧力でシカゴまでの汽車賃が下がるまで待つという人もいた。気候も理由だった。七月と八月のシカゴは暑いので秋になるまで待ったほうがいい。

最も致命的な要素はシカゴへ行くと「容赦なくふんだくられ」、とりわけ会場内のレストランは「法外な」値段だという噂が広まっていることだった。「この不満はどこへ行っても聞かれ、シカゴの人びとが思っている以上に根強いものです。金持と貧乏人の別なく、そういっています……この私でさえ博覧会の昼食は高いと思わざるをえません。数日前、テネシー州ノックスヴィルで同じくらい旨い飯を一〇分の一の値段で食べましたからね。

つましい農家の人びとが博覧会に来たらもっと深刻に感じるでしょう」

オームステッドにとって、高い食事代はまた別の心配のたねだった。「その結果、人びとは自分たちで食べものを用意してくるようになり、その数が増すほど紙くずや食べ残しが会場内に散らかるのです」

こうなったら「博覧会に来た人びとが故郷にもって帰れる楽しいエピソードを増やすことが何より大事です」とオームステッドは力説した。「そのような宣伝効果がいま何よりも求められることです。具体的な楽しい経験をもとにして人の気持を昂ぶらせ、行きたいという気持を周囲に伝染させるのです。肝心なのは人びとが満足するかどうかではなく、いかにして感動の気持を家までもって帰らせるか、そして予想外の楽しい体験をどうやって他人に伝播させるか、です」

そのためには、いくつかの目につく欠陥をただちに修復すべきだと彼は手紙に書いた。たとえば砂利道である。「博覧会の敷地全体を見まわしても、まともに歩ける砂利道はほとんどないも同然です。私が思うに、たぶん請負業者も監査役も――彼らの仕事は請負業者が義務を果たすかどうか監視することですが――まともな砂利道を見たことがないのでしょう。さもなければ、まともな砂利道とはどういうものかまるでわかっていないのです。あなたの道の欠点とはなんでしょう?」――オームステッドは、道が景観設計部門の管轄であるにもかかわらず、私の道とかわれわれの道といわずにあなたの道と書いている――「ところどころに石ころや大きな石が転がっていて、表面がでこぼこしているため、夏用の靴をはいたご婦人がたがその上を歩くと足が痛くてしかたがない。そうかと思うと、路面がそんな具合なので、雨が降ったあとは泥だらけになって滑りやすくなり、これも歩くのに苦労させられる。さらに管理が不行き届きなため、泥で靴やドレスが汚れやすい。これはご婦人がたにとってはじつにいやなことです」。ヨーロッパへの視察旅行で学んだのは、本当によくできた砂利道とは「客間の床のように平坦かつ清潔でなければならない」ということだった。

オームステッドが危惧したとおり、清潔さという点でも博覧会はヨーロッパの水準に達していなかった。あちこちにゴミが散乱し、掃除をする人員は少なすぎた。この会場なら倍は必要だし、その働きぶりをもっと徹底させるべきだと彼は指摘した。「植えこみとラグーンのあいだに、上のテラスから明らかに箒で掃いて捨てたと思われる紙くずを見かけました。テラスの清掃員がそんなずぼらな仕事をしているとしたら由々しき問題です」

さらにオームステッドの気に障ったのは、彼の反対を押しきって、バーナムが博覧会の水路に――電動式ランチに加えて――走らせることを許可した蒸気船の騒音だった。「安っぽくて下品で不細工なあの船は博覧会にはふさわしくなく、とりわけ栄誉の中庭と呼ばれる場所にはまったく不似合いで、まさに花園に迷いこんだ牛のようなものです」

とはいえオームステッドの最大の懸念は、博覧会のメイン会場、つまりジャクソン・パークの雰囲気が楽しくないことだった。「全体のようすがいかめしく、まじめすぎて、義務的に見物させられるという気分になってしまう。いやいやお務めを果たし、やっと時間が来て帰宅できるという感じです。そのために人びとは憂鬱になってしまい、それを乗りこえるには大変な努力を要するでしょう」

オームステッドが景観に神秘的なオーラを添えようとしたのと同じように、ここでは予想外のお楽しみや偶然のように見えるすてきな事件を起こさなければいけない。コンサートやパレードもいいが、それらはもともと「計画され、予告された」ものだ。オームステッドが望んだのは「小さな出来事……思いがけず遭遇した事件のようなもの。あまり堅苦しくなく、うわべだけ見れば自然に発生したように思える偶然のなりゆき」だった。たとえば森の島でフレンチホルンを吹かせれば水の上を渡ってかすかに音楽が聞こえてくるだろう。船と橋のすべてに中国風のランタンを吊り下げるのはどうだろう。「イタリアでよく見かけるように、タンバリンをもった仮面の男たちが足取りも軽く踊りながら会場を練りあるいたら？　レモネード売りだって派手な衣装にしたらだいぶ違うはずだ。それともケーキの売り子にフラット・キャップをかぶらせ、頭の先から爪先まで白一色の衣装にしたらどうだろう?」ジャクソン・パークでビッグイベントのある夜はお客もミッドウェイからメイン会場へと引き寄せられる。そんなとき「黒、白、黄と、肌色もさまざまな『異教徒』のグループを安く雇い、控えめながら立派な民族衣装を着せてメイン・コートの群衆のあいだにさりげなく交じらせることはできないだろうか?」

この手紙を読んだバーナムは、オームステッドの頭がおかしくなったと思ったにちがいない。この二年間、バーナムは威厳に満ちた堂々たる美のモニュメントを創造しようと全身全霊を注いでいた。それなのにオームステッドはいまになって客を笑わせたいという。バーナムが望んだのは畏怖の念で客を立ちすくませることだった。スキップやダンスなどとんでもない。異教徒などもってのほか。

博覧会は夢の都市だった。しかし、これはあくまでバーナムの夢である。警備員の多さから花を摘んではいけないという厳格な規則まで、いたるところにバーナムらしい圧倒的な権威主義が感じられた。その典型的な例の一つが博覧会場では許可なしに写真を撮影してはいけないという規則だった。

バーナムはこの博覧会に関する公式な写真の販売権をチャールズ・ダドリー・アーノル

ドという写真家一人だけに許可し、これによってアメリカ中に広まるイメージをコントロールしようとした。こうして、どの写真を見てもきちんとした服装の上流階級の人びとばかり写っているという結果になったのだ。もう一人の業者が博覧会の客にコダックを貸し出す営業権を独占した。コダックはレンズやシャッタースピードの調節がいらない新しいタイプのポータブルカメラだった。博覧会を記念してコダックは人気のある折りたたみ式ナンバー4ボックスカメラにコロンブスという愛称をつけた。このような新式カメラで撮影された写真はやがて「スナップショット」と呼ばれるようになった。この言葉はもともとイギリスのハンターが用いたもので、すばやい射撃を意味していた。博覧会に自分のコダックをもちこみたいと思う人は二ドル——たいていの人は高いと思った——払って許可を得なければならず、さらにミッドウェイのカイロ大通りでも一ドル取られた。旧式の大型カメラとそれに必要な三脚のもちこみ料は一〇ドルと決められ、シカゴ以外のところから来た人びとは博覧会で一日過ごすのにそんな大金を払わざるをえなかった。もちろんこのほかに宿代と食事代、それに入場料が必要だった。

あらゆる細部に注目し、支配しようとしたバーナムの目を逃れた事件もあった。六月一七日、冷蔵倉庫でぼやがあった。お城のようなこの建物は会場の南西の隅にあり、建設したのはハーキュリーズ・アイアン・ワークスだった。このビルの機能は氷を作ること、展示やレストランの腐りやすいものを貯蔵すること、七月にスケートをしたいという酔狂な客のためにリンクに氷を張らせることである。この建物は民営だった。バーナムは設計図に許可を出しただけで建設には手出しをしなかった。偶然にもこのビルの建築家はフランク・P・バーナムという名だったが親類ではない。

火元は中央塔の丸屋根だったが、すぐに消し止められ、被害額はせいぜい一〇〇ドルというところだった。それでもこの火事をきっかけに保険会社はこのビルをくわしく調べることにし、その調査から背筋が寒くなるような実態が明らかになった。設計の肝心なところに手抜きがあったのだ。七軒の保険業者が契約を解除し、博覧会付属の消防署長エドワード・W・マーフィーは保険会社の重役にこういった。「あの建物はこの会場内でいちばんトラブルが多い。火災を起こす危険はきわめて高く、遠からずあそこから煙が立ち昇るにちがいない」

ぼや、保険の解約、マーフィーの警告――このすべてを誰もバーナムに知らせようとはしなかった。

ついに完成

一八九三年六月二一日水曜日午後三時半、五一日遅れて、ジョージ・ワシントン・ゲール・フェリスは大観覧車の根元に築かれた舞台の上の椅子に着席した。四〇人編成のアイオワ州マーチング・バンドがすでにゴンドラの一台に乗っており、いまは「わが祖国、そは汝のもの」を演奏していた。ハリソン市長が舞台上のフェリスと並んで坐り、そのほかにはバーサ・パーマー、シカゴ市議会の面々、博覧会の理事も何人かいた。だがバーナムは欠席のようだった。

ゴンドラにはきちんとガラスがはまり、どの窓にも鉄格子がついていたので、ある記者が書いたように「頭の変な連中がこの大観覧車から投身自殺をはかるのは無理だし、ヒステリーの女性が窓から飛び降りることもできな」かった。高さに怯える人をなだめる訓練を積んできた添乗員がゴンドラのドアのそばに一人ずつ立っていた。

バンドは演奏をやめ、大観覧車の回転が止まった。次はスピーチだった。フェリスは最後に立ちあがると上機嫌でこう話しはじめた。「頭のなかに輪っかが詰まっている」〔頭がどうかしているの意〕と罵倒された男は、頭のなかからその輪をとりだしてミッドウェイ・プレザンスのまんなかに据えつけました、と。続けて、この事業が成功したのは妻のマーガレット——同じ舞台で彼の後ろに立っていた——のおかげだと感謝した。最後にこのホイールをアメリカの技師たちに捧げるといって挨拶をしめくくった。

ミセス・フェリスは夫に金のホイッスルを手渡した。それからフェリス夫妻と招待客は一台目のゴンドラに乗りこんだ。ハリソンはおなじみの黒いソフト帽をかぶっていた。

フェリスがホイッスルを吹き鳴らすとアイオワ州立マーチング・バンドは「アメリカ」を演奏しはじめ、大観覧車はまた回りはじめた。客たちはゴンドラで数周するあいだにシャンパンをすすり、葉巻を吸った。ゴンドラを降りるとき、いまや大観覧車の根元に行列を作っていた群衆のあいだから歓声があがった。乗車券を買った客の第一号がゴンドラに足を踏み入れた。

大観覧車は客の乗り降りのときにちょっと停止するだけで夜の一一時まで回りつづけた。どのゴンドラも満員だったが、大観覧車は少しも揺るがず、ベアリングは軋み音もたてなかった。

フェリス社は創立者の偉業を大いに宣伝した。「大観覧車(フェリス・ホイール)乗車記念」というイラスト入りのパンフレットにはこう書かれていた。「あらゆる障害を乗り越えて実現されたこの建造物こそ、その考案者、すなわちフェリス氏の力量をものがたる証拠である。彼は偉大な共和国の一市民というより、むしろ王国の臣下といったほうがふさわしい。その誠実なハートは忠誠心という勲章に飾られた胸のなかで脈打っている」。フェリスは企画を出したあとすぐに営業許可を出そうとしなかった博覧会協会にいやみをいいたいという気持を抑えられなかったらしく、パンフレットにはこんな一文がある。「うかつにもこの真価を見抜けなかったため、博覧会協会は何千ドルもの損をこうむった」

これはむしろ控えめだった。最初に企画が出された一八九二年六月の時点で博覧会協会が許可を出していたら——実際にはその後およそ半年待たされた——この大観覧車は五月一日のオープニングにまにあっただろう。博覧会は大観覧車が開業するまでの五一日分の収益の五割を失っただけではなかった。完成していたら、これめあてで来る人びともぐんと増えたはずだから博覧会の入場料収入——バーナムはそれを切望していた——そのものも上がっていたはずだ。ところがこの一か月半、工事中の大観覧車は博覧会の未完成ぶりをあらわす大きな宣伝材料となっていたのである。

⁂

安全性への疑問はまだ残っていた。そこでフェリスは心配を軽くするために工夫した。乗車記念のパンフレットには、たとえ乗客が満員になっても「大観覧車の動きやスピードには蠅がたかったほどの影響しかない」――客を蠅にたとえるのはあまりよい趣味とはいえないが――と書かれていた。「この大観覧車を建造するにあたって、考えうるかぎりの危険は計算ずみであり、しかるべき対策が講じられている」

だがフェリスとグロノーの設計は巧妙すぎた。洗練されたデザインに加え、細い鋼索の強度をうまく利用していたため、できあがった大観覧車はあまりにも繊細で、とても大きな荷重には耐えられないように見えた。実質的な危険はないにしても外観がいかにも危うげだったのだ。

「率直にいって、見た目が軽すぎたのだ」とある記者はいった。「途方もない重量を支えるはずの華奢なロッドには、そんな仕事に耐えられるほどの強さがあるとはとても思えなかった。大平原から吹きつける突風が大観覧車の側面から襲ってきたらいったいどうなるだろうと考えずにはいられなかった。巨大な構造の重量そのものと、たまたまゴンドラに乗っていた二〇〇〇人の客、それに風の力が加わったらはたしてどうなる？」

三週間のうちにこの問いかけの答が出ることになった。

上げ潮

それは突然やってきた。オームステッドが旅行中に確認した熱意が――まだ大きな潮流とまではいかないにしても――ようやく人びとを動かし、ジャクソン・パークへと駆りたてていた。汽車の運賃はまだ値下げになっていなかったが、六月の終わりごろには博覧会への入場者が倍以上になり、六月の一日平均入場者数は八万九一七〇人で、五月の三万七五〇一人という情けない数字を大幅に上まわった。当初の見込み――一日二〇万人――よりまだずっと低かったとはいえ、この変化は励みになった。イングルウッドからループまでホテルはついに満室になった。女性館のルーフ・ガーデン・カフェはいまや一日に二〇〇〇人が利用するようになっていたが、これはオープニング・デーの一〇倍だった。その結果、出るゴミの量も増え、処理が追いつかなくなった。清掃員は悪臭のするゴミバケツを三階から一階まで客と同じ階段を使って運びおろさなければならなかった。エレベーターが使えなかったのは、バーナムが夜間ライトアップ用に電力消費を抑えるため日が落ちてからの使用を禁じたからだった。汚れと悪臭にたまりかねたレストランの支配人は屋根の上にダストシュートを作り、オームステッドの大切な芝生の上にじかにゴミを投げ捨てるといいだした。

バーナムはやむなくエレベーターの使用を許可した。

テキサス州ガルヴェストンに住むミセス・ルシール・ロドニーという女性はどうしてもこの博覧会が見たかったので鉄道線路沿いにはるばる二〇〇〇キロの距離を歩いてやってきた。イギリスの歴史家で小説家のサー・ウォルター・ベサントは『コスモポリタン』の記事にこう書いた。「もはやここを湖岸のホワイトシティとは呼ぶまい。ここはまさに夢の国(ドリームランド)だ」

オームステッドでさえ、いまやご満悦のようすだった。とはいえ、当然ながら不満のたねがなくなったわけではない。中央の入口から客を入れて第一印象を大事にするという考えはバーナムと同じだった。オームステッドが『インランド・アーキテクト』に寄稿した博覧会評では、これができなかったために博覧会の価値は「かなり減じた」と書かれていた。だがそんな批判は「べつに文句をつけているわけではなく」、ただ今後も同じような問題に直面するかもしれない人びとにプロとして助言しているだけだと急いでつけくわえた。彼はいまだに、森の島だけは自然のままのほうがよかったと思っており、許可を得た建物が無計画に増殖していくのを嫌った。それらは視界をさえぎり、パビリオンを眺めるのに疲れた目を休めるはずの空間を乱す要因となった。その影響は「悪しきもの」だった。

だが全体としては満足のゆく仕事であり、とくに工事の進め方がよかった。「たしかにここはとても充実し、また励みになる労働環境であり、これほどの短期間に技術的訓練を受けた人や能力のある人を引き抜き、すばやくかつ適切に組織化し、一致団結して仕事に当たらせたことはすばらしい。そんな卓越した環境ゆえに、事業を進めるにあたってもめごとはほとんどなく、嫉妬やそねみや喧嘩も見られなかった」

そんな環境をととのえたのはバーナムの手腕だと彼は認めた。「われわれのような専門家の集団を統率してこの大事業をなしとげた。その努力、力量、臨機応変の才はいくら高く評価しても足りない」

人びとは教会へ行くときのように晴れ着をまとい、驚くほど行儀がよかった。六か月の会期のあいだ、コロンビアン・ガードが逮捕したのはたった二九二九人で、一日あたり一六人だった。逮捕の理由は風紀紊乱行為、こそ泥、すりだった。博覧会場でいちばんすりが多かったのはいつも大混雑の水族館だった。ガードは一三五人の前科者を見つけて会場内から追いだした。罰金はコダックの無許可もちこみが三五件、写真の無断撮影が三七件だった。敷地内で産み捨てられた胎児が見つかったことは三回あった。ティファニーのパビリオンで「見物人に襲いかかった」ピンカートン社の探偵。それに「不適切な行為をしたズールー族」も逮捕された。ガードの隊長を務めたライス大佐はバーナム宛ての公式の報告書にこう書いた。「何万人もの従業員と何百万もの客がいたことを思えば大成功だといわざるをえない」

蒸気エンジン、回転する巨大な輪っか(ホイール)、馬の引く消防車、猛スピードで突っ走るボブスレーのあいだに大勢の見物客がひしめいているなか、ジェントルズという医師が率いる医療班の救急車が打撲傷の人や血を流した人、興奮しすぎて気分が悪くなった人などを博覧会の病院に運びこんだ。博覧会の会期中、病院で診察した患者は一万一六〇二人で一日あたり六四人だった。その内訳を見ると日常的なけがや病気は当時もいまもあまり変わっていないことがわかる。

下痢　八二〇例
便秘　一五四例
痔　二一例

消化不良　四三四例
異物が目に入った　三六五例
ひどい頭痛　三六四例
めまい、失神、極度の疲労　五九四例
極端な鼓腸　一例
激しい歯の痛みなど　一六九例

博覧会の楽しみの一つはチョコレート製のミロのヴィーナスや霊柩車の展示を見ているときやクルップの怪物の砲筒の下にいるとき、すぐ隣に誰が立つかわからないこと。あるいはビッグ・ツリー・レストランやフィラデルフィア・カフェ、グレート・ホワイトハウス・イン——ディケンズの『ピクウィック・クラブ』に出てくるパブのレプリカ——で隣のテーブルに誰が坐るか予想がつかないことだった。大観覧車のゴンドラが上昇していくとき急によろめいてつかまってきた相手がどこかの名士ということもありうる。フランツ・フェルディナント大公——お付きの者から「半分田舎者で半分しみったれ」とけなされた——もお忍びで博覧会場をうろうろした。しかし大公が気に入ったのはむしろシカゴの歓楽街のようだった。かつて白人の頭皮を斧で剝いでいたインディアンたちがバッファロー・ビルのキャンプを脱けだしてそこらを歩きまわっていた。アニー・オークリーやコサック騎兵、ハンガリー軽騎兵、槍騎兵、それに一時休暇をもらってコーディ大佐のショーに出演していたアメリカ第六騎兵隊のメンバーもいた。首長のスタンディング・ベアは堂々たる儀式用の羽根飾りをつけたまま大観覧車に乗ったが、二〇〇本の羽根はそよぎもしなかった。ほかのインディアンたちはミッドウェイのエナメル塗りの回転木馬に乗った。

　指揮者のパデレフスキ、奇術師フーディニ、技師のテスラ、発明家のエディソン、作曲家のジョプリン、弁護士のダロー、ウッドロー・ウィルソンという名のプリンストン大学教授、そして黒のサマードレスに忘れな草の花を飾ったやさしげな老婦人は社会革命家スーザン・B・アンソニーだった。バーナムはテディ・ローズヴェルトとランチをともにしたあとその口癖が移って、博覧会が終わったずっとあとまで「でかした（バリー）！」というようになった。美食家で有名な金融業者のダイヤモンド・ジム・ブレイディは女優のリリアン・ラッセルと食事をとり、大好きなスイートコーンをたらふく食べた。

　マーク・トウェインの姿は誰も見なかった。博覧会見物のためにシカゴまで来たものの、体調を崩して一一日間もホテルの部屋で寝ついてしまったのだ。そのあと彼はホワイトシティを見ないまま帰途についた。

あらゆる人がやってきた。

魔法のような偶然の出会いもあった。

イリノイ盲人教育学院の院長だったフランク・ヘイヴン・ホールはブライユ式点字で本を印刷できる新しい装置を開発し、それを展示していた。これ以前、ホールは点字用のタイプライター——ホール・ブライユ・ライター——を発明していたが、これで金儲けをしたら、目の見えない人たちの役に立ちたいという気持が汚されると思って特許を取らなかった。新発明の機械の横に立っていたとき、目の不自由な少女が介助の人といっしょに近づいてきた。その少女は愛用するタイプライターの発明者がホールだと知ると彼にぎゅっと抱きついてキスを浴びせた。

それからというもの、ホールは目に涙を浮かべながら何度もこの話——ヘレン・ケラーとの出会い——をくりかえした。

ある日、日曜日に博覧会の営業を休むべきかどうかを女性理事会の面々が話しあっているさなか、女性館の廊下ではかんかんに怒った安息日厳守派の男が、営業すべきだと主張するスーザン・B・アンソニーに食ってかかった（アンソニーは女性理事ではなかったので、高い声望にもかかわらず理事会の会合には参加できなかった）。極端な例を引こうとした男はアンソニーにこう問いかけた。息子が日曜日に教会へ行くよりバッファロー・ビルのショーを見にいったほうがいいというのか。

そうよ、と彼女は答えた。「そのほうがずっとためになるわ……」

敬虔な男はこれを聞いてますますアンソニーの婦人参政権運動が不道徳なものにちがいないという確信を強めた。この話を聞いたコーディは大いに喜んでさっそくアンソニーに礼状を出し、ショーに招待した。いつでも好きなときに特別席を用意すると申し出たのである。

ショーが始まるとコーディは馬に乗ってアリーナに登場した。白い帽子の下に灰色の長髪をなびかせ、白いジャケットの銀のふちどりが日の光を受けて輝いた。ギャロップで馬を進め、アンソニーのいる特別席に近づいた。客席はしんと静まった。

彼は砂埃をたてて馬を急停止させると帽子を取り、大げさな身ぶりで頭が鞍の先端につきそうになるほど深々とお辞儀をした。

アンソニーは立ちあがってお辞儀を返すと——「少女のように熱狂的に」と友人はいう

——コーディに向かってハンカチを振った。

この一瞬の貴重さは誰にとっても明らかだった。アメリカの過去のヒーローの一人がアメリカの未来のヒーローの一人に挨拶を送っているのだ。二人の出会いを目にして観客は盛んに足を踏み鳴らし、大喝采を浴びせた。

フレデリック・ジャクソン・ターナーはこの博覧会で歴史に残るスピーチをしたが、それにはこんな一節があった——たしかにフロンティアはすでに過去のものかもしれないが、いまこの瞬間、それは日差しを受けてきらきらと輝きながらそこにあった。まるで涙のあとが光って見えるように。

悲劇もあった。イギリスの戦艦ヴィクトリアの模型には黒い旗がかけられた。一八九三年六月二二日、トリポリ沖での演習中、海軍技術の驚異と呼ばれたこの船は戦艦カンパーダウンと衝突事故を起こしたのだ。ヴィクトリアの艦長は最高速度で岸に向かえと命令した。停泊している艦隊に繋留すれば沈みかかった船を救えるのではないかと考えたのだ。一〇分後、蒸気エンジンをフル回転させたままヴィクトリアは傾いて沈みはじめた。艦内にはまだ大勢の乗組員がいた。運よく海に飛びこむことができた者も海中で旋回するプロペラに巻きこまれたり、ボイラーの爆発でやけどを負ったりして落命した。「あたりは悲鳴やうめき声で満たされ、白い泡のなかに赤く染まった手足やちぎれた胴体の破片が見えた」とある記者は書いている。「頭のない胴体が渦巻く海水のなかから飛びだし、一瞬その場に留まってからふたたび水中に沈んでいった」

この事故で四〇〇人の命が失われた。

大観覧車はたちまち博覧会一の人気スポットになった。毎日、大勢の人びとが詰めかけた。七月三日からの一週間でチケットは六万一三九五枚売れ、収益は三万〇六九七ドル五〇セントになった。博覧会協会がおよそ半分を取り、フェリスの営業収益はその週だけで一万三九四八ドルだった（現在の価値にしておよそ四〇万ドルに相当する）。

安全性にはまだ疑問が残っており、自殺や事故にまつわる根拠のない噂が流れた。なかには、恐怖にかられた男がゴンドラの窓から飛びおりて死んだという話もあった。フェリス・カンパニーは否定した。そんな話は「取材能力が不足のくせに想像力だけがありあまる」記者のでっちあげだというのだ。だが、ゴンドラの窓にガラスと鉄格子がなかったら事態は変わっていたかもしれない。あるとき、フェリットという名の男が大観覧車に乗った。ふだんは冷静な男なのに、心の奥底にひそんでいた高所恐怖症が突然あらわれてパニックに陥った。ゴンドラが動きだしたときはまだ平気だった。しかし上昇しはじめると気分が悪くなり、失神しそうになった。大観覧車を止めるよう下の技師に合図する方法はなかった。

フェリットはパニック状態でゴンドラのなかをおろおろと歩きまわり、乗りあわせた客は「怯えた羊のように」震えあがったという。やがて彼はゴンドラの壁に激しく体当たりしはじめ、鉄格子の一部が曲がってしまったほどだった。添乗員と男の乗客数人でとりおさえようとしたが、彼は暴れて振りはらい、ドアに駆け寄った。運行の手続きにしたがって、添乗員は動きはじめる前にドアをロックしていた。フェリットはドアを揺すり、ガラスを割ったが開くことはできなかった。

ゴンドラが下降しはじめるとフェリットはしだいに落ち着き、ほっとして笑ったり、すすり泣いたりしはじめた――だが、そのうち大観覧車がまだ止まらないことに気づいた。ゴンドラは二周することになっていたのだ。フェリットはまた暴れだし、添乗員とその協力者にとりおさえられた。乗りあわせた人びとはうんざりしていた。押さえている腕から抜けだしたらいったいどうなることか。構造上は安全だというが、ゴンドラの壁や窓やドアはたんに自殺を思いとどまらせるための設計でしかなく、何度も全力で体当たりされたら壊れないともかぎらない。フェリットはすでにガラスを割り、鉄格子を曲げてしまったではないか。

すると一人の女性が進みでてスカートのホックを外した。その場にいた全員がぎょっとする前で彼女はスカートを脱ぎ、それをフェリットの頭にかぶせた。そしてスカートの上から抱きしめ、大丈夫よと小声でやさしくささやきつづけた。効果てきめんだった。フェリットは「ダチョウのようにおとなしく」なった。

人前でスカートを脱ぐ女、頭からスカートをかぶった男——この博覧会では驚異のたねがつきないようだった。

博覧会はシカゴの大きな誇りだった。おもにダニエル・バーナムの手腕とはいえ、意気沮喪させる多くの障害を乗り越えて驚異的なものを築きあげられるという事実をシカゴは立派に証明したのである。自分たちの手でなしとげたという自覚は博覧会の株を買った大勢のシカゴ市民だけでなく、いたるところで見られた。父親につれられて博覧会見物にきたヒルダ・サットは父の態度の変化を見てとった。「父はまるで計画を手伝ったかのようにこの博覧会が自慢でたまらないのです。当時をふりかえると、シカゴの人はみんなそう感じていたのではないかしら。シカゴはあのとき世界を迎えるホスト役を務めていて、私たちもその一部だったんです」

この博覧会はシカゴ市民に誇りを与えただけではなかった。このおかげでシカゴは迫りくる不況という闇に対抗する光を掲げることができた。エリー鉄道は経営不振からやがて倒産した。そのあとにノーザン・パシフィックが続いた。デンヴァーでは同じ日に三つのナショナル・バンクが倒産し、関連するほかの企業にも甚大な被害があった。暴動を恐れた市当局は民兵の出動を求めた。シカゴでは『インランド・アーキテクト』の編集人たちが読者を安心させようとした。「いまの状況はたまたまにすぎない。資金は隠匿されているだけだ。企業はびくついているだけで敗北したわけではない」。だがこれはまちがいだった。

六月、シカゴの同じホテル――メトロポール――で同じ日に二人のビジネスマンが自殺した。一人は午前一〇時半に剃刀で喉をかき切った。もう一人の男はこの自殺のことをホテルの理髪師から聞いた。その夜、男はスモーキング・ジャケット用のサッシュの端を首に巻きつけてベッドに横たわり、もう一方の端をベッドの架台に縛りつけた。そうしておいてベッドから転がり落ちた。

ヘンリー・アダムズはこう書いている。「誰もが突発的に恐怖の発作に襲われた。そしてその一人一人が自分の状況は隣人よりずっと悪いと思った」

会期が終わるのはまだずっと先だったが、そのころから人びとは避けられない結末を嘆きはじめた。メアリー・ハートウェル・ケイザーウッドはこういっている。「このワンダーランドが閉まったら、ここがなくなったら、どうしたらいいのかしら。この魔法に終わりの日が来たらどうしよう?」女性理事の一人で六人の子供をもつノースカロライナ州のサリー・コットンはその夏シカゴに滞在したが、同じような心配を日記に書いている。「この博覧会を見たあとでは「なにもかもがちっぽけでつまらないものに思えてしまうでしょう」

博覧会はあまりにも完璧だったので、その優雅さと美しさは――それが存続するかぎり――どこにも、そして誰にも、けっして悪いことは起こらないという約束のように思えた。

独立記念日

一八九三年七月四日の朝はどんよりと曇り、風が強かった。この天気ではフランク・ミレーが博物館の入場者数を増やそうとして計画した盛大な花火大会もぱっとしないものになりそうだった。入場者数は週ごとに増えていたとはいえ、予想していた数字にはまだはるかにおよばなかった。昼近くなって太陽が雲間から顔を出したが強い風はやまず、その日いっぱいジャクソン・パークに吹きつけていた。夕方には淡い金色の光が栄誉の中庭にあふれ、北の空には荒れ模様の黒雲が陣取っていた。その雲はそれ以上近づかなかった。すぐに大勢の人が集まってきた。大勢の湿っぽい男女の群れのなかにはホームズ、ミニー、アンナの三人もいた。毛布と食べ物のバスケットをもってきた人も多かったが、ピクニックをするようなスペースはもうどこにもなかった。子供はほとんどいなかった。コロンビアン・ガードは全員がここに結集したかのようで、明るいブルーの制服は黒土に咲いたクロッカスの花のように目だっていた。金色の光はしだいに薄れてラベンダー色に変わった。

みんなが湖のほうに歩きはじめた。「美しい湖岸の一帯、およそ八〇〇メートルあまりに男たちは何層もの列をなして集まっていた」と『トリビューン』は報じた。この人間からなる「黒い海」は落ち着きがなかった。「何時間も坐って待ちつづけ、あたりの空気には奇妙に興奮したどよめきがあふれていた」。一人の男が「わが神は汝のそばに」をうたいだし、すぐに数千人が声をあわせた。

暗くなるとみんなが空を見上げて、その夜の花火大会の幕を切って落とす最初の打上花火をいまかいまかと待っていた。おびただしい数の中国風ランタンが木の枝や欄干から下がっていた。大観覧車のゴンドラの赤いライトがちかちか瞬いていた。湖に停泊する一〇〇隻以上の船、ヨット、ランチは、へさきやブームや索具などが色とりどりのライトで飾られていた。

群衆は何を見ても喝采を送ろうと待ちかまえていた。博覧会オーケストラが「ホーム・スイート・ホーム」を奏ではじめると歓声があがった。この歌を聴くと大の男でさえほろりとさせられ、とくにシカゴへ出てきたばかりの人にはたまらなかった。栄誉の中庭にイルミネーションが輝き、パビリオンの輪郭が金色に浮かびあがると歓声があがった。産業・教養館の屋根の上に設置されたサーチライトが群衆を照らしだし、マクモニーズの噴水から色鮮やかな水煙——『トリビューン』はこれを「孔雀（くじゃく）の羽根」と呼んだ——が噴きあがったときも大歓声があがった。

だが夜の九時、観衆はしんと静まりかえった。小さな明かりがぽつんと北の空にあらわれ、湖岸に沿って埠頭のほうへただよってきたのだ。サーチライトの一本がそれをとらえ、人が乗った大きな気球だとわかった。明かりはバスケットのかなり下のほうにあった。次の瞬間、赤、白、青の火花が散って黒い夜空を背景に巨大なアメリカ国旗が描かれた。気球と旗は頭上をただよっていった。サーチライトがそれを追いかけると、気球の後ろに残された黄色っぽい雲が光のなかにはっきりと見えた。数秒後、打上花火が湖岸の上空に弧を描きはじめた。トーチをもった男たちが岸辺を走って打上花火の筒に火をつけてまわり、艀(はしけ)に乗った男たちは大きな回転花火をセットし、湖に水中花火を投げこんで、間欠泉のように赤、白、青の水しぶきを派手に噴きあげさせた。さらに数え切れないほどの花火が上がり、やがてショーのクライマックスには湖岸のフェスティバル・ホールにセットされた手のこんだ仕掛け花火が点火され、火花で描かれた巨大なジョージ・ワシントンの肖像が夜空に浮かびあがった。

群衆は大喝采を送った。

誰もがいっせいに動きだした。そして、この膨大な真っ黒の潮流は出口に向かい、高架線とイリノイ・セントラルの駅へと移動しはじめた。ホームズとウィリアムズ姉妹は北行きの電車に乗るまで長いあいだ待たなければならなかった。だが待つのはちっとも苦痛ではなかった。その夜、ライトウッド一二二〇番地の家主であるオーカー家の人びとは、二階から聞こえてくるジョークや笑い声に気づいた。

そんな上機嫌にはもっともな理由があった。ホームズはミニーとアンナに驚くほど寛大な提案をしてその夜の幸せをさらに増したのだった。

ベッドに入る前に、アンナはテキサスの叔母にこのすばらしいニュースを知らせる手紙を書いた。

「ミニー姉さんとハリー兄さんと私は明日ミルウォーキーに発ちます。それからメイン州オールド・オーチャード・ビーチまでセント・ローレンス川経由で行く予定です。メインには二週間滞在し、それからニューヨークへ行きます。ハリー兄さんは私に才能があるといいます。それで美術の勉強ができる場所を探しなさいというのです。そのあと私たちはドイツへ渡るつもりですが、その前にロンドンとパリにも寄ります。気に入ったら私はどこかに長逗留して美術を勉強するかもしれません。ハリー兄さんがいうには叔母さんは今後、私についてお金のことでもほかのことでも、まったく心配しなくてよいとのことです。

兄さん夫妻が私の面倒を見るから、と」

そしてアンナはこう書き足した。「すぐにお手紙くださいね。宛先はシカゴでかまいません。私がどこにいても転送されるはずですから」

シカゴに送ってくれと頼んだトランクは発送するばかりになって、まだミドロージアンにあったが、アンナはそれについては何もいわなかった。到着を待たずに出発することになるだろうが、到着したら手紙と同じようにメインかニューヨークへ転送してもらうよう電報で手配すればいい。そうすればヨーロッパへ旅だつ前に自分の持ち物を全部取り戻せるはずだった。

その夜、アンナは博覧会とホームズの思いがけない提案にまだ心臓をどきどきさせながらベッドに入った。のちにテキサスの法律事務所キャップ・アンド・キャンティの弁護士ウィリアム・キャップはこう語った。「アンナには自分の財産がなかった。手紙に書かれたような境遇の変化は、彼女にとっては夢のようなものだったにちがいない」

翌朝も同じように楽しくなりそうだった。ホームズがアンナ――一人だけ――をイングルウッドにつれていって自分のワールズフェア・ホテルを見せるというのだ。ミルウォーキーへ出発する前にいくつかやっておく仕事があった。その間、ミニーは次に入居する借家人のためにライトウッドのアパートを片付けておかなければならない。

ホームズはかくも魅力的な男だった。彼をよく知ったいまでは、アンナも心の底から、ものすごくハンサムだと思うようになった。きれいなブルーの目にじっと見つめられると、体中が暖かくなるような気がした。ミニーは本当にうまくやったものだ。

懸念

その夜遅く、博覧会場では入場券売場の係員が売上を勘定し、その日——七月四日——一日だけで金を払って入場した客は二八万三二七三人だとわかった。この数字はオープン後の一週間分を合計したよりはるかに多かった。

これはシカゴがついに立派な成果をあげたことを示す最初の明らかな証拠だった。また予測した入場者数をいつか達成できるかもしれないというバーナムの希望もこれで新たになった。

ところがその翌日の入場者はたった七万九〇三四人だった。三日後にはさらに落ちこんで四万四五三七人に減った。博覧会の負債を引き受けている銀行家は不安になった。博覧会の会計監査によれば、バーナムの部門はすでに博覧会建設だけで二二〇〇万ドル（現在の価値にしてざっと六億六〇〇〇万ドル）を費やしていた。これは当初の計画の倍以上だった。銀行家たちは博覧会協会の理事たちに経費削減委員会を任命するよう圧力をかけた。

しかも博覧会の出費を減らす方策を探るだけでなく、必要とあらば経費削減の手段――レイオフ、部門と委員会の廃止も含めて――を断固として実行する権限をもたせるというのだった。

銀行家の手に将来をゆだねたりすれば博覧会が失敗することは目に見えているとバーナムは思った。彼らの圧力を弱める唯一の道は入場者の数をいまよりもずっと増やすことだった。計算によれば、財政面での損失――ドルの王者と自負していた誇り高いシカゴの大物にとってはなんという屈辱か――を免れるためには、この先一日につき一〇万枚のチケットを売らなければならなかった。

これを達成するために鉄道は運賃を下げるべきだし、フランク・ミレーはアメリカ中の客を呼び寄せるよう、もっと努力を重ねなければならなかった。

アメリカ経済の不況がどんどん深刻になるなか――銀行が倒産し、自殺は増えていた――これは不可能に見えた。

ホームズはホテルの客のほとんど――全員とはいわないまでも――が博覧会に出かけていることを知っていた。アンナにドラッグストアとレストランと理髪店を見せたあと、屋上へつれていって、はるか彼方まで広がるイングルウッドの町や緑の多いこざっぱりした近所の家並みを見せた。最後にオフィスへ戻るとアンナに椅子を勧め、ちょっと失礼といって仕事にかかった。彼は書類の束を取りあげて読みはじめた。

そして心ここにあらずというようすで、すまないが隣の部屋――ウォークインの物置――へ行ってなかに置いてきた書類を取ってきてくれないかといった。

アンナは元気よく立ちあがった。

ホームズはそっとあとを追った。

最初、ドアは偶然に閉まっただけのように思えた。部屋は真っ暗だった。アンナはドアを叩き、ハリーの名を呼んだ。耳をすませ、また叩いた。怖くはなく、ただ困ったと思っただけだった。暗闇は嫌いだった。ここはそれまで経験したことがないほど真っ暗だった――テキサスで経験した月のないどんな夜よりはるかに暗いことはまちがいなかった。拳を固めてドアを叩き、また耳をすませた。

空気が淀んできた。

ホームズはそれを聞いていた。オフィスと物置を隔てる壁のそばに椅子を寄せ、静かに坐っていた。時間が過ぎていった。じつに穏やかだった。そよ風が部屋をやさしく吹きぬけていった。角部屋のオフィスは二方向の窓から風がよく入るのが利点だった。まだ冷んやりとした朝の風は大平原の草と湿った土の匂いを運んできた。

アンナは靴を脱ぎ、そのヒールでドアを叩いた。部屋はだんだん暖かくなってきた。顔と腕に汗がじっとり浮かんでいた。ハリーはこの苦境に気づかないまま家のなかのどこかへ行ってしまったのかもしれない。こんなに叩いているのに気がつかないのはそうとしか思えない。一階の店に何かを調べにいったのかもしれない。そう考えながら、だんだん怖くなってきた。部屋ははっきりと暑くなっていた。息をするのも苦しくなってきた。それにトイレにも行きたかった。

彼はきっとものすごくすまながるだろう。怖かったそぶりなど見せるわけにはいかない。午後から出かける旅のことを考えて気をまぎらそうとした。テキサスの女教師にすぎない自分がもうすぐロンドンやパリの通りを歩くなんて、まだありえないことに思えた。だがハリーはそう約束し、手配もすべてやってくれた。二、三時間もすればミルウォーキー行きの汽車に乗って短い旅に出ているはず。そして、そのあと彼女とミニーとハリーはニューヨーク州とカナダのあいだにある風光明媚な涼しいセント・ローレンス渓谷に向かう。川沿いの高級ホテルの広々としたポーチに坐ってお茶を飲みながら沈む夕日を眺めている自分の姿を思い描いた。

アンナはもう一度ドアを叩き、今度はハリーの風通しのいいオフィスと物置を隔てた壁もがんがん叩いた。

パニックが来た。これもいつもと同じだ。ホームズはアンナが部屋の隅に縮こまっているところを想像した。その気になればドアに駆け寄って、それを開き、彼女を腕に抱いて、危ういところで悲劇になるところだといって、いっしょに泣くこともできた。最後の一分、最後の数秒まで、それはできる。彼の気持一つだった。

それともドアを開けて顔を突っこみ、アンナを見て——これは事故ではないと知らせるために——にっこり笑ったあと、またドアを閉めてもいい。バタンと閉め、それからまた椅子に戻って、次に何が起こるか見る。それともいますぐ物置にガスを流しこむか。シューッという音といやな臭いがして、なにかとてつもないことが起こっていることがはっきりとわかるだろう。

どれでも好きなことができた。

なかから聞こえてくるすすり泣きに耳をすませた。密閉された鉄の壁と石綿の断熱材のせいで音はほとんど漏れなかったが、彼は経験から知っていた。ガスのパイプに耳を寄せればどんな物音もはっきり聞こえるのだった。

この瞬間こそ彼が切望したものだった。ここから得られる性的興奮は何時間も続くように思えた。実際には、悲鳴や懇願はむしろあっというまに消えていったのだが。

彼は物置にガスを満たした。念のために。

ホームズはライトウッドのアパートに戻り、ミニーに支度をしなさいといった――アンナはお城（キャッスル）で二人を待っている。ミニーを抱いてキスし、なんて幸せなんだろう、義理の妹も大好きだとささやいた。

イングルウッドへ向かう列車のなかで、彼はたっぷり休んですっきりしたという感じに見えた。まるで自転車で遠乗りに行ってきたあとのようだった。

二日後の七月七日、オーカー家にヘンリー・ゴードンからもうアパートは必要ないと伝える手紙が届いた。この手紙は唐突だった。オーカー家の人びとはゴードンと姉妹二人がまだそこに住んでいると思っていたのだ。ローラ・オーカーは二階を調べてみた。ノックをしたが、物音がしなかったので入ってみた。

「どうして出ていったかはわかりませんが、でも大急ぎで荷造りしたらしいことは見てとれました。二、三冊の本とその他こまかいものがそこらに放りだしてありました。その本に何か書きこみがあったとしても、白紙の部分が全部破り取られていたので手がかりを見つけることはできませんでした」

同じく七月七日、テキサス州ミドロージアンにあるウェルズ・ファーゴの代理店は大きなトランクを北行きの貨車に積みこんだ。このトランク——アンナのものだった——の送り先は「シカゴ市ライトウッド・アベニュー一二二〇番地、H・ゴードン様方、ミス・ナニー・ウィリアムズ」だった。

トランクは数日後に到着した。ウェルズ・ファーゴの配達人はライトウッドの住所に届けたが、そこにはウィリアムズもゴードンも住んでいなかった。配達人はトランクをウェルズ・ファーゴのオフィスに戻した。受けとり人はついにあらわれなかった。

ホームズはイングルウッドに住むシーファス・ハンフリーという男を呼んだ。この男は自分の馬と荷馬車で家具や荷造り用の木箱やその他大きなものを運ぶのを仕事にしていた。ホームズは箱とトランクを運んでほしいといった。「取りにくるのは暗くなってからにしてくれ。運びだすところを近所の人に見られたくないんだ」

夜になってからハンフリーは出かけていった。ホームズは彼を館に招じいれ、二階に上がると窓のない部屋に案内した。そこの扉はとても重かった。

「気味の悪い部屋だった。窓は一つもなく、なかへは重いドアを開けて入るしかなかった。足を踏み入れると体がぞくぞくした。なにか変だという気がした。だがミスター・ホームズは私に考えるひまを与えなかった」

箱は木でできた縦長の長方形で寸法は棺おけくらいだった。ハンフリーはまずそれを下に降ろした。歩道に出ると、それを立たせて置いた。上から見ていたホームズは窓枠を強く叩いてこう呼びかけた。「立てないで横に置いてくれ」

ハンフリーはいわれたとおりにした。それからまた二階に上ってトランクを運びおろした。それは重かったが運べないほどではなかった。

ホームズは細長い箱をユニオン駅へ運べといい、プラットホームのどこに置くかまで指示した。駅員がこの箱を受けとって汽車に積みこむようホームズは前もって手配しておいたようだ。行く先がどこかは教えなかった。

トランクをどこへもっていったかハンフリーは思いだせなかった。だがのちに見つかった証拠から、クック・カウンティ病院に近いチャールズ・チャッペルの家まで運んだと思われる。

その直後、助手のベンジャミン・ピツェルはホームズから予想外の、だがありがたい贈り物をもらった。妻のキャリーにたくさんのドレスと何足かの靴、それに帽子だった。ホームズの話によると、親戚のミス・ミニー・ウィリアムズという女性が結婚して東部へ引っ越したため、古いものが不要になったのだという。そして、このドレスをほどいて三人の娘たちの服に仕立てなおしたらいいとつけくわえた。キャリーはとても感謝して受けとった。

ホームズは管理人のパトリック・クィンランにも思いがけないプレゼントをした。それは二つの頑丈なトランクでどちらにもMRWというイニシャルが入っていた。

暴風と火事

バーナムの仕事はまだ終わらず、彼のオフィスでもペースはゆるまなかった。博覧会の建物は完成し、展示品はすべて設置されたとはいえ、銀器にかならず曇りが出るように博覧会はたえず侵食と衰退の影響をこうむり——悲劇さえも起こった。

七月九日の日曜日は空気の淀んだ暑い日で、大観覧車は客の人気を集めていたが、ミッドウェイの繋留気球にも同じように大勢の客が訪れてバスケットに次々と乗りこんでいた。シカゴと名づけられたこの気球には二七〇〇立方メートルの水素ガスが詰まっていて、ウィンチで地面につなぎとめられた鋼鉄のロープでコントロールされていた。その日の午後三時までに気球はすでに三五回も上空三〇〇メートルまで上がっていた。このアトラクションの責任者であるドイツ人の空中曲芸師によれば、この日の気候条件は気球の上昇にうってつけだった。風はそよとも吹かず、バスケットから下げ振り子を垂らしたらまっすぐ下のウィンチに命中するだろうと彼はいった。

だが午後三時、繋留気球のマネジャーのG・F・モーガンが気圧計をチェックしてみると、気圧が急激に下がっていることがわかった。嵐が来る前兆だった。そこで新規のチケット販売を打ち切り、部下に命じて気球を降ろして地面に繋ぎとめた。だがふと見ると、大観覧車のオペレーターはそのような予防措置をとらなかったらしく、ゴンドラはまだ回りつづけていた。

雲が厚くなり、空の色が濃くなって北西の空から風が吹いてきた。雲がどんよりと垂れこめ、小さなじょうご雲があらわれたかと思うと湖岸に沿って南へふらふらと移動しながら博覧会場に近づいた。

大観覧車のゴンドラは満員だった。じょうご雲がベリーダンスのようにふらふらと揺れながらジャクソン・パークを横切ってまっすぐミッドウェイに近づいてくるのを眺めながら、乗客は不安を募らせていった。

繋留気球の基地では、マネジャーのモーガンが部下たちにロープをウィンチで巻き上げてしっかり摑んでいるよう命じた。

ジャクソン・パークでは、明るい日差しが急に翳ったのに気づいてバーナムが窓の外を見た。強い風が吹き荒れていた。ランチの包み紙が吹きとばされ、白いカモメのように空中を舞っていた。黒い雲はいまや博覧会の上空を覆いつくし、どこかでガラスの割れる音がした。窓ガラスに石が投げられたときのガチャンという音ではなく、大きな板ガラスが床に炸裂したらしい派手な音だった。

農業館の屋根から巨大な板ガラスが崩落し、下のテーブルにあたって粉々になった。そのテーブルではほんの数秒前まで若い女店員がキャンデーを売っていた。産業・教養館では六枚の屋根瓦が飛ばされた。出展者はおおあわてで展示品にズックの布をかぶせた。

この強風のせいで機械館のドームからおよそ四平方メートルが剝ぎとられ、ハンガリアン・カフェの屋根が吹きとばされた。オームステッドの電動式ランチの乗組員は大急ぎで乗客を避難させ、船を安全な場所につなごうとしたが、そのとたんに猛烈な突風が船の日よけをとらえ、その拍子に重さ五トンの船は横倒しになった。水先案内人と添乗員は泳いで難を逃れた。

巨大な羽根が空中を舞っていた。ミッドウェイのダチョウ農場にいた二八頭のダチョウは羽根を失ってもふだんどおり冷静そのものだった。

ゴンドラの乗客たちは必死でふんばっていた。一人の女性が失神した。乗客の一人はのちに『エンジニアリング・ニュース』にこんな談話を寄せた。「二人がかりでドアが開かないよう必死で押さえた。ものすごい強風のため、雨の滴は縦ではなくほとんど水平に流れて見えた」。それでもホイールは風などまったく吹いていないかのように回転しつづけた。乗客はほんのわずかな揺れを感じただけだった。この乗客は技師だったらしく、風のせいでホイールの軌道に生じたずれはわずか四センチ足らずだろうと推測した。

乗客が見ている前で、すぐ近くに繋留されていた気球が風にさらわれ、全力で押さえようとする男たちの手をふりきって、一瞬マネジャーのモーガンが空に舞いあがりそうになった。凧は逆さになったパンチング・バッグのような気球を激しく連打し、やがて九〇〇ヤール分の絹の布はずたずたになって、切れ端が八〇〇メートル先まで飛んでいった。

モーガンはこの惨事を静かに受け止めた。「この嵐の到来を目撃することにはいささかの楽しさがあった。気球が切り裂かれる情景など、一生に何度も見られるものではない。もちろんこの会社の株主にとっては高くつく見ものだったろうが」

翌日、七月一〇日月曜日に起こった事件に、この嵐が関係していたかどうかはわからない。だがそのタイミングは疑念を起こさせた。

月曜日の午後一時ちょっと過ぎ、バーナムが会場内の修理と残骸の清掃作業を監督していたとき、冷蔵倉庫のタワーの丸屋根から煙が立ち昇った。そこは六月一七日にもぼやを出した場所だった。

木製のタワーの内部には巨大な鉄製の煙突が組みこまれ、下のメイン・ビルディングに設置された三台のボイラーで燃やす石炭の排気をしていた。矛盾しているようだが、冷蔵装置を働かせるには熱が必要なのだった。この通風管はタワーのてっぺんから七五センチほど短かったが、そこには鉄製の装置——指貫(シンブル)と呼ばれた——をつけて煙突を完全に屋根の上に出すよう設計されていた。建築家フランク・バーナムの設計では、このシンブルが何より重要だった。これがあれば煙突を通る高熱の空気が周囲の木製の壁に直接触れずにすむのである。ところが、どういうわけか建設業者はこの装置をとりつけなかった。そんなわけで、この建物はいわば煙突が屋根の上まで出ずに屋根裏で終わっている家のようなものとなった。

消防団に最初の警報が届いたのは午後一時三二分だった。消防車がサイレンを鳴らして急行した。ジェームズ・フィッツパトリック大尉が率いる二〇人の消防団員が建物に入り、屋根の上に登った。そこから火元のタワーめざして、さらにタワーの外のバルコニーに通じる二〇メートルあまりの階段を登った。そしてロープを用いてホースと七メートル半の梯子をたぐり寄せた。ホースを確保するとその筒先をしっかりタワーに向けた。

フィッパトリックと消防団員は気づかなかったが、タワーのてっぺんで起こった火災には危険な罠がひそんでいた。鉄製の煙突とタワーの内壁――すべすべしたストローブマツでできていた――のあいだの隙間に燃えがらが落ちていたのだ。この燃えがらで一瞬ぱっと炎が上がったが、この隙間はとても狭くてすぐに空気が尽きたため、火は燃え広がらずに消えた。しかし、その狭い空間には加熱したプラズマが満ちあふれ、ほんのわずかな酸素さえあればいつなんどき爆発してもおかしくない状態になっていた。

タワーのバルコニーに上った消防団員がてっぺんの火事に気をとられているあいだに、足元から小さな白い煙が立ち昇りはじめた。

消防団に二度目の警報が届いたのは午後一時四一分。詰め所の機械館には大きなサイレンが鳴りわたった。煙を目当てに見物人がどっと集まってきて、火災を起こした倉庫を囲む芝生や小道は人でいっぱいになった。ランチを広げようとする人さえいた。バーナムが

駆けつけ、デーヴィスもやってきた。コロンビアン・ガードが野次馬を規制して消防車や梯子車が通れるように道を空けさせた。大観覧車の乗客は次に起こった恐ろしい出来事を高みから見物できた。

消防団の報告書にはこう書かれた。「かくも大勢の人びとが、苦悩の表情とともにこれほど恐ろしい悲劇を目撃したことはかつてなかった」

不意に、フィッツパトリックと消防団員の足元から一五メートルほど下でぱっと炎が燃えたった。新鮮な空気がタワーに入ったため爆発が起こったのだ。消防団の公式報告書によれば、消防団員の見たところ、「煙突の周囲の排気管に満ちていたガスが引火したらしく、タワーの内部は一瞬にして高熱の竈と化した」

消防団員のジョン・デーヴィスはフィッツパトリック大尉やほかの団員たちとバルコニーにいた。「どうやらチャンスは一つのようだったからそれを逃すまいと決心した」とデーヴィスはいう。「ホースめざして飛びつき、運よくつかむことができた。ほかの団員たちは恐怖で立ちすくみ、身動き一つできなかった」

デーヴィスともう一人がホースを伝って地面に逃れることができた。バルコニーの上に残された団員たちは絶望的な状態だと悟り、たがいに別れを告げはじめた。目撃者によれば、彼らは抱きあい握手を交わしたという。フィッパトリック大尉は炎のなか、ロープをつかんで下のメイン・ビルディングの屋根に跳びうつろうとしたが落下して脚を骨折し、内臓にもダメージを負った。大きな口髭は半分燃えてなくなっていた。他の団員も死ぬとわかっていながら飛び降り、なかにはメイン・ビルディングの屋根を破ってさらに下へ落ちる者も出た。

地上にいた消防本部長のマーフィーと二人の消防団員は梯子を登ってフィッパトリックの救出に向かった。三人はロープを使ってフィッパトリックを下で待機する団員のところへ降ろした。息はあったがひどく弱っていた。

この火事で合計一二人の消防団員と三人の作業員の命が奪われた。その夜九時、フィッパトリックは息を引きとった。

翌日の入場者数は一〇万を越えた。まだ煙をあげている冷蔵倉庫の燃え跡が人びとの興味をそそったのだった。

⁂

すぐに事故調査委員会が設けられ、審問会には証人としてダニエル・バーナム、フランク・バーナム、ハーキュリーズ・アイアン・ワークスの幹部たち、それに大勢の消防団員が呼びだされた。ダニエル・バーナムは以前のぼや騒ぎやシンブルの不備についてはいっさい知らず、この建物は民営なので自分は設計に許可を出す以外、建設に関してはなんの権限ももっていなかったと証言した。七月一八日火曜日、事故調査委員会は彼と消防署長のマーフィー、それにハーキュリーズの幹部二人を業務上過失致死で有罪と見なし、この一件を大陪審に送ることと裁定した。

バーナムはショックを受けたがあくまで沈黙を守った。バーナムのもとで博覧会の現場監督を務めたディオン・ジェラルディンはこんな手紙を送ってよこした。「今回の人身事故に関して、いささかでもあなたに責任があるとか、非難すべき点があるなどというのは、もってのほかです。この裁定をくだした連中はとんでもない愚か者か、さもなければひどくまちがった情報を得ているのでしょう」

慣習どおりでいけば、バーナムをはじめ有罪とされた者は保釈の手続きがすむまで勾留されることになっていた。だが今回にかぎって、事故調査委員会さえも強硬な態度はとれなかった。保安官はこの博覧会の総責任者を逮捕しようとはしなかった。バーナムは翌朝、保釈金を支払った。

空気中に木材の焼け焦げた臭いが強烈にただようなか、バーナムは交通館および産業・

教養館の屋上の遊歩道と管理センターの上階ギャラリーのバルコニーを閉鎖した。これらの建物やその内部の展示で火事が起きたらパニックが起こりかねず、そうなったらもっと大規模な惨事を招くだろうと案じたからだった。これまで毎日、産業館の屋上の遊歩道には大勢の見物客が押しかけていたが、下へおりる方法はエレベーターしかなかったのだ。恐怖に怯えた男や女や子供たちがガラスでできた屋根の上を滑っておりようとし、途中でガラスが割れて六〇メートル下の展示会場へまっさかさまに落下する情景がありありと浮かんだ。

悪いことは重なるもので、事故調査委員会がバーナムの逮捕を命じたその七月一八日、博覧会の役員たちは銀行の圧力に負けて経費削減委員会の設立を認め、博覧会のあらゆる面での出費を抑えるためにほとんど無制限の権力を与えたうえに、三人の実務家をその責任者に任命したのだった。その後、博覧会協会の理事からも承認を得て八月一日に公表された決定によれば「博覧会の建設、維持、運営に関連するすべての出費は、かならず上記の委員会の許可を得ること」となっていた。この委員会の第一の標的がバーナムの建設部門であることは最初から明らかだった。

同じように——少なくともバーナムにとって——明らかだったのは、これが博覧会にとっていま最も不必要な措置だということだった。彼とミレーが入場者数を引きあげるために続けている闘い——この作戦にはそれなりの出費がともなった——は今後、新たな費用が必要になるたび、倹約に目を光らせる三人組の判断を仰がなければならないのだ。ミレーは八月のイベントのためにすばらしいアイデアを用意していた。たとえばミッドウェイで盛大な舞踏会を催すというのもその一つで、それにはバーナムも含めた博覧会のお偉方が全員参加し、ダホメーの女性やアルジェリア人のベリーダンサーに交じってダンスをすることになっていた。経費削減委員会がこの舞踏会やミレーの考えたほかのイベントへの出費をくだらないものと見なすのはまちがいなかった。にもかかわらずバーナムはそのような出費が——警察やゴミ処理、道路や芝生のメンテナンス同様——必要なものだと信じて疑わなかった。

彼は経費削減委員会が博覧会を窮屈に縛るのではないかと案じていた。

恋

冷蔵倉庫の火事の痕跡がまだ完全に消えていないころ、セントルイスの学校教師の団体が若い記者に付き添われてやってきた。この二四人の教師たちは、博覧会への無料招待を賞品にした『セントルイス・リパブリック』のコンテストの優勝者だった。友人や家族を引きつれた――総勢四〇人の――団体は、シカゴ・アンド・オールトン鉄道が提供したべナレス号という豪華な寝台車に乗りこんだ。一行は七月一七日月曜日の朝八時にシカゴのユニオン駅に到着したあとすぐ馬車に乗って博覧会場に隣接したホテル・ヴァーシティへ行った。ここの二階のバルコニーからは大観覧車や産業・教養館の屋根、ビッグ・メアリーの金色の頭部などが見えた。

同行した若い記者――セオドア・ドライサーという名前だった――はいやみなほど自信たっぷりだったが、それが若い女性たちの興味を引いた。彼はその全員と戯れたが、やがてそのなかでもとくに目立たない一人の女性に惹かれるようになった。小柄で、美人というよりかわいらしい、控えめなセアラ・オズボーン・ホワイトだった。茶色の服を好んで着たため、前につきあった男からは「壺ジャグ」というあだ名をもらっていた。彼女はぜんぜんドライサーのタイプではなかった。この当時のドライサーは性的な体験を十分に積んでいて、このときも下宿の女主人と肉体だけの関係を結んでいるさなかだった。彼にとってセアラ・ホワイトは「すばらしい無邪気さと乙女らしい慎ましさのかげに強烈な何かを」秘めているように思えた。

ドライサーは大観覧車に乗る教師たちにつきそい、バッファロー・ビルのショーもいっしょに観にいった。バッファロー・ビルはみずから女教師たちのところへ挨拶に来て、一人ずつ握手を交わした。ドライサーは産業・教養館にも同行した。そして「一年かけてあちこちの展示を見てまわってもけっして退屈しないだろう」と感想を漏らした。ミッドウェイでは、ボクサーのジェームズ・J・コーベットを説得して女教師たちに会わせた。コーベットは一八九二年九月の大試合でジョン・L・サリヴァンをダウンさせており、この試合は翌朝の『シカゴ・トリビューン』の第一面をでかでかと飾ったものだった。コーベットは女教師たちと順番に握手をしていったが、一人だけ拒んだ者がいた。彼女の名前はサリヴァンだった。

ドライサーはおりあらば、セアラ・ホワイトを『リパブリック』の一行――ドライサーによれば「四〇人の余計者」――から引き離そうとして躍起になったが、セアラは妹のローズといつもいっしょだったので二人きりになるのはむずかしかった。少なくとも一度だけ、ドライサーはセアラにキスしようとした。彼女は「おセンチな」まねはやめてといった。

誘惑には失敗したが、彼自身はすっかりまいっていた――博覧会の魅力に。博覧会は彼を「夢の世界にいざない、何か月もそこから戻れなかった」。何より魅力的なのは夜だった。「長く伸びた影がすべて融けあって一つになり、湖とホワイトシティのパビリオンのドームの頭上に星がきらめきはじめる」

ドライサーと四〇人の余計者が博覧会を去ったあとも、セアラ・ホワイトは彼の心にいつまでも留まった。セントルイスに戻ってから、彼はセアラに手紙を書き、求愛した。その間に彼は作家として身を立てようと決心した。いったんはセントルイスを離れてミシガンの田舎の新聞を編集する仕事についたが、小さな町の新聞の編集人という立場はとても夢のようなものではないという現実に気づかされた。さらに職を転々としたあと、ピッツバーグに移った。そこからセアラ・ホワイトに手紙を書き、セントルイスへ戻るたびに彼女のもとを訪ねるようになった。膝の上に坐ってくれと頼んだこともあった。拒否された。

それでも彼が求婚すると、彼女は受け入れてくれた。ドライサーは『セントルイス・グローブ・デモクラット』に勤める友人のジョン・マクスウェルに彼女の写真を見せた。ドライサーの目に映るセアラは謎めいた魅力的な女性だったが、マクスウェルが見たのは地味な服装の女教師でしかなかった。彼はドライサーに警告した。「いますぐ結婚するなんて——しかも、その相手がこんなに保守的で了見の狭そうな一歳年上の女ときたら、もうおしまいだな」

ドライサーのような男にとっては有益な忠告だった。だが彼は聞かなかった。

大観覧車は恋の仲介者になった。ゴンドラが最高点に達したときに結婚式をあげたいというカップルが次々とあらわれた。ルーサー・ライスはこれを許可しなかったが、カップルがすでに招待状を出してしまったという二度だけは彼のオフィスで結婚式をあげることを許可した。

もともとロマンチックな要素のある大観覧車だったが、夜の乗車はそれほど人気が出なかった。いちばん人気があったのは夕方五時から六時までのゴールデンタイムだった。

さっぱりと自由になり、土地の所有者にもなったホームズは新しい女性を博覧会につれていった。この女性ジョージアナ・ヨークはシュレジンガー・アンド・メイヤー・デパートで売り子をしており、ホームズとはその年の初めにデパートで知りあった。インディアナ州フランクリン育ちでずっと両親と暮らしていたが、一八九一年にもっと華やかな大都会の暮らしを求めてシカゴに出てきたのだった。ホームズと会ったときはまだ二三歳だったが、小柄な体つきと明るい金髪のせいでもっと若く見え、まるで少女のようだった——ただし、きりっとした顔だちと大きなブルーの目に見える知性は子供っぽさとは無縁だった。

ホームズのような男は見たことがなかった。ハンサムなうえに言葉巧みで、正真正銘の金持だ。ヨーロッパに土地までもっているという。だが、どことなく寂しげなところがあった。彼は一人ぼっちだった——親戚や家族はすべて死んで、アフリカにたった一人叔母がいるだけだという。つい最近、叔父が死んで莫大な財産を残してくれたが、そのなかには南部の土地やテキサス州フォートワースの不動産もある。

ホームズは彼女にさまざまなプレゼントを贈った。たとえば聖書、ダイヤモンドのイヤリング、それにロケット——「真珠をちりばめた小さなハート」である。

博覧会で、二人は大観覧車を楽しんだあと池のゴンドラを雇って森の島へ渡り、中国風のランタンが投げかけるソフトな光のなか、芳香ただようほの暗い小道を散策した。

彼はどうか妻になってくれと頼み、彼女は承諾した。

だが彼は一つだけ注意を促した。結婚にあたってはヘンリー・マンスフィールド・ハワードという名前を使わなければいけない。これは亡き叔父の名前だと彼はいった。叔父は血筋に誇りをもっていて、叔父の名前を継ぐという条件付きで彼に遺産を残した。叔父の思い出に敬意を払って、そのいいつけを守るつもりだ、と。


市長のハリソンも自分が恋をしていると信じていた。相手はニューオーリンズ出身のアニー・ハワードという女性である。彼は六八歳で、これまで二人の妻に先立たれていた。彼女は二十代だった――誰も正確な年齢は知らなかったが、おそらく二一歳から二七歳のあいだだろうといわれていた。ある記述によれば、彼女は「とてもふくよか」で「生命力にあふれて」いた。彼女は博覧会の会期のあいだシカゴに滞在するつもりで、市長の家の近くにあるマンションを借りていた。そして毎日のように博覧会へ通い、美術品を買いこんでいた。

ハリソンとミス・ハワードはシカゴ市民に知らせるべきニュースをもっていたが、市長は一〇月二八日までそれを秘密にしておくことにした。この日、博覧会ではアメリカ都市の日を祝うことになっていた。まさに彼のための日だった――その二日後に博覧会は公式に閉会することになっていたが、その一〇月二八日には、アメリカ中から集まった数千人の市長たちを前に、歴史上最も偉大なこの博覧会を建設した都市のリーダー、シカゴ市長として堂々と立つのである。

フリークス

一八九三年七月三一日、調査のための聴聞会を二度実施したあと、経費削減委員会は博覧会の理事会へ報告書を提出した。この報告書によれば、博覧会の財政運営は「ひとことでいって、お話にならないほどの浪費三昧」だった。ただちに出費と人員の大幅カットが必要だった。さらに報告書にはこうも書かれていた。「建設部門に関してはなんともいいようがない。ここで詳細を述べる時間はないが、現在――のみならず過去も――この部門は基本的に、金のことは不問に付すという態度で運営されているような印象を受けた」

経費削減委員会がここではっきり指摘したのは、少なくとも三人の委員にとって、博覧会の金銭的な成功は、芸術面での成功と同じくらい大事だということだった。シカゴの大実業家の名誉、すなわち最大の利益を上げるためには感傷など切り捨てる――それどころか非情にさえなれる――という誇りはいまや危機に瀕していた。報告書の結びにはこう書かれていた。「商業人として世間に恥をさらしたくなければ、この問題を徹底的に、また断固として追求しなければいけない」

また付記として、経費削減委員会は理事たちにこんな要求をつきつけた。この委員会を常設のものとし、博覧会にまつわるすべての出費——どれほど少額でも——の可否を裁定する権限を与えるべし。

理事たちは彼らに負けないほど冷徹な商業人だったが、さすがにこの要求は過大だった。ヒギンボサム会長は、これほどの権限を他者にゆだねるくらいならその前に自分が辞任するといった。ほかの理事たちも同じ考えだった。経費削減委員会の三人のメンバーは自分たちの提案が拒絶されたことを不服として辞任した。ある人は記者にこう語った。「理事会がこの委員会に要求どおりの権限を与えていたら、切られたクビで栄誉の中庭の池がいっぱいになっていただろう……」

委員会の報告書はあまりにも厳しく、叱責口調が強かったので、そもそも博覧会が無事に建設され、思っていたよりずっと美しいことがわかって喜びに舞いあがっていた当時のシカゴの気分とは相容れなかった。ニューヨークでさえ非を認めたほどだったのだ——少なくともニューヨークの編集人の一人は陳謝した。『ニューヨーク・ドライグッズ・リポーター』の編集人チャールズ・T・ルート——バーナムの亡きパートナーと同名だが親戚ではない——は一八九三年八月一〇日木曜日の社説で、シカゴが博覧会建設地に決まったときにニューヨークの編集人たちが見せた嘲りと敵意についてふれた。「東部の有力日刊紙をふくむ何百という新聞は、この食肉加工を得意とする成り上がりの野蛮な都市が本物の世界博覧会を計画し実行しようとしているといって笑いとばし、冗談のたねにした……」。そんなあら捜しはやがて消えたとはいえ――と、彼は続けた――根拠のない批判を浴びせた人びとの何人かはいまだにシカゴが受けて当然の「公式の陳謝」をしていない。こんな意見に加え、彼はニューヨークが博覧会の開催地になっていたら、これほど立派な仕事はできなかっただろうともいった。「私が見るかぎり、シカゴがなしとげたような仕事はニューヨークにはできない。一致団結したすばらしい推進力、威信、財政力、それらすべてがそろわなければこのホワイトシティに匹敵するものはとうてい作れなかったはずだ」。もうそろそろこの事実を認めようではないか。「シカゴは敵の鼻をあかし、世界を驚嘆させたのだ」

しかし博覧会の理事や役員は幻想を抱いていなかった。入場者の数は着実に伸びてはいたが、その数はもっと増やさなければならず、それもいますぐ結果が欲しかった。一〇月三〇日の閉会式までたった三か月しかなかった（会期は一〇月末、すなわち一〇月三一日の予定だったが、国の法令を書き写した人――姓名は不詳――が一〇月を三〇日までと勘違いした）。

理事たちは運賃の値下げを求めて鉄道会社に圧力をかけた。『シカゴ・トリビューン』は運賃値下げキャンペーンをくりひろげ、あからさまに鉄道会社を批判した。一八九三年八月一一日の社説にはこんな文章が載った。「鉄道会社は愛国心に欠ける。これは一地方のお祭りではなく国家的行事なのだ。彼らの態度は嘆かわしいまでの利己主義でもある」。その翌日はさらにニューヨーク・セントラル鉄道の社長であるチョーンシー・デピューを名指しして痛烈にこきおろした。「ミスター・デピューはこれまでずっと世界博覧会の特別な友人という態度をとり、博覧会への道は私にまかせろとかナイアガラの滝の向こうから何万人もの乗客を運んでみせると豪語してきた……」。ところがデピューはその約束を果たさなかったと『トリビューン』はいう。「チョーンシー・M・デピューはシカゴの義理の息子という立場を返上すべきだろう。シカゴはもはや彼を必要としない」

その間、祭典委員長のフランク・ミレーは入場者を増やすための努力を続け、異国情緒あふれるイベントを次々と計画していた。栄誉の中庭の池で開催されたボート競技ではミッドウェイの各村の住民がチームを組んで競いあった。毎週火曜日の夕方、それぞれの村ならではのユニークな船でレースに参加したのだ。ミレーはあるインタビューでこう語った。「ラグーンと池に活気を与えたかった。電動式のランチだけではもの足りなくなっていたようだから。トルコ人、南太平洋諸島の人びと、シンハラ人、エスキモー、アメリカ

・インディアンがそれぞれ特徴のある小舟に乗って大きな池を行き来したら、意表をつく展開だし、目に快い情景になるだろう」

ミレーはミッドウェイの住民を「タイプ」――と報道関係者は呼んでいた――別にしたチームで水泳の対抗競技会も開催した。こちらは毎週金曜だった。最初の競泳大会は八月一一日にラグーンで開かれ、ズールー族と南米インディオの対戦だった。ダホメー族のほかトルコ人もこの競泳大会に参加したが、「なかにはゴリラのように毛むくじゃらの者もいた」と『トリビューン』は当時の人類学的な偏見をあらわにして書いていた。「この水泳大会が注目されたのは選手がほとんど全裸同然で、しかも五ドルの賞金をめぐって必死で闘ったところだった」

なかでも大当たりしたアイデアは八月一六日水曜日の夜に開催されたミッドウェイ大舞踏会だった。『トリビューン』はこれを「ミッドウェイ・フリークスの大舞踏会」と呼び、女性理事会がミッドウェイのベリーダンサーに眉をひそめていることを初めて社説で知らせたため、読者はさっそく興味をひかれた。「良識あるご婦人がたの心配が……モラルの低下にあるのか、また腹をひねりすぎて腹膜炎を起こすことにあるのかは不明だが、それでも女性理事会の面々は、ナイルの岸辺やシリアの市場でまったく問題ないものも、このジャクソン・パークとワシントン・パークのあいだのミッドウェイにはふさわしくないという立場を崩さなかった」

だがいまや、と『トリビューン』の記事は続けた。ミッドウェイのベリーダンサーをはじめとして半裸姿で腰を揺すって踊る女たちが大舞踏会に招待され、バーナムやデーヴィスといった博覧会のお偉方のダンスのお相手を務めるのだ。「そんなわけで、ひょっとしたら由々しき事態になりかねない。行進の先頭に立つデーヴィス総裁が魅惑的なファティマの手を取って進むとか、ダンスのさなかに彼女が腹膜炎を起こすようなことになったら、女性理事会のまがいものの胸はどんなに震えることだろう。あるいは［ポッター・］パーマーがルクソール神殿の巫女をエスコートし、彼女がまた腹膜炎を起こしたら。それとも全世界のしもべと称するハリソン市長が参加国すべての人と踊らなければならないとしたら。彼らがパートナーに頼んだり命じたりして腰を振るのをやめさせたらどうなる？　さもなければ彼らがオリエント風の腰振りダンスをしはじめたら？　ヒギンボサム会長は自分のダンスパートナーが肌に油を塗った裸足のフィジー美人や食人種の滑稽なダンスに興じるダホメー族の女丈夫だと知ったら、いったいどうするだろう？　相手のダンスをまねしていっしょに踊るか、それとも首を切られる危険を冒してまで彼女を抑えようとするだろうか？」

この舞踏会をさらに華やかにしたのは、ジャクソン・パークにジョージ・フランシス・

トレーン――「市民トレーン」として令名をとどろかしていた――が登場したことだった。いつもの白いスーツに赤いベルト、トルコ風の赤いフェズ帽で決めた彼はミレーの招待で、この舞踏会をはじめ、ボート競技会や競泳大会など、ミレーの考案したあらゆるイベントのホスト役を務めることになった。トレーンは当時これといった理由は誰も知らないのに、なぜか大変な有名人だった。『八十日間世界一周』であちこち旅するフィリアス・フォッグのモデルともいわれていた。当人によれば、博覧会に呼ばれた本当の理由は、彼のもつ霊能力によって入場者を増やし、博覧会を成功に導くためだった。彼の体内には神秘的な霊能力が電気エネルギーの形で潜んでいるのだった。彼はエネルギーを無駄にしないよう両手のひらを擦りあわせながら博覧会場を歩きまわり、力を放出するのを避けるために相手が誰であっても握手を拒んだ。「シカゴは博覧会を建設した。ほかの連中はこぞってその息の根を止めようとしたが、シカゴはこれを作った。私が来たのはこれを救うためだ。それができなければ縛り首にされてもいい」

舞踏会はナタトリウムで開かれた。ミッドウェイに建つ水泳プールと入浴施設のある大きなビルで、ダンスフロアと大宴会場も併設されていた。天井からは黄色と赤の旗が垂れさがっていた。ダンスフロアを見下ろすバルコニーには博覧会のお偉方や社交界の名門一族のためにオペラボックスがしつらえられた。バーナムをはじめデーヴィスとヒギンボサムもそれぞれボックス席を与えられ、もちろんパーマー夫妻もいた。バルコニーにはそのほかに入場料を払った客のための座席と立ち見席もあった。ボックス席の前の手すりには、金色のアラベスク模様を刺繡したシルクの三角旗が下がり、あたりの白熱電球の光を浴びてきらきら輝いていた。そのようすは、いうにいわれぬ贅沢さをかもしだしていた。経費削減委員会ならけっして許さなかっただろう。

その夜、九時一五分、いつもの白いスーツに今日だけはなぜか片手にスイートピーの花束を抱えた市民トレーンが異国情緒たっぷりの人びと――裸足の人も多かった――を引きつれてナタトリウムの大階段をおり、下のダンスフロアに立った。もう一方の手はメキシコ人の一〇歳の少女バレリーナの手をとり、その後ろから民族衣装に身を包んだ大勢の男女が続いた。ダンスフロアではソル・ブルームが交通整理に追われていた。

公式プログラムは幹部や招待客の一人ずつに特別なダンスを用意していた。デーヴィス総裁はカドリールを一曲踊り、バーナムは「ベルリン」というダンス、ハリソン市長はポルカだった。ダンスがすむと群衆は「ホーム・スイート・ホーム」を合唱した。

部屋は暑かった。カスターの弟を殺したスー族の首長で、いまはミッドウェイのシッティング・ブルのキャビンに住んでいるチーフ・レイン・イン・ザ・フェースは顔に緑色のペイントをほどこしていたが、それが汗でにじんで流れた。ラップランド人は毛皮のシャツ姿だった。エスキモーの女性たちはアザラシの皮でできたブラウスを着ていた。その週にインドから訪れていたカプールタラのマハラジャはダンスフロアのステージに置いた仮ごしらえの玉座に坐り、三人の召使に扇で風を送らせていた。

ダンスフロアは色彩とエネルギーであふれていた。日本人は赤い絹、ベドウィン族は赤と黒、ルーマニア人は赤、青、黄だった。ふだん裸に近い格好であらわれる女性たち——アヘズという女傑やダホメー族のザートゥービーなど——はアメリカ国旗でできた短いスカートを着けさせられた。ふだん富豪たちの衣装について報じるのを好んだ『トリビューン』の記事は無意識のうちにいつもの癖が出てこんな表現になった。南太平洋諸島から来たローラの「半裸の体をおおう樹皮の民族衣装は胸元のカットが深く、袖なしのボディスからなっていた」。夜がふけ、ワインが消費されるにつれて、ローラと踊ろうとする人の列は長く伸びていった。残念ながら、ベリーダンサーたちはロングドレスにターバンという衣装だった。黒い礼服の男たちが「もじゃもじゃの髪に歯でできたネックレスをつけた黒人の女傑」を腕に抱いてフロアを踊りまわった。シカゴは——そして、おそらく世界も——こんな光景をかつて見たことがなかった。『トリビューン』はこの舞踏会を「バベルの塔が崩れて以来、最も奇妙きてれつな集会」と呼んだ。

もちろん食べ物もふんだんにあった。公式メニューは以下のとおり。

〈前菜〉
くたくたに煮たポテト、アイルランドの村風
インターナショナル・ハッシュ、ミッドウェイ・プレザンス風
〈冷製料理〉
伝道師のロースト、アフリカ西海岸ダホメー風
バッファローのジャーキー、インディアン村風
ダチョウの詰め物、ダチョウ牧場風
茹でたラクダのこぶ、カイロ通り風
サルのシチュー、ハーゲンベック動物園風
〈主菜〉
トナカイのフリカッセ、ラップランド風
雪球のフライ、アイス・レールウェイ風
クリスタル風フラッペ、リビー・ガラス展より
〈ペストリー〉

風のドーナツ、繋留気球風
サンドイッチ（盛り合わせ）、レザー展示場特製

プログラムによれば、デザートのところには「総収入の二五パーセント」と書かれていたそうだ。

舞踏会は午前四時半にお開きになった。異国の村人たちは三々五々ミッドウェイへ戻っていった。客たちは自家用馬車に乗りこみ、うとうとするか、「宴のあと（アフター・ザ・ボール）」――当時のヒット曲――を小声で口ずさんだ。貸馬車屋は家へ帰る客を乗せて人気の絶えた通りに馬車を走らせ、馬のひづめは花崗岩の敷石にあたってカタカタと音をたてた。

この舞踏会をはじめとするフランク・ミレーの工夫のおかげで博覧会には陽気で楽しい雰囲気があふれた。昼間の会場は白い漆喰というお上品な服をまとっていたが、夜になれば裸足のダンスとシャンパンのがぶ飲みが待っていた。

入場者は増えていった。八月の一日あたり平均入場者数は一一万三四〇三人――ついに

目標の一〇万人を突破した。だが越えたといってもわずかだった。しかもアメリカの不況はますます悪化し、労働環境はさらに不安定になっていた。

八月三日、シカゴの大手銀行ラザルス・シルヴァーマンが倒産した。バーナムの設計事務所はここの長年の顧客だった。八月一〇日の夜、恐慌の初期の犠牲となって倒産したレディング鉄道の元重役チャールズ・J・エディがミッドウェイのすぐ北側にあるワシントン・パークへ行き、銃で自殺した。滞在していたのはやはりメトロポール・ホテルだった。この夏、メトロポールの宿泊客が自殺したのはこれで三人目だった。ハリソン市長は失業者の層が危険なほど膨張していると警告を発した。「議会が金を出し渋ればかならず暴動が起こり、そうなったらこの国を揺るがさずにはおかないだろう」。二週間後、市庁舎の前で労働者と警官の乱闘騒ぎがあった。小さな衝突だったが、『トリビューン』はそれを暴動と呼んだ。その二、三日後、二万五〇〇〇人の失業者が湖に面した繁華街に集まり、遊説列車第五号の後部に立ったサミュエル・ゴンパーズの演説に耳を傾けた。ゴンパーズは聴衆にこう問いかけた。「この国の裕福な人びとが銀行や穀物倉庫に財産を蓄えているのに、仕事のない労働者が住む家もなく通りをさまよっているのはなぜか。その一方で、溜めこんだ金をただ贅沢な暮らしのためだけに費やす怠け者が上等な馬車に乗って動きまわり、その窓から見かけた平和な集会を暴動と呼ぶとはいったいなにごとか」

日曜日の朝の新聞でゴンパーズの演説のことを知ったシカゴの実業家や商業界の大立者にとって、これは不穏な問いかけだった。というのも、これにはたんに働き口を求める以上の訴えがこめられていたからだ。ゴンパーズは労働者と雇用主の関係を根底から改めるよう要求していた。

これは危険な言論であり、なんとしても抑えなければならなかった。

プレンダーガスト

シカゴで最も重きをおかれる公務員になることを考えると体がぞくぞくした。プレンダーガストはようやく寒い朝と汚い街路、彼をあざ笑う反抗的でぶしつけな連中と縁が切れるはずだった。だが、彼はしだいにじれてきた。市政顧問の任命はそろそろ来てもいいはずだった。

一〇月第一週のある日の午後、プレンダーガストはグリップカーに乗り、いずれ職場になるはずの市庁舎へ行った。事務員がいたので自己紹介をした。

信じられないことに、その事務員は彼の名前を知らなかった。もうじきハリソン市長からシカゴの次期市政顧問に任命される予定だと説明したが、事務員は笑うだけだった。

プレンダーガストは現職の顧問であるクラウスという男に会わせてほしいと粘った。クラウスなら彼の名前を知っているはずだった。

事務員はクラウスを呼びにいった。

クラウスは執務室から出てきて握手のために手を伸ばした。そして、その場の人びとや部下たちにプレンダーガストを「後継者」だと紹介した。そのとたん誰もが笑みを浮かべた。

最初、プレンダーガストはこの笑みを見て、いずれ就任する自分を歓迎するものだと思った。だがやがてそうではないと察した。

クラウスはいますぐその地位につきたいかと訊ねた。

「いえ。べつに急いではいません」

それは本心ではなかった。が、その質問はプレンダーガストを混乱させた。クラウスの口ぶりが気に入らなかった。じつに不愉快だった。

勝利に向かって

一八九三年一〇月九日月曜日の朝一〇時、フランク・ミレーがシカゴの日と定めたこの日、六三丁目のゲートにいたチケット販売員はそれまでの売上枚数をざっと計算し、このゲートだけで六万枚に達したことに気づいた。これまでの経験から、ふつうこのゲートの売上枚数はどの時間帯でも、すべてのゲートを合わせた総売上枚数の五分の一にあたることがわかっていた。となると、この時間ですでにジャクソン・パークにはざっと三〇万人が料金を払って入場したことになる——それまでの一日分の最高入場者数を上まわってお り、パリ万博で達成された三九万七〇〇〇人という数字にあと一歩だった。しかもまだ午前中の早い時間である。チケット販売員たちはなにかすごいことが起こりそうだと感じた。時間を追うごとに入場者の数は増していくようだった。客が次から次へと押し寄せ、しかも急激にその数を増したため、チケット売場のブースの床に銀色のコインが溜まって販売員の靴が埋まってしまうほどだった。

ミレーをはじめ博覧会の役員たちにとって、入場者が増えるのは予期したとおりだった。シカゴはこの博覧会を誇りにしており、閉会まであと三週間しかないことはみんな知っていた。記録的な入場者数を確実にするため、ハリソン市長はすべての業務をこの日だけ休みにするよう公式文書にサインした。裁判所は閉廷し、商品取引所も休みになった。天候も味方した。この月曜日はひんやりとさわやかで気温一七度以上にならず、空は明るく晴れわたっていた。どのホテルも満室になり、それどころか定員以上に詰めこんでロビーや廊下に簡易寝台が並ぶことさえあった。ジャクソン・パークで八つのレストランと四〇店のランチカウンターを運営していたウェリントン・ケータリング・カンパニーはこの日に備えて貨車二台分のジャガイモ、ハーフバレルのビール樽を四〇〇〇樽［約三二〇トン］、アイスクリーム一万五〇〇〇ガロン［五万七〇〇〇リットル］、一八トンの肉を運びこんでいた。作ったハムサンドは二〇〇万個、淹れたコーヒーは四〇万杯にのぼった。

だが、これほど大勢の人が来るとは誰も想像していなかった。昼までに、入場券売場主任のホレース・タッカーは博覧会本部にこんな電報を打った。「パリの記録を完膚なきまでに破り、いまだ来場者はやまず」。チケット販売員のL・E・デッカー――バッファロー・ビルの甥で、ビルのワイルド・ウェストで八年間チケット売りをしていた――は勤務時間内に一人で一万七八四三枚のチケットを売って個人の最高記録を出し、ホレース・タッカー賞の葉巻一箱を獲得した。コロンビアン・ガードの本部の椅子は迷子でいっぱいになった。そのうち一九人はここで夜を過ごし、翌日になって親が引き取りにきた。博覧会場およびその近辺で五人の死者が出た。夜の花火の準備を手伝っているときに事故死した作業員が一人、グリップカーから線路に落ちて轢かれた乗客が一人。殺到する人波に押されて鉄道のプラットホームから落ちた女性は片足をなくした。その日、大観覧車（フェリス・ホイール）に乗っていたジョージ・フェリスは下を見て思わず目を見張った。「これはきっと一〇〇万人はいるにちがいない」

花火は午後八時ちょうどに始まった。ミレーは大掛かりな「仕掛花火」を準備していた。巨大な金属のフレームに花火をセットして、色とりどりの火花でさまざまな肖像や情景を描きだすのである。最初に登場したのは一八七一年のシカゴ大火をテーマにした絵で、ミセス・オリアリーの牛がランタンを蹴飛ばすところもあった。その夜は花火のドーンという轟音やシューッという音で満たされた。フィナーレには花火師が湖の上の黒い空めがけて五〇〇〇発もの花火をいっせいに打ちあげた。

だが、本当のクライマックスはゲートが閉まってからだった。空気中にまだ火薬の臭いがただよう静寂のなか、武装したガードマンにつきそわれた集金人がチケットブースをまわって売上の銀貨を回収した。重さは三トンにもなった。厳重な警護のもと、売上金が計算された。午前一時四五分には合計金額が出た。

フェリスの目測は正しかった。その一日だけで七一万三六四六人が入場料を払ってジャクソン・パークに入った（子供はわずか三万一〇五九人――四パーセント――だった）。そのほか三万七三八〇人が優待パスで入場しており、この日の入場者総数は七五万一〇二六人だった。歴史上、平和的なイベントで一日に集まった人数としては記録破りだった。『トリビューン』によれば、これにまさる人数は紀元前五世紀に五〇〇万以上の兵隊を結集させたペルシャのクセルクセスの軍隊くらいのものだった。三九万七〇〇〇人というパリの記録は完全に粉砕された。

バーナムのシャンティにこのニュースが届くと、万歳の声があがり、シャンパンの栓が抜かれ、夜通しのおしゃべりが続いた。だが最高の朗報はその翌日に届いた。世界コロンビア博覧会協会――これまでずっと誰からもその大言壮語をばかにされてきた――の代表がイリノイ信託貯蓄銀行に一五〇〇万ドルの小切手を渡し、こうして博覧会の借金がすべて返済されたのだった。

ウィンディ・シティが勝ったのだ。

続いてバーナムとミレーは一〇月三〇日の閉会式（グランドフィナーレ）のために最後の計画を練りはじめた。これはバーナム自身を顕彰する日になるはずだった。このすべてを実現にこぎつけたのはバーナムであり、その仕事がみごとに完成した——あとはもう何もすることはない。この時点でバーナムは心から信じていた。博覧会は一点の曇りもなく成功し、建築史に彼の名前が残るのはまちがいない、と。

解散

フランク・ミレーは、閉会式にはシカゴの日より大勢の人びとに来てほしいと願っていた。ミレーが計画を練っているあいだ、バーナムの博覧会建設に協力してきた人びとはぼちぼちと元の生活へ戻っていった。

チャールズ・マッキムは去りがたかった。彼にとってこの博覧会は、生活を覆っていた暗い影を一時的にせよ追い払ってくれる明るい光だった。一〇月二三日の朝、彼は誰にも告げずにジャクソン・パークを去り、その日のうちにバーナム宛ての手紙をよこした。

「あなたも知ってのとおり、私は『さよなら』をいうのが嫌いです。けさ私が急に姿を消したと知ってもあなたは驚かないでしょう。ここを立ち去るのが辛いといくら言葉を尽くしても、私の気持の半分もいいあらわせません。

あなたのおかげですばらしい時間をもてました。とくに閉幕が近づいた博覧会の最後の日々は、最初の日々と同じく、いつまでも私の心に残るでしょう。そこにあなたの存在は欠かせません。われわれの命あるかぎり、何度も何度もくりかえしこの経験をふりかえって話のたねにできるのは何と幸せなことでしょう。今後いついかなるときでも、あなたが私を必要とするときは何をおいても駆けつけるつもりでいます」

翌日、マッキムがパリの友人に書き送った手紙には、彼自身とバーナム、それにシカゴ市民の大多数の意見を代表するような一文があった。この博覧会はあまりにもすばらしかったので、一〇月三〇日――あとわずか六日だった――に閉幕したあと荒廃するにまかせるのはしのびない。「むしろ関係者の願いは、できることなら出現したときと同様、魔法のようにさっと消えて跡形もなくなってほしいというのが本音だ。経済問題やその他もろもろの理由から、いちばん華々しいやり方はパビリオンすべてをダイナマイトで爆破することだという案も出た。別の案では、火を放って燃すというものもあった。火を放つのは簡単でもあり、大した見ものでもあるだろうが、ただし湖からの風向きによっては飛び火する危険がある」

マッキムもバーナムも本気で博覧会場に火を放つつもりはなかった。それどころかパビリオンは素材を最大限リサイクルできるように配慮して作られていたのだ。炎で焼き尽くすという話はむしろ夢の終わりを見なければならない悲しさをまぎらす手段の一つだった。見捨てられ閑散としたホワイトシティなど誰も見たくなかった。『コスモポリタン』の記者はこう書いた。「少しずつ壊れ、じわじわと荒廃していくよりも、栄光の炎に包まれてふいに消えてしまったほうがいい。晩餐会の終わった翌朝の大ホールで、客が立ち去り、ライトが消されるのを見るほど悲しいものはない」

こうした炎にまつわるさまざまな言葉は、あとから思えばまさに予言だった。

オームステッドも疎遠になっていった。夏も終わりになると、多忙なスケジュールと息の詰まるような暑さのせいでふたたび体調が悪化し、不眠がひどくなった。ビルトモアを中心として多くのプロジェクトが進行中だったが、当人はもう働けるのも長くないと感じていた。彼は七一歳だった。一八九三年九月六日、友人のフレッド・キングズベリに手紙を書いた。「きみのもとへは行けないが、昔なじみの場所を訪ねたり、きみやほかの仲間に会えたらどんなにいいかと思う。だが運命には逆らえない。いまの私は終末に向かってあがいているようなものだ」。だが、彼にしては珍しく、この手紙では満足感をあらわしている。「子供たちがいてよかった。あの子たちが私の人生の中心だ。それ以外では、景観を改良し、風景を見る喜びを世に知らしめた。持病にさんざん苦しめられているとはいえ、どうやら私は哀れな老いぼれではないようだ」

ルイス・サリヴァンは交通館――とくにゴールデン・ドア――で高い評価を受け、賞を総なめにしたあと、ふたたびダンクマー・アドラーと共同の設計事務所に戻ったが、状況は一変していた。不況が悪化したこと、それに共同経営者二人の見こみちがいで設計事務所にはほとんど仕事が来なくなっていた。一八九三年には、たった二軒のビルしか建てられなかった。同僚に対して厳しかったサリヴァンは、事務所の若手建築家が暇な時間に自分のクライアントの家を設計しているのを見つけて激怒した。サリヴァンはこの若者をくびにした。

若者の名前はフランク・ロイド・ライトといった。

何万人もの建設労働者が博覧会の現場を去り、働き口のない世界へ戻っていった。そこはすでに失業者でいっぱいだった。博覧会が終わったら、さらに何千人もがシカゴの街路にあふれるのだ。秋になって寒さが忍びよるにつれ暴動の兆しは目に見えてきた。ハリソン市長は親身になってできるかぎりのことをした。道路掃除に大勢の失業者を雇い、泊まるところのない人びとのために夜は警察署を開放した。シカゴの『コマーシャル・アンド・フィナンシャル・クロニクル』は「産業界の動きがこれほど唐突かつ大規模に停止したことはかつてなかった」と書いた。銑鉄の製造量は半分に落ちこみ、新規の鉄道建設はほとんどゼロになった。博覧会の客を運ぶ鉄道客車の製造でプルマン工場は何とか命脈を保っていたが、博覧会の終わり近くにはついにジョージ・プルマンも給料カットと人員削減の措置をとった。それでも、プルマンが自慢にする企業タウンの家賃は下がらなかった。

ホワイトシティは男たちを引きつけ、保護した。冬が近づいたいま、腐敗と飢えと暴力の町ブラックシティは彼らが戻ってくるのを待ちかまえていた。


ホームズもそろそろシカゴを去ったほうがいいと感じていた。債権者や家族たちの圧力がさらに増していたのである。

そこでまずお城（キャッスル）の最上階に火をつけた。軽いぼやで終わったが、ホームズは彼の別名ハイラム・S・キャンベル名義の保険証書で六〇〇〇ドルの保険金を請求した。保険会社の調査官F・G・カウイーは疑惑を抱き、綿密な調査にとりかかった。放火だという明らかな証拠はなかったが、ホームズかその共犯者が火をつけたにちがいないとカウイーは睨んでいた。そこで保険会社に保険金を支払うよう助言した。ただしハイラム・S・キャンベル本人が出頭してきた場合にかぎる、との条件付きで。

ホームズはカウイーに顔を知られていたので出てゆくわけにはいかなかった。これまでなら誰かにキャンベルのふりをさせて保険金を取りにいかせるところだが、このところホームズは用心深くなっていた。ミニー・ウィリアムズの後見人はミニーの捜索と不動産の保護のために弁護士のウィリアム・キャップを送りつけてきた。アンナの後見人である牧師のブラック博士は私立探偵を雇い、その探偵はホームズのビルまでやってきた。しかもシグランド夫妻やスマイス夫妻など、ほかの親からも問いあわせの手紙が来ていた。まだ誰もホームズの罪をあからさまに責めてはいなかったが、こうした新たな問いあわせが増えるにつれ、遠まわしな非難の色はますます濃くなっていった。ハイラム・S・キャンベルは保険金を受けとりにこなかった。

このカウイーの調査が思いがけず危険な副作用をもたらした。ホームズについて調べるうち、カウイーはこれまでの債権者を洗いだして連絡をとったのだった。過去五年間、ホームズは家具商から鉄材業者、自転車屋から建設工事の業者にいたるまで借金を踏み倒してきた。債権者たちは、シカゴのラファイエット取立代行会社に属する弁護士のジョージ・B・チェンバレンを雇った。ホームズが竈会社に窯の改良を依頼してその代金を踏み倒して以来、チェンバレンは彼にしつこくつきまとっていた。のちにチェンバレンは、シカゴで最初にホームズの犯罪に気づいたのは自分だと自慢した。

一八九三年秋、チェンバレンはホームズに連絡し、会いたいのでオフィスへ来てくれといった。ホームズは相手がチェンバレン一人で、一対一の面会になるものと思っていた。ところがオフィスへ行ってみると、そこには債権者と彼らの雇った弁護士、それに刑事が一人の総勢二〇人ばかりがいた。

ホームズは意表をつかれたが、それでも動じなかった。一人一人と握手をし、怒りのこもった視線をまっすぐ受け止めた。かっかした雰囲気はすぐにいくらか沈静した。ホームズにはそんな力があった。

チェンバレンがこんな作戦を取ったのは、ホームズの平然たる顔つきを崩したかったからだろう。しかし、ホームズは憎悪であふれた部屋に入ってもけっして動じず、チェンバレンは舌を巻いた。チェンバレンはホームズに借金は少なくとも五万ドルになると伝えた。

ホームズの顔はいかにも誠実そうで真剣そのものだった。債権者の不満もよくわかる、すべて自分の落ち度だと彼は話した。野心が大きすぎて借金返済の能力が追いつかなかったのだ。不況がこれほど悪化しなければ借金は返せたはずだ。一八九三年の恐慌で彼の希望は潰されたが、シカゴをはじめアメリカ中の大勢の人たちも同じ経験をしたはずだ。

チェンバレンが見ていると、信じがたいことに債権者の何人かは同情をこめてうなずいていた。

ホームズは目に涙をためながら、真情あふれる態度で謝罪した。それから解決策を提案した。借金返済のめどがつくまで資産を抵当として彼らに預けるというのだ。

チェンバレンは思わず笑いそうになったが、なんとその場にいた弁護士の一人はホームズの提案を受け入れたらどうかといった。誠実さを装ったホームズの態度がここまで人を籠絡するのを見てチェンバレンはびっくりした。ほんの少し前まで、債権者のグループの何人かはホームズが部屋に入ったとたん逮捕すべきだとさえいっていた。ところがいまや彼らは今後の対応について話しあおうとしていた。

チェンバレンはホームズに別室で待つようにいった。

ホームズはおとなしくいうとおりにした。

話しあいがもたれ、沸騰した議論となったが、その途中ホームズの抵当案を受け入れようといった弁護士が水を飲みたいといいだし、チェンバレンのオフィスを出て、ホームズが待つ部屋へ入った。そしてホームズと言葉を交わした。その後に何があったのか、正確にはわからない。のちにチェンバレンがいうには、この弁護士は自分の意見が拒絶されたことに腹を立て、ホームズに債権者の意見がふたたび逮捕に傾いているという情報を漏らしたのだった。しかし、ホームズがこの弁護士に金をやって情報を引きだした、あるいは偽りの誠実さと涙ながらの改悛の演技を駆使して債権者の意図を探りだしたとも考えられる。

弁護士は話しあいの席に戻った。

ホームズは逃げた。

その直後、ホームズはミニー・ウィリアムズの土地を有効に使うつもりでテキサス州フォートワースへ向かった。この土地をどう使うかについてはプランがあった。一部を売り、残った土地にはイングルウッドのとそっくり同じ三階建のビルを建てるつもりだった。その一方で、土地を担保にして借金もできるし、約束手形を振りだすこともできる。豊かで満ちたりた暮らしができそうだった。少なくとも別の都市へ移る時期がくるまでは。ホームズは婚約したばかりの小柄な美人ミス・ジョージアナ・ヨークと助手のベンジャミン・ピツェルを同行させることにした。シカゴを発つ直前、ホームズはフィラデルフィアのフィデルティ・ミューチュアル・ライフ・アソシエーションから保険契約書をとりよせ、ピツェルに一万ドルの生命保険をかけた。

夜の訪れ

一〇月に入ると博覧会の入場者はぐんぐん伸びていった。ホワイトシティを見られる時間が残り少ないということに人は突然気づいたのだ。一〇月二二日、料金を払った入場者総数は一三万八〇一一人だった。わずか二日後にはそれが二四万四一二七人になった。いまや大観覧車には一日に二万人が乗るようになり、一〇月初めとくらべると八割増しだった。誰もが入場者数の増加が続くことを期待し、一〇月三〇日の閉会式にはシカゴの日の記録が破られるにちがいないと思っていた。

閉会式にはもっと客を呼ぼうと、フランク・ミレーはその日のための計画を練った。音楽、スピーチ、花火、それに「コロンブス」の上陸。この博覧会のためにスペインで建造して運んできた原寸大のニーニャ、ピンタ、サンタ・マリア号のレプリカを使ってコロンブスの上陸を演じる計画である。ミレーはコロンブスと部下の船長を演じさせる俳優を雇った。乗組員はシカゴまでこの船を運んできた男たちだった。ミレーは園芸館から熱帯の植物や樹木を借りだして、湖の岸辺に配した。さらにコロンブスの上陸が秋だったことを強調するため、ビーチをオークとカエデの葉で敷きつめるというプランを立てたが、熱帯のヤシの木と枯れた落ち葉は正確には共存できないはずだった。上陸したコロンブスは剣を大地に突き刺し、この新世界はスペインのものだと宣言する。そのまわりで部下の船乗りたちはコロンブスのアメリカ発見を記念した二セント切手に描かれたのと同じポーズをとる。『トリビューン』によれば、その間バッファロー・ビルのショーやその他さまざまな展示から抜擢したインディアンたちが上陸した一行を「警戒して見つめ、でたらめな叫びをあげながらあたりを駆けまわる」ことになっていた。ミレーの意図は、この寸劇で見物人を「四〇〇年前に戻す」ことだった――ただしスペインの船を岸辺に押していくのは蒸気式のタグボートだった。

だがその前に、ハリソン市長が主役となるアメリカ都市の日――一〇月二八日土曜日――があった。アメリカ各都市の市長と市議会議員五〇〇〇人がハリソンの招待に応じて博覧会に来ることになっており、そのなかにはサンフランシスコ、ニューオーリンズ、フィラデルフィアの市長もいた。ニューヨーク市長が出席したかどうかは記録にない。

その朝、ハリソンは噂を肯定して記者たちを喜ばせた。そのとおり、とても若いミス・アニー・ハワードとの噂は事実であり、そればかりか一一月一六日に結婚する予定だ、と。

栄光の瞬間は午後にやってきた。ハリソンは集まった市長たちの前でスピーチをした。友人たちによれば、彼がこれほどハンサムで元気いっぱいに見えたことはないという。

彼はジャクソン・パークの驚くべき変貌を誉めたたえた。「これを見てください！　この建物、ホール、何世紀にもおよぶ詩人たちの夢は、頭のおかしな建築家にしか抱けない無謀な野心です」と彼は聴衆に語りかけた。「私自身、新たな活気を得ました」――これはミス・ハワードのことかもしれない――「そして、私はこのシカゴがアメリカ最大の都市になる日を、そして地球上で三番目の都市になる日を、この目で見られると信じています」。彼は六八歳だったが、こう断言した。「あと半世紀は生きるつもりです。そして、その半世紀が過ぎたころ、ロンドンはシカゴに追い越されるかもしれないと震えているでしょう……」

シカゴの郊外都市という栄誉をいずれオマハに与えるつもりで、ハリソンはオマハの市長をちらっと見やった。

それから彼は話題を変えた。「この偉大な博覧会を見るにつけ、これが塵と埃に崩れさるかと思うと残念でなりません」。解体はすばやくすべきだといい、バーナムがつい最近口にした言葉を引用した。「『さっさとやりましょう。いずれしなければいけないことなら手早く片付けるにこしたことはない。いっそ松明の炎で燃やしてしまったら』。私はこれに賛成です。保存しておけないのなら、松明の炎で全部燃やしてしまったほうがいい。晴れわたった空のもとで永遠の楽園に昇天させてやりましょう」

プレンダーガストはもうがまんできなかった。市政顧問のオフィス——本来なら彼のオフィスのはずだった——を訪ねたときのあの屈辱。連中に軽くあしらわれた。あの作り笑い。だがハリソンは仕事をくれると約束したはずだ。どうすれば市長の注意を引けるだろう？　あんなに送った葉書はむだだった。誰も返事をくれず、誰もまともに相手をしてくれなかった。

アメリカ都市の日の午後二時、プレンダーガストは母の家を出て、歩いてミルウォーキー・アベニューの靴屋へ行った。そこで四ドル払って、中古の六連発リボルバーを手に入れた。このタイプのリボルバーは強い衝撃を与えたり落としたりすると暴発しやすいことを知っていたので弾を五発だけ入れ、撃鉄のあたる薬室は空にしておいた。

のちに多くの人が用心のためにこれをまねするようになった。

三時——ハリソンがスピーチを始めたころ——プレンダーガストはシカゴの繁華街にあるユニティ・ビルへ入っていった。ここには知事のジョン・P・アルトゲルドのオフィスがあった。

プレンダーガストは青ざめて妙に興奮しているようだった。職員は態度がおかしいことに気づき、ここは立入禁止だといった。

プレンダーガストはビルを出ていった。

ハリソンがジャクソン・パークを出たときはもう暗くなっていた。ぐっと冷えこみ、もやで煙った夕暮れのなか、北に向かってアッシュランド・アベニューの自宅に戻った。この週に入って気温は急激に下がり、夜はマイナス一度にまでなった。空はいつも重い雲におおわれていた。ハリソンは七時に帰宅した。一階の窓をちょっと直してから、二人の子供——ソフィーとプレストン——と夕食の席についた。ほかの子供たちは成人して家を出ていた。食卓にはもちろんスイカもあった。

夕食の途中、七時半ごろ、玄関のベルが鳴った。お手伝いのメアリー・ハンソンが出ると痩せた若者が立っていた。髭はなく、黒い髪を短く刈っていた。どこか病的な感じだった。若者は市長に会いたいといった。

要求そのものは別段変わったものではなかった。夜に見知らぬ人が訪ねてくるのはアッシュランドの家ではよくあることだった。シカゴ市民であれば、社会的地位にかかわらず誰とでも会うとハリソンは公言していた。だが今夜の訪問者はとくにみすぼらしく、態度も妙だった。それでもメアリー・ハンソンは三〇分後にまた来てくれといった。

市長にとってその日は興奮に満ちていた半面、疲れた一日でもあった。食卓で早くも眠くなっていた。八時ちょっと前、息子は食堂を出て自分の部屋に戻り、その夜遅く出かける約束があったので服を着替えた。ソフィーも手紙を書くために二階へ上がった。家は居心地がよく、明々と灯がともっていた。メアリー・ハンソンは他の召使たちとキッチンで夕食をとっていた。

八時ちょうど、また玄関のベルが鳴り、ハンソンが出た。

さっきと同じ若者が戸口に立っていた。ハンソンはホールで待つようにといい、市長を呼びにいった。

「音が聞こえたのは八時ごろだったと思う」とハリソンの息子のプレストンはいう。「ぎょっとした。壁にかけた絵が落ちたような音だった」。その音はソフィーの耳にも届き、さらに父の声が聞こえた。「気にとめなかった。裏のホールの衝立かなにかが倒れた音だろうと思ったし、父の声はあくびのようだったから。父はいつも大きな音をたててあくびをするので」

プレストンが部屋を出ていくと、玄関ホールに煙がただよっているのが見えた。階段をおりる途中、さらに二発の銃声が聞こえた。「最後の銃声ははっきりと突き刺すように聞こえた。リボルバーの銃声だとわかった」。それは「マンホールの爆発のような」音だった。

ホールに駆けこむと、ハリソンが仰向けに倒れ、召使たちがまわりをとりかこんでいた。銃を撃ったあとの銀色の煙がまだただよっていた。血はほとんど出ていなかった。プレストンは叫んだ。「けがはないか？」

市長は自分で答えた。「だめだ。やられた。俺は死ぬ」

外の通りで三発の銃声が響いた。警官を呼ぶために御者が自分のリボルバーを空に向けて発射したのが一発、プレンダーガストに向かって撃ったのが一発、それに撃ち返したプレンダーガストの銃が一発。

騒ぎに気づいて隣人のウィリアム・J・チャルマーズが駆けつけ、自分のコートを丸めてハリソンの頭の下に置いた。ハリソンは心臓を撃たれたといったが、チャルマーズは信じなかった。ほとんど出血がなかったからだ。

二人はいいあらそった。

チャルマーズは心臓が撃たれたはずはないといった。

ハリソンはぴしゃっといい返した。「撃たれているといったろう。致命傷だ」

数秒後、彼の心臓は止まった。

チャルマーズはいう。「彼は腹を立てながら死んだ。私が信じなかったからだ。死ぬときでさえ彼は断固たる暴君だった」

プレンダーガストは近くのデプレーンズ・ストリート警察署へ歩いてゆき、内勤の巡査部長O・Z・バーバーに向かって静かにこういった。「逮捕してください。市長を撃ったのは私です」。巡査部長は最初信じなかったが、プレンダーガストがリボルバーをさしだすと、つんと強烈な火薬の臭いがした。弾倉には発砲後のカートリッジが四つと弾が一発残っていた。六個目の薬室は空だった。

バーバーはなぜ市長を撃ったのかと訊いた。

「信頼を裏切ったからです。選挙運動をずっと支援したから市政顧問にしてくれる約束だった。市長は約束を守らなかった」

博覧会協会は閉会式を中止した。陽気なジュビリー・マーチもコロンブス上陸もとりやめになり、ハーロー・ヒギンボサム、ジョージ・デーヴィス、バーサ・パーマーの挨拶もなくなった。賞の授与式もなく、バーナムやオームステッドへの顕彰もない。「コロンブス万歳」の大歓声や「蛍の光」の大合唱もなかった。そのかわり博覧会場のフェスティバル・ホールで告別式がとりおこなわれることになった。ホールの巨大なパイプオルガンで演奏されるショパンの「葬送行進曲」が流れるなか、人びとはホールに入っていった。ホールはしんしんと冷えこみ、司会者は居並ぶ男たちに帽子をとらなくてもよいと告げた。

牧師のJ・H・バローズ博士が祝禱を捧げ、次に博覧会の役員たちの要請により、閉会式用に準備されていたヒギンボサムのスピーチを読みあげた。内容はその場にふさわしく、とくにこんな一節はこのときのために書かれたかのようだった。「われわれは文明のかくも輝かしい夢に別れを告げ、それを塵に帰させせんとしています。それは愛する友を亡くすようなものです」

人びとは会場を出て、冷たい灰色の午後のなかにゆっくりと散っていった。

四時四五分、日没のなかで戦艦ミシガンの大砲から一発の砲声がとどろき、つづいて二〇発の空砲が発射された。その間、一〇〇〇人の男たちが静かに動いて、たくさんある博覧会の旗のもとに立った。ミシガンの最後の砲声とともに管理センターの上にひるがえっていた巨大な旗がおろされた。それと同時に残り一〇〇〇本の旗もおろされ、栄誉の中庭に待機していたトランペット奏者とバスーン奏者の一団が「星条旗よ、永遠なれ」と「アメリカ」を演奏した。二〇万人の参列者は涙ながらに合唱した。

祭りは終わった。

カーター・ハリソンの葬儀には六〇〇〇台の馬車がつらなり、列は何キロにも伸びた。葬列はゆっくりと進み、市長の死を悼んで黒一色の海となった大勢の男女がそれを見送った。ハリソンの黒い柩を載せた霊柩車が先頭に立ち、そのあとに彼が愛したケンタッキー産の牝馬が続いた。主のない鞍の上には鐙（あぶみ）が交差して置かれていた。軒先のいたるところにホワイトシティを象徴する白い旗が半旗になって掲げられていた。葬列を見送る男女のなかには「カーター支持」のバッジをつけた者も多かった。市民たちが黙りこくって見守るな

か、シカゴの名士たちを乗せた馬車は次々と通りすぎていった。アーマー、プルマン、シュワブ、フィールド、マコーミック、ワード。

そして、バーナム。

彼にとっては辛い道のりだった。この道は前にも通ったことがあった。ジョン・ルートの葬儀だ。博覧会は死で始まり、そしていま死で終わった。

行列はとても長かったので、先頭から最後まですべての馬車が一か所を通りすぎるのに二時間もかかった。市の北にあるグレースランド墓地に着くころには夕闇が迫り、地面にかすかな霧がかかっていた。墓地のブラウンストーンの礼拝堂へ続く道の両側は大勢の警官が並んで警備にあたっていた。横のほうにはユナイテッド・ジャーマン合唱団のメンバー一五〇人が控えていた。

あるときピクニックに出かけたハリソンは合唱団がうたっているところに出くわし、冗談まじりで、自分の葬儀にはぜひうたってほしいと頼んだのだった。

ハリソンの殺人事件は重いカーテンのようにシカゴの上に垂れこめた。それ以前とそれ以後をくっきり分ける事件となったのだ。シカゴの新聞には博覧会の影響と余波に関する膨大な記事が載るはずだったが、そのスペースのほとんどに沈黙がたちこめていた。博覧会は一〇月三一日もいちおうオープンし、大勢の男女が最後の見おさめに会場を訪れた。それは亡くなった親類を弔問するようなものだった。目に涙をためた女性はコラムニストのテレサ・ディーンに「生まれてこのかた、このお別れほど悲しいものはない」といった。イギリス人の編集者ウィリアム・ステッド——弟のハーバートは博覧会の開会式を取材した——は博覧会の閉会式の夜にニューヨークからシカゴへ来ていたが、博覧会場に初めて足を踏み入れたのは次の日だった。彼は栄誉の中庭を見て、これほど完璧なものはパリ、ローマ、ロンドンのどこでも見たことがないといった。

その夜、博覧会は最後のイルミネーションで飾られた。ステッドは書いている。「星空のもと、湖は暗く陰鬱だった。だが岸辺にそびえたつ象牙色の都市は金色の光に包まれてきらきらと輝き、詩人の夢のように美しく、死の都市のように静寂に包まれていた」

ブラックシティ

いったん閉会すると、ブラックシティの侵食をいつまでも食い止めることはできなかった。正式な閉幕とともに職を失った大勢の労働者がそれでなくても大量の失業者の群れに加わり、住む家をもたない人びとは博覧会の無人のパビリオンに無断で住みつくようになった。小説家のロバート・ヘリックは『人生の罠（ザ・ウェブ・オブ・ライフ）』にこう書いた。「世界博覧会のあと、厳しい冬を迎えて貧しい人びとは痩せほそり、飢えていた。あの美しい事業でこの豊かな都市は最大の強さを世に知らしめ、もてるエネルギーの究極の開花を見せながら、やがて崩れおちた……この都市がまとった巨大な衣装は実物にくらべて大きすぎた。何キロも並んだ空っぽの店舗、ホテル、アパートは、縮んで小さくなった姿を見せている。お祭り騒ぎの都市の高騰した賃金に引かれてやってきた何万もの人びとはうち捨てられて途方にくれ、食べるものも住むところもないまま主のないビルに無断で住みついている」。じつに悲しいコントラストだった。レイ・スタナード・ベーカーの『アメリカン・クロニクル』にはこうある。「なんという惨状！ つい先ごろ閉幕した世界博覧会のあの壮麗さと豊かさのあとで、人がこれほど悲惨な状態に陥るとは！ 栄光のきわみと誇りと高揚の一か月。その次に来るのは悲惨と苦悩、飢えと寒さのきわみだ」

閉幕後に迎えた厳しい冬のあいだ、バーナムのお抱え写真家だったチャールズ・アーノルドは前とは大きく異なる一連の写真を撮った。そのなかには煤に汚れたゴミだらけの機械館の姿もあった。壁には黒っぽい液体の流れたあとがあった。一本の円柱の根元には大きな箱があり、どうやら職のない不法占拠者の住まいらしかった。コラムニストのテレサ・ディーンは一八九四年一月二日にジャクソン・パークを訪れたときのことをこう書いている。「わびしいものだ。来ないほうがよかったと思う。まわりに人がいなければ、両手を伸ばして、どうかもとどおりになってほしいと祈りを唱えたくなるだろう。こんなものを見せるとは残酷きわまることではないか。六か月のあいだ私たちに夢を見せ、楽園に遊ばせ、そのあとで私たちの手からそれを取りあげるなんて」

その六日後、初めての火災が起こり、いくつかの建物が倒壊したが、そのなかには有名なペリスタイルもあった。翌朝、色がはげて泥まみれになったビッグ・メアリーの背景には黒焦げになってねじれたスチールの山が見えた。

その冬はアメリカの労働者にとって厳しい試練となった。労働者の目にユージン・デブスとサミュエル・ゴンパーズはしだいに救い主のように映り、シカゴの商業界の大物は悪魔のように見えてきた。ジョージ・プルマンはレイオフと給料カットを続け、あいかわらず家賃は下げないまま、会社の金庫には六〇〇〇万ドル以上もの現金を貯めこんでいた。プルマンの友人たちは、頑固にもほどがあると諭し、従業員の怒りを見くびってはいけないと忠告した。プルマンは家族をシカゴから避難させ、上等な陶器類を隠した。一八九四年五月一一日、プルマン社の二〇〇〇人の従業員が、デブスのアメリカ鉄道組合の後援を受けてストライキに突入した。これに続いてアメリカ各地でストライキが勃発した。デブスは七月にゼネストを決行する計画を立てはじめた。クリーヴランド大統領は連邦軍をシカゴに送り、ネルソン・A・マイルズ将軍に指揮をゆだねた。マイルズは博覧会で警察署長を務めた人物だった。だがこの新しい任務には不安を抱いた。アメリカ中に広がっている動乱はかつて例がなく「過去のどんな事件よりも危険で広範囲なもの」だった。それでも彼は命令にしたがった。かつて博覧会の治安を守った彼が、いまやそれを建設した男たちを相手に闘うことになった。

ストライキの参加者は鉄道を封鎖し、客車を燃やした。一八九四年七月五日、ストライキのあおりで、博覧会の目玉だった七つの大きな建物に火が放たれた。ポストの巨大な産業・教養館、ハントのドーム、サリヴァンの黄金の扉など、すべてが炎に包まれた。ループでは、大勢の男女がルッカリー、メーソニック・テンプル、テンペランス・ビルといった高層ビルの屋上や最上階のオフィスなど、高いところに集まって遠くの火事を眺めた。夜の空には高さ三〇メートルの炎が上がり、湖の沖合いまで赤々と照らしだした。

遅ればせながらバーナムの願いはかなえられた。『シカゴ・トリビューン』はこう書いた。「後悔はない。すばらしかったコロンビア博覧会の名残を一掃するのが解体業者ではなくあの炎だったのは、むしろ喜ばしいことだ」

のちに、翌年になってから驚くべき事実が明かるみに出た。

「博覧会を見にシカゴへやってきて、それ以後ぷっつり消息を絶った人は大勢いる」と書いたのは『ニューヨーク・ワールド』だった。「博覧会が閉幕したとき、『行方不明者』のリストは長大になっていた。そのなかには犯罪がらみと思われるものも多かった。博覧会を見物しようとシカゴへ初めて出てきた人びとは甘い広告に誘われてホームズの城（キャッスル）へと引き寄せられ、二度と戻ってこなかったのか？　彼がその城を博覧会場のすぐ近くに建てたのは獲物を大量につかまえようと思ったからか……？」

最初、シカゴ警察はありきたりの応答しかしなかった——博覧会が開催されていた当時のシカゴでは、姿をくらますのはとても簡単だった。

ホームズの城の秘密はついに白日のもとにさらされた。だが、それをなしとげたのは遠く離れた都市から来た一人の刑事の地道な努力だった。彼もまた愛する者を失った悲嘆を胸に秘めていた。

第四部　露見する犯罪

1895年

H. H. ホームズ医師

「H・H・ホームズ所持品」

　フランク・ガイア刑事は大柄な男で、陽気だが正直そうな顔にセイウチ髭を生やし、その目と態度には新たな重みが加わっていた。フィラデルフィア警察でも指折りの優秀な刑事であり、この道二〇年のベテランだった。その間、二〇〇件にもおよぶ殺人事件を担当した。殺人についてはよく知っており、その一定のパターンにも通じていた。夫は妻を殺し、妻は夫を殺した。貧乏人はおたがいに殺しあった。動機は例外なく、金、嫉妬、激情、愛のどれかだった。三文小説やサー・アーサー・コナン・ドイルの小説に出てくるような謎めいた要素はめったになかった。だが、ガイアの目下の任務——このとき一八九五年六月——は最初から風変わりだった。ふだんと違っていたことの一つは容疑者がすでに拘留中ということだった。七か月前に保険金詐欺で逮捕され、いまはフィラデルフィアのモイヤメンシン監獄に収監されていた。

　この容疑者は医師でマジェットという名前だったが、一般にはH・H・ホームズという仮名のほうが通用していた。かつてシカゴに住んでいて、助手のベンジャミン・ピツェルとともに、一八九三年の世界コロンビア博覧会の会期中はホテルを経営していた。その後、テキサス州フォートワースへ、さらにセントルイス、フィラデルフィアへと移動したが、その過程でいくつもの詐欺を働いていた。フィラデルフィアでは、ベンジャミン・ピツェルの死をでっちあげてフィデルティ・ミューチュアル・ライフ・アソシーエションから約一万ドルの保険金を騙しとった。保険会社のシカゴ支店でホームズがピツェルに生命保険をかけたのは一八九三年、博覧会が閉幕する直前のことだった。保険金詐欺の証拠が集まったので、保険会社はピンカートン探偵社――「けっして眠らない目（ジ・アイ・ザット・ネバー・スリープス）」――にホームズの調査を依頼した。ピンカートン社の探偵はヴァーモント州バーリントンでホームズを見つけ、ボストンまで追跡して、そこで警察に引き渡した。ホームズは詐欺の容疑を認め、裁判のためにフィラデルフィアへ移送されることにも同意した。これで事件は終わるかに見えた。だがいま一八九五年六月には、ホームズがベンジャミン・ピツェルの死をでっちあげたのではなく、みずから殺しの手をくだし、それから事故死に見せかけたのではないかという疑いが濃厚になっていた。しかもピツェルの五人いる子供のうち三人――アリス、ネリー、ハワード――が行方不明になっていた。子供たちは最後に目撃されたときホームズといっしょにいた。

ガイアの任務はこの子供たちを見つけることだった。彼を呼んだのはフィラデルフィアの地方検事ジョージ・S・グレアムだった。グレアムはこれまでもずっと市の機密扱いの事件をガイアに捜査させてきた。だが今回にかぎって、彼を呼ぶ前にグレアムは二度考えた。というのも、ほんの数か月前にガイアは火事で妻のマーサと一二歳の娘のエスターを亡くしていたからだった。

ガイアは独房のホームズを訪ねて話を聞いたが、新たな情報は得られなかった。ホームズによれば、最後にピツェルの子供たちを見たとき彼らは生きており、ミニー・ウィリアムズという女性につれられて潜伏中の父親のもとへ行くところだった。

ガイアの見たホームズは調子がよくて口のうまい社交的なカメレオンだった。「ホームズは嘘をでっちあげる才能に恵まれ、しかもそれをごてごてと飾りたてた。話しているときの彼は見かけはいかにも正直そうだったが、やがて同情を引いたほうが得な場面になると哀れっぽく声を震わせ、目に涙をためることも多かった。そうかと思うと一転して力強い断固たる口調になって、まるで心の琴線に触れた大事な思い出から憤りや決意がわきでてきたという感じだった」

ホームズはベンジャミン・ピツェルに似た死体を見つけてきて、この詐欺のためだけに借りた家の二階にそれを置いたと主張した。偶然かあるいはブラックユーモアか、この家は市庁舎から北へ数ブロックの市立死体安置所のすぐ裏にあった。ピツェルが爆発事故で死んだと見せかけるために死体を替え玉にしたことをホームズは認めた。死体の上半身にシンナーをまいて火をつけ、それから直射日光の当たる床の上に置いた。死体が発見されたときには目鼻立ちが潰れて身元がわからなくなるはずだった。ホームズは身元の確認に協力しようと検視官のもとに名乗りでた。死体安置所では死んだ男の首にあった特徴のあるいぼを指し示しただけでなく、自分のランセットをとりだしていぼを自分の手で切り取り、何事もなかったかのように平然と検視官に手渡した。

検視官は身元確認のため、ピツェルの家族の誰かを立ちあわせたいといった。ピツェルの妻のキャリーは病気で来られなかった。代わりにやってきたのは一五歳になる次女のアリスだった。検視官の部下はアリスのために遺体を布で覆って歯だけが見えるようにしておいた。アリスは父にまちがいないとはっきりいった。保険会社は保険金を支払った。次にホームズは、当時ピツェルの家族が住んでいたセントルイスへ行った。アリスを手元に置いたまま、ホームズはキャリーにほかの二人の子供たちもつれていきたいといった。隠れ家に潜んでいるピツェルが子供たちに会いたがっているという説明だった。彼は一一歳のネリーと八歳のハワードをつれだした。こうして三人の子は風変わりな悲しい旅に出立したのだった。

ガイアの手元にあるアリスの手紙によると、最初のころは旅が冒険のように思えたという。一八九四年九月二〇日付の母にあてた手紙でアリスはこう書いている。「私が見たものを母さんにも見せたいわ」。同じ手紙で、アリスはホームズの甘ったるい態度がいやだとも書いていた。「私のことを嬢(ベーブ)やとかかわい子ちゃん(チャイルド)とかいい子(ディア)だねとか、そんなふうに呼ぶのよ。ばかみたい」。翌日も手紙を書いた。「ママ、赤いバナナなんて見たことがある？　食べたことは？　私は三つ食べたわ。とても大きくて親指と人差し指でやっともてるくらいなのよ」。セントルイスを発って以来、家からはなんの連絡もなく、アリスは母の病気が悪いのではないかと気が気ではなかった。「これの前に書いた四通の手紙はちゃんと届いている？　まだベッドから出られない？　それとももう起きられる？　どうか手紙をください。待っています」

ガイア刑事にはわずかな情報しかなかったが、わかっていたことの一つはこれらの手紙がキャリー・ピツェルのもとに届かなかったという事実だ。ホームズといっしょにいたあいだ、アリスとネリーは母にあてて何通もの手紙を書き、彼が投函してくれるものと信じて渡していた。だが手紙は出されなかった。彼が逮捕された直後、警察は「H・H・ホームズ所持品」という文字の入ったブリキの箱を発見した。なかには各種の書類とともに少女たちが書いた一〇通あまりの手紙があった。ビーチで拾い集めた貝殻のように、彼は手紙を箱のなかにしまっておいたのだ。

ピツェル夫人はいまや心配と悲嘆でうちひしがれていた。ホームズの最近の供述によれば、アリスとネリーとハワードはミニー・ウィリアムズの保護のもとでイギリスのロンドンにいるということだったが、ロンドン警視庁の捜査では彼らの足どりはまったくつかめなかった。ガイアは自分の捜査で何かが見つかるとはとても思えなかった。子供たちの消息が絶えてからもう半年以上たっているのだ。「これはどう見ても意気揚々ととりかかれるような仕事ではないし、関係者の誰もが心のどこかで、あの子たちは見つからないだろうと感じていた。だが地方検事は子供たちを見つけるためにもう一度だけ、ほかのことはさておき、悲嘆にくれる母親のためにも努力してみるべきだと思っていた。私の捜査については いかなる制約もなく、自分の判断で行動してもかまわないという。手がかりがあればどこへ行ってもいい、と」

ガイアが捜査にとりかかったのは一八九五年六月二六日、暑い夏の夜だった。その六月は「常駐高気圧（パーマネントハイ）」と呼ばれる高気圧の帯が中部大西洋沿岸諸州（ミドルステーツ）に居座り、フィラデルフィアの気温は三二度まで上がった。田園地帯はじっとりとした湿気に包まれていた。夜になってもガイアの乗った客車の空気は淀んで湿気が多かった。男たちが吸った葉巻の煙がいつまでもスーツにまとわりつき、汽車が止まるたびにカエルとコオロギの鳴き声がうるさく聞こえてきた。ガイアはこま切れにしか眠れなかった。

翌日、汽車がペンシルヴェニアとオハイオのあいだの熱せられた低地を西に向かって猛スピードで走りぬけるあいだ、ガイアは捜査の手がかりになるものを見落としていないかと、子供たちの手紙を何度も読みなおした。手紙は子供たちがホームズといっしょにいたことの確かな証拠だったが、同時に地理的な情報も含まれていて、これをたどればホームズと子供たちの歩いた道筋を追えそうだった。最初の行き先はシンシナティのようだった。

ガイアは六月二七日木曜日の午後七時半にシンシナティに着き、パレス・ホテルにチェックインした。翌朝、警察署に出向いて任務の内容をざっと説明した。警察は補佐役としてガイアの旧友のジョン・シュヌックス刑事をつけてくれた。

ガイアはシンシナティから先の子供たちの足取りをつかみたかった。ゴールに至る近道はなかった。使える道具は自分の知力と手帳、数枚の写真と子供たちの手紙だけだった。ガイアとシュヌックスはシンシナティの駅周辺のホテルを残らずリストにし、一つずつ徒歩でまわって、子供たちとホームズの痕跡がないかどうか、宿帳を片っ端から調べていった。ホームズが仮名を使ったのはほぼまちがいなかった。そこでガイアはホームズの写真と子供たちが携えていた特徴のある「平らなトランク」のスケッチも持参した。そうはいっても、子供たちが手紙を書いたときからすでに何か月も過ぎていた。三人の子をつれた男のことなどきっと誰も覚えていないだろうとガイアは思った。

だがこの点に関するかぎり、彼の見込みは外れた。

二人の刑事はホテルからホテルへとめぐり歩いた。気温はぐんぐん上がっていった。何回、同じように自己紹介し、何度も同じ話をくりかえさなければならなかったが、つねに礼儀正しく、根気強く、聞きこみを続けるしかなかった。

セントラル・アベニューにはアトランティック・ホテルという小さな安宿があった。ほかのホテルと同じように、二人はフロント係に宿帳を見せてくれといった。まず一八九四年九月二八日金曜日のページを開いた。すでにアリスを手元に留めていたホームズは、その日セントルイスの家からネリーとハワードをつれだしたのだ。ガイアはホームズと子供たちがその日のうちにシンシナティへ来たはずだと考えた。そのページの記入をたどっていたガイアの指先は「アレックス・E・クック」という名前のところで止まった。宿帳によると、この客は三人の子供をつれていた。

この名前は記憶にひっかかった。ホームズは前にもヴァーモント州バーリントンで家を借りるときにこの名前を使っていたのだ。しかもガイアはそれ以前にホームズの手書きの文字をたくさん目にしていた。宿帳の筆跡は見慣れたものだった。

宿帳によれば「クック」なる人物の一行は一晩しか泊まっていなかった。だが少女たちの手紙から、彼らがもう一晩シンシナティで泊まったことは確かだった。ホームズがわざわざ別のホテルに移ったのは変に思えるが、それまでの経験から犯罪者の行動を常識で判断するのは危険だとわかっていた。ガイアとシュヌックスはフロント係にお礼をいって、さらにほかのホテルの聞きこみにとりかかった。

日は真上から照りつけ、路上は蒸し風呂のようだった。そこらじゅうの木の枝で蟬が鳴いていた。二人は六丁目とヴァイン・ストリートの角にあるブリストルというホテルを訪ね、宿帳の一八九四年九月二九日土曜日のページに三人の子供をつれた「A・E・クック」の名前を発見した。写真を見せられたフロント係は、その客がたしかにホームズと、アリス、ネリー、ハワードにちがいないといった。彼らは翌日、九月三〇日日曜日の朝にチェックアウトした。その日付も時間的な推移に一致するようだった。子供たちの手紙から、一行はその日曜の朝にシンシナティを発ち、夜にはインディアナポリスに着いたことがわかっていた。

だが、まだシンシナティですべきことが残っているという気がした。こうなると勘が頼りだった。ピンカートン社の調査では、ホームズは旅の途中、たとえばバーリントンでのように、滞在した都市で家を借りることがあった。刑事たちはシンシナティの不動産業者を調べてみることにした。

やがて東三丁目のJ・C・トマスという不動産業者に行きついた。

ホームズには人の注目を引く何かがあったらしく、不動産業者のトマスもその部下の事務員も彼のことを覚えていた。ホームズは「A・C・ヘイズ」という名でポプラ・ストリート三〇五番地の家を借り、前払いで大金を払った。

トマスによれば、契約した日は一八九四年九月二八日金曜日で、ホームズと子供たちがシンシナティに着いた日だった。たった二日しか使わなかったのだ。

トマスが話せるのはこれくらいだったが、ついでにこの家の隣に住んでいたヘンリエッタ・ヒルという女性のことを教えてくれた。

二人はすぐにミス・ヒルの住まいを訪ね、彼女が観察力にすぐれ、しかもゴシップ好きだということをつきとめた。「話すことなんて本当にないんですよ」――そういったあとで彼女はたっぷり話してくれた。

その家の新しい借り手に気づいたのは、九月二九日土曜日、家具屋のワゴンがその貸家の前に止まったときだった。一人の男と少年がおりてきた。なによりミス・ヒルの注意を引いたのは、家具屋のワゴンに個人住宅用にしては大きすぎる鉄製のストーブ一つしか積んでいないことだった。

ミス・ヒルはこのストーブがとても妙だと思ったので、近所の人たちにそのことを話した。翌朝、ホームズが彼女の家の戸口にあらわれ、この家には住まないことになったといった。そして、もしストーブが欲しければさしあげる、と。

ガイア刑事は、ホームズが隣人の詮索好きに気づいて計画を変更したのだろうと推測した。だがその計画の中身は？　そのときの彼は「まだこのポプラ・ストリートの借家と運ばれてきた巨大なストーブの重要性を理解していなかった」。それでも子供たちにつながる「糸の端をしっかりつかんだ」ことだけは確信できた。

少女たちの手紙から次の行く先ははっきりしていた。捜査に協力してくれたシュヌックス刑事にお礼をいってから、彼はインディアナポリス行きの汽車に乗った。


インディアナポリスはもっと暑かった。淀んだ空気のなかで、木の葉は死んだばかりの人の手のようにだらっと垂れさがっていた。

日曜の朝早く、ガイアは警察署に出向き、この町で捜査のパートナーとなるデヴィッド・リチャーズ刑事と落ちあった。

ここでの捜査は一見すると簡単そうだった。インディアナポリスで書かれたネリー・ピツェルの手紙には「私たちはイングリッシュHにいます」という一文があったのだ。リチャーズ刑事はその場所――ホテル・イングリッシュ――を知っていた。

ホテルの宿帳の九月三〇日の欄には「キャニング、子供三人」という記述があった。ガイアは、キャニングという名前がキャリー・ピツェルの旧姓だと知っていた。

だがそう簡単にはいかなかった。宿帳によればキャニングの子供たちは翌一〇月一日月曜日にチェックアウトしていた。だが手元にある手紙によれば、少なくともあと一週間はインディアナポリスに滞在したはずだった。ホームズはここでもシンシナティでのパターンをくりかえしたようだった。

ガイアはシンシナティのときと同じように足を使ってこつこつと調査した。リチャーズ刑事とつれだってホテルをしらみ潰しに調べたが、子供たちの足跡は見当たらなかった。

だがほかのものを見つけた。

サークル・パークというホテルで「ミセス・ジョージア・ハワード」という名前を見つけたのだ。ハワードはホームズがよく使う仮名の一つだった。これはホームズのいちばん新しい妻ジョージアナ・ヨークにちがいない。宿帳によれば「ミセス・ハワード」がチェックインしたのは一八九四年九月三〇日の日曜日で、それから四泊した。

ガイアはホテルの経営者ミセス・ロディアスに持参した写真を見せた。ホームズとヨークは見覚えがあったが、子供たちは知らないという返事だった。ミセス・ロディアスによれば、ヨークとは親しくなったという。あるとき二人でおしゃべりしていると、ヨークは夫のことを話題にした。彼は「とても金持で、テキサスに土地と牧場をもっている。それにドイツのベルリンにも土地がある。留守にするあいだの仕事の手配を夫がすませたらすぐに、二人でドイツへ出発するつもりなのだ、と」

これらのホテルに滞在しているタイミングがどうも不可解だった。ガイアにいえるのは、九月三〇日の日曜日の時点で、ホームズが同じ都市の別々のホテルに三人の子供と妻を泊まらせ、おたがいの存在を知らせずにおいたということだけだった。

子供たちは次にどこへ行ったのだろう？

ガイアとリチャーズはインディアナポリスにあるすべてのホテルの宿帳と下宿屋の記録を調べたが、子供たちの足跡は見つからなかった。

インディアナポリスでの捜査はこれで袋小路に入りそうだった。そのときリチャーズがふと思いだした。一八九四年秋にはサークル・ハウスというホテルがあったが、その後すぐに営業を止めていた。二人の刑事は他のホテルに訊いてサークル・ハウスの関係者を洗いだし、元フロント係から宿帳が市内の弁護士のもとにあることをつきとめた。

宿帳の記録はいいかげんだったが、一〇月一日月曜日にチェックインした客のなかに見慣れた名前があった――「キャニング、子供三人」。宿帳の記述によれば、子供たちはイリノイ州ガルヴァから来たことになっていた。ガルヴァはミセス・ピツェルが育った町だ。ガイアはどうしてもこのホテルの元支配人に会わなければと思い、彼がウェスト・インディアナポリスで酒場を経営していることを調べだした。名前はハーマン・アッケローといった。

ガイアは自分の任務について説明するのももどかしく、アッケローにホームズと子供たちの写真を見せた。アッケローは一瞬、黙りこんだ。ええ、まちがいないです、と彼はいった。これはホテルに来た男です。

だが、もっと強い印象で残っているのは子供たちだった。なぜ記憶に残っているか、その理由を彼は二人の刑事に話しはじめた。

このときまで、子供たちのインディアナポリスでの暮らしについてガイアが知っていたのは手紙に書いてあることだけだった。一〇月六日から八日までに、アリスとネリーは少なくとも三通の手紙を書いたが、ホームズはそれを投函せず隠してしまった。手紙は短く、つたない文章だったが、子供たちの生活の一端がうかがえ、ホームズのもとで半ば監禁状態だったことがわかる。一〇月六日土曜日、ネリーは書いている。「私たちはみんな元気です。今日は少し暖かいです。あまりたくさんの馬車が通りすぎるので、うるさくて何も考えられません。この手紙では、はじめてガラスペンを使ってみました……ガラスでできているので、よく注意しなければなりません。そうしないと壊れてしまいます。これはたった五セントです」

同じ日にアリスも手紙を書いた。母親と引き離された期間が最も長いアリスにとって、この旅は退屈でたまらず、家に帰りたかった。その日は土曜で強い雨が降っていた。風邪を引き、『アンクル・トムの小屋』をあまり何度も読みかえしたので目が痛くなるほどだった。「明日の日曜はもっと時間のたつのが遅いでしょう……なぜ手紙をくれないの？旅に出てから一通も手紙をもらっていません。あさってでもう三週間になります」

月曜日、ホームズがようやくミセス・ピツェルからの手紙を子供たちに渡したので、アリスはすぐに返事を書いた。そのなかには「お母さんのほうがひどいホームシックみたいね」という言葉もあった。この手紙もホームズが隠匿してしまったが、アリスは幼いハワードがだんだん聞きわけがなくなってきたとも書いていた。「ある朝、ミスターHがいいました。明日の朝はハワードといっしょに出かける用があるから外に出さないように、と」。だがハワードはいうことを聞かず、ホームズが来たときは姿をくらましていた。ホームズはひどく怒った。

寂しくて退屈ではあったが、たまには楽しいひとときもあった。「きのう食べたのはマッシュポテト、葡萄、チキン、牛乳、とてもおいしいフルーツソースのついたアイスクリームとおいしいレモンパイ――すごいでしょう」

ミセス・ピツェルがこの手紙を手にしていたら、子供たちがひもじい思いをしていないと知って少しはほっとしたかもしれない。だが子供たちは幸せではなかった――とホテルの元支配人はガイアに話しはじめた。

アッケローは毎日、長男を子供たちの部屋へやって食事に呼んでいた。戻ってきた長男はよく子供たちが泣いているといった。「とても心細がって、母親を恋しがり、母からの連絡を待ち望んでいたのだ」とガイアは書いている。子供たちの部屋の掃除をしていたカロライン・クラウスマンというドイツ人のメイドも同じような哀れな情景を目にした。このメイドはシカゴに引っ越したとアッケローはいった。ガイアはその名前を手帳にメモした。

アッケローはこうもいった。「ホームズはハワードに手を焼いているといっていました。それであの子を施設に入れるか、あるいは農家にでも預けるつもりだというのです。あの子の面倒を見る責任から免れたい、と」

ガイアはいまだに、ホームズのいうとおり子供たちがどこかで生きているのではないかと小さな希望を抱いていた。警官になって二〇年にもなるが、なんの理由もなく三人の子供を殺せる人間がいるとは信じられなかったのだ。ただ殺すためだけに、ホームズはわざわざ手間と金を費やして子供たちを町から町へ、ホテルからホテルへとつれ歩いたのだろうか？　ガラスペンを買いあたえ、シンシナティの動物園へつれていき、レモンパイとアイスクリームを食べさせたのはなんのためか？

ガイアはシカゴに向かったが、心の底にはインディアナポリスをまだ離れたくないという気持があった――「なぜか、ハワードがこの町を生きて出たはずはないという予感があった」。驚いたことに、シカゴ市警はホームズのことを何も知らなかった。ガイアはカロライン・クラウスマンがクラーク・ストリートのスイス・ホテルで働いていることをつきとめた。子供たちの写真を見せたとたん、彼女の目は涙でいっぱいになった。

ガイアはデトロイト行きの汽車に乗った。ブリキの箱から見つかったアリスの最後の手紙はそこで書かれていた。

ガイアは追跡している獲物の息遣いを感じた。ホームズの行動に論理的な筋道はなかったが、そこには一種のパターンがあった。デトロイトで何を探せばいいかはわかっていた。ここでもまた刑事の協力をあおぎ、こつこつとホテルや下宿屋の聞きこみに精を出した。事件の説明をし、写真を見せるという手順は何百回もくりかえしたが、彼はけっして飽きたりせず、つねに忍耐強く丁重な態度を崩さなかった。それが彼の強さだった。彼の弱さは、悪にも限界があると信じているところだった。

ふたたび子供たちの足跡をとらえ、ここでもホームズとヨークという二組の宿泊記録を見つけたが、それにもまして奇妙なものが発見された。ちょうど同じ時期に、キャリー・ピツェルと残りの二人の子、ディジーと赤ん坊のワートンもデトロイトのホテル――ガイス・ホテル――にチェックインしていたのだ。驚いたことに、ホームズはいまや三組のグループを別個に引きつれて町から町へと旅するようになっていた。彼は人間をあちらからこちらへと動かしていた。まるで玩具のように。

発見はそれだけではなかった。

ホテルからホテルへと聞きこみを続けるうちに、ホームズがキャリーをアリス、ネリー、ハワードの三人の子供から引き離していただけではないことがわかった。彼は二つのグループをわずか三ブロックしか離れていないホテルに泊まらせていたのだ。ガイアは突然、ホームズがしてきたことの本当の意味に思いあたった。

ガイアはアリスの最後の手紙を読みなおした。祖父母に宛てたその手紙は一〇月一四日日曜日に書かれていた。母親のキャリーがディジーと赤ん坊をつれてガイス・ホテルにチェックインした日である。これは子供たちが書いた手紙のなかでとりわけ哀れを催させるものだった。アリスとネリーは二人とも風邪を引いており、気候は真冬のようだった。アリスは書いている。「ママにコートが必要だと伝えてください。薄いジャケットだけで凍えそうです」。冬服がなかったので、子供たちは一日中ホテルの部屋にいるしかなかった。「ネルと私でできるのは絵を描くことくらいです。坐っているのにはもううんざりで、できるならどこかへ飛んでいってしまいたい。みんなに会いたいです。家に帰りたくてたまらないけど、どうしたらいいのかわからない。きっとワートンはもう歩いているでしょうね。あの子がここにいたらいい暇つぶしになるのに」

ガイアは愕然とした。「かわいそうな少女アリスは、イリノイ州ガルヴァの祖父母に寒さを訴え、もっと厚くて暖かい服を送ってほしいと母への伝言を託し、小さな赤ん坊のワートンがいたら時間をもてあまさずにすむのにと嘆いている——疲れはて、孤独で、家を恋しがっているこの哀れな子がそんな手紙を書いているとき、当の母親と妹、そしてこれほど会いたがっているワートンは歩いて十分ほどのところにおり、さらに五日間もそこにいつづけたのだ」

ホームズにとってこれはゲームなのだ。ガイアはそう思った。彼ら全員を自分の所有物にし、意のままに動かすのを楽しんでいた。

ガイアの頭のなかで、アリスの手紙にあった別の一節が駆けめぐっていた。

「ハワードはもうここにはいません」

モイヤメンシン監獄

ホームズはモイヤメンシン監獄の独房にいた。南フィラデルフィアの一〇丁目とリード・ストリートの角、大きな塔と銃眼のある建物だった。投獄されてもまったく動じていないようすで、この逮捕は不法だと訴えるだけだった。「耐えねばならない幾多の不便よりも、自分が囚人であるという屈辱のほうがはるかに大きく、とても我慢できない」と彼は書いている――だが、本当は、屈辱どころかなにも感じていなかった。なにかを感じたとすれば、いまのところ彼がベンジャミン・ピツェルや行方不明の子供たちを殺したことを示す確たる証拠はどこからも出ていないといううぬぼれまじりの満足感だった。

独房は広さがおよそ三×四メートル、壁の上のほうに格子のはまった小さな窓があり、裸電球が一個下がっていたが、九時には消灯させられた。壁は水漆喰塗りだった。石造のせいで、フィラデルフィアをはじめアメリカ各地を悩ませていた暑さは少しは防げたが、この地方の悪名高い湿気だけはどうしようもなかった。湿気は濡れたウールのマントのように囚人たちの体にまとわりついたが、ホームズはそれさえ気にしていないようだった。ホームズは模範囚となった——それどころか模範囚のお手本だった。人をたらしこむ魅力のすべてを駆使して看守にとりいり、特別扱いを手に入れた。私服を着ることや「自分の時計やその他こまごました身の回りの品をそばに置く」ことも許された。また、金さえ払えば、外からもちこまれる食べものや新聞、雑誌などが買えることも知った。アメリカ中に彼の悪名がとどろいていくようすは記事で読んでいた。六月に面会に来たフィラデルフィアのフランク・ガイア刑事がいま中西部でピッェルの子供たちの行方を追っていることも知っていた。この捜査はホームズをうれしがらせた。注目される快感が満たされ、刑事を翻弄していると思うとわくわくした。ガイアの捜査など実りなく終わるに決まっていた。

独房にはベッドと椅子と書きもの机があり、その机に向かって彼は回想録を書いた。当人によれば、書きはじめたのはこの前の冬——正確には一八九四年一二月三日だった。

回想録の書きだしは寓話のようだった。「よかったら、私といっしょに、ニューイングランドの静かな小さい村へ来てごらん。まるで絵のようなニューハンプシャーのごつごつした丘に囲まれた村だ……一八六一年、この本の著者、私ことハーマン・W・マジェットはここで生まれた。生まれてから数年間の幼年時代はごくふつうの田舎育ちの少年と大した違いはなかったはずだ」。日付と場所はほぼ正しかった。しかし平凡な田舎の少年という記述はまちがいなく嘘だった。反社会性人格障害の症例で子供時代によく見られる特徴は、意図的に嘘をつくこと、動物やほかの子供たちに異常なほど残酷な態度をとること、破壊行為が多く、とくに放火を好むことなどである。

ホームズは回想録に「監獄日記」を挿入した。本人によると、これはモイヤメンシン監獄に送られたその日からつけていたという。だが本当のところはこの回想録のためにあとからでっちあげたものらしく、自分がやさしい敬虔な人間だという印象を強めて、無実の主張の裏付けにするのが目的だった。この日記には、自分を向上させるために毎日の日課を決めていると書かれている。毎日六時半に起床し、「日課のスポンジ・バス」で体を清潔にしたあと、独房の掃除をする。朝食は七時。「収監されているあいだは肉類をいっさい口にしない」つもりだった。一〇時までは体操と朝刊を読む時間だ。「週の六日、一〇時から一二時までと午後二時から四時までは、医学の勉強と大学で学んだことの復習にあてた。たとえば速記、フランス語、ドイツ語など」。それ以外の時間は各種雑誌と図書室の本を読むのに費やした。

日記のある個所には、ジョージ・デュ・モーリアの小説で一八九四年のベストセラーだった『トリルビー』を読んだと書かれている。これは若手歌手のトリルビー・オファレルと催眠術で彼女をあやつるスヴェンガリなる人物の話だった。ホームズは「とてもおもしろいと思う個所もあった」と書いている。

ホームズの日記はたえず読者の情に訴えようとした。一八九五年五月一六日にはこんな記述がある。「誕生日だ。三四歳になった。これまでと同じように母は手紙をくれるだろうか……」

別のところでは、いちばん新しい妻ジョージアナ・ヨークの面会のことを書いている。「彼女は傷ついていたが雄々しくもそれを私には見せまいとした。それでもうまく隠しおおせることはできなかった。数分のうちにふたたび妻に別れを告げ、彼女が重荷を負ってまた世間に出ていかざるをえないことを思うと、私の心には死の苦しみよりも耐えがたい苦悩が生まれた。妻の心の傷と悩みが完全に払拭されないかぎり、私の毎日は生きたまま死んでいるようなものである」

ホームズは独房から、キャリー・ピツェルにも長文の手紙を書いた。警察が手紙を読むことを承知の上で書いたことは文面からも明らかだった。アリスとネリーとハワードはロンドンの「ミス・W」のもとにいる。警察が彼の話をくわしく検証しさえすれば、子供たちの謎はすぐ解けるだろう。「あの子たちにはわが子のつもりで接してきました。あなたは私のことをよくご存じのはずですから、ここの連中よりももっと的確に判断できますね。ベンが私に害をなすことはけっしてなかったし、私のほうも同じで、兄弟のように思ってきました。喧嘩など一度もしたことがありません。しかも私にとって彼はじつに有益な人間だったのだから、よりによってこの私が彼を殺すことなどありえるでしょうか。まったく理由がありません。子供たちについては、あなた自身の口から聞かないかぎり、あの子たちが死んだとか、私がけしからぬことをしたというようなことをあなたが信じているとは絶対に思いません。私のことを知っているあなたなら、この私が罪のない幼い子供たちをなんの動機もなしに殺したなどとは夢にも思えないはずです」

子供たちから手紙が来なかった理由を彼はこう説明した。「あの子たちは手紙を書いたはずですが、きっとミス・Wが自分の身の安全のために取りあげてしまったのでしょう」

ホームズは新聞を隅から隅まで読んでいた。どうやら刑事の捜索はほとんど実りがないようだった。ホームズはガイアがやがて捜索を打ち切ってフィラデルフィアに戻って来ると確信していた。

そうなったときのことを思うとうれしくてたまらなかった。

借家人

一八九五年七月七日日曜日、ガイア刑事はトロントの捜索にとりかかった。ここの警察署はアルフ・カディ刑事を助っ人によこしてくれた。ガイアとカディはトロントのホテルと下宿屋を調べあげ、数日後にはここでもホームズが三組のグループをおたがいに知らせないまま同時に動かしていたことがわかった。

ホームズとヨークはウォーカー・ハウスにいた。「G・ハウと妻、コロンバスより」ミセス・ピツェルはユニオン・ハウスだった。「ミセス・C・A・アダムズと娘、コロンバスより」

少女たちはアルビオン。「アリス・キャニング、ネリー・キャニング、デトロイトより」

ハワードを見たという人は一人もいなかった。

ガイアとカディは次に不動産屋の記録を探り、貸家の持主に連絡をとりはじめた。だが、トロントはガイアがこれまで調べてきた町よりずっと大きかった。この仕事はきりがないように思えた。七月一五日月曜日、彼は今日もまた心を萎えさせるお決まりの手順が待っているのかと思って起きだした。警察へ行ってみると、カディ刑事がいつになく興奮していた。有望と思える情報が入ったのだ。トマス・リーヴスという住民はホームズのことを報じた地元の新聞記事を見て、一八九四年一〇月に隣の家を借りた男に似ていると思った。その家はセント・ヴィンセント・ストリート一六番地にあった。

ガイアは懐疑的だった。彼の任務とトロント到着のことが大々的に報じられたため、これまでもたくさんの情報が舞いこんでいたが、どれもゴミばかりだった。

カディはこんどの情報もまた空振りかもしれないが、少なくともマンネリ打破にはなるといった。

いまやガイアはアメリカのシャーロック・ホームズとして国中の注目を集めていた。彼の捜査の道筋は新聞記事となってアメリカ中に伝えられた。当時は三人の子供を殺すことが常軌を逸した恐ろしい事件と見なされていた。その夏のうだるような暑さのなか、たった一人で捜査を続けるガイア刑事には人の心をとらえる何かがあった。その姿が男のあるべき理想像に見えたのだ——あらゆる困難を乗りこえて厳しい任務にとりくみ、立派になしとげる男。この忍耐強い刑事がついに行方不明の子供たちを発見したという報告を期待して、何百万という読者は朝起きてまず新聞を開くのだった。

いちやく有名になったこともガイアはまるで気にかけなかった。捜索を始めてからほぼ一か月が過ぎようとしているのに何をつかんだか？　一つの謎が解けるたびに新たな謎が生まれるだけのようだった。なぜホームズは子供たちをつれていったのか？　なぜ都市から都市へ手のこんだ旅を続けたのか？　これほどの支配力を可能にするのはいったいどんなパワーなのか？

ホームズに関して、ガイアにはどうしても理解できないことがあった。どんな犯罪にも動機がある。だが、ホームズを突き動かす力は、ガイアがこれまで経験した範疇にはおさまらないようだった。

考えるたびに同じ結論に達した——ホームズは遊んでいる。保険金詐欺は金めあてだったが、それ以外は楽しむためだった。ホームズはどこまで人の命をもてあそべるか、自分の力を試しているのだ。

何よりガイアを悩ませていたいちばん大きな謎はまだ答が出ていなかった——子供たちはどこにいる？

二人の刑事が訪ねていくと、トマス・リーヴス――かなり年輩で愛想のいいスコットランド人だった――は嬉々として出迎えた。そして隣の借家人がなぜ彼の目にとまったかを説明した。一つには、ほとんど家具をもたずに引っ越してきたことだった。マットレス一枚、古いベッド一つ、それに場違いなほど大きいトランクが一個。ある日の午後、隣の借家人がリーヴスの家へ来て、シャベルを貸してくれといった。ジャガイモを保存するため地下室に穴を掘りたいのだという。男は翌朝シャベルを返しにきて、その翌日にはトランクを家から運びだした。その後、二度と男を見ることはなかった。

ガイア刑事はがぜん奮いたって、きっかり一時間後に隣家の前で待ちあわせようとリーヴスにいった。それから二人の刑事はこの貸家を斡旋した不動産業者の家を訪ねた。ほとんど前おきなしにガイアはホームズの写真を見せた。相手はすぐに彼だと認めた。とてもハンサムできれいなブルーの目だった。

「これは信じがたいほどの幸運だった」。ガイアとカディはお礼もそこそこにセント・ヴィンセント・ストリートへ駆けもどった。リーヴスが家の前で待っていた。

ガイアはシャベルを貸してくれと頼み、リーヴスは隣の借家人に貸したあのシャベルをもって戻ってきた。

それはかわいらしい家だった。中央には尖った三角屋根、ふちには扇形の飾りがあって、おとぎ話に出てくるお菓子の家を思わせた。ただし場所は深い森の奥ではなく、トロントの中心の上品な住宅街で、前庭に先の尖った白いフェンスをめぐらした優雅な家がびっしりと建ち並んでいた。ベランダの柱にはクレマチスの蔓がからみ、きれいな花を咲かせていた。

現在の借家人ミセス・J・アームブラストが玄関のドアを開けた。リーヴスが二人の刑事を紹介した。ミセス・アームブラストは彼らを招じいれた。中央の廊下が家を二手に分けていて両側に三つずつ部屋があった。吹き抜けになった階段が二階に通じていた。ガイアは地下室を見せてほしいといった。

ミセス・J・アームブラストは刑事たちをキッチンに案内し、床に敷いてあったオイルクロスをもちあげた。その下に四角い跳ねあげ戸があった。刑事がその扉を開けると湿った土の臭いがぷんと立ち昇ってキッチンを満たした。地下室はそれほど深くなかったが、とても暗かった。ミセス・アームブラストがランプをもってきた。

ガイアとカディは急な階段――むしろ梯子に近かった――を下りて地下室に入った。広さはおよそ三メートル四方、高さは一メートル半もなかった。ランプのオレンジ色の炎がちらちらと揺れて刑事たちの影が大きく膨らんだ。体をかがめ、頭上の梁に注意しながら、ガイアとカディはシャベルの先で地面を調べていった。ガイアが南西の隅でやわらかな場所を見つけた。驚くほど簡単にシャベルの先が突き刺さった。

「小さな穴をあけたとたん一気にガスが噴出して、ひどい悪臭がただよった」

一メートル足らずのところで人骨が出た。

遺体を掘りだす手助けに、B・D・ハンフリーという葬儀屋を呼んだ。ガイアとカディはそろそろと地下室に戻った。ハンフリーは跳びおりた。

悪臭はいまや家中にただよっていた。ミセス・アームブラストは失神寸前だった。

やがて棺おけが到着した。

葬儀屋の部下たちがそれをキッチンに運びこんだ。

子供たちは裸で埋められていた。アリスは横向きに寝かされ、頭は地下室の西の端にあった。ネリーはうつ伏せで、一部はアリスに重なっていた。量の多い黒い髪はきちんと編んで背中に垂れており、いま櫛を入れたばかりのようだった。男たちは地下室の床にシートを広げた。

まずネリーから始めた。

「できるだけそっともちあげたが、腐敗が進んでいたので、三つ編みにした髪の重さに耐えきれず、頭の皮膚の一部が崩れおちた」

ほかにも発見があった。ネリーの両足首から先がなかったのだ。あとで警察が家のなかをくまなく捜索したが足は見つからなかった。最初は謎に思えたが、やがてガイアはネリーの足に内反尖足という先天的な障害があったことを思いだした。死体の身元をばらさないために、ホームズはあっさりネリーの足を切り取ったのだ。

ミセス・ピツェルは娘たちの発見のニュースを朝刊で知った。たまたまシカゴの友人を訪れていて、ガイアがじかに知らせようと送った電報を受けとれなかったのだ。母親はトロント行きの汽車に乗った。ガイアは駅で出迎え、滞在していたホテル、ロッシン・ハウ

スへつれていった。疲れはて、悲しみのあまり気絶しそうだったので、ガイアは気付薬を嗅がせた。

ガイアとカディは翌日の午後、彼女を死体安置所へ案内した。ブランデーと気付薬をもっていった。「アリスの歯と髪の毛、それにネリーのものだった髪の毛しか見ることはできないと話した。これを聞いて、彼女はまた身をすくませ、失神しそうになった」

検視官たちは身元確認をする家族がなるべく耐えやすいよう配慮した。アリスの頭部の皮膚を洗い、ていねいに歯を磨いてから、全身をキャンバス布でおおった。顔には、歯のところだけ出るように穴をあけた紙をかぶせた。フィラデルフィアの検視官がアリスの父親——ベンジャミン・ピツェル——の遺体にやったのと同じだった。

ネリーの髪も洗い、アリスの遺体を包んだキャンバス布の上にそっと置いた。

カディとガイアはミセス・ピツェルを左右から支えるようにして死体置き場に促した。アリスの歯はすぐにわかった。それから彼女はガイアに「ネリーはどこ？」と訊ねた。そのすぐあと、ネリーの長い黒髪に気づいた。

検視官によれば、遺体に暴力の痕跡が見られないことから、ホームズは少女たちを大きなトランクに閉じこめ、ランプのバルブを使ってガスを注入したのだろうと推測した。たしかに発見されたトランクを警察が調べたところ、側面にドリルで穴を開けたあとがあり、その穴は補修材でぞんざいにふさがれていた。

「なにより驚くのは、ホームズが大都会トロントのまんなかで二人の少女をあっさり殺したことだ。この町の誰一人として疑いを抱かなかった」。グレアムがガイアを捜査に送りださなかったら、「これらの殺人はけっして暴かれず、ミセス・ピツェルは子供たちの生死を知らないままで墓に入ることになっただろう」

　ガイアにとって、少女たちを発見したことは「私の生涯でもとりわけ達成感のあった出来事だった」が、ハワードの遺体がまだ見つかっていないことを思うと達成感も薄らいだ。ミセス・ピツェルはハワードが死んでいるとは考えたくなかった。「息子がいつか生きて発見されるという一縷（いちる）の希望にしがみついていた」

　ガイアでさえそれを願っていた。これぱかりはホームズが嘘をつかず、インディアナポリスのホテルのフロント係に話したとおりにしていてほしかった。「ホームズがほのめかしたように、ハワードはどこかの施設にいるのではないか？　あるいはどこか遠いところに隠れていて見つからないだけではないか？　あの子は生きているのか、それとも死んだのか？　答を探して私は途方にくれ、暗闇のなかを手探りで進むしかなかった」

元気な死体

アメリカ中の新聞がトロントにおけるガイアの発見を報じた一八九五年七月一六日火曜日の朝、フィラデルフィアでは地方検事のオフィスからモイヤメンシン監獄の所長に緊急の電話が入り、ホームズにその日の朝刊を見せるなという命令が伝えられた。命令を出したのは検事補のトマス・W・バーローだった。このニュースをホームズに突きつけて動揺させ、罪を告白させようと考えたのだ。

だが命令は遅すぎた。朝刊を途中で取りあげようと急いだ看守は、机に向かって天気予報でも読むように平然と新聞を読んでいるホームズを見た。

回想録では、ホームズはこのニュースにショックを受けたといっている。朝刊はいつものように八時半に届いた。「そして手にしたとたん、トロントで子供たちが発見されたという大見出しが目に飛びこんできた。その瞬間、まさかと思った。この事件の初期にもよくあった新聞の勇み足だろうと思いたかった……」。だが突然、ことの真相に思いあたったとホームズは回想録に書いた。ミニー・ウィリアムズが子供たちを殺したか、あるいは誰かに殺させたにちがいない。ホームズは彼女に「ハッチ」という悪い仲間がいることを知っていた。おそらくウィリアムズが殺人を示唆し、ハッチが実行したのだろう。あまりにも恐ろしいことでとても信じがたい。「私はそれ以上記事を読んでいられなかった。そのかわり、大急ぎで旅立とうとする私を見つめていた二つの小さな顔を思いうかべた――おずおずとした無邪気な子供のキスの感触を肌に感じ、心のこもった別れの挨拶を耳によみがえらせた。そしてまた一つ、墓のなかまでもっていかねばならない重荷を負ったことがわかった……このときの私は完全に茫然自失の状態だったが、そのとき地方検事のオフィスへ出頭するようせかされたのだ」

その朝は暑かった。ブロード・ストリートを北の市庁舎へ向かうあいだ、空気はタフィーのようにねっとりとしていた。地方検事のオフィスでホームズはバーローの尋問を受けた。『フィラデルフィア・パブリック・レジャー』の記事によれば、ホームズは「弁舌の才に見捨てられたようだった。それから二時間、彼はシャワーのように質問を浴びせられたがひと言もしゃべろうとしなかった。いかなる手段も通じず、まともな答は一つもなかった」

ホームズによれば「あんな告発に我慢できるはずもなく、矢継ぎ早の質問に答えたい気分ではなかった」。彼はバーローに、ハワードもミス・ウィリアムズとハッチに殺されたにちがいないといった。

モイヤメンシンに戻されたホームズは回想録を出してくれる出版社を熱心に探しはじめた。一刻も早く出版して世論を自分の味方につけたいと思ったのだ。人をいいなりにするという最大のパワーを直接ふるえないとしたら、せめて間接的に使うしかない。彼はジョン・キングというジャーナリストを見つけ、出版と販売の契約を結んだ。

彼はキングにこんな手紙を書いた。「思いついたことがある。ニューヨーク『ヘラルド』とフィラデルフィア『プレス』がもっている凸版をすべて手に入れ、そのなかのいいものを選んで印刷屋にもちこむ。メッキの費用は印刷屋に払わせればいい」。とくに欲しがったのは『ヘラルド』に載った、豊かな口髭のある自分の写真だった。また「同じように、私の二つの名前（ホームズとマジェット）のサインも凸版にしてメッキをかけ、写真の下に入れてほしい」との要求も出した。そして、活字が組みあがったときには材料をすべてそろえて印刷にまわせるよう、手配はてきぱきやってほしいと指示した。

そのうえキングにマーケティングのアドバイスさえした。「本が出版されたらすぐフィラデルフィアとニューヨークのニューススタンドに並べること。それからここフィラデルフィアで午後だけ働ける腕利きのセールスマンを見つけてほしい。よさそうな通りを見つくろって本を配ってまわり、およそ三〇分後にその代金を徴収しにいくのだ。人が忙しくしている午前中はやってもむだだ。学生のときにこのやり方を試して、うまくいった」

さらにアドバイスは続いた。「もっと遠征したいと思うなら、この本に出てくる土地、シカゴ、デトロイト、インディアナポリスへも何日も出かけてみるとよい。それらの都市の新聞に本を送ってコメントをもらえば売れ行きがよくなるはずだ……」

この手紙も警察の手にわたるだろうと思ったホームズは、自分の無実を遠まわしに裏付けるような小細工を弄した。本のセールスのためにシカゴへ行く機会があったら某ホテルに出向いてそこの宿帳を調べ、フロント係の証言をとってきてほしいとキングに頼んだのだ。ミニー・ウィリアムズは彼女が殺されたと思われている時期よりずっとあとで、ホームズのつれとしてそのホテルに泊まっているはずだから、と。

キングにあてたホームズの手紙にはこう書かれている。「そのとき彼女が死体だったら、ずいぶん元気な死体だったというしかない」

「疲労困憊の日々」

ガイアにとっては奇妙な空隙だった。あらゆる手がかりを追いかけ、ホテルをしらみ潰しに調べ、下宿屋と不動産屋を片っ端から訪ねてきたのに、これからまた捜査を第一歩からやりなおさなければならないのだ。どこへ行けばいいのか？　どんな道が残っている？　そんな彼を嘲るかのように、あいかわらず暑さと湿気は息が詰まるほどだった。

直感はまだ、ホームズがハワードを殺したのはインディアナポリスだといいつづけていた。そこで七月二四日にインディアナポリスへ戻り、再度デヴィッド・リチャーズ刑事とコンビを組んだ。だがいまやガイアはメディアの注目の的になっていた。翌日、この町の朝刊紙は軒なみ、刑事の到着を報じていた。滞在するホテルには大勢の人がやってきて、どこへ行けばハワードが見つかるかを教えてくれた。「インディアナポリス市内とその周辺で目撃された謎めいた借家人の数は日を追うごとに増えていった」。ガイアとリチャーズはうだるような暑さのなか、オフィスからオフィスへ、家から家へと歩きまわったが何も見つからなかった。「日はめぐり、あっという間に過ぎていった。だが私はいぜんとして闇のなかにいた。やがてこの大胆かつ狡猾な犯罪者はついにわれわれ刑事を出しぬいたのだろうかと思えてきた……ハワード・ピツェルの失踪は謎のまま、歴史のなかに埋もれてしまうのだろうか」

その間、ホームズ自身の謎はさらに深まり、暗くなっていった。

ガイアの手で少女たちの遺体が発見されたのをきっかけに、シカゴ警察はイングルウッドにあるホームズのビルの捜索に踏みきった。日を追うごとにこの「城（キャッスル）」の秘密が暴かれ、ホームズの正体――それはガイアの身の毛のよだつ発見から想像したよりはるかに悪い――を示唆する証拠が次々と発見された。博覧会の会期中、彼はおもに若い女性からなる数十人を殺したようだった。明らかに誇張とはいえ、犠牲者の数を二〇〇とする説もあった。大方の人びとは、そんなに大量の殺人を周囲に気づかれずになしとげるのはとても無理だと思った。ガイアも同感だったろう。だが彼は捜査を続けるうちに、人びとの詮索の目をかわすホームズの天性の才を何度も思い知らされていた。

シカゴ警察が城（キャッスル）の捜査にとりかかったのは七月一九日金曜日の夜だった。まず建物全体をざっと調べた。三階には狭い客室が並んでいた。二階には三五室あったが、それらはなんとも分類しようのないものだった。ごくふつうの寝室もあった。窓がなくドアを閉めると完全に密閉される部屋もあった。ある部屋にはウォークインの物置がついていたが、その壁は鉄でできていた。警官はガスの噴出口も発見したが、それはその物置にガスを送りこむ以外、これといった使い道はないようだった。ガスの栓はホームズが住まいにしていた部屋のなかにあった。ホームズのオフィスではルーシー・バーバンク名義の預金通帳が見つかった。残高は二万三〇〇〇ドル。その女性の居場所はつきとめられなかった。

捜査官がとくに不気味な印象を受けたのは、炎がちらちら揺れるランタンを高く掲げながらホテルの地下室に下りていったときだった。レンガと材木でできた真っ暗な地下室は一五×五〇メートルの広さがあった。すぐにさまざまなものが見つかった。酸を満たしたバット——その底には八本の肋骨と頭蓋骨の一部が沈んでいた。石灰の山。巨大な窯。血とおぼしき染みのついた解剖台。外科手術の道具と黒焦げになったハイヒールも見つけた。

さらにたくさんの人骨。

子供のものと思われる肋骨一八本。

脊椎骨がいくつか。

足の骨が一つ。

肩の骨が一片。

腰骨が一つ。

壁、燃えかす、石灰のなかから衣類が出てきた。そのなかには少女のドレスと血まみれのオーバーオールがあった。ストーブの煙突には髪の毛が詰まっていた。警官が地面を掘ってみると、石灰と人体の一部がぎっしり詰まった穴が見つかった。警察はこの遺体をテキサスの二人の女性――ミニーとアンナのウィリアムズ姉妹――だと推測した。シカゴ警察がこの二人の失踪を知ったのはつい最近だった。大型ストーブの燃えかすのなかから長い鎖が出てきた。ホームズのドラッグストアでジュエリー・カウンターを出していた男はそれを見て、ホームズがミニーにプレゼントした時計の鎖の一部だと証言した。警察は、ホームズがドラッグストアの薬剤師に書いた手紙も発見した。「ウィリアムズ姉妹の幽霊とかいうものを見るのかい？　いまでもあれが気になるのか？」

翌日、警察はもう一つの埋められた穴を発見した。これは地下室の南西の隅にあった。その存在を教えたのは、遺体を骨格標本にするのを手伝ったといわれるチャールズ・チャッペルだった。チャッペルは捜査に協力し、やがて警察は骨格標本の買い手をつきとめて三体をとりもどした。四体目はシカゴのハーネマン医学校にあるはずだった。

さらに驚くべき発見は二階の物置にあった。ドアの内側にはっきりと女性の足の裏の痕跡が残っていたのだ。この物置で窒息死させられた女性がこれを残したのだろうと警察は推論した。エメリン・シグランドにちがいない。

シカゴ警察は地方検事のグレアムに電報を打ち、ホームズの館の捜索で子供の頭蓋骨が見つかったことを知らせた。グレアムはガイアに、シカゴに行ってその骨がハワード・ピツェルのものかどうか確かめるよう命じた。

ガイアが到着したとき、シカゴは暴かれた館の秘密を前に呆然としていた。メディアはどっとこの事件に群がり、日刊紙の第一面はこの事件のことでほぼ埋まっていた。『トリビューン』は「サタンのいけにえ」という大見出しを掲げ、ハワード・ピツェルの遺体がこの館で見つかったと報じた。この記事は第一面のほとんどを占めていた。

ガイアは主任警視と面会し、子供の頭蓋骨を調べた医師がそれを女の子のものだと断定したことを聞いた。警視はその子の身元がほぼ判明したといい、その名前を教えた――パール・コナー。ガイアには聞いたことのない名前だった。

ガイアが電報でグレアムにこのがっかりする知らせを伝えると、グレアムは打ちあわせと休憩のためいったんフィラデルフィアに戻れといった。

八月七日水曜日の夕方、気温は三二度まで上がり、列車のなかはオーブンのようだったが、ガイアはふたたび捜査の旅に出た。こんどはフィデルティ・ミューチュアル社の腕利きの保険調査官W・E・ゲーリーがいっしょだった。ガイアはこの道づれを歓迎した。

二人はまずシカゴへ行き、それからインディアナ州に入って、ローガンズポートとペルーに立ち寄り、それからオハイオ州モントピーリア・ジャンクション、さらにミシガン州エードリアンへ行った。見つかるかぎりのホテルと下宿屋と不動産屋を調べたが、ガイアによれば「まったく成果はなかった」

フィラデルフィアの短い休暇でガイアはまた希望を抱くようになっていたが、いまやその希望は「急速にしぼみつつあった」。いまでもハワードがインディアナポリスかその周辺で殺されたと思う自分の直感は正しいと信じていた。そこでまたインディアナポリスへ戻った。この夏、三度目の訪問だった。

「正直にいって、インディアナポリスに着いたときの心境はお先真っ暗だった」。ガイアとゲーリーはおなじみのスペンサー・ホテルにチェックインした。これほど捜してもハワードが見つからないのは腹立たしく、わけがわからなかった。「この謎は解明不能に見えた」

　八月一九日月曜日、その前夜、イングルウッドのホームズの城――暗黒のドリームランド――が焼け落ちたという知らせが入った。『シカゴ・トリビューン』の第一面には大見出しがおどった。「ホームズの巣窟、焼失――殺人と謎の館が炎で焼き尽くされる」。消防は放火を疑った。警察はまだ残っていた秘密を消滅させようとして何者かが火をつけたにちがいないといった。だが犯人は捕まらなかった。

　ガイア刑事とゲーリー調査官は九〇〇件の手がかりを調べた。捜査の範囲をインディアナポリス周辺の小さな町まで広げた。ガイアは本部への報告書にこう書いた。「月曜までにアーヴィントン以外の周辺の町はすべて調べおわるでしょう。その翌日アーヴィントンへ行ってそれで終わりです。アーヴィントンのあとはどこへ行くべきか、あてがありません」

　一八九五年八月二七日火曜日の朝、アーヴィントンへ出かける二人はトロリーに乗った。

屋根の上についたトローラーという仕掛けで動力を伝える新しい種類の路面電車である。トロリーが終点に着くちょっと前、一軒の不動産屋の看板がガイアの目にとまった。二人はそこから聞きこみを始めることにした。

経営者はブラウンという男だった。二人は椅子を勧められたが立ったままでいた。聞きこみに長くかかるとは思わなかったし、日が暮れる前にほかの不動産屋も回らなければならない。ガイアはすっかり汚れた写真の束をとりだした。

ブラウンは眼鏡をかけてじっとホームズの写真を見た。長い沈黙のあと彼はやっと口を開いた。「あの家はうちの扱いではなかったが鍵は預かっていた。去年の秋のいつだったか、この男が店に来て、ひどく尊大な口調であの家の鍵をよこせといった」。ガイアとゲーリーは立ちつくしていた。ブラウンは続けた。「よく覚えている。態度が気に入らなかったからだ。髪の白くなった老人に対してはもっと礼儀正しくすべきじゃないか」

二人の捜査官は顔を見合わせた。そして同時に椅子に腰掛けた。「あの苦労の末に」とガイアは回想する。「何週間も旅を重ねたあの疲労困憊の日々のはてに——一年の最も暑い季節に何か月も汗水たらしたあの長く苦しい旅、信頼と希望、落胆と絶望のあいだを揺れ動いたあの日々がこの瞬間ようやく報われた。私は目の前で秘密を覆うベールがもちあげられるのを見た」

その後の審問で、エルヴェット・ムアマンという若者はその家に大きな薪ストーブを据え付けるホームズの手伝いをしたと証言した。彼はなぜガスストーブにしないのかと聞いたことを覚えていた。「ガスは子供たちの健康に悪い」という答だった。

インディアナポリスにある修理屋の主人も証言台に立ち、一八九四年一〇月三日に店にやってきたホームズに二ケース分の外科手術道具を研いでくれと頼まれたことを話した。ホームズは三日後に取りにきた。

ガイア刑事は、その家の捜索中に地下から屋根の上まで続く煙突の根元を調べたときのことを証言した。堆積した燃えかすを防虫ネットのふるいにかけると、人間の歯と顎の断片が出てきた。さらに「真っ黒に焦げた大きな塊を見つけたのでほぐしてみると、それは胃と肝臓と脾臓の一部で、どれも焼けてがちがちになっていた」。煙突のなかにぎゅうぎゅうに詰めこまれたので完全には燃えなかったのだ。

もちろんミセス・ピツェルも呼ばれた。彼女はハワードのオーバーとスカーフピン、それにアリスのものだったレース編みの針を確認した。

最後に検視官は、その家でガイア自身が発見した玩具をとりだして彼女に見せた。回るコマの上にブリキの男が乗っている。母親にはすぐわかった。わからないわけがあろうか。ハワードのいちばんの宝物だ。子供たちをホームズとともに送りだすとき、ミセス・ピッツェルは自分の手でそれをトランクに入れてやった。父が息子に買ってきたシカゴの世界博覧会のお土産だった。

殺　意

一八九五年九月一二日、フィラデルフィアの大陪審はホームズをベンジャミン・ピツェル殺害の容疑で起訴することを決めた。証人として立ったのはフィデルティ・ミューチュアル・ライフの社長L・G・ファウスとフランク・ガイア刑事の二人だけだった。ホームズはあくまで、子供たちを殺したのはミニー・ウィリアムズと正体不明のハッチだと主張していた。インディアナポリスとトロントの大陪審はその話を根拠不十分とみなした。インディアナポリスはハワード・ピツェル殺害容疑、トロントはアリスとネリーの殺害容疑でそれぞれホームズを起訴した。フィラデルフィアが彼を有罪にできなくても、二件の裁判があるというわけだ。最初の件で有罪になれば、ピツェル殺害の状況からして判決は死刑になるだろうから、残り二件の告発は無用になるはずだった。

やがてホームズの回想録が売店に並んだ。最後のページにはこんな記述があった。「要するにここでいいたいのは、体力や精神力は平均より劣るとはいえ、私がごく平凡な人間にすぎないということだ。私のしわざとされているあの途方もない悪事を計画し、実行するのは私の能力をはるかに超えている……」

そして自分にかけられた疑いを晴らすまで、どうか判断を保留してほしいと読者に訴えた。「私はすぐにでも簡単に嫌疑を晴らせると思っている。ここで完というわけにはいかない――まだ終わっていないのだ。嫌疑を晴らすと同時に、この苦難を私の身にもたらした真犯人たちに公正な裁きを下すためでもある。これは自分の命を長引かせようとか、助かりたいと思ってやるのではない。なぜならトロントでの恐ろしい発見のことを聞いて以来、自分の命などどうでもいいと思うようになったからだ。しかし過去の私を尊敬の目で見てくれた人びとのために、将来の私は殺人者として不名誉な死をとげるわけにはいかない」

この本の編集者がどうしても理解できなかったのは、ホームズがこれまでどうやってシカゴ警察の本格的な捜査をかいくぐってこられたのか、だった。『シカゴ・インター・オーシャン』はこう書いている。「保険会社がホームズの詐欺ないし詐欺未遂の調査に乗りださなかったら、彼は犯罪の痕跡をきれいに拭いさって、いまものうのうと社会を敵に回しつづけていたかと思うと忸怩(じくじ)たるものがある」。シカゴが「忸怩たる」思いになるのは当然のことだと『ニューヨーク・タイムズ』はいった。この事件に関心をもつ人は誰でも、

「シカゴ市警と地方検事局がこれらの恐るべき犯罪を未然に防ぐどころか、その情報の断片すらつかんでいなかったという失態に呆れはてているにちがいない」

なかでもとくに驚かされ、落胆させられたのは、シカゴの警察署長がかつて民事弁護士だった時代に商売上の小さな訴訟でホームズのために働いていたことが判明したときだった。

『シカゴ・タイムズ・ヘラルド』は広い視野に立ってホームズのことを論評した。「この男は悪の天才であり、人の姿をした悪魔だ。人の想像を越えた存在、どんな小説家もあえて創造しようとしない人物である。この事件もまた世紀末をいろどる逸話の一つになるだろう」

エピローグ
最後の交差

ペリスタイルの火災のあとにそびえ立つ共和国の像、1894 年。

博覧会

シカゴの博覧会は大小さまざまな規模でアメリカ人の精神に強烈な衝撃を与え、その影響はいつまでも残った。ウォルト・ディズニーの父イライアスはホワイトシティ建設の一端を担った。後年の魔法の王国――ディズニーランド――はその末裔の一つかもしれない。この博覧会の仕事で家計が潤ったため、感謝の意をこめてイライアスはその年に生まれた三番目の息子にコロンバスという名前をつけようとした。だが妻のフローラに反対された。赤ん坊はロイと名づけられた。その下のウォルトが生まれたのは一九〇一年一二月五日だった。作家のL・フランク・ボームとコンビを組んでいた挿絵画家のウィリアム・ウォレス・デンスローも博覧会を見にきた。博覧会の壮大さは『オズの魔法使』のオズの国に反映している。森の島に建てられた日本の寺院はフランク・ロイド・ライトを魅了し、彼の

「プレーリー・ハウス」の設計に影響を与えたかもしれない。博覧会をきっかけに、ハリソン大統領は一〇月一二日をコロンブス・デーとして国民の休日に定めた。現在この祝日は週末とつながって三連休となり、おびただしい数のパレードで祝われる。一八九三年以来、遊園地には見世物小屋（ミッドウェイ）と大観覧車（フェリス・ホイール）が欠かせなくなり、食料雑貨店の棚にはこの博覧会から生まれた製品が並ぶようになった。シュレッデッド・フィートはいまも売られている。どの家にも交流式の電気による白熱電球がいくつもあるが、これもこの博覧会で初めて広範囲に実用化できることが証明された。アメリカのどんな町でも、一つか二つはこの博覧会で人気をかちえた古代ローマ建築の名残があるはずだ。円柱の装飾がある銀行や図書館や郵便局。落書きだらけで変な色のペンキが塗りたくられているかもしれないが、その下にはいまもホワイトシティの輝きが眠っている。ワシントンのリンカン記念堂でさえ起源はシカゴ博覧会だといってもいい。

　この博覧会がもたらした最大のインパクトは、都市と建築に対するアメリカ人の意識を変えたことだった。これによってアメリカ人全員が——建築家のパトロンだったごく少数の金持だけでなく——都市への考え方を一変させた。イライヒュー・ルートにいわせれば、この博覧会は「われわれを凡庸の荒野」から導きだし、「建築の美しさと尊さという新しい観念を教えてくれた」。ヘンリー・デマレスト・ロイドによれば、この博覧会をきっかけに、アメリカの大衆は「これまで夢みることさえできなかった、社会の美しさと有益性と調和の可能性に」目覚めたのだった。「これがなければ、そのようなビジョンは大衆の無味乾燥で単調な暮らしに入ってこなかっただろう。その進歩的な感覚は子や孫の代にまで引き継がれることになった」。この博覧会は、それまで生きることで精一杯だった男と女に、都市とは実用一点張りの暗く汚れた危険な砦である必要はないと教えた。美しい都市があってもいいのだ。

　ウィリアム・ステッドは博覧会のパワーをすぐに見抜いた。彼は、ホワイトシティの理想とブラックシティのきわだったコントラストにインスピレーションを得て『もしもキリスト（イフ・クライスト）がシカゴに来たら（ケイム・トゥー・シカゴ）』という本を書いた。都市美化運動の推進力になったといわれるこの本は、アメリカの都市をヨーロッパの偉大な都市に負けないものにしたいという願いで書かれた。ステッドと同じく、世界各地の都市の首長はこの博覧会を自分たちが達成すべき理想都市のモデルとみなした。彼らは自分たちの都市にもホワイトシティと同じような市全体の構想を立ててほしいとバーナムに依頼した。バーナムは都市計画の先駆者となった。そしてクリーヴランド、サンフランシスコ、マニラなどの都市計画を手がけ、二〇世紀に入ってからは、かつてランファンが築いたワシントンDCを再生・拡大する計画の先頭に立った。どの場合も彼は無償で働いた。

ワシントンの改修計画を手伝っていたときは、彼がペンシルヴェニア鉄道の社長アレクザンダー・カサットを説得してフェデラル・モールのまんなかにあった貨車の操車場と駅を移転させた。その結果、現在のように議事堂からリンカン記念堂までさえぎるもののない緑が広がるようになったのだった。ほかにもバーナムに都市計画を頼んできた都市は多かった。たとえばフォートワース、アトランティックシティ、セントルイスなどである。だが彼は自分にとって最後のプラン——シカゴ市の改修——に専念したいという理由ですべて断わった。長年のあいだに彼がシカゴのために立てたプランはさまざまな面で採用されたが、代表的なものは湖に沿ったリボンのような細長い公園とミシガン・アベニューの「ミラクル・マイル」の建設だった。湖に沿った公園の一部は彼の名をとってバーナム・パークと名づけられ、ここにはソルジャーフィールドとフィールド博物館がある。博物館の設計もバーナムだった。この公園は湖に沿って細長く南へと伸び、ジャクソン・パークまでつながっている。ジャクソン・パークには博覧会の芸術館が恒久的な建物に建て替えられ、いまでは科学産業博物館になっている。そこからはラグーンと森の島が見渡せる。森の島はいまでは木や草が自然のままに鬱蒼と生い茂っていて、オームステッドが見たら会心の笑みを浮かべるだろう——とはいえ彼のことだから、かならずなんらかの欠点を見つけるだろうが。

二〇世紀前半、この博覧会をめぐって建築家たちが白熱した議論を交わすようになった。否定的な一派は、アメリカ固有のスタイルをもっていたシカゴ派の建築が息絶え、そのかわりに古臭い古典主義がもてはやされるようになったのはこの博覧会のせいだと批判した。とりたてて新味のなかったこの意見が初めて人の耳目をとらえたのは、一人の男の奇妙な情熱によるものだったが、それだけに――風通しの悪い狭い部屋でのアカデミックな議論になればなおさら――否定するのはむずかしく、ときには危険にさえなった。

この博覧会がアメリカ建築界におよぼした悪影響について最初に、そして最も激烈に論じたのはルイス・サリヴァンだった。しかし、そんな批判を浴びせるようになったのは晩年のことで、バーナムが死んだずっとあとだった。

博覧会のあとサリヴァンは不遇に陥った。博覧会後の不況が吹き荒れた一年間、アドラー・アンド・サリヴァン設計事務所にはたった二件の注文しか入らず、一八九五年にはゼロだった。一八九五年七月、アドラーが事務所を辞めた。三八歳のサリヴァンは人づきあいが悪いため、人脈に頼って最低限の仕事をとってくることもできなかった。生まれつき一匹狼で、考え方が狭量だった。仲間の建築家の一人が設計図についての助言を求めたとき、サリヴァンは「助言してやってもいいが、きみには私のいっていることが理解できないだろう」と答えたものである。

仕事がうまくいかなくなって、サリヴァンはオーディトリアムのオフィスを明け渡し、私物も売ることになった。酒に溺れ、ブロム剤という精神安定剤を常用するようになった。一八九五年から一九二二年まで、サリヴァンが手がけた新築ビルはわずか二五件で、ほぼ一年に一作の割合だった。彼はときどきバーナムのところに来て金をもっていった。無条件の借金なのか、彼の所有する芸術作品を売った代金なのかはわからない。一九一一年のバーナムの日記にはこんな記述がある。「DHBから追加の金を受けとるためにルイス・サリヴァン来訪」。同じ年、サリヴァンは「ダニエル・H・バーナムへ、友人のルイス・H・サリヴァンから敬意をこめて」という献辞入りの素描を贈っている。

そんなサリヴァンが一九二四年の自伝では、バーナムの築きあげたこの博覧会が、これを見にきた大勢の人びとにどれほどインパクトを与えたかをめぐって激烈な批判を浴びせたのだった。ホワイトシティの古典的な建築があまりにも強烈な印象だったため、その後の半世紀、アメリカは模倣しかできなくなった。博覧会は「病原体」であり、「ウイルス」であり、一種の「進行性脳膜炎」だった。サリヴァンにとってそれは命にかかわる影響力だった。「こうして自由の土地、勇敢さの故郷——熱烈な民主主義の国、創意工夫と臨機応変とユニークな大胆さ、冒険と進歩の国で、建築は死んだ」

バーナムと博覧会をこきおろす一方で、サリヴァンは自分自身をもちあげ、建築に新風とアメリカらしさをもたらそうとした自分の役割を大げさに誉めたたえた。フランク・ロイド・ライトはサリヴァンの側に立った。サリヴァンは一八九三年にライトを解雇したが、その後、二人は親しくつきあうようになっていたのだ。ライトに対するアカデミックな評価が上がるにつれ、サリヴァンの名声も高まった。バーナムの権威は失墜した。建築評論家や歴史家のあいだでは、バーナムの自信のなさや東部の建築家が憧れた古典様式へのやみくもな傾倒がアメリカ建築をだめにしたという説が広く定着した。

だが近年の建築史家や評論家がいうように、こうした見方は単純にすぎる。この博覧会のおかげでアメリカは建築美に目覚めた。そしてフランク・ロイド・ライトやルートヴィヒ・ミース・ファン・デル・ローエのような人びとを生みだす土壌となったのだ。

バーナム個人にとって、この博覧会はかけがえのない勝利だった。これによってアメリカ一の建築家になるという両親への誓いを果たすことができ、実際その時代のバーナムはそうみなされていた。さらに会期中にはバーナムにとって非常に重要な出来事もあったが、その価値を知っていたのはごく親しい友人だけだった。博覧会建設の業績を称えてハーヴァードとイェールの両大学から名誉学位が贈られたのだ。授与式が重なったので彼はハーヴァードのほうに出た。彼にしてみれば、この栄誉は一種の償いだった。この二つの大学の入試に失敗したこと――「正しいスタート」が拒否されたこと――は一生つきまとっていた。名誉学位を受けてから何年もたったあとでさえ、息子のダニエル——試験の成績はとても良好とはいえなかった——をハーヴァードに補欠入学させようと働きかけたとき、バーナムはこう書いている。「息子には勝者の自信をもたせるべきなのです。そうすれば、私がそうだったように、彼は本当の実力を発揮できるでしょう。私の生涯で何より悔やまれるのは、このケンブリッジに後援者がいなかったため……大学当局に私の力を知らしめてもらえなかったことです」

シカゴでのバーナムは、勤勉な仕事ぶりでみずから自分の力を知らしめた。博覧会の美的な側面はほとんどがジョン・ルートの手になるものだという根強い評判には喧嘩腰で否定した。「彼が亡くなった時点では博覧会のプランはまだ漠然たるものでしかなかった。彼の役割に関するイメージがしだいに大きくなったのは少数の親しい友人、なかでも女性たちがそれを築きあげたからだ。博覧会が終わったあと、友人たちは当然ながら、望みどおりに作られた美を彼の記憶と結びつけて考えたがった」

ルートの死でバーナムはうちのめされたが、同時に彼は解放され、より幅の広い、よりすぐれた建築家へと成長した。ジェームズ・エルズワースはバーナムの伝記作者チャールズ・ムアにこんな手紙を書いている。「はたしてミスター・ルートの死はとりかえしのつかないものだったのだろうかと自問した人は多い」。エルズワースの解釈によれば、ルートの死によって「ミスター・バーナムのすぐれた資質が外にあらわれた。それらの美点はミスター・ルートが生きていたらおそらく――少なくともそんなに早くは――開花しなかったかもしれない」。広く行きわたった通説によれば、バーナムが設計事務所のビジネス面を引き受け、ルートがデザインを受けもったということになっている。エルズワースはさらにこう語っている。ルートの芸術的な才能からバーナムは「多かれ少なかれ学んだ」

のだろう。だがルートが死んだあとのバーナムを見て「そんなふうに思う人は誰もいなかったし……その働きぶりを知っている人びとのなかで、彼にパートナーがいたとか、彼がビジネスと芸術の両面で指揮をとらなかったことがあるなどと思う者は皆無だった」。

一九〇一年、バーナムはニューヨークの二三丁目とブロードウェイに挟まれた三角形の土地にフラー・ビルディングを建てた。だが近所の住民はこのビルが身近な日用品にそっくりなことに目をとめて、それをフラットアイアン〔アイロン〕・ビルと呼ぶようになった。バーナムの設計事務所はほかにもたくさんのビルを建て、そのなかにはニューヨークのギンベルズ・デパート、ボストンのファイリーンズ・デパート、カリフォルニア州パサデナのマウント・ウィルソン天文台などがあった。彼とルートがシカゴのループに建てた二七軒のビルのうち現在も残っているのは三つだけで、そのうちの二つがルッカリーとリライアンス・ビルである。ルッカリーの最上階の書斎は修復されて一八九一年二月の奇跡的な集会の雰囲気をとりもどし、リライアンス・ビルはきれいに改装されてホテル・バーナムになっている。このホテルのレストランはルートのかわりにバーナムの主任デザイナーとなったチャールズ・アトウッドにちなんで、アトウッド・カフェと名づけられている。

バーナムは環境保護主義者の先駆けとなった。「これまで自然の素材をなるべく無駄にしないという考え方はいっさいなかった。だが今後はそうしなければいけない。さもないとわれわれは子孫の生きる環境を損ねたという永遠の汚名を負わされるだろう」。彼は、見当違いとはいえ、自動車に大きな期待をかけていた。馬が消えれば「野蛮という悪疫も終わりを迎える」だろう。「この変化がもたらされれば文明の真の第一歩が踏みだせる。煙もなく、霧もなく、馬糞もない。その結果、大気は澄み、道は清潔になる。そうすれば、人の健康状態や精神状態もよりよくなるのではないだろうか？」

冬の夜、エヴァンストンに住むバーナム夫妻はよくフランク・ロイド・ライト夫妻を誘って橇遊びに出かけた。バーナムはブリッジに熱中したが、へたの横好きとして知られていた。博覧会のあとはひまになると妻に何度もいっていたが、ついにそうはならず、妻のマーガレットにこういった。「博覧会のあいだは一心不乱だった。だがあんなふうに重要な問題をいっぺんに押し進めていくのはとても充実していた。一日にせよ、一週間にせよ、あるいは一年にせよ」

二〇世紀に入ると、五十代になったバーナムの健康状態は悪化した。大腸炎を患い、一九〇九年には糖尿病と診断された。これらの病気のために食事にも気をつかわなければならなくなった。糖尿病が原因で循環器系が弱り、その影響がやがて足に来て、生涯、足の痛みに悩まされた。年を重ねるにつれ、超自然の力に関心を示すようになった。サンフランシスコ滞在中のある夜、霧をまとったツイン・ピークスの頂に建てたバンガロー――アイデアを練るための掘っ立て小屋（シャンティ）――にいたバーナムは友人にこんなことをいった。「私に十分な時間があれば、死後の生命の存在を証明し、究極かつ絶対的な力の存在を哲学的な用語で論理的に説明してみせるのだが」

彼は自分の時間が残り少ないことを知っていた。一九〇九年七月四日、友人たちとともにリライアンス・ビルの屋上に立ち、愛するシカゴの街並みを見ながら彼はいった。「きみたちは美しくなったこの街を見るだろう。私には見ることがかなわない。だが、これはきっと美しくなる」

退場

オームステッドの耳鳴り、歯の痛み、不眠はついに治らなかった。目つきもぼんやりし、もの忘れが激しくなった。一八九五年五月一〇日、七三回目の誕生日を迎えた二週間後、彼は息子のジョンに手紙を書いた。「今日初めて、最近の出来事に関する記憶がもはやあてにならないことを自分でも思い知った」。その夏、ブルックラインのオフィスで過ごす最後の日、ヴァンダービルトに宛てて三通の手紙を書いたが中身はほとんど同じだった。

一八九五年九月、友人のチャールズ・エリオットへの手紙で「生涯最悪の週」のことをこぼしたついでに、この状態では遠からず入院させられるだろうと不安をもらした。九月二六日の手紙にはこう書かれている。「『施設』送りにするのが最良の措置だといわれるだろうが、私にとってそれがどんなにいやなことか、きみには想像もつかないだろう。あれだけはごめんだ。私の父は精神病院の院長だったんだ。働いている者には裏の裏までよくわかる。本当にうんざりだよ」

もの忘れはますますひどくなった。鬱状態に陥って疑り深くなり、息子のジョンが「クーデター」を起こして父親を会社から追いだそうとしているといって責めた。妻のメアリーは彼をメイン州の別荘につれていったが、そこで鬱はさらに深まり、ときには暴力をふるうようになった。飼っていた馬を殴りつけるのだ。

妻と息子たちにはもうなすすべがなかった。痴呆が進んで手がつけられなくなった。深い悲しみと、おそらくかなりの安堵とともに、息子のリックはオームステッドをマサチューセッツ州ウエーヴァリーのマクリーン精神病院に入れた。オームステッドの記憶はまだこの敷地の景観設計を自分が手がけたことを忘れるほどには悪化していなかった。だがそれも慰めにはならなかった。足を踏み入れたとたん、彼の作品のほとんどすべて――セントラル・パーク、ビルトモア、シカゴの世界博覧会など――がこうむった悲しい運命をここでも発見したのである。「私のプランが無視され、だいなしになっている！」

オームステッドは一九〇三年八月二八日午前二時に死んだ。葬儀はひっそりと家族だけでとりおこなわれた。この偉大な男が消滅していくのを目の前で見ていた妻は参列しなかった。

大観覧車(フェリス・ホイール)は会期中に二〇万ドルの利益をあげ、しばらくそこに置かれていたが、一八九四年の春、ジョージ・フェリスはそれを解体し、シカゴのノースサイドに移して再建した。だが、そのときには珍しさも薄れ、ミッドウェイでのような人気はなくなっていた。やがて経営は行きづまった。この赤字に加えて移転費用の一五万ドルも重なり、そのうえフェリスの運営するスチール検査会社が長引く不況で経済的なダメージを受けたため、大観覧車の権利の大半を手放すことになった。

一八九六年秋、フェリスと妻は別居した。妻は実家に戻り、フェリスはピッツバーグの中心部にあるドゥーケーン・ホテルに移った。一八九六年一一月一七日、彼はマーシー病院に運びこまれ、五日後に死んだ。死因は腸チフスと思われる。享年三七だった。一年たっても遺灰はまだ葬儀屋のもとにあった。「ミセス・フェリスに遺灰を引きとってほしいと連絡したが、家族を捨てたのだからと拒否された」。二人の友人は追悼文にこう書いた。フェリスは「自分の持久力にかぎって計算違いをした。彼は名声と栄誉という野心の殉教者として死んだ」

一九〇三年、シカゴ家屋解体会社は競売にかけられた大観覧車を八一五〇ドルで買い、一九〇四年のルイジアナ購入記念エキスポのために組み立てなおした。ここではふたたび人気を博し、新しいオーナーに二一万五〇〇〇ドルの収益をもたらした。一九〇六年五月一一日、解体会社はスクラップとして売るため、大観覧車をダイナマイトで爆破した。予定では四五キロ分の火薬を使った最初の爆破で大観覧車は支柱から外れ、横倒しになるはずだった。だが予想に反して、大観覧車はゆっくりと動きはじめた。大空を背景に最後のターンを見せようとするかのように。やがて大観覧車はみずからの重さで潰れ、ねじ曲がったスチールの山となった。

ソル・ブルーム——ミッドウェイのチーフ——は博覧会が終わったとき、若い資産家になっていた。その後、生鮮食品を仕入れて、開発されたばかりの冷蔵列車で遠く離れた都市へ運ぶ会社に大金を投資した。将来を見据えたすぐれたビジネスだった。ところがプルマン社のストライキでシカゴ中の鉄道が止まってしまい、せっかく仕入れた食べものは貨車のなかで腐ってしまった。これで破産した。しかし彼はまだ若く、あいかわらずのブルームだった。残った金をはたいて上等なスーツを二着買った。次に何をするにしろ、自信たっぷりに見えなければいけないという持論にもとづいての行動だった。彼はこういっている。「一つだけ確かなことがあった……破産したってちっとも困らない。一文なしから始めたのだし、また一文なしになったとしても、せいぜい損得ゼロ。いやむしろ大きな得だ。その間は大いに楽しんだのだから」

ブルームはのちに下院議員になり、国連憲章の起草者の一人になった。

バッファロー・ビルはこの博覧会で一〇〇万ドルの財産を築いた（現在の三〇〇〇万ドル相当）。この金を使ってワイオミング州コーディの町を建設し、ネブラスカ州ノース・プラットに墓地と屋外催事場を作り、ノース・プラットの五つの教会の借金を返済し、ウィスコンシンの新聞を買いとった。そのうえ劇団の財産の一つとして、キャサリン・クレモンズという美人の若い女優を手に入れた。そのせいで、すでにぎくしゃくしていた夫婦関係はもっと険悪になった。そのあげく、毒殺されかけたと妻を責めたほどである。

一九〇七年の恐慌でワイルド・ウェスト・ショーは破産し、彼はほかのサーカスに雇われる身になった。七〇歳を越えていたが、あいかわらず銀でふちどりした白い帽子をかぶり、馬でリングを駆けめぐった。一九一七年一月一〇日、デンヴァーの姉妹の家で息を引きとったが、そのときは埋葬の費用さえなかった。

セオドア・ドライサーはセアラ・オズボーン・ホワイトと結婚した。『シスター・キャリー』が刊行される二年前の一八九八年、彼はセアラにこんな手紙を書いた。「ジャクソン・パークへ行って、あの懐かしい博覧会の跡を見てきた。きみを愛するようになった場所だ」

彼はなんども浮気を重ねた。

ドーラ・ルートにとって、ジョンとの暮らしは彗星とともに生きているようなものだった。彼と結婚したことで芸術界と大金持の世界に足を踏みいれたが、そこではすべてがエネルギーにあふれ、生き生きしていた。夫の機知、音楽の才能、どの写真を見てもはっきりわかる長くて繊細な指によって、彼女の日々は光にあふれたが、彼の死後、それは二度ととりもどせなかった。二〇世紀に入って最初の一〇年が終わるころ、ドーラはバーナムに長文の手紙を書いた。「この何年か、私がよくやってきたと思ってくださるのは、とてもうれしいことです。このことを考えるたび、自分自身について大きな疑いをもってしまうのです。それだけに、自分の人生をしっかり築いている人から励ましの言葉をかけてもらうと新たなやる気が出てきます。年下の世代の前で自分自身を受けいれれば――慎ましくトーチを受け渡すことは女の義務でしょうから――私は世界の称賛を得られるはずです」

だが、彼女はジョンの死によって輝かしい王国の扉が静かに、だがしっかりと閉ざされたことを知っていた。バーナムへの手紙は続いた。「ジョンが生きていたら、何もかも違っていたでしょう。彼の刺激的な生活から活気をもらって、私は彼の妻として、また子供たちの母親として生きていけたでしょう。それができたら、どんなに楽しかったでしょう！」

パトリック・ユージン・ジョゼフ・プレンダーガストは一八九三年一二月に裁判にかけられた。告発にあたったのはこの事件のために特別に州から任命された刑事弁護士だった。名前はアルフレッド・S・トルーデ。

被告側の弁護士はプレンダーガストが精神病であることを証明しようとしたが、憤りと悲しみを抱いたシカゴ市民からなる陪審団はそれを認めなかった。容疑者が正常だったことを示す証拠として検察側が提出したのは、プレンダーガストがリボルバーをポケットにいれてもち歩いたとき、暴発を防ぐために撃鉄の下の薬室を一つだけ空にしていたことだった。一二月二九日午後二時二八分、一時間と三分の協議のあと、陪審団は有罪判決を下した。裁判長は死刑の宣告をした。この裁判とこれに続く控訴審のあいだ、彼はトルーデに葉書を送りつづけた。一八九四年二月二一日の葉書にはこう書かれている。「どんな事情であれ、人が人を死なせてはいけない。それが崩れたら、社会は野蛮という混乱に陥る」

クラレンス・ダローは途中からこの裁判に加わり、ユニークな術策を用いて精神鑑定を受けさせるところまでこぎつけた。しかし、これもうまくいかず、ついにプレンダーガストは処刑された。ダローは彼のことを「心を病んで判断力を失った哀れな若者」と呼んだ。彼が処刑されたことで、ダローは極刑に反対する気持をさらに強くした。後年のダローは、スリルを求めてシカゴの少年を殺したとして告発されたネーサン・レオポルドとリチャード・ローブの弁護をして有名になるが、その裁判の席上、彼はこんなスピーチをした。

「すべての父とすべての母のために悲しまずにいられません。小さな赤ん坊の青い目をのぞきこんだ母はわが子の行く末を想像せずにはいられない。そんな母の胸中に浮かぶのは、はたしてどちらでしょう。明るい未来を前にした成功者の姿か、それとも死刑台の露と消える姿か」

レオポルドとローブの裁判は世界中に報道され、二人が犠牲者の身元をくらますために少年の服をはいだこともわかった。その一部はジャクソン・パークのオームステッドのラグーンに捨てられた。

二〇世紀に入って数年後、ニューヨークのウォルドーフ・アストリア・ホテルでは、礼装姿の若者が大勢集まって巨大なパイをとりかこんでいた。てっぺんのホイップクリームが動きだし、なかから女が飛びだした。浅黒い肌と長い黒髪をもった目の覚めるような美女だった。彼女の名前はファリダ・マズハル。男たちは若すぎて知らなかったが、かつて、もうずっと前に彼女は歴史に残る大博覧会でダンス・デュ・ヴァントルを披露したことがあった。

若者たちはやっと気づいた——女は一糸まとわぬ裸だった。

ホームズ

一八九五年秋、ホームズはフィラデルフィアでベンジャミン・F・ピツェル殺害容疑の裁判にかけられた。地方検事のジョージ・グレアムはシンシナティ、インディアナポリス、アーヴィントン、デトロイト、トロント、ボストン、バーリントン、フォートワースから総勢三五人の証人をフィラデルフィアまで呼びよせたが、彼らが証言台に立つことはなかった。裁判長はピツェルの殺害に直接関係のある証拠だけを提出するようグレアムに指示したのだ。こうしてドクター・ハーマン・W・マジェット、別名ホームズの連続殺人に関する詳細な証言を公式の記録として残すチャンスが消えた。

グレアムが法廷にもちこんだ証拠品のなかには、ホームズがベンジャミン・ピツェルの死体から切りとったいぼとピツェルの頭蓋骨が入った木箱もあった。腐敗や体液、クロロホルムの効果といった不気味な証言もたくさんあった。警官隊とともにピツェルの死体が見つかった家へ行った薬学者のウィリアム・スコット博士はこんな証言をした。「口から赤い液体があふれ、胃や胸を少しでも押すとぴゅっと噴きだしました……」

スコット博士のとりわけ陰惨な証言が終わったとたん、ホームズは立ちあがって、こういった。「昼食のために休廷を求めます」

哀れを誘う光景もあり、とりわけミセス・ピツェルが証言台に立ったときは同情を引いた。黒い服と帽子、黒のケープで身を包んだ彼女は青ざめ、悲しそうだった。証言の途中で言葉に詰まり、両手で顔を覆ってしまうことも何度かあった。グレアムはアリスとネリーの手紙を見せ、筆跡を確認してほしいといった。思いがけないことだったので、彼女はわっと泣きふした。ホームズは表情を変えなかった。「まったく意に介さずという表情だった」と『フィラデルフィア・パブリック・レジャー』の記者は書いている。「なにげなくメモをとっているその姿は、まるで自分のオフィスでビジネスレターを書いているようだった」

グレアムはミセス・ピツェルに向かって、一八九四年にホームズが子供たちをつれさってから彼らの姿を見たかと訊ねた。その返事は小声でほとんど聞きとれないほどだった。

「トロントの死体置場で二人並んで寝ていました」

傍聴席を埋めつくした男女があまりにもたくさんのハンカチを使ったので、法廷は真白になり、ときならぬ雪に見舞われたように見えた。

グレアムはホームズを「世界で最も危険な男」と呼んだ。陪審員は有罪判決を下した。裁判長は絞首刑を宣告した。ホームズの弁護団は控訴したが、それも敗れた。

処刑を待つ間、ホームズは長い告白録——三冊目の本——を執筆し、二七人の殺害を認めた。それ以前の二冊と同じく、こんども真実と嘘が混在していた。彼が殺したといった何人かは生きていることがわかった。正確に彼が何人殺したかは謎のままである。少なくとも九人——ジュリア・コナーと娘のパール、エメリン・シグランド、ウィリアムズ姉妹、ピツェルと三人の子供たち——は殺された。このほかに大勢の犠牲者がいたことはまちがいない。最多では二〇〇人という推測もあったが、いかに血に飢えた殺人者でもそれは無理のように思える。ガイア刑事は、ピンカートン社の探偵が彼を捕まえてボストンで警察に引きわたさなかったらピツェルの家族全員が殺されていたにちがいないという。「ミセス・ピツェルとディジー、それに赤ん坊のワートンを殺すつもりでいたことは疑問の余地がない」

最後の告白録を書いたときのホームズは明らかに嘘をついていたが、あるいは奇妙な思いこみに酔っていたとしか思えない。「投獄されてからというもの、私の顔と体は昔とくらべて、悲しくも恐ろしい形に変貌を遂げようとしているように思える……頭と顔はだんだん細長くなってゆく。どうやら私は日ごと悪魔(デビル)の似姿へと変貌しつつあるようだ——その変化はもうじき完了する」

だがアリスとネリーの殺害についての記述には真実味がある。二人の少女を大型トランクに入れ、上に小さな穴を開けておく。「そのままにしておき、あとで戻ってきてから、ひまを見て殺した。午後五時に隣家へシャベルを借りに行き、そのついでにホテルのミセス・ピツェルを訪ねた。それから自分のホテルへ戻って夕食をとり、午後七時にまた子供たちを幽閉した家へ戻って、完全に息の根を止めるためトランクにガスを注入した。そのあとトランクを開けて、歪んで黒くなった小さな顔を眺めた。そして家の地下に浅い墓穴を掘った」

ピツェルについてはこう書いていた。「初めて会ったときから、彼に家族がいると知る前から——その家族はのちに、私の血への渇望を満たすために犠牲者となったわけだが——彼を殺そうと思っていた」

処刑後に自分の死体が盗まれるのを恐れて、ホームズは弁護士に埋葬方法を指示していた。死後の解剖も拒否した。遺体を五〇〇〇ドルで買いとるという申し出もあったが、弁護士は断わった。フィラデルフィアのウィスター研究所は彼の脳を欲しがった。この要請も弁護士に拒否され、ウィスター研究所の有名な医学標本コレクションの責任者ミルトン・グリーマンは落胆した。「この男は衝動に駆られただけの単純な犯罪者ではなかった。

犯罪を知りつくし、計画的に仕事をなしとげた。彼の脳を研究したら、科学界にとって貴重な貢献となったかもしれないのに」

一八九六年五月七日、ゆで卵とトーストとコーヒーの朝食を終えたあと、午前一〇時ちょっと前に、ホームズはモイヤメンシン監獄の絞首台へとつれられていった。看守たちには辛い瞬間だった。ホームズが好きになっていたのだ。殺人犯だと知ってはいたが、それでも彼は魅力的な殺人犯だった。リチャードソンという副看守長は緊張のあまり、ロープの準備に手間どっているようだった。ホームズは彼に向かってほほえみ、こういった。「きみ、慌てることはないよ」。午前一〇時一三分、リチャードソンはトラップを外して刑を執行した。

ホームズの指示どおり、葬儀屋のジョン・J・オルークの部下たちは棺にセメントを流しこみ、そこに遺体を置いて、その上からまたセメントをかぶせた。それを引きずって郊外を南に向かい、ホーリー・クロス墓地まで運んだ。フィラデルフィアのすぐ南、デラウェア・カウンティにあるカトリックの墓所だった。男たちはこの重い柩を、墓地の中央にある納骨所へ苦労して運び込んだ。ピンカートン社の二人の探偵が夜通し番をすることになっていた。二人は交代で睡眠をとり、ベッドがわりにストローブマツでできた棺を使った。翌日、墓掘りがふつうの二倍の深さまで墓穴を掘り、そこにもセメントを流しいれ、そのなかにホームズの棺を埋めこんだ。さらに上からもセメントを流して土をかぶせた。「ホームズの考えは明らかに自分の死体を科学的な分析、すなわち液体の入ったバットやメスから遠ざけることだった」と『パブリック・レジャー』は書いている。

それ以後、悪魔に変身しつつあるというホームズの言葉に信憑性を添えるような不可解な出来事が連続して起こった。ガイア刑事は重病に罹（かか）った。モイヤメンシン監獄の看守は自殺した。陪審長はめったにない事故で感電死した。ホームズに最後の秘蹟を与えた神父は教会内で原因不明の死を遂げているのが発見された。エメリン・シグランドの父はボイラーの爆発でひどいやけどを負った。地方検事ジョージ・グレアムのオフィスは火事にあったが、焼け跡にはホームズの写真だけが無傷で残っていた。

ハーマン・ウェブスター・マジェット、別名H・H・ホームズが埋葬された場所には墓石も記念碑もない。ホーリー・クロス墓地に埋葬されたことは一種の機密扱いで、古い記録簿にしか残されていない。その記録によれば、埋葬個所は第一五区一〇列四一番の三と四の墓のあいだで、ラザロ大通り（ラザラス・アベニュー）と呼ばれる道から少し入ったところであった。聖書に出てくるラザロは一度死んで蘇った男である。この記録には「セメント三メートル」という記述もあった。墓地のこの一画だけが芝生の空き地になっていて、周囲には苔むした墓石が並んでいる。それらの墓石の下には、何人かの子供と第一次世界大戦の戦闘機乗りが眠っている。

墓に花を供える人はいなかったが、それでも完全に忘れられたわけではないことを示す出来事がたまにあった。

一九九七年、シカゴの警官がオヘア空港でマイケル・スワンゴという医師を逮捕した。おもな罪状は詐欺だったが、それ以外に致死量の薬物を病院の患者に投与して何人も殺した疑いがかけられていた。結局、スワンゴ医師は四人の殺害について有罪を認めたが、捜査官はもっと大勢殺したにちがいないと思っていた。空港で逮捕したとき、警察が押収したスワンゴの所持品のなかに一冊のノートがあったが、そこには彼がインスピレーションを受けたり強い共感を抱いたりした本の一節が書き写してあった。その一つはH・H・ホームズのことを書いた本、デヴィッド・フランクの『拷問する医師（ザ・トーチャー・ドクター）』だった。書き写された一節は、ホームズの内心の独白である。

「鏡のなかの自分を見つめ、おまえは世界一パワフルで危険な男なんだと語りかければ、この自分こそ人間に姿をやつした神だと思えてくる」

オリンピック号の船上で

オリンピック号の船上で、バーナムはフランク・ミレーと彼の乗った船の新たな情報を待ちわびていた。航海に出る直前、彼はミレー宛てに手書きで一九枚におよぶ手紙をしたため、リンカン・コミッションの次の会合にはぜひ出てほしいと頼んでいた。リンカン記念堂のデザイナーを選出する話しあいが大詰めに来ていたのだった。バーナムとミレーはニューヨークのヘンリー・ベーコンを強力に推しており、バーナムは自分が以前リンカン・コミッションの席上でしたスピーチには説得力があったと確信していた。「それでも──私にはわかっている。親愛なるフランク、きみも知ってのとおり……ネズミの群れが戻ってきて、犬が背を向けたとたん古い傷跡をまた齧ろうとしているのだ」。そしてミレーの出席がいかに重要かを強調した。

「同席して現実的な論をくりかえしてほしい。われわれが信頼をおく人物をぜひとも選出してほしい、と。この件は安心してきみにゆだねる」。封筒の表には、アメリカ郵政省が届け先をまちがえないよう、はっきりこう書いた。

ニューヨーク入港後の
汽船タイタニック内
F・D・ミレー殿

バーナムはオリンピック号がタイタニック号沈没の現場に到着しさえすれば、無事にミレーと会うことができ、この航海の身の毛のよだつ体験談が聞けるだろうと思っていた。だがその夜のうちに、オリンピック号はもとのコースに戻ってイギリスへ向かっていた。ほかの船がすでにタイタニック号救援に向かっていたのだ。

オリンピック号がコースを変えたのには別の理由もあった。二つの船を設計したJ・ブルース・イズメ——当人もタイタニックに乗っていて、男性乗客のうちの数少ない生存者となった——が頑としてこう主張したからだ。沈没したのとそっくり同じ船が助けに来るところを生き残った遭難者に見せたくない。生存者にとってはショックが大きすぎるし、それにホワイト・スター汽船会社には屈辱のきわみだ、と。

タイタニックの事故の重大さはすぐにわかった。バーナムは友人を失った。スチュワードは息子を亡くした。ウィリアム・ステッドも乗客の一人として溺れ死んだ。一八八六年の『ペルメル・ガゼット』でステッドは、汽船会社が救命艇の数を不足させたまま大西洋航路を続ければ大惨事が起こるだろうと警告したことがあった。タイタニックの生存者の一人は彼のこんな言葉を聞いていた。「たいしたことはなさそうだから、すぐにベッドに戻れるだろう」

その夜、北のどこか、奇妙なほど平穏な北大西洋上で最後の親友の凍りついた遺体が海面をただよっていたころ、特別室の静寂のなかでバーナムは日記帳を開き、ペンを走らせた。ひしひしと孤独を感じた。「よき友、フランク・ミレーがあの船に乗っていた……こうしてあの博覧会で結ばれた最良の友との絆がまた一つ断ち切られる」

バーナムに残されていたのはわずか四七日だった。家族とともにハイデルベルクを旅行していたとき、彼は昏睡状態に陥った。大腸炎、糖尿病、足の感染症という持病が食中毒でさらに悪化した結果と思われる。彼は一九一二年六月一日に死んだ。マーガレットはその後、カリフォルニア州パサデナに引っ越し、そこで大戦、伝染病、世界的な大恐慌、それからもう一つの大戦を生きのび、一九四五年一二月二三日に世を去った。二人ともシカゴのグレースランド墓地に眠っている。二人の墓は、この墓地のたった一つの池に浮かんだ島にある。すぐそばにはジョン・ルートが眠り、パーマー夫妻、ルイス・サリヴァン、ハリソン市長、マーシャル・フィールド、フィリップ・アーマー、その他大勢がシンプルな墓石から壮大な霊廟まで、さまざまな墓所におさまっている。パーマー夫妻——ポッターとバーサ——は死んだあとも周囲を支配している。二人の眠るアクロポリス風の霊廟——一五本の巨大な円柱がめぐらされている——は墓地の一段高い場所にそびえて池を見下ろしているのだ。ほかの墓所はそのまわりに群がっている。よく晴れた秋の日には、上等なクリスタルの触れあうチリンという音、絹やウールの衣擦れが聞こえてきそうだ。そして、どこからか高価な葉巻の匂いが。

謝辞

これは私にとってクラウン・パブリシングから出版される三作目の本であり、編集者のベティ・プラシカーとのつきあいも三度目となった。今度も彼女はニューヨークでも指折りの名編集者であることを証明してくれた――自信にあふれ、婉曲な脅しをかけ、たえず励ましてくれる。どんな作家にもサポートが必要だが、彼女は惜しみなく与えてくれた。また、どんな本もサポートを必要とする。クラウンは今回もこの本をできるだけ大勢の読者に届けるため、各所に献身的な男女のチームを配備してくれた。ここに名前をあげてお礼にかえたい。出版人のスティーヴ・ロス。アンドリュー・マーティン、ジョーン・デメーヨ、ティナ・コンスタブルの三人はマーケティングの魔術師である。そして、作家の切望の的でありながら、めったに得られないベテラン・パブリシストのペニー・サイモン。

デヴィッド・ブラックという最高のエージェントに恵まれた私は幸いだ。彼の天性の話術――とワインを見分ける舌――は並ぶものがない。そのうえ人間としてもすばらしい。

日常生活においては家族が私の正気を保ってくれた。妻のクリスティン・グリーソンの助けがなかったらこの本は書けなかっただろう。本業は医師だが生まれながらの名編集者である。彼女の信頼が私の指針となった。三人の娘たちのおかげで本当に大事なものが何かを知ることができた。この世でディナーほど大切なものはないと教えてくれたのは犬のモリーである。

どちらも作家である二人の友は親切にも原稿を読んで、有益な助言を与えてくれた。ロビン・マランツ・ヘニグのくれた何ページもの的確な指摘はそのほとんどを採用した。私の知るかぎり最も優秀かつユーモラスな作家のキャリー・ドランのくれた批評はまるで誉められているように感じられた。これこそ編集のこつだが、プロの編集者でもめったにできないことである。

原稿に目を通し、ホームズのような犯罪を引き起こす精神疾患について専門的な意見を聞かせてくれたシアトルの精神分析医・法廷顧問のジェームズ・ラニー博士にもお礼を申し上げる。バーナムとルート設計の現存する二つのビル――リライアンスとルッカリー――を改修したシカゴの建築家ガニー・ハーボーはこれらのビルを案内して、かつての雰囲気をとりもどしたバーナムの書斎を見せてくれた。

最後にシカゴについてひと言。この本の執筆にとりかかるまで、私はシカゴをほとんど知らなかった。場所はいつでも私にとって重要なものだった。今日のシカゴが——そして一八九三年のシカゴも同じく——発散しているのはこの土地ならではの空気である。私は恋に落ちた。シカゴに、そこで会った人びとに、そして何よりも表情豊かな湖——季節ごとに、日ごとに、一時間ごとにめまぐるしく変化する湖に。

いいにくいことを告白しなければならない。私は厳寒のシカゴがいちばん好きだ。

引用と資料について

一九世紀後半――いわゆる金ぴか時代――のシカゴについて私が最も興味を引かれたのは、都市の栄誉のために不可能なことをあえて引き受けようとした市民たちの心情である。現代人の心理とはかけ離れているので、この本の初期の草稿を読んだ賢明な二人の読者でさえ、そもそもなぜシカゴがそれほど博覧会の招致に熱を上げたのだろうかと疑問を抱いたほどだった。プライドと底知れない悪を並べることで人間の本質と野心がくっきり描きだせるだろうと私は考えた。博覧会の資料を読めば読むほど私はますます魅了された。ジョージ・フェリスがこれほど巨大で新しいものを――前もって試験もせずに――築きあげたことは、損害賠償の訴訟が一般化した今日、ほとんど理解の範囲を超えている。

博覧会とダニエル・バーナムに関する豊富な資料はシカゴ歴史協会の整理整頓の行き届いた資料館とアート・インスティテュート・オブ・シカゴのライアーソン・アンド・バーナム資料館にある。基本的な資料についてはワシントン大学のスザッロ図書館から得られた。私の知るかぎり、ここはとくに充実した使いやすい図書館である。ワシントンの議会図書館ではフレデリック・ロー・オームステッドの資料にどっぷり浸って楽しいひとときを過ごしたが、玉に瑕だったのは、ときとしてオームステッドの判読不能の手書き文字に悩まされたことである。

バーナム、シカゴ、博覧会、ヴィクトリア時代後期についての本はかなりの数を読みあさったが、なかでも有益だったものをいくつかあげておく。Thomas Hine の *Burnham of Chicago*（1974）、Laura Wood Roper の *FLO: A Biography of Frederick Law Olmsted*（1973）、Witold Rybczynski の *A Clearing in the Distance*（1990）。とくに Donald L. Miller の *City of the Century*（1996）は昔のシカゴを探索する私の旅に欠かせないガイドとなった。以下の四冊のガイドブックはとても役に立った。Alice Sinkevitch 編の *AIA Guide to Chicago*（1993）、Matt Hucke と Ursula Bielski の *Graveyards of Chicago*（1999）、John Flinn の *Official Guide to the World's Columbian Exposition*（1893）、*Rand, McNally & Co.'s Handbook to the World's Columbian Exposition*（1893）である。Hucke と Bielski のガイドを手に私はグレースランド墓地を訪ねたが、穏やかなこの安息の地で逆に歴史は生き生きとよみがえった。

ホームズの人となりはとらえどころがなかった。そうなった原因は残念ながら、フィラデルフィアの裁判長が地方検事グレアムによって召喚された三〇人以上の証人の証言を禁じたことが大きい。ホームズについては何冊かの本が書かれているが、内容はまちまちである。そのうち最も信用できるのは Harold Schechter の *Depraved* と David Franke の *The Torture Doctor*（連続殺人犯のスワンゴ医師が筆写した本）の二冊である。このほかに確実な基本事実を与えてくれる本がある。一冊はフランク・ガイア刑事の回想録 *The Holmes-Pitezel Case* で、ホームズの逮捕以後の出来事について詳細に記録されている。ここにはすでに失われた一次資料からの抜粋もある。インターネットの古書店サイトでこの本を買うことができたのは幸運だった。二冊目は裁判の全記録をまとめたもので、一八九七年に出版された *The Trial of Herman W. Mudgett, Alias, H. H. Holmes* である。これはワシントン大学の法学図書館で見つけた。

ホームズの残した回想録 *Holmes' Own Story* は議会図書館の稀覯本コレクションに収蔵されている。彼は少なくとも三つの告白録を書いている。最初の二つはガイアの本に出てくる。最もセンセーショナルだった三つ目は『フィラデルフィア・インクワイアラー』に載ったもので、高い原稿料が支払われた。回想録と告白のほとんどは嘘だが、ところどころに裁判での証言やガイア刑事の捜査、ボストンでの逮捕後にホームズの事件を取材した大勢の記者の発見に一致するものもある。『シカゴ・トリビューン』とフィラデルフィアの二紙、『インクワイアラー』と『パブリック・レジャー』の記事も参考にした。それらの記事には不正確な記述も多く、ときには捏造もあったとは思う。おもに明らかな事実や一次資料を見つけるために利用した。たとえば手紙、電報、談話、その他、警察の捜査で見つかったものやホームズの「恐怖の館」の実態が新聞の第一面に載ったあとに名乗りでた証人の言葉などである。一八九〇年代の犯罪捜査でとくに驚かされ、むしろ愉快とさえ思えるのは、犯罪現場に記者たちがずかずかと――ときには捜査中でも――入りこむのを警察が許していたことである。ホームズの事件がまだ捜査中だったとき、シカゴの警察署長は『トリビューン』の記者に、刑事たちと同じく記者たちも自分の指揮下にあると話した。

ホームズの動機がなんだったのか正確にはわからない。私は所有欲と支配欲に注目したが、それはあくまで可能性の一つにすぎず、ほかにもさまざまな動機が考えられるだろう。私の推論は、彼の生い立ちと行動、法廷精神分析医による連続殺人犯およびその動機に関する分析結果を根拠にした。シアトルの精神分析医で、法廷の鑑定医も務めるジェームズ・O・レーニー博士は私の原稿に目を通し、ホームズの人格障害について所見を語ってくれた。

まちがいなく殺人現場にいあわせた――そして生きのびた――のはホームズただ一人だ

が、この本で私は二件の殺人を再現した。その場面を書くのに私はひどく苦しみ、トルーマン・カポーティの『冷血』を何度も読みなおして、彼がどうやってあの暗く、だが深く心を動かす文章を生みだしたのかを探ろうとした。悲しいかな、カポーティは脚注を残してくれなかった。殺人シーンを描くため、私はわかっている事実を織りあわせて、こうだっただろうと思えるシーンを作りあげた。いわば検事が最終弁論で陪審団に語りかけるようなものだ。クロロホルムによるジュリア・コナー殺害の場面は、ホームズの裁判で提出されたクロロホルムの性質と人体におよぼす作用についての証言をもとにした。

私はリサーチャーを雇わず、また初期のリサーチではインターネットを使わなかった。情報源にはじかに接触したいと思ったからで、そのためには一つの方法しかなかった。私私にとって、図書館や資料館での探索は探偵小説を読むようなものだった。ふとした瞬間、暗闇ですったマッチの火のように歴史がぱっと輝くことがある。シカゴ歴史協会で、プレンダーガストがアルフレッド・トルーデに送った葉書の現物を見つけたときもそうだった。その鉛筆の文字がどれほど深く紙をえぐっていたことか。

引用はなるべく簡略にするよう心がけた。引用にはすべて引用符をつけたが、明らかに事実と認められているものには引用符はつけなかった。二つの殺人シーンについては、その根拠と考え方を述べ、もとになった事実の出典を載せた。以下にあげた出典はいわば地図のようなものである。この地図をもとに私と同じ道をたどれば誰でも同じゴールに到達するはずだ。

（このあと原書では三四ページ分の引用出典があり、本書では紙数の関係でカットしたが、その部分はハヤカワ・オンラインに掲載した。興味のあるかたは以下のサイトを参照してください。https://www.hayakawa-online.co.jp/thedevilinthewhitecity　訳者）

訳者あとがき

生まれて初めて大観覧車に乗った人が、上空から博覧会場を見おろしてびっくりするシーンがある。緑の植栽のなかにつらなる真っ白なパビリオン、そのあいだを行きかう豆粒のような人びと。そして、はるかに広がるミシガン湖の美しさ。これまで一度も高い場所から自分たちの住む町を見たことがなかった人びとにとって、その眺めは驚きであり、まったく新しい体験となった。

歴史を読むおもしろさは一種の俯瞰であり、小説を読む楽しみの一つは共感だろう。この本にはその二つの魅力が混在している。

物語の構成は、さまざまな糸が交錯して図柄を描きだすタペストリーに似ている。縦糸はシカゴ万博の準備からオープニング、そして閉幕にいたるまでのさまざまな事件であり、その中心となる太い糸が建築家のダニエル・バーナムである。横糸は冷酷な連続殺人事件で、その主軸はH・H・ホームズ。この二本の糸を中心に、無数の糸が絡みあう。

バーナムのそばには建築事務所のパートナーのジョン・ルートがいる。博覧会の建設が始まる前にその糸はぷつりと切れる。そのかわりにバーナムの糸と並行して走るのがフランシス・ミレーである。本の冒頭シーンはバーナムとミレーの大西洋上の交差から始まる。

景観設計家のオームステッドがいなければ、ホワイトシティの崇高さはありえなかっただろう。二一歳のソル・ブルームは博覧会にお祭り気分を満たし、入場者を増やすのに貢献した。博覧会の目玉になった大観覧車は新進エンジニアの大胆な発想がなければできなかった。人気者のバッファロー・ビル、名物市長のカーター・ハリソン、作家のセオドア・ドライサー、弁護士のクラレンス・ダロー。そして、大成功に終わるかと思われた博覧会を悲劇に変えてしまった一人の若者。

一方、ホームズの横糸には大勢の若い女性や子供や得体の知れない男たちが寄り添う。それらは、ホームズに近づくたびにぷつぷつと途切れては、また新しい糸が登場する。

たいていの人は目先のことしか見えないし、考えられない。昨日や明日のこと、せいぜい自分の人生の展望くらいしか思い描けない。アメリカの田舎町からシカゴ博覧会を見物に来た若い女性たちも、世界の中心は自分だと思っていただろう。

だが、大観覧車から見た人びとの姿が豆粒同然だったように、この世界で人はとても脆く、はかない存在である。一人の人間は、病気で、事故で、老衰で、とても簡単に死ぬ。どれほど才能にあふれ、夢を抱き、大事な存在だと思われていても、不意に命が断ち切られることがある。希望を抱いてシカゴに出てきた若い娘が、ハンサムな医師という仮面をかぶった殺人者と出会い、簡単に命を奪われる。殺人者にとって、若い娘や子供たちはただの「材料」にすぎなかった。彼はガス室や焼却炉を備えた「恐怖の館」を作り、獲物を誘いこんでは次々と残虐なやり方で殺していく。自分だけが大きくそびえたち、下界にうごめく人びとを見おろしていた。ある意味で、彼は現実を遠くからしか見られない人間だったのかもしれない。

最後にホームズの糸としっかり交差するのは、足を使った地道な捜査で彼を追いつめた一人の刑事である。

個人の視点（ごく近いところ）から見たホワイトシティ、そして歴史的な視野（遠いところ）から見たホワイトシティ。接写から望遠へとズームするレンズのような視点の動きが本書の大きな魅力である。その対比によって、人間がいかに弱いものであるかを思い知らされる。同時に、それほど弱い人間が壮大なものを作りあげようと努力する姿にも感動させられるのだ。

本書が単行本として文藝春秋社から刊行されたのは二〇〇六年四月だった。一八年ぶりに文庫化されることになり、あらためて読み直してみたが、博覧会をめぐる人間模様の魅力は少しも色褪(あ)せず、スリリングな展開は一気読みを誘うおもしろさだった。

文庫化にあたって尽力してくれた早川書房の石井広行さんに心から感謝します。ありがとうございました。

二〇二四年五月

解説

シカゴ万博の光と影

慶應義塾大学名誉教授・慶應義塾ニューヨーク学院長、アメリカ文学専攻
巽　孝之

現代アメリカを代表するベストセラー作家エリック・ラーソン。

一九九二年、高度資本主義市場においてプライヴァシーがいかに巧妙に搾取され商品化されてきたかを活写した『裸の消費者』で単行本デビューを飾り、我が国でも、一九九四年に刊行された第二作『アメリカ銃社会の恐怖』（邦訳一九九五年）以降、一九九九年の第三作『一九〇〇年のハリケーン』（邦訳二〇〇〇年）や二〇〇三年の第四作『悪魔と博覧会』（邦訳二〇〇六年）、そして二〇一一年の第六作『第三帝国の愛人――ヒトラーと対峙したアメリカ大使一家』（邦訳二〇一五年）まで、コンスタントに翻訳紹介されてきたから、すっかりおなじみの名前だろう。

しかも、彼の場合は、デビューしてから三〇年余、いまもなおその筆力は衰えることとな

く、新作を出せば必ず《ニューヨーク・タイムズ》紙ベストセラー・リストに載るし、ニューヨーク・シティ周辺の書店で、著書を見かけない日はない。たとえば全米最大規模の書籍チェーン店バーンズ&ノーブルやグランド・セントラル駅のキオスク、はたまたジョン・F・ケネディ空港の売店で、ラーソン印はいつも表紙が目立つ面陳列か平積みである。

今年二〇二四年に出た最新刊『混沌の悪魔――南北戦争幕開けの傲慢と絶望と英雄群像』（*The Demon of Unrest: A Saga of Hubris, Heartbreak, and Heroism at the Dawn of the Civil War*）も、御多分に漏れない。ラーソンの著作群の射程は広く欧米圏に及んでいるが、とりわけ高度資本主義や銃社会、世紀転換期、南部大暴風、それに心理学者ウィリアム・ジェイムズなど、アメリカ史の真相に迫る歴史ノンフィクションの技量が高く評価されていたから、本書で、いつかは取り組むだろうと思っていたエイブラハム・リンカーン大統領にとうとう挑戦したと知った時には快哉を叫んだものだ。はたしてリンカーンが大統領に当選した一八六〇年一一月から、それへの反発も含み南北戦争が勃発する六一年四月までのほんの五ヶ月だけに絞ったこの最新刊のきっかけは、何と二〇二一年一月六日、通称「J6」。そう、バイデン大統領就任への反発からトランプ前大統領がワシントンDCの議事堂を急襲するようシンパに呼びかけ死者まで出した事件が、それだ。ラーソン作品を司る歴史的物語学は、たえずそれが書かれた時点のアメリカ的現在と無縁ではない。

＊

折も折、この『混沌の悪魔』が話題を呼んでいる現在、タイトルが相似する前掲『悪魔と博覧会』が『万博と殺人鬼』と改題のうえ文庫化されることになり、改めて読み返した。というのは、本書邦訳が出てまもなく、私は朝日新聞書評委員として、こう書いたからである。

遊園地には見世物小屋と大観覧車がつきものだ。とはいえ、そんな常識が初めて成立したのは、一八九三年にコロンブスの新大陸到達四〇〇周年を記念して開かれたシカゴ博覧会、通称ホワイトシティ以降のことであり、かのオズの魔法の国やディズニーランドすら、その影響下にあった。独立革命や南北戦争につづく画期的な事件、それがシカゴ博覧会である。天才発明家エジソンの手になる映画の原型キネトスコープも、ここでお披露目されている。

二〇〇三年に発表されベストセラーとなった本書は、シカゴ博覧会の景観設計から現場監督まですべてを統率した高層建築の先駆者ダニエル・ハドソン・バーナムの人生と、博覧会場最寄りのワールズフェア・ホテルを経営しつつ容赦なく多くの人々の生命を奪った医師にして連続殺人鬼マジェット、転じてはヘンリー・ハワード・ホームズの人生とを巧妙に縒り合わせ、底知れぬ恐怖と歴史の感動とをもたらす一種のノンフィクション・ノヴェルである。

バーナムとホームズは直接出会ってはいないものの、シカゴ博覧会を舞台に、片や光り輝くホワイトシティを、片や暗く怪しいブラックシティを代表する男たちが、期せずしてひとつの時代を構築してしまったのは運命の皮肉だろう。コナン・ドイルの名探偵ホームズが誕生した一八八六年にマジェットがホームズなる偽名を選んだのも奇遇だが、本書後半、重婚と詐欺と虐殺をくりかえす殺人鬼ホームズをじわじわと締め上げていくベテラン刑事フランク・ガイアの手腕は、それこそ名探偵ホームズに勝るとも劣らぬ迫力だ。

そして最大のクライマックスは閉幕式直前、アイルランド系移民のプレンダーガストによるハリソン市長暗殺の瞬間に訪れる。さらに本書は、バーナムとその盟友ミレーとが、それぞれ豪華客船オリンピア号とタイタニック号に乗り込んでいた、というもうひとつの奇遇で枠組まれ、世紀末シカゴのみならず二〇世紀アメリカ全体の光と陰を予告するのだから、何とも心憎いではないか。（「朝日新聞」二〇〇六年六月一

八日付）

一八年後の現在でも、この時の拙評を手直しする必要は感じない。

ここでも明記した通り、シカゴ万博が「独立戦争や南北戦争につづく画期的な事件」だったからには、本書はラーソンがいずれ前掲『混沌の悪魔』を書く伏線だったかもしれないからだ。案の定、その迫力ある筆致が評価されて、本書は二〇〇四年、アメリカ探偵作家クラブが年間最優秀のミステリに授与する「エドガー賞」の犯罪実話部門賞を受賞した。

とはいえ、右の書評で割愛せざるを得なかった文脈には触れておかねばならない。

「独立戦争や南北戦争につづく画期的な事件」と定義すれば、あたかもシカゴ万博が一切の戦争とは無縁のように響くかもしれないが、それを実現に導いたのは、一八九〇年の段階でＷＡＳＰ（白人アングロサクソン・プロテスタント）を中心にしたアメリカ合衆国の西漸運動が、ついにアメリカ先住民をすべて制圧し終えて一段落し、北米において白人文明の手付かずだった「フロンティア」がどこにもなくなったからである。これを一般に「フロンティアの消滅」と呼ぶ。それは、白人対アメリカ先住民の熾烈な最終戦争の結果であった。

具体的には、一八九〇年一二月二九日に中西部はサウスダコタ南西のウーンデッド・ニーにて行われたラコタ族大虐殺が、歴史的分水嶺となった。その日、ラコタ族のみならず北米インディアン部族全般に通底するメシア信仰宗派が、自身の土地をいずれ取り戻そうとする最後の希望を込めて死者と交流する「ゴースト・ダンス」を舞う計画を練っていた。アメリカ合衆国政府は、合衆国成立の条件の一つである宗教の自由をこのゴースト・ダンスには認めず、むしろそれを合衆国に歯向かい戦争を仕掛ける導火線とみなしたのである。それに先立つ一八九〇年一二月一五日、白人側はインディアン警察官を利用してダコタ族の支族テトン族に属するハンクパーパ族の大物酋長シッティング・ブルを逮捕し殺害していたから、インディアン部族全般における不安は最高潮に達していた。そして二九日、ウーンデッド・ニーの大虐殺が起こり、その瞬間、北米全土が白人主導のアメリカ合衆国政府の手に落ちた。いかなる歴史にも、光があれば影がある。

この事件から三年を経た一八九三年、歴史家フレデリック・ジャクソン・ターナーは論文「アメリカ史におけるフロンティアの意義」で当時の国勢調査に鑑み、一平方マイルあたり白人が二人も存在しない土地がついに北米から消滅したことを重視し、アメリカ的民主主義とは実は西漸運動に伴うフロンティア開拓指向によって生まれたことを強調した。こうした発想は、中西部はウィスコンシン州出身のターナーだったからこそ、可能だったのかもしれない。彼はフロンティアを、北米に厳然と存在する荒野をいかに克服していくかというたゆまざる意志によってもたらされたものと見た。アメリカ的民主主義は、新たなフロンティアに挑戦するたびに新たな活力を得るのだ、と。これをフロンティア理論ともターナー理論とも呼ぶ。

　ここで、ターナーが同理論を発表したのが一八九三年にシカゴで開かれたアメリカ歴史学会の席上であり、それがまさにシカゴ万博、通称ホワイトシティの開催期間にそっくり重なっていたことは、偶然とは思われない。アメリカ合衆国は一七世紀ピューリタンが北米に新たな理想郷（カナン）を、転じては地上に神の国を築こうと夢見た「丘の上の町（シティ・アポン・ア・ヒル）」の理念を促進し、まさにそれこそがアメリカ人ならではのフロンティア・スピリットを育んだ。その結果、当初、アメリカは農業国家として発展してきたものの、稀代の文化史家レオ・マークスも名著『楽園と機械文明』（一九六四年）で語ったように、原生自然（ウィルダネス）が、とりわけ一九世紀以降のテクノロジーに介入され、やがて融合していく展開は、南北戦争を経て決定的となり、フロンティア観の刷新が要求されたのである。

　かくしてフロンティア消滅の三年後に登場したホワイトシティは、その名の通り、まさしく白人が夢想した最新の地上の楽園として、新古典主義的な美学的意義を担った。白人の起源たるヴァイキングの船が、会場内の池に浮かべられたのは、象徴的である。そのかたわらではまったく対照的に、ミッドウェイ・プレザンス（「中央歓楽街」）と命名され、世界各国の見世物から成る幅六〇〇フィート、全長一マイルに及ぶ大通りが広がり、ベリーダンスやムーア人の宮殿、カイロの街路、トルコ劇場やラップランドの村まで、およそ「エキゾチック」な印象を醸し出すありとあらゆる民族文化が、それこそ豊饒なる混沌を展開していた（大井浩二『ホワイト・シティの幻影――シカゴ万国博覧会とアメリカ的想像力』［研究社出版、一九九三年］第一章参照）。こうした明確な対照を基軸にした景観設計が、白人文明という中心と非白人文明という周縁を無意識のうちに構造化していたのは興味深い。

世紀転換期アメリカ最大の歴史家ヘンリー・アダムズはホワイトシティをキリスト教信仰の中核を成す大伽藍（カテドラル）に喩えながら、のちに「バベルの都」とも呼んだが、こうした矛盾の背後には、すべての楽園には光もあれば影もあるという二律背反への洞察があるだろう。そして本書は、バーナムとホームズという二人の対照的な同時代人の歩みのうちに、シカゴ万博に潜んだ光と影を、みごとなまでに再現してみせたのである。

二〇二四年六月

図版クレジット

page 13: World's Columbian Exposition, planners portrait, Chicago, IL, c.1893. Daniel H. Burnham, Director of Works, C.D. Arnold, photographer. World's Columbian Exposition Photographs by C. D. Arnold, Ryerson and Burnham Art and Architecture Archives, Art Institute of Chicago. Digital file #198902.01_098-319.

Page 25: Chicago Historical Society. ICHi–21795.

Page 193: World's Columbian Exposition, Manufactures and Liberal Arts Building, Chicago, IL, 1891-1893. George Browne Post, architect, Daniel H. Burnham, Director of Works, C.D. Arnold, photographer. World's Columbian Exposition Photographs by C. D. Arnold, Ryerson and Burnham Art and Architecture Archives, Art Institute of Chicago. Digital file #198902.02_003-011.

Page 403: Photograph by William Henry Jackson. Chicago Historical Society. ICHi–17132.

Page 577: © Bettman/CORBIS

Page 631: Chicago Historical Society. ICHi–25106.